贵州大学国慧人文学科发展基金资助

历史性中的人与世界

赫尔德文化哲学思想研究

陈艳波 著

图书在版编目（CIP）数据

历史性中的人与世界：赫尔德文化哲学思想研究 / 陈艳波著. —北京：商务印书馆，2024
ISBN 978 - 7 - 100 - 23632 - 4

Ⅰ. ①历⋯　Ⅱ. ①陈⋯　Ⅲ. ①赫尔德（Herder, Johann Gottfried 1744—1803）— 文化哲学 — 研究　Ⅳ. ①B516.39

中国国家版本馆 CIP 数据核字（2024）第 075163 号

权利保留，侵权必究。

历史性中的人与世界
赫尔德文化哲学思想研究
陈艳波　著

商　务　印　书　馆　出　版
（北京王府井大街36号　邮政编码100710）
商　务　印　书　馆　发　行
山　东　临　沂　新　华　印　刷　物　流
集　团　有　限　责　任　公　司　印　刷
ISBN 978 - 7 - 100 - 23632 - 4

2024年12月第1版　　开本 670×970　1/16
2024年12月第1次印刷　印张 23¼
定价：108.00元

陈艳波，哲学博士，贵州大学哲学学院教授、博士生导师。贵州省"中国共产党人'心学'与推进党的建设新的伟大工程高端智库"研究员，中宣部"国家青年文化英才"（理论类）入选者，贵州省第九批省管专家入选者，第五批贵州省高校哲学社会科学学术带头人，国家一流专业（哲学）负责人，荣获贵州省哲学社会科学"学术先锋"称号，兼任贵州省哲学学会会长、中国马克思主义哲学史学会常务理事、当代文化哲学研究会常务理事、德国哲学专业委员会理事。在《哲学研究》、《世界哲学》、《哲学动态》、《光明日报》（理论版）等刊物发表理论和学术文章50余篇，主持并完成国家社科基金、教育部人文社科基金等省部级以上项目近10项，获贵州省哲学社会科学研究成果奖二等奖、三等奖各两次。主要从事马克思主义文化哲学、德国启蒙哲学研究。

群星璀璨的德国启蒙时代（代序）

一

说起德国哲学，人们首先想到的就是康德、黑格尔这些理性主义哲学家，德国近代哲学在西方历史舞台上甫一亮相，似乎就以擅长思辨、富于理性而著称。从17世纪的莱布尼兹，到18世纪的莱辛、康德，再到19世纪的黑格尔、马克思，其博大精深的思想体系中都充满了浓郁的理性精神。然而，这片孕育了丰富的理性精神的德意志大地在17世纪之前却以虔信和神秘而著称，诚如当时的德意志以政治分裂、经济落后和文化闭塞而著称一样。当近代早期的英格兰人开始培育精微细致的经验理性（弗兰西斯·培根）、法兰西人着手构建气势恢宏的思辨理性（笛卡尔）时，同时代的德国人仍然深深地沉迷在马丁·路德营造的虔敬主义精神氛围中。

那个令人费解的德意志实际上是由两个部分共同组成：一个是传统的德意志，即神圣罗马帝国意义上的老德国，它的历史血脉和精神根基早在11世纪就已经深深地埋藏在以斯瓦比亚（Swabia）为中心的西南部地区，其基本的文化特点就是如同德国黑森林地带一般阴郁诡异，充满了古堡幽灵和"中世纪月光朦胧的魔夜"的神秘玄奥气息；另一个则是新兴的德意志，即普鲁士意义上的德国，这是源自条顿骑士团的铁血精神和刚毅气质，渗透了波罗的海的冷峻清新风格的新德国，与同属北方世界的英国、荷兰等民族一样富于精密推理和实践理性。近代以来这两个德意志——或者更加恰如其分地说，德意志的这两个组成部分——的历史融合过程（一直到1871年德意志帝国的建立才最终完成），也正是德意志民族精神及其最高的思想形态——德国哲学的生长陶冶过程。只有从这种历史的和辩证的角度来梳理辨析德国近代哲学及文化思想的发展演变过程,才能真正把握住德意志精神的命脉。

相比英、法、荷等率先崛起的资本主义强国,长期处于分裂落后状态中的德国无疑属于欧洲的后发现代化国家。在精神文化或意识形态层面,一直到18世纪德意志开启了具有自身特色的启蒙思潮为止,蒙昧愚钝的德国人始终跟在时尚的英国人(主要表现在政治民主和科学发展方面)和法国人(主要表现在文化繁盛方面)后面亦步亦趋,邯郸学步。1750年,普鲁士国王腓特烈大帝把法国启蒙运动的精神领袖伏尔泰请到柏林宫廷中供养了近三年,既想附庸法国人高雅的文化风采,又害怕伏尔泰的充满批判精神的启蒙思想诱惑了德国知识分子的纯良本性。而随之兴起的德国启蒙思潮,正是在英、法启蒙运动的时代潮流影响下发生的,尽管德国启蒙运动很快就表现出自己独特的民族精神特质,从而与英、法启蒙运动分道扬镳。

从基本的精神特征来看,肇始于17世纪下半叶的英格兰启蒙运动(而非18世纪的苏格兰启蒙运动)偏重于温和的理论建构,在1688年"光荣革命"所达成的政治妥协和宗教宽容的基础上,以洛克和牛顿为代表的英格兰启蒙思想的最重要贡献,就是创建了以君主立宪、分权制衡为主要内容的民主思想和以机械论世界观为主要内容的科学思想。而稍后发生的法国启蒙运动则由于双重专制——波旁王朝的政治专制与天主教的宗教专制——的现实环境而剑走偏锋,其基本特点表现为激烈的思想批判,在理论上导致了激进的无神论和唯物主义,在实践上则引发了暴烈的法国大革命。在这种情况下,处于闭塞状态且谨小慎微的德意志民族既为英、法启蒙运动的时代成果所鼓舞,又受到路德虔敬主义的文化传统和严重分裂的政治处境的限制,从而使德国的启蒙思想具有了一种诡谲玄奥的特点。

这种诡谲玄奥的特点主要表现为一种思想的张力,即新兴的理性精神与传统的神秘信仰之间的辩证关系——一方面是以莱辛的理性宗教和康德的批判哲学为代表的理性主义,另一方面则是以哈曼的"无知之知"和耶可比的"理性直观"(即信仰)为代表的神秘主义。这种思想的张力早就深深地埋藏在德意志的文化传统之中，向前可以追溯到艾克哈特、路德的虔敬主义与莱布尼兹—沃尔夫的理性哲学之间的思想抵牾，甚至追溯到斯瓦比亚的神秘氛围与波罗的海的冷峻风格之间的精神差异中。在这种具有深刻历史惯性的思想张力背景下，18世纪的德国启蒙思想家们在面对理性与信仰的关系时表现出不同的倾向性，但是他们既不会像中世纪的狂热信徒那样用信仰来根本取缔理性，也不会像法国无神论者那样用理性来彻底颠覆信仰，而是试图在二者之间寻求某种妥协，只不过彼此的侧重点有所不同罢了。

二

在18世纪下半叶，康德虽然对法国启蒙运动中独步天下的理性本身进行了深刻的批判，但是德意志民族精神并没有因此而得以彰显，康德只是站在抽象的普遍理性立场上，而非鲜活的德国文化立场上来进行他的批判工作。从某种意义上说，一辈子生活在冷冽的哥尼斯堡的康德是最缺乏"真正德意志气派"（黑格尔语）的世界公民，他注重的是英、法所代表的时代精神，而非德意志的民族传统。到了19世纪的黑格尔哲学中，德意志特有的思辨理性（Vernunft）才得以弘扬光大（这种思辨理性在康德那里只是以消极的形态出现），并对英、法固守的知性意义上的理性（Verstand）进行扬弃，致力于实现科学与宗教、理性与信仰、主观与客观、思维与存在等一系列对立面的辩证统一。至此，德意志独特的民族精神终于开始崭露头角，这种"真正德意志气派"的民族精神在哲学上就表现为一种睥睨一切的唯心主义。与黑格尔的统摄万象的"绝对唯心主义"——这一称谓中就已经包含着德意志精神的孤芳自赏的狂妄——相呼应，德国大文豪、"狂飙突进"运动主将歌德也在他的美学思想中实现了浪漫主义与现实主义、德意志文学与法兰西文学甚至中国文学的和谐融合，从而使德意志民族在经历了一番艰难的精神磨难之后，在"世界文学"的理想境界中实现了浮士德式的终极自由。1830年，普鲁士国家为黑格尔（60岁）和歌德（81岁）这两位最伟大的思想家举行了隆重的庆典活动，黑格尔哲学被确立为普鲁士国家的官方哲学，歌德成为德意志文学的最杰出的代表，"绝对精神"和"浮士德精神"成为德意志精神觉醒和民族崛起的重要标志。至此，精神演进的时代潮流发生了根本性逆转，德意志从欧洲的差等生开始跻身排头兵的行列，"世界的即是德意志的"悄然转变为"德意志的即是世界的"。再往后，普鲁士王国和（后来的）德意志帝国就走上了一条民族精神无限膨胀的疯狂之路。

在19世纪上半叶，德意志民族的精神形态已经基本形成并得以茁壮成长，此时的德国思想界不仅有黑格尔的理性哲学，而且也有叔本华的意志哲学和施莱尔马赫的情感神学等，他们的学说都成为现代西方哲学和神学的重要来源，产生了丰硕的思想成果。同样地，在18世纪下半叶德意志民族精神初步萌芽的启蒙时代——这是一个各种思想竞相绽放的云蒸霞蔚的青春时代——除了以理性批判为基本特征的康德哲学之外，还有众多精彩纷呈的思想理论，如莱辛的历史理性哲学、哈曼的元批判哲学（针对康德的批判哲学）、门德尔松的宗教（犹太教）哲学、耶可比的信仰哲学或情感哲学、赫尔德的文化哲学，以及歌德、席勒的美学思想等等。这些思想理论都围绕着德国启蒙思潮的主旨——理性与信仰的关系问题，它们与康德的批判哲学共同构织了18世纪德国启蒙运动的丰富图景，并最终在19世纪黑格尔、歌德等人的思想体系中汇聚成为独具一格的德意志民族精神。因此，后世人们要想全面而深入地了解德意志民族的精神发展历程，除了探究从康德（经费希特、谢林）到黑格尔的德国古典哲学之外，还必须了解同时代的莱辛、哈曼、门德尔松、耶可比、赫尔德、歌德、席勒等人的文化哲学思想，这样才能在抽象的哲学概念背后，把握到活生生的时代精神的演变历程。

三

莱布尼兹、莱辛、康德等人的哲学思想具有显著的世界主义和普世价值的特点，他们都坚持17、18世纪风靡欧洲的进步主义或历史进化思想，坚定地相信人类历史经历了一个从蒙昧到文明的演进历程,而西欧那些先进的资本主义国家——英国、法国、荷兰——则代表着历史发展的方向。莱布尼兹一生都使用中世纪流行的拉丁文和新兴时尚的法文来书写著作,不屑于粗鄙刻板的德文母语,正如他的主要思想交往对象都是英国和法国的科学家和哲学家一样;莱辛在《论人类的教育》中表达了一种宗教进化的历史图景,从律法约束的犹太教到道德他律的基督教,再到道德自律的理性宗教,展现了一条文明进化的线性梯阶;康德更是以世界公民的情怀铸造了一套规范性的抽象理性系统,为文明社会中实现了思想启蒙的人们提供了具有普遍性意义的理论理性和实践理性。与之相对,哈曼和耶可比等人则旗帜鲜明地站在民族主义和传统文化的立场上,坚持用感性的诗歌语言来抵制理性的逻辑语言,用信仰来超越理性,用德国自身的文化传统来对抗英、法引领的普世价值。

在偏重于理性的康德、莱辛和偏重于信仰的哈曼、耶可比之间,赫尔德的文化哲学具有一种综合性的思想特点,从某种意义上构成了对立双方之间的一个微妙的平衡点。这位魏玛公国官廷的路德派牧师,虽然秉承了虔敬主义的内在信仰,但是如同康德一样紧紧把握理性精神的时代脉搏。赫尔德在思想上深受哈曼的影响,同时也是康德在哥尼斯堡大学课堂上的忠实学生,他的文化哲学始终挣扎在二者的思想张力之中。赫尔德用哈曼的鲜活感性来突破康德的抽象理性,同时也用明晰的理性精神来抵制晦涩的神秘主义。他在《论语言的起源》一书中用理性的态度分析了语言的自然起源,同时也把语言的发展演变植根于以文学艺术(而非哲学逻辑)为主干的"民族精神"土壤中。他一方面继承了维科开创的理性主义进步观,另一方面却强调文化多元主义和民族主义,反对以英、法为楷模的普世意义的线性历史进化论,将历史规律置于具体的生活环境、时代背景和民族特性中,通过各民族独特的文化进路来实现多元主义与"人道"理想(即理性和正义)的最终统一。他和启蒙时代的所有思想家一样高扬自由的旗帜,却把社会自由的实现建立在个性充分展现的基础上,反对形式刻板的实践理性或道德法则的束缚。赫尔德是18世纪德国启蒙运动的重要角色,同时也在启蒙的时代大潮中开启了对启蒙运动的批判之源，他试图用德意志民族精神觉醒和个性解放的启蒙理想来抵御英、法中心主义和普遍理性的启蒙潮流。在文学艺术方面，赫尔德也继承发扬了由卢梭发轫的浪漫主义潮流，成为德国"狂飙突进"运动的重要开创者，但是他同时也在德国文化领域中激起了冲决法国文学圭臬、振兴本民族语言文艺的汹涌大潮。在这场风靡德国青年知识分子的"狂飙突进"运动中，赫尔德与年轻的歌德一起高举着弘扬情感、回归自然、伸张个性的自由旗帜，既要突破传统的信仰束缚，又要挣脱普遍的理性桎梏。赫尔德的著名宣称"天才不需要规律！"成为这场个性解放运动的响亮口号，赫尔德本人也成为德意志民族在文化领域中觉醒的精神先驱。

四

三十年前，我考入著名哲学家杨祖陶先生门下，攻读德国古典哲学，博士论文选题是黑格尔的宗教哲学。从那时开始，我就愈来愈深切地认识到，在贯穿德国古典哲学的那个显性的主要矛盾——思维与存在的关系问题——的背后，还有一个更加深刻的隐性矛盾，即理性与信仰的关系问题。这个隐性的然而却是更加深刻的理论问题不仅涉及狭义的哲学思想，而且更是广泛地影响到德意志意识形态的各个领域，包括哲学、文学、艺术等诸多方面。康德的哲学偏重于理性精神，后面经过谢林的艺术哲学和宗教哲学的中和，到了黑格尔那里形成了将理性与信仰、科学与宗教熔于一炉的思辨哲学（或曰理性神学）。但是早在康德时代，一种试图用德意志传统的信仰因素来限制英、法普世的理性主义的思想倾向就已经开始出现，这种思想倾向主要表现在哈曼、耶可比、赫尔德等人的哲学之中。

正是这种意识或觉悟促使我进一步向前追溯西方理性与信仰之辩证关系的思想传统，从近代德国哲学溯寻到中世纪托马斯主义与奥古斯丁主义的神学抵牾，再到古希腊奥林匹斯宗教与奥尔弗斯宗教之间的文化张力。这种关于思想源流的追溯同时也激起了我对西方哲学背后的文化背景的强烈兴趣，毕竟哲学作为时代精神的最高形态是深深植根于所在时代的文学、艺术、神话或宗教等更加基础性的文化土壤中，诚如黑格尔所言："密涅瓦的猫头鹰只有在黄昏时候才起飞。"因而，自20世纪90年代以来，我的研究目光就越来越转向了基督教思想史和古典文化。近年来，我陆续出版了一些相关的研究著作，如《古希腊文明的光芒》（上下卷）、《古罗马帝国的辉煌》（四卷本）和《共塑：西方文化精神的演变》（上下卷）等，其中《共塑：西方文化精神的演变》一书重点探讨了基督教思想史中理性与信仰的关系问题，另外两部著作则旨在梳理古希腊文明和古罗马文明的发展演变历程。

然而，由于转向了这些宏观性的文化研究（这种宏观性和长程性的文化研究更适合于我的学术品味），我本人就无力再兼顾德国启蒙运动中各种思想流派的个案研究，于是只能指望更年轻的学者们来从事这项微观而艰深的理论工作。因此之故，在多年来的博士研究生培养过程中，我向几位勤奋好学的博士生表达了一种意愿，希望他们能够把学术眼光从热门的、已经被外国哲学方向的研究生们咀嚼了无数遍的康德哲学中抽离出来，分别对莱辛、哈曼、耶可比、赫尔德等18世纪重要的德国启蒙思想家的哲学思想进行研究。令人庆幸的是，几位博士生都采纳了我的建议，在攻博期间以国内学界鲜有问津的这些"冷门"思想家作为研究对象，分别撰写了《走向人道——赫尔德历史哲学研究》（陈艳波）、《理性的巴别塔——论哈曼对十八世纪启蒙运动的批判》（洪楼）、《历史理性精神的生长——莱辛宗教哲学研究》（刘苏丹）、《耶可比的直接性哲学》（刘伟冬）等博士论文。不久前，刘伟冬博士的《耶可比的直接性哲学》已经正式出版（社会科学文献出版社2020年）；现在，陈艳波的博士论文经过系统修改之后，以"历史性中的人与世界——赫尔德文化哲学思想研究"为名即将付梓问世。

光阴荏苒，当年的陈艳波博士早已成为贵州大学的哲学教授，作为中国西方哲学界的后起之秀已经取得了丰硕成果，而他新近推出的这部学术专著更是国内关于赫尔德思想研究的开山之作。赫尔德的哲学思想虽然不像哈曼思想那样零散飘忽，但是也绝不能与康德的建筑术一般严整有序的哲学体系相比拟，因此对其进行系统性的梳理也是一件极为艰难的工作。在这部著作中，陈艳波教授以赫尔德的本体论和认识论为基础——以往赫尔德被人诟病为缺乏这些理论"内核"的二流思想家——系统地阐释了赫尔德的人性论、语言哲学、历史哲学、解释学、文化有机论和民族主义理论，最后定焦于赫尔德整合文化多元主义和普世理性精神的"人道"思想，这种系统性的研究使得赫尔德作为一个启蒙时代的"第一流的哲学家"而重现光芒。更为重要的是，赫尔德作为一个出自启蒙阵营却最早对启蒙思想进行反省和批判的"天才"哲学家，以生动的情感来充实抽象的理性，以民族主义和文化多元主义来抗衡英、法中心论和世界主义，以个性的自由表现来突破普遍的实践规范，从而开启了德意志特色的浪漫主义，激发起后世人们对于18世纪启蒙运动的重新审视，以及对于理性与信仰这一对纠缠西方哲学和文化的基本矛盾的深刻反思。赫尔德的这些精深的思想特点，都在陈艳波教授的这部学术专著中得到了系统的阐述。

随着研究这些"冷门"思想家的学术著作的不断问世，越来越多的国内学者和一般读者将会认识到，启蒙时代的德国思想界并非只有康德的批判哲学一枝独秀，而且也呈现出一派百花齐放、百家争鸣的繁盛景象。在18世纪的普鲁士乃至整个德意志的辽阔大地上，不仅有康德在高声宣称"什么是启蒙"，同样也回响着莱辛、门德尔松、哈曼、耶可比、赫尔德、歌德、席勒等人的思想之声。

赵　林

2023年9月17日于澳门擎天汇

目 录

群星璀璨的德国启蒙时代（代序）/ 赵 林　1

导 论　1

第一章　赫尔德文化哲学思想的源起　17
第一节　经验主义的兴起及其对赫尔德文化哲学的影响　19
第二节　赫尔德文化哲学思想的形成　45

第二章　赫尔德文化哲学思想的本体论与认识论基础　61
第一节　赫尔德的《论存在》　63
第二节　赫尔德文化哲学思想的本体论基础　81
第三节　赫尔德文化哲学思想的认识论基础　102

第三章　赫尔德文化哲学思想的人学基础　113
第一节　启蒙时代人性即理性的人性观　115
第二节　赫尔德对启蒙理性观与人性观的批判　125
第三节　赫尔德的表现主义人性观　138

第四章　赫尔德文化哲学思想的语言哲学基础　159
第一节　西方近代主流的语言观　161

第二节　赫尔德语言哲学的三个主要概念　175
第三节　赫尔德语言哲学视域下的主体与文化　206

第五章　赫尔德文化哲学核心议题一：历史主义与解释学方法　220
第一节　历史主义：赫尔德文化哲学的本体性原则　221
第二节　解释学方法：赫尔德文化哲学的认识论　233

第六章　赫尔德文化哲学核心议题二：文化有机论与文化民族主义　242
第一节　赫尔德文化有机论的实质：文化的生发性与整体性　243
第二节　赫尔德文化民族主义的基本逻辑：由文化而民族　260

第七章　赫尔德文化哲学核心议题三：多元文化主义与人道　279
第一节　超越文化相对主义与极端民族主义：赫尔德的多元文化主义　280
第二节　实现人道：人类文化的最终目的　295

第八章　赫尔德文化哲学的意义及影响　311
第一节　赫尔德对启蒙世界观的反思和批判　312
第二节　哲学理解范式的转换与历史解释模式的转变　321
第三节　赫尔德文化哲学思想对德国浪漫主义的影响　333

参考文献　343

导　论

当代著名的赫尔德研究学者迈克尔·N. 福斯特（Michael N. Forster）认为，"赫尔德是第一流的哲学家"①。在不少学者看来，特别是在像研究康德、黑格尔、海德格尔、维特根斯坦这样的哲学家的学者看来，福斯特的这个断言可能言过其实了。因为一般来说，第一流的哲学家需要有其思想和观念自身的原创性和广泛的影响力，其中思想和观念自身的原创性是最重要的。就此而言，即使同意赫尔德在哲学史上产生了广泛的影响（在这些学者看来，赫尔德的影响也比不上康德、黑格尔这样的哲学家），他的思想和观念的原创性也是远远不够的。但是，福斯特认为，他对赫尔德的这一定位恰恰是基于其思想自身的理由——"这一断言主要基于他思想的内在品质（intrinsic quality of his ideas）"②。比如，赫尔德在语言哲学、解释学（理解理论）以及翻译理论方面都具有很强的思想原创性。③ 福斯特同时认为，从哲学史的影响力来说，赫尔德同样可以称得上第一流的哲学家：

---

① Johann Gottfried Herder. *Philosophical Writings*. Translated and edited by Michael N. Forster. Cambridge: Cambridge University Press, 2002, p. vii.

② Johann Gottfried Herder. *Philosophical Writings*. Translated and edited by Michael N. Forster. Cambridge: Cambridge University Press, 2002, p. vii.

③ Michael N. Forster. *After Herder: Philosophy of Language in the German Tradition*. Oxford: Oxford University Press, 2010, p. 131.

另一方面是他思想的影响力。不管是在哲学之内或之外这种影响都是非常巨大的（远远超过人们一般所意识到的程度）。例如，黑格尔的哲学实际上是赫尔德观念系统化的延伸（特别是关于上帝、心灵和历史）；施莱尔马赫的思想也是同样的情况（关于上帝、心灵、理解、翻译和艺术）；尼采受了赫尔德强烈的影响（关于心灵、历史和道德）；狄尔泰（在他的人文科学的理论中）也受了赫尔德的影响；密尔（J. S. Mill）也在赫尔德那里借鉴了不少东西（在政治哲学方面）；歌德不但从赫尔德那里接受了哲学的观念，而且正是赫尔德思想对歌德早年的影响使他从一个聪慧但是很传统的诗人变成了一个伟大的艺术家；这样一个名单还可以继续列下去。①

通过深入研究，我们同意福斯特对赫尔德是第一流哲学家的定位，而且，我们认为，赫尔德思想的原创性不只体现在语言哲学、解释学和理解理论方面，还体现在人性论和存在论方面。

既然赫尔德的思想如此重要，又产生了广泛的影响，那么为何在哲学史上一直未能引起充分的关注（甚至直接被忽视，很多哲学史著作几乎不会提到赫尔德的名字）和研究呢？我们认为主要有以下几个方面的原因。首先，康德的批判。在哥尼斯堡求学时，康德曾是赫尔德尊敬和爱戴的老师，赫尔德也曾是康德最喜欢的学生。但是，随着后来康德转向批判哲学，赫尔德与其师的思想就越走越远。在赫尔德最重要的著作《关于人类历史哲学的思想》（*Ideen zur Philosophie der Geschichte der Menschheit*，1784—1791年）出版后，康德发表了评论，在评论中，康德把赫尔德批判为一个用情感而不是理性思考哲学问题的人。后来，随着康德哲学的如日中天和深远影响，康德的这种看法成为19世纪研究者对赫尔德的基本理解，即使

---

① Johann Gottfried Herder. *Philosophical Writings*. Translated and edited by Michael N. Forster. Cambridge: Cambridge University Press, 2002, p. vii.

赫尔德最重要的传记作者鲁道夫·海姆（Rudolf Haym）也是从一个康德主义者的立场来理解赫尔德的。我们知道，康德对赫尔德这一基本判断是很致命的，因为哲学历来被认为是理性的事业，说一个哲学家是用情感而不是用理性思考哲学问题，这等于宣布了他的思想的非哲学性。晚年的赫尔德写作了针对康德《纯粹理性批判》和《判断力批判》的批判著作，这些在康德哲学成为显学的背景下，都进一步加重了人们对他思想的忽视。其次，政治情势的影响。赫尔德对文化民族的鼓吹以及民族文化的重视，使得他的思想在唤醒民族认同和推动民族国家争取政治独立方面起了非常重要的作用。比如，赫尔德有关民族语言、民族文化和历史哲学的著作在斯拉夫国家出版，极大地鼓舞了这些地方的知识分子和人民的民族认同和热情，成为推动这些地区爱国主义运动的重要理论基础。

也许受赫尔德影响最大的是斯拉夫人，赫尔德把他们的出身理想化，高度赞美了他们的民歌。他经常主张，搜集民歌、风俗习惯和传统可以填补过去和现在之间的鸿沟，斯拉夫人由此可能进入未来的光荣。赫尔德作品在斯拉夫国家中出版，既有德语版的原文，又有译本，他的作品鼓舞了斯拉夫人的爱国热情。费舍尔（A. Fischel）说，赫尔德是"斯拉夫民族文化复兴真正的父亲"。因为"他是斯拉夫文化思想的缔造者。通过赫尔德，他们看到了历史发展到现在的进程，从他的允诺中他们坚信他们将来高贵的命运。"斯拉夫人热情地响应赫尔德的号召，搜集和整理民歌。它直接引发了文学民族主义运动。蔓延了斯拉夫全境。在斯拉夫国土上。爱国者像德国一样在他们的历史中寻找未来的理想，在他们的民俗中寻找他们的过去。①

---

① ［美］威尔森：《赫尔德：民俗学与浪漫民族主义》，冯文开译，《民族文学研究》，2008年第3期，第175页。

然而，与此同时，赫尔德的这些思想也被各种政治思潮所误解和利用。特别是在 19 世纪末及 20 世纪初，由于当时特殊政治情势的影响，赫尔德的"Volk"和"Volksgeist"等概念被误解地用来为各种民族主义做辩护①，他也被简单地判为民族主义者，甚至是种族主义者，其思想的本来面目消失在这种标签式的理解中。但是，事实上，赫尔德思想与一般民族主义的思想有着本质的区别，与种族主义更是没有关系。② 后面我们将在第六章中对这个问题展开论述。再次，赫尔德自身思想的特质。在理性精神和欧洲文化中心主义被大力鼓吹的 18 世纪，赫尔德反对启蒙主流的纯粹理性观念和宣扬多元文化主义的价值，注定了他与当时的时代精神格格不入，他的思想和著作不被认真地对待和阅读似乎也是必然的了。相反，赫尔德的思想在今天被越来越多的研究者和思想家所重视，也与当今世界对启蒙理性的反思以及多元文化的现实处境密切相关。最后，赫尔德写作的风格和表达的方式。赫尔德很反对像康德哲学那种体系化的思想表达形式，认为这种表达形式是以裁剪和抽象生动活泼的现实感性为手段的，是一个人造的体系，而并非事物本来的真实面目。基于这种对体系化表达形式的看法，他自己的著作多是以笔记、随笔、对话等灵活松散的形式写成的，显得相对零散，比较难以形成观点和思想之间的系统关联。这种写作风格和表达方式使人难以客观准确地把握其思想的真实面目，很容易断章取义地造成误解。或许正是在这些因素的综合作用下，赫尔德思想在很长一段时间都处于被忽视或被误解的状况之中。

---

① 如罗伯特·厄冈（Robert Ergang）就认为，赫尔德试图将政治国家与民族视为等同的事物。Robert Ergang. *Herder and the Foundations of German Nationalism*. New York: Columbia University Press, 1931, p. 243.

② 正如多米尼克·埃格尔（Dominic Eggel）、安德烈·利比奇（Andre Liebich）和黛博拉·曼奇尼-格里弗丽（Deborah Mancini-Griffoli）等指出的，如果我们细致阅读赫尔德经常被引用来证明他是民族主义者的那些文献，那么可以发现，这种理解是一种误解。Dominic Eggel, Andre Liebich and Deborah Mancini-Griffoli. "Was Herder a Nationalist?". *The Review of Politics*, Vol. 69, No. 1 (Winter, 2007).

重新发现和重视赫尔德思想，恢复它的本来面目，突显它的原创性和揭示它的当代价值，是最近几十年的事情。这主要得益于两个重要思想家——以赛亚·伯林和查尔斯·泰勒的工作。早在1976年出版的《维科与赫尔德：观念史的两个研究》一书中，伯林就将赫尔德定位为极具原创性的思想家，并努力去阐释这种原创性："然而，从整体上评价赫尔德并非我的目的，我只是要考虑他所创造的某种独树一帜的学说；讨论它们不仅是出于历史的公正，而且也是因为它们是些与我们这个时代特别相关和富有兴味的观点。……因为他的巨大影响有时反而导致遮蔽了他真正投射在这个世界上的东西。"① 在伯林看来，在赫尔德影响较大的思想中，有三个观念是最具原创性的：民粹主义（populism）、表现主义（expressionism）和多元主义（pluralism）。其中"民粹主义"是指个体对归属于一个群体或共同体的信仰，而且这种归属和信仰主要是文化价值性的而不是政治性的；"表现主义"是一种人性新观念，认为个人或群体的完整个性在一般的人类活动中表现出来，能够表现出来什么，人就成为什么；"多元主义"认为不同的社会的价值和文化是互不相容、不可通约的，但它们在地位上都是平等的，对人而言都同样有效。② 根据伯林的解释，赫尔德这三个观念之所以最具原创性，是因为它们与西方主流的思想传统，特别是启蒙以来的核心价值观念是直接相反的。民粹主义反对着启蒙的世界公民的理想，表现主义否定着启蒙的抽象人性观，多元主义对抗着启蒙真理和价值的普遍性理

---

① ［英］以赛亚·伯林：《启蒙的三个批评者》，马寅卯、郑想译，南京：译林出版社，2014年，第187页。需要说明的是，相对于英文版《维科与赫尔德：观念史的两个研究》，《启蒙的三个批评者》要较晚编辑出版，不过在关于赫尔德的部分，后者完全保留了前者的内容。中文版目前只翻译了《启蒙的三个批评者》，没有翻译《维科与赫尔德：观念史的两个研究》，所以我们中文引用时引用的是《启蒙的三个批评者》的内容。下面关于此书的引用，我们也按同样的方式处理。英文版原文请参见 Isaiah Berlin. *Vico and Herder: Two Studies in the History of Ideas*. London: Chatto & Windus, 1976, p. 152.

② ［英］以赛亚·伯林：《启蒙的三个批评者》，马寅卯、郑想译，南京：译林出版社，2014年，第187—188页。英文版原文请参见 Isaiah Berlin. *Vico and Herder: Two Studies in the History of Ideas*. London: Chatto & Windus, 1976, p. 153.

念，可以说，"这三个论题中的每一个都是相对新颖的；它们都与启蒙运动核心的道德、历史和审美学说相冲突"①。正是在这个意义上，伯林将赫尔德视为启蒙运动早期的主要批评者之一和反启蒙运动的先驱。

泰勒在很大程度上继承了伯林对赫尔德的解读，特别是在表现主义人性新观念上，泰勒认为这种人性新观念实现了现代自我认同的一个重要转向。②每个人忠于自己的独特性，坚定认同自己人生的选择和意义，用自己的尺度去生活，活出不一样的人生，这种以强调个体独特性为基本价值的现代自我认同理念，是与赫尔德的新人性观一脉相承的。与这种人性新观念相应，在泰勒看来，赫尔德更重要的贡献在于开创了一种理解语言和意义的新方式，这种新方式对现代文化造成了巨大的冲击和影响。③泰勒认为，赫尔德将人类语言的产生解释为人与生俱来的"悟性"（Besonnenheit）与外部世界交互作用的结果，实现了一种对语言和意义的新的理解方式：将对语言和意义的理解置于我们生活形式的各种语境之中，并且成为我们生活形式的本质性构成部分。具体而言，这种新观念带来了对语言和意义理解的两方面的变革：一是语言不再是与思想或观念相分离的符号，也不只是表达思想或观念的物质外壳，它就是思想本身，而且语言被当作人的自我表现，一种被嵌入具体生活方式和文化传统之中的表现；二是语言的意义只有在整体中才能确定，一个词、一句话和一种价值只有在一种生活方式和一个生活世界的整体中才能获得准确的理解。④

---

① ［英］以赛亚·伯林：《启蒙的三个批评者》，马寅卯、郑想译，南京：译林出版社，2014年，第188页。英文版原文请参见 Isaiah Berlin. *Vico and Herder: Two Studies in the History of Ideas*. London: Chatto & Windus, 1976, p. 153。
② ［加］查尔斯·泰勒：《自我的根源——现代认同的形成》，韩震等译，南京：译林出版社，2012年，第528—562页。
③ Charles Taylor. "The Importance of Herder". In *Philosophical Arguments*. Cambridge, MA: Harvard Universtiy Press, 1995, p. 79.
④ Charles Taylor. "The Importance of Herder". In *Philosophical Arguments*. Cambridge, MA: Harvard Universtiy Press, 1995, pp. 92-98.

伯林和泰勒对赫尔德思想卓著的阐释，不但澄清了学界对赫尔德思想的诸多误解，让他极具原创性的思想和观念为人们所知，而且还激发了学界重新理解和研究赫尔德思想的兴趣。特别是在我们需要全面省思启蒙运动思想遗产和进入多元文化处境的当代世界，对赫尔德思想的深入理解和讨论就不仅具有思想史的历史价值，更具有为当今的文化问题提供思想资源和启发的现实意义。或许正是在这样的背景下，最近二三十年来，学界出现了一批很有分量的赫尔德思想研究的专著和论文，这种现象在英语世界更加地显著。下面我们择其要者简要介绍。拜泽尔（Frederick C. Beiser）立足于从启蒙的根本问题来理解德国观念论整体演进的思路，讨论了赫尔德应对启蒙理性自身危机的有机论和历史主义的解决方案，比较这种方案与其他方案的优劣并分析了这种方案对后续哲学发展的影响。拜泽尔的这些观点散见在他的《理性的命运：从康德到费希特的德国哲学》(*The Fate of Reason: German Philosophy from Kant to Fichte*)①、《启蒙、革命与浪漫主义：现代德国政治思想的起源，从1790到1800》(*Enlightenment, Revolution, and Romanticism: The Genesis of Modern German Political Thought, 1790–1800*)②、《德国历史主义传统》(*The German Historicist Tradition*)③等书中。罗伯特·E. 诺顿（Robert E. Norton）在《赫尔德的美学与欧洲启蒙运动》(*Herder's Aesthetics and the European Enlightenment*)④一书中，全面分析了赫尔德的美学思想与欧洲启蒙运动的关系，认为赫尔德的美学对人的感性和感觉的强调，对之后的欧洲启蒙运动产生了重要的影响。约翰·H. 扎米托（John H. Zammito）认为，现代意义的人类学（anthropology）是从德国启蒙思想中产生的，而

---

① Frederick C. Beiser. *The Fate of Reason: German Philosophy from Kant to Fichte*. Cambridge, MA: Harvard University Press, 1987.

② Frederick C. Beiser. *Enlightenment, Revolution, and Romanticism: The Genesis of Modern German Political Thought, 1790–1800*. Cambridge, MA: Harvard University Press, 1992.

③ Frederick C. Beiser. *The German Historicist Tradition*. Oxford: Oxford University Press, 2011.

④ Robert E. Norton. *Herder's Aesthetics and the European Enlightenment*. Ithaca, New York and London: Cornell University Press, 1991.

其中最关键的两个人物就是康德与赫尔德。在《康德、赫尔德与人类学的诞生》(Kant, Herder, and the Birth of Anthropology)①一书中，扎米托细致地考察了人类学是如何在18世纪60、70年代从康德和赫尔德的思想中产生出来的。巴纳德（F. M. Barnard）是英语世界研究赫尔德政治和社会思想的著名学者。② 在2003年赫尔德逝世两百周年之际，他认为赫尔德文化、政治和社会方面的思想在当今世界越发地显示出它的重要性，就将自己已发表的部分论文和部分未刊手稿结集出版了《赫尔德论民族、人性与历史》(Herder on Nationality, Humanity, and History)③一书。正如该书的书名所提示的，在这本书中，巴纳德从民族思想中的希伯来根源、文化民族主义与政治浪漫主义的关系、历史中的连续性与因果关系、文化的动力与全球化和历史意识与政治意识的关系等方面，讨论了赫尔德关于民族、人道和历史的思想。汉斯·阿德勒（Hans Adler）和伍尔夫·库普克（Wulf Koepke）共同编辑了《约翰·哥特弗里德·赫尔德著作导论》(A Companion to the Works of Johann Gottfried Herder)④，于2009年出版。这部著作是用英语出版的一本最新的对赫尔德思想和著作的指南，汇集了当时国际赫尔德学者的最新研究成果。该著作对赫尔德的生平和著作、认识论、历史哲学、人道思想、语言观、美学思想、文学思想、《圣经》研究、神学思想、理解理论等进行了全面的介绍，消除了很多过去对赫尔德思想的误解。当代著名的赫尔德思想研究者福斯特认为，赫尔德语言哲学思想的原创性比约翰·格奥尔格·哈

---

① John H. Zammito. *Kant, Herder, and the Birth of Anthropology*. Chicago: University of Chicago Press, 2002.
② 巴纳德于1965年出版了《赫尔德的社会政治思想：从启蒙运动到民族主义》(*Herder's Social and Political Thought: From Enlightenment to Nationalism*)一书，在学界引起高度关注。F. M. Barnard. *Herder's Social and Political Thought: From Enlightenment to Nationalism*. Oxford: Clarendon Press, 1965.
③ F. M. Barnard. *Herder on Nationality, Humanity, and History*. Montreal and Kingston: McGill-Queen's University Press, 2003.
④ Hans Adler and Wulf Koepke (ed.). *A Companion to the Works of Johann Gottfried Herder*. Rochester, New York: Camden House, 2009.

曼（Johann Georg Hamann，1730—1788 年）强，也比哈曼早，与维特根斯坦等人的现代语言哲学思想更接近。① 索尼娅·锡卡（Sonia Sikka）在《赫尔德论人性与文化差异：启蒙思想中的相对主义》(*Herder on Humanity and Cultural Difference: Enlightened Relativism*)② 一书中认为，赫尔德的文化多元论观点确有相对主义的倾向，但是这种相对主义是一种启蒙了之后的相对主义，换言之，赫尔德是在坚守启蒙的一些共同价值的基础上来强调文化的多元和相对的。维基·A. 斯宾塞（Vicki A. Spencer）以赫尔德语言哲学思想为基础，讨论了赫尔德的表现主义人学观念、文化认同、共同体、民族主义、共和主义以及多元主义等思想，认为在今天的政治处境中讨论文化认同和个人身份、个体自由与共同体的关系这些问题时，赫尔德的思想具有很强的洞见性。③ 约翰·K. 诺伊斯（John K. Noyes）在《赫尔德：反帝国主义的美学》(*Herder: Aesthetics against Imperialism*)④ 一书中从后殖民主义的理论处境出发，检视了赫尔德反对帝国主义的诸多观点，认为赫尔德是用美学来对抗帝国主义。在《赫尔德的解释学：历史、诗歌、启蒙运动》(*Herder's Hermeneutics: History, Poetry, Enlightenment*)⑤ 一书中，克里斯汀·格斯达尔（Kristin Gjesdal）认为，现代意义的解释学哲学来源于 18 世纪中期关于历史、人类学和诗学的一些思考，而这之中赫尔德的思想起了至关重要的作用。

值得一提的是，最近几年的研究中有一个趋势，就是研究者越来越关注赫尔德在"硬核"哲学方面的原创性。如果说赫尔德在文化、历史和政治社会领域的思想还属于相对"较软"的哲学思想的话，那么他在存在论

---

① Michael N. Forster. *After Herder: Philosophy of Language in the German Tradition*. Oxford: Oxford University Press, 2010.
② Sonia Sikka. *Herder on Humanity and Cultural Difference: Enlightened Relativism*. Cambridge: Cambridge University Press, 2011.
③ Vicki A. Spencer. *Herder's Political Thought: A Study of Language, Culture, and Community*. Toronto: University of Toronto Press, 2012.
④ John K. Noyes. *Herder: Aesthetics against Imperialism*. Toronto: University of Toronto Press, 2015.
⑤ Kristin Gjesdal. *Herder's Hermeneutics: History, Poetry, Enlightenment*. Cambridge: Cambridge University Press, 2017.

（本体论）、认识论和心灵哲学等方面的洞见就毫无疑问属于"硬核"的哲学了。以前即便是赫尔德的研究者或许都会认为，赫尔德在社会政治、文化历史和语言等方面的思想是丰富和深刻的，但是在本体论、认识论等哲学核心领域却几无贡献。由于在哲学核心领域缺少洞见和贡献，赫尔德难以被视为真正的一流哲学家，同时，由于缺少了自身本体论和认识论的支撑，他的那些丰富的历史文化和社会政治思想似乎也少了根基。这种对赫尔德思想的理解正在发生转变。转变的一个重要契机就是赫尔德学生时代写作的一篇"论存在"的论文被重新解读。① 随着研究者们对这篇文章的重新关注，大家惊奇地发现，就在这篇早年的小文章（是目前所知的赫尔德最早写作的一篇文章）中，蕴含了赫尔德整个本体论和认识论的思想，奠定了他后来发展的其他思想的整个基础。② 同时，赫尔德在这篇文章中提出的理解"存在"的新思路，不但直接批判了以前批判时期的康德为代表的对"存在"的逻辑进路的理解，而且与后来海德格尔的"存在论"思想有诸多异曲同工之处。③ 在赫尔德的新思路中，"存在"不再是最抽象最贫乏的概念，而是成为人类整个认识的基础的最感性最确定的概念。这篇文

---

① 赫尔德写作该文时只有20岁，这篇小论文也只是他听康德课后的一篇习作，因而在很长一段时间内研究者们都不重视这篇小文章。苏芬（Bernhard Suphan）编辑的33卷本《全集》（*Sämmtliche Werke*）中没有收录这篇小文章，赫尔德的权威传记作者鲁道夫·海姆也认为这篇文章仅仅是赫尔德重复康德的一些观点。这篇文章第一次面世是在1936年，戈特弗里德·马丁（Gottfried Martin）以 "Herder als Schüler Kants"（"作为康德学生的赫尔德"）为名在《康德研究》（*Kant-Studien*）上刊登这篇文章（Gottfried Martin. "Herder als Schüler Kants". *Kant-Studien, XLI*, 1936），不过当时并没有引起太多注意；直到1984年由沃尔夫冈·普罗斯（Wolfgang Pross）编入他编辑的《赫尔德选集》之中，才引起人们的关注。

② 比如沃尔夫冈·普罗斯就认为《论存在》一文是为赫尔德的整个思想奠定理论基础的最重要的文献；马里恩·海因茨（Marion Heinz）和海因里希·克莱尔蒙特（Heinrich Clairmont）则认为该文建立了赫尔德认识论的基础。参见 Johann Gottfried Herder. *Herder's Essay on Being: A Translation and Critical Approaches.* Edited and translated by John K. Noyes. Rochester, New York: Camden House, 2018, p. 2。

③ 例如索尼娅·锡卡就认为："在存在观念上的立场和关于存在与思想的关系的看法上，赫尔德与海德格尔有诸多相似之处。"参见 Johann Gottfried Herder. *Herder's Essay on Being: A Translation and Critical Approaches.* Edited and translated by John K. Noyes. Rochester, New York: Camden House, 2018, p. 183。

章已引起学界的广泛讨论，研究者们普遍认为该文具有重要的原创性，对我们理解本体问题、认识问题、存在问题、自我问题等都提供了新的思路，特别是当我们以现代哲学的视野来重思这些问题的时候，这篇文章的诸多洞见更是显示出强烈的现代气息。相关讨论的部分重要论文已经由诺伊斯进行编辑，并于 2018 年以"赫尔德的《论存在》：翻译与批判方法"（*Herder's Essay on Being: A Translation and Critical Approaches*）① 为名出版。在该论文集中，除了收录诺伊斯本人勘正的赫尔德《论存在》的德文版，还收录了诺伊斯翻译的《论存在》英文版。除此以外，阿尼克·沃尔多（Anik Waldow）和奈杰尔·德索萨（Nigel DeSouza）于 2017 年也将近年来关于赫尔德哲学和人类学研究的重要论文结集出版了《赫尔德：哲学与人类学》（*Herder: Philosophy and Anthropology*）② 一书。尤其值得一提的是，一直主张赫尔德是第一流哲学家的福斯特在 2018 年以"赫尔德的哲学"（*Herder's Philosophy*）③ 为名出版了专著，在该书中福斯特全面阐释和分析了赫尔德的语言哲学、解释学、人类学、心灵哲学、美学、道德哲学、历史哲学、政治哲学、宗教哲学。对赫尔德"硬核"哲学的研究，使得他的思想的整体性和深刻性在逐渐地被人所理解。

国内对赫尔德思想的研究总体还比较少。基本材料方面，赫尔德的重要著作大多都还没有翻译成中文，目前只翻译出版了他的《论语言的起源》④《赫尔德美学文选》⑤ 和《反纯粹理性——论宗教、语言和历史文选》⑥

---

① Johann Gottfried Herder. *Herder's Essay on Being: A Translation and Critical Approaches*. Edited and translated by John K. Noyes. Rochester, New York: Camden House, 2018.
② Anik Waldow and Nigel DeSouza (ed.). *Herder: Philosophy and Anthropology*. Oxford: Oxford University Press, 2017.
③ Michael N. Forster. *Herder's Philosophy*. Oxford: Oxford University Press, 2018.
④ [德] 赫尔德：《论语言的起源》，姚小平译，北京：商务印书馆，1998 年。
⑤ [德] 赫尔德：《赫尔德美学文选》，张玉能译，上海：同济大学出版社，2007 年。
⑥ [德] 赫尔德：《反纯粹理性——论宗教、语言和历史文选》，张晓梅译，北京：商务印书馆，2010 年。

三本著作。另外就是翻译出版了古留加的《赫尔德》①和卡岑巴赫的《赫尔德传》②两本传记，鲁道夫·海姆用德文写作的赫尔德权威传记——《赫尔德的生平及著作》(Herder nach seinem Leben und seinen Werken)③以及罗伯特·T. 克拉克（Robert T. Clark）写作的英语世界的赫尔德的权威传记——《赫尔德：生平及著作》(Herder: His Life and Thought)④都还没有翻译过来。研究方面，目前国内关于赫尔德思想的专题研究有两篇，一篇是《走向人道——赫尔德历史哲学研究》⑤，对赫尔德的历史哲学思想进行了全面的考察，另一篇是《人与语言——赫尔德语言哲学思想研究》⑥，从人类学的视角对赫尔德语言哲学进行了细致的分析；专题硕士论文有 20 余篇，主要围绕赫尔德的民族文化思想、历史思想、语言思想和教育思想等进行介绍和分析；公开发表的专题中文学术论文大概有 130 篇，主要也是围绕赫尔德美学、历史观、民俗学、语言哲学和文学思想等方面进行阐释；国内目前还没有公开出版的赫尔德思想研究的专著。

　　国内关于赫尔德文化哲学的研究主要有：1. 专题论文主要有 3 篇：《赫尔德及其文化哲学》⑦对赫尔德的文化哲学进行了概略的介绍；《赫尔德文化哲学初探》⑧对赫尔德文化哲学的人道原则、历史性原则和移情原则进行了梳理；《西方近代哲学理解范式和历史解释模式的问题与赫尔德的文化哲学》⑨阐述了赫尔德文化哲学的本体论和认识论以及这二者对西方哲学理解范式与历史解释模式的意义。2. 国内研究文化哲学的专著和论文多有所提

---

① ［苏］古留加：《赫尔德》，侯鸿勋译，上海：上海人民出版社，1985 年。
② ［德］卡岑巴赫：《赫尔德传》，任立译，北京：商务印书馆，1993 年。
③ Rudolf Haym. *Herder nach seinem Leben und seinen Werken*. 2 volumes. Berlin: R. Gaertner, 1877−1885.
④ Robert T. Clark. *Herder: His Life and Thought.* Berkeley: University of California Press, 1969.
⑤ 陈艳波：《走向人道——赫尔德历史哲学研究》，武汉大学博士论文，2010 年。
⑥ 庞文薇：《人与语言——赫尔德语言哲学思想研究》，上海外国语大学博士论文，2013 年。
⑦ 李维武：《赫尔德及其文化哲学》，《读书》，1986 年第 10 期。
⑧ 李长成：《赫尔德文化哲学初探》，《武汉大学学报》（人文科学版），2008 年第 4 期。
⑨ 陈艳波：《西方近代哲学理解范式和历史解释模式的问题与赫尔德的文化哲学》，《哲学评论》，2014 年第 2 期。

及和介绍,特别是武汉大学的何萍教授对赫尔德的文化哲学思想一直较为推崇,曾在多篇文章中从文化哲学发展史和马克思主义文化哲学的视角对其进行了解读。① 3. 从民族学、民俗学、历史哲学和比较文学等角度对赫尔德文化哲学思想进行阐释。

以上研究和资料为国内理解赫尔德的思想做出了重要贡献。不过整体上,国内对赫尔德思想的研究还处于引介阶段,深入研究还有待大力加强,研究总体还较弱。

相比国内的情况,国外关于赫尔德文化哲学思想的研究要丰富得多,也深入得多。关于赫尔德文化哲学思想的国外研究主要集中在以下方面。

对赫尔德反思和批判启蒙理性哲学的研究。1. 以赛亚·伯林认为赫尔德是以下几种观念的鼓吹者:民粹主义、表现主义、多元主义、归属观念(notion of belonging)。这些观念不但为后来的浪漫主义、历史主义和文化民族主义奠定了思想基础,而且和启蒙理性哲学的基本原则直接相反对。② 罗伯特·E. 诺顿对伯林的观点提出了反驳,认为赫尔德并不反对启蒙的基本原则,而且深受这些原则的影响,引起了广泛的关注和讨论。③ 2. 索尼娅·锡卡详细分析了赫尔德从语言哲学角度对康德纯粹理性观的批判。④

对赫尔德社会政治和文化思想的研究。研究者认为赫尔德有机论的政治思想和文化观打破了启蒙时代机械原子论的政治思想和文化观,对后世影响巨大。关注的主要问题有赫尔德思想中的文化相对主义、文化认同、民族主义和种族主义等方面,比如巴纳德、查尔斯·泰勒以及索尼娅·锡卡等研究者都讨论过这些问题。

---

① 何萍:《文化哲学:认识与评价》,武汉:武汉大学出版社,2009年。
② Isaiah Berlin. *Vico and Herder: Two Studies in the History of Ideas.* London: Chatto & Windus, 1976.
③ Robert E. Norton. "The Myth of the Counter-Enlightenment". *Journal of the History of Ideas*, Vol. 68, No. 4 (Oct., 2007).
④ Sonia Sikka. "Herder's Critique of Pure Reason". *The Review of Metaphysics*, Vol. 61, No. 1 (Sep., 2007).

对赫尔德历史主义和人道思想的研究。1.卡西尔、梅尼克和拜泽尔等人认为历史主义是赫尔德思想的基本原则，是他真正突破和超越启蒙理性世界观的地方。2.研究者认为"人道"（Humanität）是赫尔德思想的核心概念，但含义却相当含混。埃米尔·阿德勒（Emil Adler）认为人道概念在赫尔德那里是含糊的和相互矛盾的，汉斯·迪特里希·伊姆舍（Hans Dietrich Irmscher）也认为赫尔德本人和研究者在如何界定人道上都存在着困难；罗伯特·T.克拉克给出了一些说明，但是仍与赫尔德自己的部分表述不符；汉斯·阿德勒和索尼娅·锡卡才给出了较为自洽的理解，并认为赫尔德通过该概念试图在文化相对主义与普世价值之间实现某种调和。

综上所述，赫尔德的文化哲学思想相当丰富、复杂，可从不同角度进行研究，但总的来说，国内研究相对缺失，而国外的研究虽丰富却相对零散，尤其是赫尔德的文化思想经常被贴上各种主义（如文化相对主义、文化保守主义）的标签，但对他这些思想背后的哲学基础却关注不多。鉴于此，本研究试图将赫尔德的文化哲学思想放置在他的本体论、认识论、人类学、语言哲学和历史哲学的基础上来考察，充分揭示赫尔德文化哲学观点背后的哲学理据，展示其深刻的内在一致性与系统性，以期对他的文化哲学做整体的分析和评价。特别是近年来研究者对赫尔德"硬核"哲学的深入研究，使我们进行这种深入的探讨更加成为可能。

本研究在细读赫尔德原文文献和二手研究文献的基础上，采用历史的（historical）与系统的（systematic）相结合的方法，将赫尔德文化哲学思想置于当时的背景中来追溯其思想形成和发展的历程，同时通过当代哲学的问题和视野重构其内在逻辑和评估它的价值。总体思路是：首先，追溯与分析赫尔德文化哲学思想产生的历史背景、发展历程和问题致思方向；其次，重点探讨赫尔德文化哲学思想的本体论、认识论、人性论和语言哲学的基础；再次，根据当代文化哲学的问题和视野，结合赫尔德的本体论、认识论、人性论和语言哲学，对赫尔德文化哲学思想的三个核心议题展开分析；最后，分析赫尔德文化哲学思想的意义及影响。本研究可能存在的创新之处主要在两个方面：一是在研究视角上，与一般直接讨论赫尔德文化和社会政治思想的研究不同，本研究将重点放在讨论赫尔德文化思想背后的哲学理据之上，并据此来理解和解释赫尔德文化思想的诸多观点；二是在基本观点上，本研究试图表明，赫尔德的文化哲学思想在其零散的观点背后有着深刻的一致性与系统性。

具体而言，本研究总共包括八章。主要内容和基本观点如下。第一章论述赫尔德文化哲学思想的源起，主要讨论经验主义认识论的兴起对赫尔德文化哲学思想的影响以及赫尔德文化哲学思想形成的历史过程。经验主义认识论对赫尔德的存在论思想和历史主义思维都产生了非常重要的影响，它们又本质性地影响了赫尔德对人类历史和文化的思考。第二章集中讨论赫尔德文化哲学思想的本体论和认识论基础。就本体论而言，赫尔德结合当时自然科学的最新进展提出了一种"有机活力论"，强调存在的本体是一种不断运动发展的有机活力，万物都是它推动和产生出来的现象，活力自身不可被认识，由它产生的现象才能被认识。在认识论上他则强调一种既不同于传统唯理论也不同于经验论的"感觉观念论"：我们的观念全都通过感觉来自外部世界，所以是"感性的"，但我们的观念并不如实地反映外部世界，而是构造了关于外部世界的图像，因而是"观念论"的。"有机活力论"与"感觉观念论"构成赫尔德文化哲学思想的本体论和认识论基础，也成为他理解人类历史文化和社会政治的核心世界观。第三章主要分析赫尔德文化哲学思想的人学基础。主要以伯林和泰勒对赫尔德人性新观念的解读为基础和线索，全面检视赫尔德表现主义的人学观念，揭示这一人学新观念与他的文化哲学思想之间的内在关联。赫尔德的表现主义人性观否定人有一个亘古不变的先验本质，认为人性的内容都是在具体的时空环境中历史地建构起来的。第四章重点分析赫尔德文化哲学思想的语言哲学基础。与表现主义人学思想一样，语言哲学思想也是赫尔德最具原创性的思想之一。本章集中讨论赫尔德语言哲学思想的三个核心概念，并以此揭示在赫尔德那里语言与人的生活世界和文化世界的本质关联。赫尔德认为，语言的产生在于人类表现自我的需要，语言因此成为人的现实性本质。以语言的视角来看，人实际上成为在历史与文化中展开的场域，文化因此打开着也规定着人的本质。在前几章讨论的基础上，第五、六、七章集中讨论赫尔德文化哲学思想的几个核心议题。第五章探讨历史主义与解释学方法的议题。重点分析历史主义的内涵及其对理解文化的意义，在此基础上讨论理解文化的方法。历史主义原则是赫尔德文化哲学思想的本体性原则。以历史主义的眼光来看，文化作为本体自身是历史地生成和变化的。文化自身的历史性与生成性，要求我们在理解文化时采取解释学的态度，用"移情共感"的方法来进入文化的他者。第六章分析文化有机论与文化民族主义的议题。重点讨论赫尔德文化有机论与文化民族主义的内涵及它们之间的相互关联，分析文化民族主义与极端民族主义的区别。赫尔德文化民族主义的核心逻辑是民族共同体应该建立在共同的文化基础之上，其中成员拥有共同的语言是最重要的因素。民族文化在维系成员的团结和认同中起着至关重要的作用。第七章探讨多元文化主义与人道的议题。重点讨论赫尔德的多元文化主义与文化相对主义的区别，以及赫尔德如何通过人道概念来解决人类文化的多元诉求与走向共同目标之间的张力问题。多元文化主义认为不同的文化价值都是实在的，文化相对主义却主张文化价值如人的口味偏好，背后并无任何本体的依据，这是二者最重要的区别。通过将人道定位为二阶价值，多元文化主义的价值主张定位为一阶价值，可以解释赫尔德的人道与多元文化主义二者之间的张力。第八章主要揭示赫尔德文化哲学思想的意义及影响。意义方面，赫尔德文化哲学思想实现了对近代哲学理解范式的转变和对近代历史解释模式的转换，前者成为从文化历史和生活世界来理解人的现代文化哲学和存在哲学的先驱，后者则成为现代解释学理论的肇始。影响方面，重点分析了赫尔德对德国浪漫主义运动的影响。

第一章　赫尔德文化哲学思想的源起

生活在欧洲18世纪启蒙时代的赫尔德作为19世纪兴盛的文化哲学的先驱，其思想既深深地扎根于当时时代的思潮，又对其进行了深刻的批判与反思，这形成了他与启蒙思想之间的复杂关系。学界关于赫尔德与启蒙思想的关系，一直存在着不一致的看法。德国著名的文化哲学家E.卡西尔认为，赫尔德既是启蒙之子，深受启蒙思想的濡染，又深刻地洞见到了启蒙思想的问题，对其进行了深入的批判，并在批判中将启蒙思想引向了深入，实现了启蒙思想的"自我征服"。换言之，在卡西尔看来，赫尔德是在深受启蒙思想影响的基础上，扬弃了启蒙思想。[1] 但英国著名哲学家，也是20世纪赫尔德研究复兴的主要推动者之一的以赛亚·伯林则认为，赫尔德的思想在根本上是反启蒙思想的，他开创的表现主义、归属观念和多元主义等对后来的"狂飙突进"（Sturm und Drang）运动、浪漫主义、文化民族主义思潮的兴起有着重要影响的思想都是与启蒙思想甚至传统的西方观念格

---

[1] 比如，卡西尔在谈到赫尔德对启蒙历史哲学的贡献时说道："然而，尽管赫尔德（即赫尔德——引者注）远远超出了启蒙思想界，他与他的时代的决裂却不是突如其来的。只有沿循启蒙运动的足迹，他的前进和上升才有可能。时代锻造了最终战胜自己的武器，它提供的清晰性和一致性理想确立了赫尔德的推论所依据的前提。因此，赫尔德对启蒙运动的征服是一种真正的自我征服。启蒙运动的这些失败之一实际上意味着一个胜利，而赫尔德的成就其实是启蒙哲学最伟大的精神凯歌之一。"参见[德]卡西勒:《启蒙哲学》，顾伟铭等译，济南：山东人民出版社，1988年，第226页。

格不入的。① 伯林提出的赫尔德反启蒙的观念，在当代还引发了很多的争论，争论的核心主要还是关于赫尔德思想与启蒙思想的关系。② 有论者同意伯林的观念，认为赫尔德的核心观念是与启蒙思想的基本观念相冲突的，因而也是反启蒙的；另有论者则基本同意卡西尔的说法，认为赫尔德虽然有超出启蒙思想的地方，但这些思想都是在启蒙思想自身的价值和理想之内的，赫尔德深深地受着启蒙思想的影响。

我们认为，这两种观点都有其合理之处，只是可能侧重点有所不同，卡西尔等强调的是赫尔德是启蒙之子，是他的思想在继承启蒙思想基础上的开新，而伯林等则可能更看重赫尔德思想与启蒙思想的分歧和赫尔德对后世影响巨大的、与启蒙思想相反对的独创性观点。事实上，这两个方面在赫尔德思想中都能找到证据，赫尔德确实公开且激烈地批判启蒙思想的一些方面，但他同时也深深地受到启蒙思想的影响，接受启蒙的一些基本价值和理想。比如，赫尔德猛烈地批判启蒙思想家对理性的理解，特别是康德等理性主义哲学家以一种纯粹的、抽象的方式来对理性的理解，但是他并不一般地反对理性，他只是认为康德那种纯粹理性是不真实的，是人为构造的。相反，在赫尔德看来，理性是与人的语言、历史和文化等因素紧密结合在一起的，没有脱离了这些因素来单独理解的纯粹理性。就此而

---

① 以赛亚·伯林认为："赫尔德的……三个观点对浪漫主义运动贡献巨大，……其一，我称之为表白主义（expressionism）（同表现主义，翻译的不同——引者注）的观点；其二是归属的观点（notion of belonging），意即归属于某一个群体；其三，真正的理想之间经常互不相容，甚至不能够调和。在当时，这三个观点中每一个都具有革命性意义……"参见［英］以赛亚·伯林：《浪漫主义的根源》，亨利·哈代编，吕梁等译，南京：译林出版社，2011年，第62页。

② 比如，在亚瑟·斯考腾（Arthur Scouten）看来，伯林在其作品中认为"赫尔德一生都是一个以百科全书派为代表的启蒙哲学家们的最无情的批判者"这种说法存在巨大的错误（参见 Arthur Scouten. "Reviews on *Vico and Herder*". *Comparative Literature Studies*, Vol. 15, No. 3 [Sep., 1978]）；罗伯特·E. 诺顿则认为伯林关于反启蒙的概念是一个神话，关于赫尔德反启蒙的说法更是一个强有力的虚构（参见 Robert E. Norton. "The Myth of the Counter-Enlightenment". *Journal of the History of Ideas*, Vol. 68, No. 4 [Oct., 2007]）；不过，斯蒂芬·赖斯迪逊（Steven Lestition）对诺顿关于伯林的看法进行了反驳，并试图捍卫伯林的观点（参见 Steven Lestition. "Countering, Transposing, or Negating the Enlightenment? A Response to Robert Norton". *Journal of the History of Ideas*, Vol. 68, No. 4 [Oct., 2007]）。

言，赫尔德是接受和继承了启蒙的理性精神的，区别只在于他对理性的理解与当时主流的理性主义哲学家不一样。因此，针对赫尔德与启蒙思想的关系，我们需要仔细地分别他继承的方面和批判的方面。正是基于这样的考量，作为介绍赫尔德文化哲学思想源起的部分，本章既包括启蒙思想对赫尔德文化哲学思想的影响，也包括赫尔德立足文化哲学思想对启蒙思想的批判和反思，具体而言，本章分为两节：经验主义的兴起及其对赫尔德文化哲学的影响、赫尔德文化哲学思想的形成。

第一节 经验主义的兴起及其对赫尔德文化哲学的影响

作为脱胎于启蒙时代并对时代思潮进行深刻反思的哲学家，赫尔德的文化哲学思想深受启蒙哲学思想的濡染和影响，他的很多观念与当时的时代思潮是紧密地联系在一起的。比如就西方思想的传统而言，赫尔德熟谙古希腊的哲学、艺术和文学，被亚里士多德的思想所深深地吸引，他思考当时德国艺术和文学的问题是以古希腊的艺术和文学为背景的，也是借助古希腊的例子来进行或赞成或批判的阐发的。而且，按照梅尼克的说法，柏拉图主义特别是新柏拉图主义，是施惠青年赫尔德成长的三种主要精神力量之一。[①] 再比如，当时自然科学的发展就给赫尔德带来了很大的影响。与人们一般认为赫尔德强调人的感觉和情感因而比较排斥自然科学发展的印象相左[②]，赫尔德作为生活在自然科学快速发展的时代的思想家，他与康德、席勒和歌德（Johann Wolfgang von Goethe，1749—1832年）等一样，对当时自然科学的进展表示积极的关注，甚至很了解当时的自然科学，将自然科学的成就进行

---

① 另外两种主要的精神力量是启蒙运动和虔敬主义（Pietism）。参见［德］弗里德里希·梅尼克：《历史主义的兴起》，陆月宏译，南京：译林出版社，2009年，第325—332页。
② 人们想当然地认为赫尔德反自然科学的观点印象，主要来自强调哈曼非理性主义对赫尔德的影响以及康德将赫尔德批判为用情感和感觉而不是用理性来思考哲学的人。当然，赫尔德的很多观念被德国的"狂飙突进"运动和浪漫主义所继承，这加深了人们的这种印象。

哲学反思和提炼，也将其积极地反映和融入在自己的思想体系中。赫尔德就将当时生物学和生理学中的有机论的观点运用到人类历史文化领域①，并且他的整个世界观中那种拒绝用任何神秘主义和超自然的因素来解释自然和人的自然主义态度②，明显是自然科学影响下的结果。正如尼斯贝特（H. B. Nisbet）指出的，"赫尔德并没有接受哈曼的反科学的非理性主义，他在其思想的几乎所有阶段，都对那些将科学与其他思想和经验领域分开的态度进行了激烈的驳斥，他反复强调科学作为积极因素在人类历史中的价值"③。

另外，当时英法的启蒙思想与德国本土的思想和文化更是对赫尔德产生了直接的影响。就英法思想家而言，主要是洛克、休谟和孟德斯鸠等人的思想强烈地影响着赫尔德。特别是休谟对因果关系的形而上学基础的怀疑，启发赫尔德从内在精神的角度来理解事物的本性及其联系；孟德斯鸠强调追根溯源地去理解事物以抵达事物真实原因或本质的方法，让青年赫尔德印象深刻，并在此基础上发展出了历史主义地理解事物的方式。在德国本土的思想文化方面，这种影响，概要而言，主要有两个方面，一个是莱布尼兹—沃尔夫哲学，另一个是德国的虔敬主义宗教氛围。莱布尼兹—沃尔夫哲学在17、18世纪的德国占据主导地位，甚至有学者指出莱布尼兹思想奠定了整个德国启蒙运动的基本思考框架。④ 赫尔德在哥尼斯堡求学时康德讲授的主要也

---

① 伊利亚斯·帕尔蒂（Elías Palti）认为，赫尔德的历史理论中所表现出来的进化和有机论思想与当时自然科学中的有机论思想是一致的，而且自然科学中那些没有解决的理论难题在赫尔德这里也表现了出来。参见 Elías Palti. "The 'Metaphor of Life': Herder's Philosophy of History and Uneven Developments in Late Eighteenth-Century Natural Sciences". *History and Theory*, Vol. 38, No. 3 (Oct., 1999)。
② 赫尔德的这种自然主义态度是就他整个一生的致思路向而言的，换言之，就是赫尔德在整体上是坚持以自然主义的方式来理解人与自然界的。但其中可能有一个例外，就是赫尔德在布克堡时期（1771—1776年）对《圣经》的解释被很多研究者认为充满神秘主义的因素。
③ H. B. Nisbet. *Herder and the Philosophy and History of Science*. Cambridge: Modern Humanities Research Association, 1970, preface.
④ 可参见斯塔姆（Israel Stamm）以及赵林教授的相关讨论。Israel Stamm. "Herder and the *Aufklärung*: A Leibnizian Context". *The Germanic Review: Literature, Culture, Theory*, Vol. 38, No. 3 (May, 1963); 赵林：《莱布尼茨—沃尔夫体系与德国启蒙运动》，《同济大学学报》（社会科学版），2005年第1期。

是莱布尼兹—沃尔夫哲学，康德根据自己的哲学对其有很多的批判，或者说当时的康德主要是借助批判莱布尼兹—沃尔夫哲学来阐释自己的思想。① 赫尔德也深受莱布尼兹—沃尔夫哲学，特别是莱布尼兹单子论思想的影响，他对不同民族的文化的特殊性和个体性的强调，对不同文化内在价值的不可比较性的强调，被认为主要是受到莱布尼兹单子论思想的影响，是将在莱布尼兹那里单子所具有的特质向文化的推广。马丁·路德宗教改革以后，反对死板地信仰《圣经》教条、提倡注重内心虔诚和道德的虔敬主义在德国成了重要的宗教文化氛围。赫尔德从小所生活的环境就是一个受虔敬主义影响的环境，所以在赫尔德的思想中，特别是在宗教的问题上，哪怕后来接受了启蒙思想的诸多影响，虔敬主义一直是其宗教思想的底色。这些方面的思想或思潮对赫尔德的影响我们将在后面的相关章节中来展开。在本节中，我们主要对经验主义认识论的兴起对赫尔德文化哲学思想产生的影响展开论述。

我们知道，西方近代哲学的核心关注是认识论问题，且针对人类知识来源、知识的普遍有效性等人类认识的本性问题形成了唯理主义和经验论两个重要的哲学阵营。这两大阵营在一些重要的认识论问题上都存在着严重的分歧，而且，经验主义认识论的兴起和它很多哲学主张的提出都是在唯理主义认识论自身面临理论困难、无法解释很多新出现的现象的基础上展开的。因此，为了更好地理解经验论的一些观点，我们可以先了解唯理主义认识论的一些主张。

唯理主义认识论是由笛卡尔开端的。② 笛卡尔通过"我思故我在"的著

---

① ［美］曼弗雷德·库恩：《康德传》，黄添盛译，上海：上海人民出版社，2008年，第132—179页。
② 当然，值得指出的是，笛卡尔的哲学不只是唯理主义哲学的开端，而且是整个西方近代哲学的开端，他确立的哲学研究范式不只对唯理主义哲学有影响，对经验主义哲学也同样有影响，特别是他将哲学研究的逻辑起点确立为我们的自我意识，以及以几何学为模板的理性思维方式，这些都对经验主义哲学产生了重要影响。只是我们这里更多地强调他对唯理主义哲学的影响，而且在哲学史上他也主要被归入唯理主义哲学阵营，他确立的哲学范式基本被后来的唯理主义哲学家悉数继承。

名命题为唯理主义哲学以及整个西方近代哲学奠定了基本的哲学思考范式。那么笛卡尔是如何论证"我思故我在"的呢？在笛卡尔看来，他的哲学的首要目标是要寻求人类知识中那完全不可怀疑①的阿基米德点，并将我们整个知识的大厦建立在这个牢固的基础之上。为此，他考察了人类获取知识的一些原则和普遍公认的一些知识。

他首先考察了我们人类获取知识的主要渠道——经验，看经验是否可以帮助我们获得具有绝对必然性的知识。笛卡尔通过"梦的论证"认为经验无法为我们提供绝对必然性的知识，无法成为那个具有不可怀疑性的阿基米德点。经验是通过我们的感觉向我们提供关于外部世界的知识的，主观的感觉经验被认定为或预设为关于独立于我们主观感觉经验的外部世界的知识。但是，我们都知道，在做梦的时候我们也有与醒着的时候相类似的感觉经验，却没有与之相对应的独立于我们主观的外部世界作为它的对象。同时又由于我们在根本上无法区分醒着的感觉经验和做梦时的感觉经验（醒着的经验在做梦时都可以出现，或者说我们用以区分醒着的那些"办法"[经验]在做梦时都可以出现），因此，把主观的感觉经验认定为关于外部世界的知识是不可靠的，至少是可疑的，那么通过经验的方式获取的或认定的关于外部世界的知识就是不可靠的，不具有不可怀疑性。但是数学和逻辑的知识可以通过"梦的论证"的检验，因为不管是醒着还是梦中，数学和逻辑的知识都是一样的，都具有一样的确然性。那么是否在笛卡尔看来数学和逻辑就具有不可怀疑性，可以作为那个阿基米德点呢？笛卡尔依然认为不可以，他通过"恶魔论证"指出数学和逻辑均不具有不可怀疑性。笛卡尔认为，我们可以设想一个存在者，它的能力跟上帝一样强

---

① 完全不可怀疑在这里也可以理解为具有不可怀疑性，或者对其进行怀疑是不可能的。换言之，一个事物具有不可怀疑性不是指它事实上不可怀疑，而是指它在逻辑上不可怀疑，我们无法设想一种可能性对它进行怀疑。笛卡尔对经验知识和数学逻辑等知识的怀疑，正是在可怀疑性的意义上来谈论的，而并不是指它们在事实上是可被怀疑的。

大，不过它不像上帝那样善良，而是非常地坏，老是欺骗我们，当我们进行数学演算的时候或是进行逻辑推理的时候，它就欺骗我们，把演算或推理的结果导向错误的方向，比如，2 加 2 本来不等于 4，但是我们每次做演算的时候这个能力强大的欺骗者就导向我们等于 4，以至于让我们错误地以为 2 加 2 本来就是等于 4 的。① 由于我们无法在逻辑上排除这样一种具有强大能力的欺骗者（恶魔）存在的可能性，我们在根本上也消除不了这样一种对数学知识和逻辑知识的怀疑，如此，数学和逻辑知识也不具有不可怀疑性，无法作为建立人类知识大厦的基础。那么，什么才可以作为那个基础呢？怀疑掉经验获取的外部世界的知识以及理性获得的数学和逻辑知识之后，笛卡尔认为，只有包括"我在怀疑"在内的"我思"② 才是不可怀疑的，因为对"我思"进行怀疑本身也是一种"怀疑"和"思"，因此，只有"我思"才是不可怀疑的，才具有绝对必然性，笛卡尔由此得到了他的哲学的第一原理"我思故我在"。在这个自明的第一原理基础之上，笛卡尔进一步证明了上帝的存在以及我们的身体和整个外部世界的存在，完成了他的形而上学构建。

笛卡尔对"我思故我在"以及整个人类知识大厦的基础奠定工作有两点是值得我们注意的。首先，就是他将哲学讨论的关注点转移到了我们人主体自身，特别是主体的内在意识上，因为"我思故我在"之所以能够成为具有绝对必然性和完全自明性的第一原理，正在于它在我们主体的内在意识之中，具有一种内在意识的完全自明性。如果说古希腊哲学对世界本源的追问是向外寻求根据的哲学的话，那么笛卡尔的"我思故我在"则开启了一种内向反思和追问主体根据的哲学。事实上，从笛卡尔开始的整个近代哲学，不管是唯理主义还是经验主义哲学家，虽然他们在具体的观点

---

① 需要指出的是，笛卡尔在这里并不是真的认为 2 加 2 不等于 4，而是在说一种可能性，即前面一个注释说到的可怀疑性。换言之，2 加 2 等于 4 可能在事实上是不能怀疑的，但是只要有恶魔存在的可能性，就无法彻底消除对 2 加 2 等于 4 进行怀疑的可能性。
② 根据笛卡尔的理解，这里的"思"并不专指理性思维，而是包括了"我"的感觉、意愿、情感和认知等一切意识状态。

上有分歧，但是他们思考和解决问题的出发点都基本是一致的，都是从主体的内在意识出发。其次，笛卡尔在《第一哲学沉思集》中对第一原理的证明以及整个形而上学体系的建构都体现出鲜明的理性论证，特别是用类似于几何学公理体系进行论证的特征。比如，在《第一哲学沉思集》中，笛卡尔首先通过普遍怀疑的方法确立了具有完全自明性的第一原理——"我思故我在"（这类似于几何学体系中对公理的确立），然后再在此基础上演绎和证明了上帝的存在[①]、我们身体的存在以及整个外部世界的存在，并以此来证明我们人类知识整个的可靠性，整个《第一哲学沉思集》也明显地体现出类似于几何学公理体系的演绎特征。虽然用理性的方式来论证哲学观点是西方哲学从古希腊就开始的传统，数学知识也是西方哲学从古希腊以来就比较重视的，但是明确地用数学演绎的方式将哲学作为一个公理化的系统来证明，这恐怕是由笛卡尔开启的，或者说他做出了重要的推进。笛卡尔之后重要的唯理主义哲学家，如斯宾诺莎和莱布尼兹等，都深受这种数学演绎方法的影响，并将其运用到自己的哲学论证当中。

正是在这个意义上，我们可以说，笛卡尔开启了西方近代唯理主义认识论，奠定了唯理主义认识论的基本范式。这种范式具体主要表现在两个方面。首先，将逻辑的同一律确立为形而上学的真理标准，认为同一律是揭示实在的本质和实存真理的原理。在笛卡尔看来，形而上学的真理应具有不可怀疑性。那么什么是不可怀疑性呢？根据前面的论述，不可怀疑性就是不存在对其进行怀疑的可能性，不存在其反面为真的可能性，其存在是必然的。换言之，按照笛卡尔的标准形而上学的真理应是具有普遍必然性的真理。正如我们前面分析的，"我思故我在"正是笛卡尔经过普遍怀疑后所找到的这

---

① 需要说明的是，关于上帝存在的证明问题，根据笛卡尔的意思，通过"自我的存在"来证明"上帝的存在"并不是说自我的存在在本体论的意义上优先于上帝的存在，相反，在本体论上是上帝的存在优先于自我的存在，自我存在的基础和前提是上帝的存在。通过自我的存在来证明上帝的存在是认识论意义上的，即"我"首先确凿地认识到自我的存在，然后通过它认识到上帝的存在。

样一个真理。那么这个真理为什么具有必然性呢？根据前面我们对笛卡尔的解释，在该命题中，当"我"想到"我思"时就一定会想到"我在"，或者说想到"我思"而没有同时想到"我在"这是矛盾的。"思"是一种意识活动，它必须有一个活动的主体或承担者，这就是"我"。从"思"到"我"，或者从"我思"到"我在"具有一种逻辑的自明性，既可以通过内省直观到，也可以通过分析推论出来，总之，"我在"内在地包含于"我思"当中。换言之，如果借用后来康德的术语，那么具有不可怀疑性的真理实质上是分析的真理，判断的谓词分析地包含于判断的主词当中，肯定判断的主词而同时否定判断的谓词是不可能的。为分析判断的真理性提供保障和依据的正是逻辑的同一律，所以笛卡尔的真理标准实质上是逻辑的同一律。更进一步，在笛卡尔看来，这种建立在逻辑同一性上的真理观不但可以描述实在的结构，而且可以揭示实存事物的本质。这种通过逻辑同一性建立起来的实在结构是经验实存的事物的基础，不能通过实在结构来说明的实存事物其存在也是虚假的，不能作为知识的对象。爱德华·凯尔德（Edward Caird）在总结笛卡尔的真理观时明确指出："这为我做出所有的判断给定了一个规则，一个把'我思故我在'当作认识的形式和内容的要素的规则。凡是我们从一个事物的清晰明了的概念中能抽取出来的东西则必然在实际中属于这个事物；而凡是我们不能从一个事物的清晰明了的概念中抽取出来的东西则在实际中不是必然属于这个事物的。"① 所以，根据这一原理，事物本质中具有的东西，在它的实存中也必然具有，反之亦然。事物的本质和实存是统一的，笛卡尔据此做了关于上帝存在的本体论证明。

其次，通过感性获取的知识被驱逐出真理的领域。我们可以从两个方面来理解这一点。第一，笛卡尔在寻找和确定完全不可怀疑的事物的同时，也是在寻找和确定可怀疑的事物，这是笛卡尔怀疑之路的一体两面。在笛

---

① Edward Caird. *Essays on Literature and Philosophy*. 2 volumes. New York: The Macmillan Company, 1982, Vol. 2, p. 279.

卡尔确定可怀疑的事物时，他通过"梦的论证"将整个关于外部世界的对象认为是可怀疑的事物，我们关于它们的知识也不具有必然性，因为从我们主观的感觉经验推论出外部世界事物的存在，或者从我们主观关于外部世界事物的知觉印象推论出外部世界事物确实具有如此相应的特征，这是没有理性根据和本体的基础的。第二，我们知道，关于外部世界事物的知识的一个本质特征即它们是通过经验获得的，外部世界的事物也是在时间中不断地被给予出来的，它们的一个基本特征是其反面并不是不可能的，因而它们的存在是偶然的，不是必然的。比如虽然今天事实上下了雨，但是我完全可以设想今天没有下雨，这不会导致什么逻辑上的矛盾，用前面所言的逻辑的同一律无法揭示和认识这类事物的真理，因为它不具有逻辑的那种普遍必然性。用后来康德的术语说就是，在笛卡尔那里可怀疑的外部世界事物就是通过经验展示给人的事物，这类事物的经验性表明了它们可怀疑的本质，因为经验性的实质是在时间中被给予的偶然性，经验性的事物在时间中被给予出来或者不被给予出来都需要借助于经验才能知道，无法通过形式逻辑的同一律来推知。由于笛卡尔式的真理必须是"符合逻辑同一律的、其反面是不可能的"的必然真理，在时间中给予出来的偶然真理自然被排除在真理的领域之外。后来受笛卡尔哲学影响的唯理主义者，在对待经验实存真理的问题上，要么将其纳入必然真理的范畴来说明，要么直接将其逐出真理的领域。比如，接受了笛卡尔真理观的唯理主义者就把明显具有经验性特征的人类历史知识排除在真理的领域之外，卡西尔明确说道："笛卡尔主义的确只崇尚理性，从而远离了历史领域。按照这种哲学，任何纯事实的东西都不得声称有任何真正的确定性，任何关于事实的知识在价值上都无法与清楚明白的逻辑知识、纯数学和精密科学相比拟。"①

但是，随着牛顿物理学的巨大成功而不断发展的经验科学让人们越来越发现，经验实存领域的真理用唯理主义的逻辑同一性法则不能够揭示，

---

① ［德］卡西勒:《启蒙哲学》，顾伟铭等译，济南：山东人民出版社，1988年，第196页。

只能通过感觉经验来获取。经验主义认识论随之迅速兴起并促使思想家们反思唯理主义的认识论原则。17世纪经验主义认识论的集大成者洛克就旗帜鲜明地认为，人心先天没有一切标记，没有一切观念，这一切统统都是经验后天给予的：

> 我们可以假定人心如白纸似的，没有一切标记，没有一切观念，那么它如何会又有了那些观念呢？人底匆促而无限的想象既然能在人心上刻画出几乎无限的花样来，则人心究竟如何能得到那么多的材料呢？他在理性和知识方面所有的一切材料，都是从那里来的呢？我可以一句话答复说，它们都是从"经验"来的，我们底一切知识都是建立在经验上的，而且最后是导源于经验的。①

这就是洛克著名的"白板说"。由于经验主义认识论认为，实存的真理都是经验领域的真理，经验真理的重要特质是其反面也是可能的，设想其反面并不会造成任何矛盾，所以经验真理不能通过逻辑的同一律来推论，只能通过经验来确定。当然，这里并不是说，实存的真理可以违反形式逻辑的同一律，而是说形式逻辑的同一律不足以揭示和认识实存真理。事实上，实存真理也必须满足形式逻辑的同一律，只是对实存真理来说光满足形式逻辑的同一律是不够的，还无法真正揭示实存真理的本性。换言之，形式逻辑上不可能的事物在实存中一定是不可能的，但形式逻辑上可能的事物在实存中却未必是可能的，实存真理需要在经验中被给予出来和确定。实存真理与形式逻辑的这种关系后来康德在《纯粹理性批判》中明确为形式逻辑（普通逻辑）是实存真理的必要条件（消极条件），而不是充分条件。②

---

① ［英］洛克：《人类理解论》，关文运译，北京：商务印书馆，1959年，第68页。
② ［德］康德：《纯粹理性批判》，邓晓芒译，杨祖陶校，北京：人民出版社，2004年。参见"真理的消极条件"一节。

这样经验主义认识论就在根本上挑战和动摇了唯理主义认识论的基础,因为它否定了凭借天赋观念和先验理性可以先天地洞察存在的本质和实存的真理的唯理主义认识论原则,否定了同一律是判定知识的唯一标准。

经验主义认识论给唯理主义认识论带来的挑战实质在于唯理主义的认识论原则不足以揭示经验实存的真理。特别是随着自然科学的发展,实存真理和经验知识不断地出现,甚至成为人们知识增长的主要方面,唯理主义认识论弊端的暴露就越明显,对实存真理和经验知识本性进行说明的需要就越迫切。人们越发地认识到,经验实存的真理是一类特殊的真理,其特殊性在于,它们虽然都是真理,但是偶然的,即经验领域中每一个实际发生的真理也完全可能不发生而不会造成任何逻辑矛盾,这就使得对经验实存真理的确定无法像推论必然真理那样通过逻辑的同一性原则来进行,必须另外寻找确定这种真理的认识论原则。洛克、贝克莱和休谟等人的经验主义认识论思想正是试图应对这些问题。① 在这些经验主义哲学家看来,人类知识的基本原则就是:我们一切的知识都来自感觉经验。恰如前面提到的洛克所认为的,我们的心灵天生是一块白板,其中一切内容都是后天通过感觉经验画上去的。这就直接否定了任何天赋的观念,人类一切的知识都是通过感性的方式获取的,有着感性的基础和来源。赫尔德早年在哥尼斯堡求学时就通过康德的课堂接触了经验主义认识论的思想,并将它作为自己一生都坚持的认识论原则。这一点我们在后面阐述赫尔德认识论思想时还会深入分析。

随着经验主义认识论强调经验在我们认识中的重要性,以及自然科学特别是牛顿力学的成功范例,通过经验来认识事物、分析事物,通过经验

---

① 当然,经验主义的认识论主张也被唯理主义吸收和借鉴了,笛卡尔之后的唯理主义哲学家莱布尼兹就考虑了实存真理的问题,他的充足理由律思想在很大程度上就是试图将实存真理纳入他的思想,并试图说明这类真理的认识原则和形而上学本性。只是在莱布尼兹那里,用以解释和说明实存真理的充足理由律在本质上依赖于形式逻辑的必然性推理法则,实存真理的本性最终也得依靠逻辑的必然性真理来阐明,这就在根本上决定了莱布尼兹的唯理主义认识论特征。

观察来揭示事物的本质就成为人们认识外部世界的主要方式。与经验主义认识论的兴起差不多同时，对后来西方哲学的发展影响深远的历史主义思维方式也开始出现了。根据德国思想史大家梅尼克的说法，"历史主义的兴起是西方思想中所曾发生过的最伟大的精神革命之一"①，"历史主义所做的首先是把崭新的生命原则应用于历史世界。这种生命原则是从莱布尼茨直至歌德去世为止的伟大的德国运动所获得的"②。经验主义认识论的流行与历史主义思维方式的出现或许不是偶然的，因为在我看来它们二者之间存在着内在的一致性。

虽然目前学界对历史主义还未形成统一的界定③，但主要集中于两个方面来理解基本是有共识的：一是将历史主义等同于一种世界观，即从事物起源、发展等过程来看待的根本方式；二是将历史主义理解为一种研究历史的方法论原则，即在历史研究中根据历史自身的具体情况以一种同情的方式来客观地对待研究对象的历史研究方法论，以德国的兰克的历史学派为代表。卡尔文·G. 兰德（Calvin G. Rand）在分析狄尔泰、特洛尔奇和梅尼克等人的历史主义思想时指出："作为一种方法，历史主义意味着一组指导历史学家对过去的事件进行研究的规范化的概念和原则。作为一种世界观，历史主义指称一种基于一组类似的概念（指前面指导历史学家进行研究的规范化概念——引者注）对人及其世界的全面的视角。"④我国台湾著名的历史学者黄进兴在其《历史主义与历史理论》一书中对此有更明确的论述：

---

① ［德］弗里德里希·梅尼克：《历史主义的兴起》，陆月宏译，南京：译林出版社，2009年，前言第1页。
② ［德］弗里德里希·梅尼克：《历史主义的兴起》，陆月宏译，南京：译林出版社，2009年，前言第2页。
③ 参见美国著名史学史学者伊格尔斯的相关讨论。［美］格奥尔格·伊格尔斯：《历史主义的由来及其含义》，王晴佳译，《史学理论研究》，1998年第1期。
④ Calvin G. Rand. "Two Meanings of Historicism in the Writings of Dilthey, Troeltsch, and Meinecke". *Journal of the History of Ideas*, Vol. 25, No. 4 (Oct.–Dec., 1964).

"历史主义"一词有两个极限：前者以"历史主义"为世界观，将"历史主义"解释为人类对自己及宇宙的观感，亦即"人为历史的产物"，其意义与价值必须从历史发展的过程，加以掌握。后一端以"历史主义"当做一种方法论，它与史料的批评无关，却是重视直觉的把握与体会，"同情的了解"方法就是历史主义强调治史的基本利器。①

很显然，在历史主义的这两种含义中，作为世界观的含义是更根本的，因为作为历史研究方法论的历史主义完全可以看作历史主义世界观在历史研究领域的应用和投射，即我们通常所说的世界观统摄了方法论。但更值得关注的是，不管是作为根本的世界观还是历史研究的方法论，历史主义都正如梅尼克所言，是"西方思想中所曾发生过的最伟大的精神革命之一"，对近现代西方世界的形成产生了重要的影响。在这里，根据讨论的需要，我们也主要是在梅尼克的意义上，将历史主义理解为近代西方一种重要的思维方式的革新，而且为强调思维方式革新的意义，我们在相关论述时使用"历史主义思维方式"的表述。那么什么是历史主义的思维方式呢？或者什么是作为根本世界观的历史主义呢？在这里，我们依然可以遵循梅尼克的指引来深入理解历史主义的内涵，他认为："历史主义的核心是用个体化的观察来代替对历史—人类力量的普遍化的观察。这并不意味着历史方法就完全排除了任何在人类生命中寻找普遍法则和类型的努力。它必须运用这种方法，并与一种对于个体的感受结合起来。"② 根据引文，我们可以知道，在本质上，历史主义思维方式强调一种对事物的具体的、个性化的，而不是抽象的、普遍化的理解和考察，虽然历史主义也需要普遍规律的指引，但它更侧重和更关注的是具体的和具有个性化的事物。进而

---

① 黄进兴：《历史主义与历史理论》，西安：陕西师范大学出版社，2002年，第7页。
② ［德］弗里德里希·梅尼克：《历史主义的兴起》，陆月宏译，南京：译林出版社，2009年，前言第2页。

言之，历史主义者甚至认为，事物的个体性更能体现事物的真实面貌，对事物的真实理解必须从事物的个体性中获得，即使是对普遍法则和类型的寻求，也必须以个体化的观察为前提。对事物进行具体化的、个体化的考察，就会关注一个事物产生和变化的过程，形成一种历史地理解和看待事物的眼光，"发展"这个概念就会进入历史主义的思维方式之中。梅尼克也明确地指出了这一点："因为在进化的和个体的思想形式之间有着一种亲密的联系。个体性，包括单个人物的个体性与观念和实际世界的集体性结构的个体性，其本质就在于，它只有通过一种发展的过程才能显示出来。"① 质言之，发展的观念是强调个体性地考察事物的历史主义思维方式的题中应有之义：因为个体性是一个事物的独特性，它只有在与他物的关系中，在时间的流变中保持自身才能体现出来，这就要求个性必须是发展着的个性；而发展是某种东西从小到大、从弱到强、从潜能到现实的实现过程，这同时就说明只有有个性的东西才谈得上发展，所以历史主义思维方式对事物个体性的关注必然会深入个体事物自身的发展过程。

了解了历史主义思维方式的本质内涵，我们很容易发现它与经验主义认识论的内在关联。因为正如我们前面指出的，经验主义认识论主张我们一切的知识都来源于经验，一切真理都具有经验的特性，这就意味着我们只能通过经验的方式才能获得知识，认识真理。那么我们是怎么通过经验来认识真理的呢？以当时通过经验获得知识的典型方式——自然科学为例，先是对在时间中偶然给予出来的个别特殊实存现象进行观察，或是创造相关的条件对个别实存现象进行实验，然后分析个别实存现象，发现其中那些稳定的联系，将其从个别特殊上升到普遍一般，归纳和抽象成普遍的知识和规律，这就基本完成了一次自然科学的知识发现。② 很显然，虽然自然

---

① ［德］弗里德里希·梅尼克：《历史主义的兴起》，陆月宏译，南京：译林出版社，2009年，前言第4页。
② 显然，我们这里预设了自然科学是通过经验归纳的方式来获取知识的。卡尔·波普尔认为科学发现并不是通过归纳法的方式来进行的，而是提出的理论不断被证实或证伪的（转下页注）

科学的目标是获取具有普遍性①的知识和规律，但它的出发点是对个别实存的经验观察或实验，而对个别实存事物进行经验观察或实验，就是要了解它的各种特征，了解它产生和发展变化的各种内部和外部条件，换言之，就是充分了解它的整个来龙去脉，充分理解它的个体性和特殊性，这很明显地与历史主义思维方式强调个体性和发展性是内在相通的。特别是将自然科学中的这种观察和实验的经验方法推广运用到人类历史和人类其他事务的领域，这种方法与历史主义思维方式的本质联系就更加明显了。比如，在人类历史领域，我们要获取一个族群历史方面的知识，根据经验观察的方法要求，就是要去观察和了解这个族群是如何产生的，经历了哪些变化，这些变化导致了它具有哪些特征，等等，这些都在本质上已经是历史主义的思维方式了。在人类的文化、政治、制度等领域也都是如此，用自然科学中的经验观察方法去获取相关的知识，实际上就是用一种历史主义的思维方式来考察事物了。

自然科学中这种经验观察和实验的方法，被经验主义哲学家提炼为认识论中的"分析法"，以相对于唯理主义哲学家的"综合法"。简言之，后者认为寻求真理的方法应如数学中的方法，在清楚明白的自明观念上进行逻辑的演绎，不管是作为演绎起点的基本概念还是作为演绎法则的逻辑规律，整个知识的对象是以主体自明性为基础的；前者则认为获取知识的有效方法是如自然科学中的方法一样，其认识的对象是在经验中被给予我们的，我们只是对其加以分析提炼。② 经验主义与唯理主义认识论这种方法论

（接上页注）猜想与反驳的过程。托马斯·库恩也认为科学发现是对范式的革命（科学革命时期）或在范式的指导下进行的（常规科学时期），不是一个经验归纳的过程。他们二人对科学发现的理解都是很深刻的，事实上，我们这里也不是认为科学发现真是通过经验归纳的方式来进行的，而是指出当时的自然科学家是这么来理解他们自身的工作的。

① 这里所讲的自然科学的普遍性不是唯理主义哲学家所认为的那种对所有存在者都适用的绝对的普遍性，而是指就某一类自然科学的对象或范围而言，知识或真理在这个范围内有普遍性，是一种相对研究对象或范围而言的普遍性。

② 笔者在博士论文中对经验主义的"分析法"与唯理主义的"综合法"进行了细致的比较，请参见陈艳波：《走向人道——赫尔德历史哲学研究》，武汉大学博士论文，2010年，第二章第一节。

上的分歧的直接体现是它们对经验实存真理的不同看法，但这同时牵涉到另外一个更重要的问题，就是由于要解释经验实存的真理，人们开始反思唯理主义所主张的人的认识能力，这导致了人们对人类理性能力理解的转变。① 这个问题对关注人的主体，力图从主体自身的内在意识来寻找认识的根据的西方近代哲学家来说，是至关重要的，这也可以成为我们理解经验主义认识论与历史主义思维方式内在关联的一个重要方面。在以笛卡尔为代表的唯理主义哲学家看来，通过与数学演绎相类似的"综合法"所寻求到的真理具有不可怀疑性、确定性、永恒性（无时间性）和普遍性，正是在这个意义上，经验实存作为在时间中偶然出现的现象，被排除在知识和真理之外，最多也只是通往先天真理的一个阶段或契机。与这种真理观相应和为这种真理观做支撑的是唯理主义哲学家对人类理性的理解，他们将人类理性理解为人与生俱来的一种自足的能力，具有先天的自明性，可以产生自明的观念和普遍的法则，这些观念和法则可以成为我们建构整个人类知识大厦的基础。与之相反，经验实存的真理是在时间中被偶然给予出来的，不是先天自明或被主体自身建构出来的，具有典型的偶然性、暂时性和特殊性等特征，获取知识的正确途径就是对已经给予我们的经验对象进行"分析"。质言之，经验实存真理与理性逻辑真理的根本区别在于：前者的认识对象是通过经验的方式被给予我们的，只有当这个对象被给予了出来，我们才能认识它；而后者的认识对象是主体自身具有的，是在主体自身内被发现和建构起来的。正是因为这种区别，经验主义哲学家认为，理性并不是如唯理主义哲学家所理解的那样，是一种先天具有一些观念和法则的自明的能力，而是一种其认识对象必须被经验地给予出来才能够发

---

① 卡西尔在他的《启蒙哲学》一书中分析了这种对理性能力理解的转变，具体参见 [德] 卡西勒：《启蒙哲学》，顾伟铭等译，济南：山东人民出版社，1988年。笔者在博士论文中也对从17到18世纪思想家对人的理性能力理解的转变进行了详细的分析，并指出了它的认识论含义及对历史主义兴起的影响，请参见陈艳波：《走向人道——赫尔德历史哲学研究》，武汉大学博士论文，2010年，第一章第一节。

挥作用的能力，它不是自律自足的，相反是面向经验敞开或者通过经验才能建构起来的一种能力。这种从唯理主义到经验主义对理性理解的转变的实质在于，理性从自律自足的内在封闭，变成了面向时间和经验的外部敞开，经验和时间的因素进入对真理和理性的理解，这在本质上已经是通向历史主义的思维方式了。

历史主义的思维方式对赫尔德的思想产生了重要影响，成为他的思想的一个重要来源。历史主义思维方式主要是通过两个方面进入和影响赫尔德的思想的。一个主要的方面是与赫尔德所接受和坚持的经验主义认识论基本原则直接相联系，这一点我们在前面已经进行了分析，在后面的章节中我们还会继续再展开论述。另一方面赫尔德是受到了莱布尼兹等人的思想的影响。

根据梅尼克的观点，历史主义在德国的出现与莱布尼兹的思想有直接的关系。作为莱布尼兹本体论思想的单子论学说认为：构成这个世界本体基础的是具有精神性的单子，整个外部世界都是单子精神性的映现；单子在数量上有无限多，但每个单子又是独特的，不同单子之间质的区别体现在精神性地映现外部世界的能力不同，能力越强，映现的世界也越清晰，反之则越模糊；不同单子彼此之间不存在可相互沟通和交流的"窗户"，完全根据自身被上帝这个最大的单子所设定的内在"程序"（法则）来独立运行；任何两个单子之间都可以再间入无数个单子，所有的单子可以在精神映现能力上构成一个连续的序列。从单子论的思想可以看出，莱布尼兹虽然是唯理主义哲学家，其认识论思想的基本主张是与笛卡尔和斯宾诺莎一脉相承的[①]，但他强调世界本体的多数性、个体的独特性、个体之间的连续

---

① 莱布尼兹的认识论思想经过洛克等经验主义哲学家的洗礼之后，在对待经验实存真理的问题上，已经比笛卡尔和斯宾诺莎等有了很大的让步和改进。比如，他在矛盾律之外提出充足理由律来作为认识经验实存真理的原则，虽然充足理由律在根本上还是取决于矛盾律，特别是在上帝眼中没有矛盾律和充足理由律的区别，但已经充分说明莱布尼兹认识到了经验实存真理的独特性和重要性。再比如，莱布尼兹将笛卡尔的天赋观念改进为"有纹路的大理石"，虽然在根本上还是认为人有天赋的理性和观念，但是这种"天赋"已经从笛卡尔的（转下页注）

性却是与唯理主义不同而与经验主义接近的，实质上也是与注重"个体"与"发展"连续性①的历史主义相一致的。梅尼克也正是在强调"个体"与"发展"的意义上认为莱布尼兹是德国历史主义的开启者。莱布尼兹的思想后来经过沃尔夫的改造和发展，形成了莱布尼兹—沃尔夫体系，成为17到18世纪在德国占据统治地位的思想。早年赫尔德在哥尼斯堡求学时，他所崇拜的老师——康德讲授的主要思想就是莱布尼兹—沃尔夫哲学。当莱布尼兹的《人类理智新论》这一重要著作在1765年出版的时候，赫尔德更是被莱布尼兹的思想所吸引，特别是其中强调生物的个别性与发展的思想，赫尔德的传记作者卡岑巴赫曾指出："1765年，莱布尼兹的《人类理智新论》出版，这部著作给赫尔德留下了深刻的印象。这部著作告诉他，所有生物都是个别地存在着的，并告诉他发展的意义。"②赫尔德后来将这种生物学中的"个体"与"发展"思想用于分析人类的民族和文化。在赫尔德看来，每个民族和每个时代的文化，都像莱布尼兹的单子一样，用自身独特的方式"映现"着世界，实现着"人道"③，都具有只有从其内部才能理解的价值，而且每个民族和文化自身的发展，也是连续和有机的，不能割裂其产生的条件和背景、发展的过程来抽象地理解。

说到历史主义及其对赫尔德的影响，意大利的思想家维科（Giambattista Vico，1668—1744年）是需要被提及的一个人物，因为维科是历史主义的重要推动者和历史哲学的创立者，他的名字经常与赫尔德一起被提及。在维科的名著《新科学》中，他提出了与启蒙主流思想不一样的理解人类历史的

（接上页注）自身就清楚明白转变成了潜在的、需要借助感觉经验的契机才有可能的清楚明白，这就为经验实存真理留下了空间。事实上，在莱布尼兹那里，感觉经验的知识也是一种知识，只是一种模糊的知识，是一种通向清楚明白的必然知识的阶梯和契机。

① 由于单子没有可供出入的"窗户"，是内在封闭的，所以在莱布尼兹这里，个别单子可能谈不上发展的问题。但是，全部单子所构成的连续统却为现实事物的发展奠定了本体的可能性和依据，换言之，在莱布尼兹的单子论思想中，是蕴含着个体事物发展的思想的。
② ［德］卡岑巴赫：《赫尔德传》，任立译，北京：商务印书馆，1993年，第21页。
③ "人道"是赫尔德文化哲学思想的一个核心概念，其内涵我们后面还要专门讨论。

原则和方法。在他看来，我们对历史的理解建立在两条基本的原则之上，一条是"任何存在都只能对它自身所创造的事物真确地予以理解和领悟。我们的知识范围决不能超出我们的创造的范围。人类只能在他所创造的领域之内有所理解；更严格地讲，这一条件只能在精神世界内获得，而不能在自然中获得"①，"如果谁创造历史也就由谁叙述历史，这种历史就最确凿可凭了"②，"认识和创造就同是一回事"③。显然，在这条认识论原则中维科鲜明地提出人只能认识自己创造的东西，完全是人所创造的东西，人就能够完全地理解，部分为人所创造的东西，人只能部分地理解，精神世界的东西完全被人所创造，所以真正的知识只能在精神世界中获得。在这条认识论原则之外，维科进一步指出，"民政社会的世界确实是由人类创造出来的，所以它的原则必然要从我们自己的人类心灵各种变化中就可找到"④，这一条说明了人类历史的本体论基础是人，历史（民政社会的世界）完全是被人所创造的。如果把这两条原则结合起来，就可以得到如下结论：由于人类历史完全是被人所创造的，所以人真正能够理解的是人的历史，人能够具有真正知识的也只在人类历史的领域。这就在根本上修改了启蒙思想家特别是唯理主义哲学家对人类历史的看法，历史非但没有被排除在人类知识领域之外，而且还是人类知识的唯一领域。自然世界是由神创造的，人并不能真正理解它和对它具有真正的知识。维科明确地指出了这一点："任何人只要就这一点进行思索，就不能不感到惊讶，过去哲学家们竟倾全力去研究自然世界，这个自然界既然是由上帝创造的，那就只有上帝才知道；过去哲学家们竟忽视对各民族世界或民政世界的研究，而这个民政世界既然是由人类创造的，人类就应该希望能认识它。"⑤

---

① [德]卡西尔：《人文科学的逻辑》，沉晖等译，冯俊校，北京：中国人民大学出版社，1991年，第42页。
② [意]维柯：《新科学》，朱光潜译，北京：商务印书馆，1989年，第165页。
③ [意]维柯：《新科学》，朱光潜译，北京：商务印书馆，1989年，第165页。
④ [意]维柯：《新科学》，朱光潜译，北京：商务印书馆，1989年，第154页。
⑤ [意]维柯：《新科学》，朱光潜译，北京：商务印书馆，1989年，第154页。

那么人类自己创造的民政的世界具有什么特点呢？维科认为作为民政世界表征的是人类的文化作品，它具有个别性和历史性的特点："人类文化作品不仅具有一想像的存在，而且还具有一确定的、个别性的和历史性的存在。这一存在的内在结构对于人类精神而言是可以接近的和开放的，因为人类精神正是它的创造者。神话、语言、宗教和诗歌——这些都是与人类知识相适应的对象。"① 正是由于历史文化所具有的这种个别性与历史性的特点，所以理解历史文化的方法就不可能是笛卡尔所推崇的那种建立在数学和逻辑知识之上的普遍演绎的方法，而应该是研究者设身处地地去理解不同历史文化的个别性与历史性的方法，只有用这种方法才能理解到历史本来的而不是我们构想的面貌："塔西佗按人的实在的样子去看人，柏拉图则按人应该有的样子去看人。柏拉图凭他的全面普遍的知识去探求构成人的理性智慧的那种高贵性，而塔西佗则下降到一切实际利益方面的智谋，具有实践才能的人凭这种智谋，就能在无限不正常的偶然祸福幻化中使事情达到良好的结局。"② 以这种旨在还原本来面目的方法来理解和看待历史，维科发现人类历史有着丰富的内容，经历了不同发展阶段，并且认为不同文化和时代的历史都具有其自身的内在价值。维科这些理解历史的原则和方法，很显然已经是历史主义的思维方式了，并且成为推动历史主义思维方式在18世纪上半叶进一步发展的重要因素。正是由于维科在历史哲学研究领域开创性的工作，他被认为是真正的历史哲学之父，有学者认为，在他的《新科学》之后，历史哲学才真正开始成为一门学科。③

赫尔德的历史主义观点与维科有着内在深刻的相似性和一致性④，比如

---

① [德]卡西尔：《人文科学的逻辑》，沉晖等译，冯俊校，北京：中国人民大学出版社，1991年，第42页。
② [意]维柯：《新科学》，朱光潜译，北京：商务印书馆，1989年，第668页。
③ 李秋零：《德国哲人视野中的历史》，北京：中国人民大学出版社，1994年，第12页。
④ 伯林对此有细致的讨论，请参见 Isaiah Berlin. *Vico and Herder: Two Studies in the History of Ideas*. London: Chatto & Windus, 1976。

赫尔德也十分强调不同民族和文化的内在性个体价值，强调通过移情的方式来理解他者的历史和文化。这或许正是他们两人的名字经常一起被提及的原因，甚至可能被想当然地认为，赫尔德是受了维科的影响。但是，关于维科与赫尔德思想的关系，学界一般认为，赫尔德在自己的著作中基本没有提及维科，而且他是在自己的历史主义思想已经形成之后才读到维科的著作的①，是在维科的直接影响之外独立地提出自己的历史主义观点的。我们认为，学界的看法是符合历史的事实的。在这里，我们不是要修正学界的看法，只是想强调，维科在经验主义认识论的影响之下，提出和强调理解历史的新原则和新方法，对批判和反思唯理主义的历史理解模式②、推动历史主义思维方式的进一步发展产生了重要作用，成为18世纪下半叶时代思潮的一个重要组成部分，这种时代思想的氛围无疑对赫尔德的思想产生了很重要的影响。

不过，在18世纪上半叶的欧洲，历史主义还处于酝酿时期，莱布尼兹和维科等人的思想都还只是为历史主义的全面发展所做的准备。由于赫尔德的出现，历史主义逐渐成为与启蒙理性主义相抗衡的另一种理解自然、社会、历史和人自身的方式，这种方式在今后两个世纪获得了巨大发展和全面专题化的讨论，成为启蒙运动之后现代人思想的重要有机组成部分。

前面我们梳理了随着自然科学的发展，经验主义认识论为了解决唯理主义认识论无法解释经验实存的困难如何兴起的大致过程，指出这一过程实质上也是存在的经验面向和时间面向被揭示出来的过程，而要理解时间中和经验中的存在，最好的方式就是历史主义的方式，所以在这个意义上，

---

① 关于维科和赫尔德思想的关系可参见 Robert T. Clark. "Herder, Cesarotti and Vico". *Studies in Philology*, Vol. 44, No. 4 (Oct., 1947); 以及 Isaiah Berlin. *Vico and Herder: Two Studies in the History of Ideas*. London: Chatto & Windus, 1976, p. 147.
② 维科在《新科学》中比较推崇牛顿的经验分析法，并将他的理解历史的新原则和新方法与笛卡尔的数学和逻辑方法对立起来，力图用他的方法取代笛卡尔的方法来进行历史研究。对于这一点，何萍教授曾进行过分析，请参见何萍：《卡西尔眼中的维科、赫尔德——卡西尔文化哲学方法论研究》，《求是学刊》，2011年第2期。

历史主义是建基于经验主义认识论之上的，历史主义思想与经验主义认识论是本质相通的。经验主义认识论成为赫尔德毕生坚持的认识论原则，历史主义思维方式也是赫尔德思想最为根本的特色，是我们理解和进入他的文化哲学首先需要把握的。18 世纪在德国处于酝酿中的历史主义思想，由于赫尔德的出现获得了全面的发展。赫尔德的历史哲学真正开启了在其后两个世纪获得巨大发展的历史主义思想。

如果说维科对赫尔德的影响是间接的，那么卢梭对赫尔德的影响就显得更直接和重要了。① 卢梭对赫尔德的影响首先体现在他对"自然主义"（primitivism）的强调上。卢梭在他的名著《论科学与艺术》（1750 年）和《论人类不平等的起源和基础》（1753 年）中都表达了他的自然主义思想。在他看来，出自自然的人的生活状态是最美好的，也是最平等而自由的，所以人应该是生来就自由平等的，一切人类的不平等和不自由都是源于人与人之间的交往和人类文明的产生。特别是科学和艺术的产生和发展不断地使人变得更加冷酷、恐惧、虚伪和戒备，最初伴随人而自然产生的美好德行都丧失殆尽了，"随着科学与艺术的光芒在我们的地平线上升起，德行也就消逝了"②。科学都产生于人的缺陷或罪恶："天文学诞生于迷信；辩论术诞生于野心、仇恨、谄媚和撒谎；几何学诞生于贪婪；物理学诞生于虚荣的好奇心；所有一切，甚至于道德本身，都诞生于人类的骄傲。"③ 正是这

---

① 卢梭对康德同样产生了非常大的影响，甚至康德对卢梭的喜爱加强了赫尔德对卢梭的兴趣。赫尔德在哥尼斯堡求学期间，在康德的课堂上听到了很多关于卢梭的思想。康德自己曾明确说到卢梭对他思想的这种影响："我自以为爱好探求真理，我感到一种对知识的贪婪渴求，一种对推动知识进展的不倦热情，以及对每个进步的心满意足。我一度认为，这一切足以给人类带来荣光，由此我鄙夷那班一无所知的芸芸众生。是卢梭纠正了我。盲目的偏见消失了；我学会了尊重人性，而且假如我不是相信这种见解能够有助于所有其他人去确立人权的话，我便把自己看得比普通劳工还不如。"（转引自［德］卡西儿：《卢梭·康德·歌德》，刘东译，北京：生活·读书·新知三联书店，1992 年，第 2 页）不过，康德对卢梭的接受是有限度的，康德并不同意卢梭所认为的科学和艺术导致了人的道德堕落，相反，康德认为艺术正是人类从必然王国通向道德的自由王国的一个中介，是使人道德意识觉醒的一种手段。
② ［法］卢梭：《论科学与艺术》，何兆武译，北京：商务印书馆，1963 年，第 11 页。
③ ［法］卢梭：《论科学与艺术》，何兆武译，北京：商务印书馆，1963 年，第 21 页。

种人类文明，特别是到近代发展出的科学和技术文明，使得人离自然的状态越加地遥远，也就越加地远离真实而美好的人性，卢梭因此主张人类应该从文明的虚骄状态回到"自然状态"中去。在卢梭的理解中，所谓的"自然状态"是每个人还没有与他人发生社会交往的状态，在这种状态中，每个人都是一个独立和孤独的存在者，每个人生活的最大目的只在于满足自身身体性的保存和存在，没有也不需要对未来的谋划和深思熟虑，现代人生活中道德的维度在他那里也是不存在的。换言之，这种"自然状态"就是人在动物性的意义上能够生存得好的状态，是一种不需要借助抽象的理性思维和寻求道德之善的"自然之善"。① 卢梭曾明言道："他的欲望不会超过身体需求，在这个宇宙中，他所知道的好只有食物、一个女人和休息；他所害怕的恶只有疼痛和饥饿。我说疼痛而非死亡，因为动物绝不会懂得死亡是什么，对死亡的认识和恐惧是人脱离动物状况的过程中最早获取的东西之一。"② "由于自然状态是每一个人对于自我保存的关心最不妨害他人自我保存的一种状态，所以这种状态最能保持和平，对于人类也是最为适宜的。"③

这里值得指出的是，卢梭所言的"自然状态"并不是人类真正存在过或者是他期望将来能够存在的人的生活状态，他自己就曾明确说道，"自然状态"是"现在已不复存在，而过去也许根本就没有过、将来也永远不会有的状态"，但"我们必须对这种状态有一个正确的概念，才能很好地审视我们现在的状态"。④ 显然，他眼中的"自然状态"是为了帮助我们理解

---

① 关于卢梭"自然状态"的内涵的讨论，可参见常雪敏：《论卢梭新自然主义的方法论意义与道德意义》，《云南大学学报》（社会科学版），2014 年第 6 期；以及刘晓春：《从维柯、卢梭到赫尔德——民俗学浪漫主义的根源》，《民俗研究》，2007 年第 3 期。

② J.-J. Rousseau. *The Collected Writings of Rousseau, Vol. 3: Discourse on the Origins of Inequality (Second Discourse), Polemics, and Political Economy*. Edited by Roger D. Masters and Christopher Kelly. Translated by Judith R. Bush, Roger D. Masters, Christopher Kelly and Terence Marshall. New Hampshire: Dartmouth College Press, 1992.

③ ［法］卢梭：《论人类不平等的起源和基础》，李常山译，东林校，北京：商务印书馆，1962 年，第 98 页。

④ ［法］卢梭：《论人与人之间不平等的起因和基础》，李平沤译，北京：商务印书馆，2007 年，第 35 页。

人性或者人类文明所构想出来的一种人的存在状态。在这个意义上，他的"自然状态"与霍布斯的"自然状态"是相似的，都是为了某种哲学论证或思想说明的需要而假想出来的一种人的存在状态，有所不同的是，卢梭不同意霍布斯关于人的"自然状态"的内容的设想："我们尤其不可象霍布斯那样作出结论说：人天生是恶的，因为他没有任何善的观念；人是邪恶的，因为他不知美德为何物；人从不肯为同类服务，因为他不认为对同类负有这种义务。"① 简言之，在卢梭看来，"自然状态"中的人是本真地善的，而霍布斯却认为"自然状态"中的人是相互敌视和战争的。正是基于对这种"自然状态"中的人性的构想和向往，卢梭认为，启蒙思想家所宣扬的人类进步和变得越来越光明与幸福的观点是错误的，相对于"自然状态"中人性的本真善良来说，随着科学的不断发展和文化的不断进步，人的道德在不断地堕落，人性也在逐渐地变恶。因此，卢梭主张从一种自然主义的观点来看待人，表现出对于大自然和远古时代的美好怀念。卢梭基于自然主义的立场对启蒙片面强调人的理性能力的批判以及对人的"自然状态"的浪漫主义构想，都深深地影响了赫尔德。

正如赫尔德的著名传记作者鲁道夫·海姆所指出的，赫尔德在哥尼斯堡求学期间，他的老师康德给他阅读了卢梭的《爱弥儿：论教育》(1762年)。② 赫尔德被卢梭的思想所深深地吸引，并对卢梭那种自然主义思想产生了浓厚的兴趣，并直接写了一首诗歌交给康德，在诗歌中他呼喊道："卢梭，来做我的向导吧！"③ 这首写于1763年的颂扬自然人的诗歌④ 也被赫尔德传记作者或研究者看作对卢梭《爱弥儿》的直接回应，是他受卢梭的自

---

① ［法］卢梭：《论人类不平等的起源和基础》，李常山译，东林校，北京：商务印书馆，1962年，第98页。
② Rudolf Haym. *Herder nach seinem Leben und seinen Werken*. 2 volumes. Berlin: R. Gaertner, 1877–1885, Vol. I.
③ Johann Gottfried Herder. *Sämmtliche Werke*. 33 volumes. Edited by B. Suphan. Berlin: Weidmann, 1877–1913, Vol. XXIX, p. 265.
④ 这首诗歌在赫尔德生前并没有发表，是由赫尔德著作的编辑者苏芬整理出版的，并且给它起了一个标题：人（Der Mensch）。

然主义影响的证明。诗歌中有这样的段落：

> 自然之人，至今还没有人见过，每个人都有内在的感觉，希望看到，却并不寻求成为；没有艺术的人，没有智慧的灵魂，没有上帝的善良，没有羞耻的人，没有谬误的真诚，没有美德的虔诚，虽然不沾沾自喜，但我歌唱的是你。以我的歌声自然，向你歌唱！只有感觉才是真实的，只有真理才是美丽的。
>
> 他在哪里，我可以拥抱他，从他那里学习智慧，从不让他离开我？自然之子，啊，人类——你在伊甸园里开花吗？半植物半动物，你在雪中留下什么痕迹，像爱斯基摩人，高贵的野蛮人，在浮冰中追逐猎物？或者，你是梦境中的人物，对于真理来说太大了，是卢梭头脑中产生的流浪之风——或者更确切地说，是时间消逝了的人真正看到的，现在看起来如此高贵，因为从远处看得太多了？①

显然，以上诗歌段落中赫尔德对剥离了道德和文化艺术后的人的自然感觉的强调，确实与卢梭的思想一致。不过，需要指出的是，在卢梭思想对赫尔德影响的程度上，学界一直也存在着分歧。比如鲁道夫·海姆就认为，康德在给赫尔德阅读卢梭的时候，还同时给了他休谟的著作来修正卢梭的观点，而且康德强调自己是对卢梭和休谟两者的修正。换言之，在鲁道夫·海姆看来，赫尔德对卢梭思想的接受是在康德对卢梭思想的批判下进行的，或者说赫尔德对卢梭思想的接受深深地打下了康德思想的烙印。② 尤金·E. 里德（Eugene E. Reed）则认为，卢梭和康德对赫尔德的影响都被过分强调了，在哥尼斯堡时期，真正对赫尔德思想的形成产生最重要影响的

---

① Johann Gottfried Herder. *Sämmtliche Werke*. 33 volumes. Edited by B. Suphan. Berlin: Weidmann, 1877-1913, Vol. XXIX, p. 254.
② Rudolf Haym. *Herder nach seinem Leben und seinen Werken*. 2 volumes. Berlin: R. Gaertner, 1877-1885, Vol. I.

是哈曼。("约翰·格奥尔格·哈曼的态度也是很重要的,他对赫尔德在哥尼斯堡期间[1762—1764年]的影响甚至大于康德。")哈曼与卢梭虽然有些观点上的相似,但在一些根本的信念上,他们有原则的分歧,所以哈曼作为赫尔德亦师亦友的朋友,赫尔德不可能不知道哈曼对卢梭思想的批判。而且,赫尔德和卢梭对自然主义强调的理由是不一样的,赫尔德更多的是从民歌、民俗等语言的角度来强调自然主义。所以,把卢梭误认为赫尔德自然主义的父辈是没有合法性的。① 而在赫尔德最重要的英文传记作者罗伯特·T. 克拉克看来,"卢梭和哈曼对赫尔德的影响都被夸大了"。卢梭被当作自然主义之父,因此而被认为是赫尔德自然主义思想的源头,是美国20世纪"新人文主义者"(New Humanists)一种"非历史的假设"(unhistorical assumption),是没有历史事实做基础的。德国学者受鲁道夫·海姆的影响,避免了强调赫尔德思想的卢梭源头,但过分夸大了哈曼对他的影响,遮蔽了赫尔德思想与哈曼的分歧和赫尔德的独特贡献。②

虽然学界存在分歧,但是有一点是可以肯定的,就是赫尔德肯定是受了卢梭思想的影响,分歧只是在于这种影响的程度和方面。关于这个问题我们是这样认为的,首先,赫尔德肯定不是全面接受了卢梭的思想,这一点早在赫尔德年轻时(1767年)他自己就明确表达过。按照罗伯特·T. 克拉克的说法,赫尔德在写了那首让卢梭做他的向导的诗歌四年后(1767年10月31日),他就写信给舍费纳(Scheffner),说到他当时的表达只是"阅读卢梭过多后胃部的一种打嗝"(the belch of a stomach overloaded from reading Rousseau),并请求舍费纳为他找回那首诗歌。③ 可见赫尔德很早就意识到自己与卢梭观点的差异。其次,赫尔德与卢梭思想的差异主要在于

---

① Eugene E. Reed. "Herder, Primitivism and the Age of Poetry". *The Modern Language Review*, Vol. 60, No. 4 (Oct., 1965).
② Robert T. Clark. *Herder: His Life and Thought*. Berkeley: University of California Press, 1969, p. 47.
③ Robert T. Clark. *Herder: His Life and Thought*. Berkeley: University of California Press, 1969, p. 46.

他们支持自然主义的理由。卢梭强调自然主义是因为他认为科学、文化和艺术的发展败坏了人性，使人堕落，需要回归到自然状态下才能拯救人性。赫尔德推崇自然主义是源于他基于历史主义的立场对人的语言、民俗和文化的考察，原初民族的语言、民俗和文化都更好地体现了人类语言的诗性特征。事实上，在卢梭看来，赫尔德谈论的语言、民俗和文化已经不是自然主义了，已经远离了人的自然状态了。这种差异也体现在他们对启蒙的批判上。卢梭由于彻底地反对人类的科学和文化，所以他也在根本上否定启蒙，尤其是启蒙的理性精神。与此不同，赫尔德在根本上是接受启蒙的基本价值的[①]，他所反对的只是启蒙思想家所宣扬的抽象、纯粹的理性，以及以欧洲文化为中心来贬低其他文化的做法。再次，赫尔德与卢梭的思想虽然有各种各样的差异，但是他们对理性精神高扬的启蒙时代一些问题的诊断是一致的，并且希望通过回归人的原初状态来重新发现或寻找人的救赎之道的致思路向也是一致的。这种一致既可以看作卢梭对赫尔德的影响，也可以理解为赫尔德对卢梭思想的某种认同，而且就赫尔德的思想特质而言，这或许才是赫尔德与卢梭思想关系的主要方面。

另外，赫尔德与卢梭思想的不同还体现在，上一段我们已经提及的，赫尔德的自然主义是建立在他的历史主义思想之上的，或者说他的自然主义是其历史主义思维方式的必然结果，自然主义与历史主义在赫尔德那里是自然地结合在一起的。因为，赫尔德之所以强调自然主义，是因为在他看来，对事物的理解需要从它的产生和源头来理解，只有弄清它的起源和发展，才有可能理解它的本质。对人的理解而言也是一样，需要从先民那里看一看作为人的本质体现的语言、习俗文化等是如何一步步发展过来的。这种历史主义的理解人的观点，已经通向赫尔德的自然主义立场了，也是

---

① 以赛亚·伯林基于赫尔德的表现主义、多元主义和归属观念而认为赫尔德是反启蒙的先驱，这在伯林的语境里是基本成立的。只是这里的"反启蒙"需要限定，不能泛泛地认为赫尔德是反启蒙的，事实上，在很多方面，赫尔德都是接受了启蒙的基本价值的。这一点我们在后面还会详细讨论。

他的自然主义观点的本质。

前面我们对赫尔德之前对他产生了重要影响的历史主义思想进行了分析。事实上，赫尔德不光接受了前人的历史主义的思想，还将这种思想大大地进行了推进，运用到人类语言、文化、历史等各个领域，成为历史主义在近代西方发展的重要先驱和推动者。

经验主义对赫尔德文化哲学的影响主要体现在两个方面，一个是经验主义的认识论，另一个是历史主义。

第二节　赫尔德文化哲学思想的形成

赫尔德的文化哲学思想有一个逐渐发展和成熟的过程。下面我们就结合赫尔德的生平来梳理一下赫尔德文化哲学思想的形成过程。

1744年8月25日，约翰·哥特弗里德·赫尔德（Johann Gottfried Herder, 1744年8月25日至1803年12月8日）在当时东普鲁士的小城莫伦根（今天波兰的莫龙格）出生，是家里三个孩子中唯一的儿子。赫尔德的父亲是莫伦根教堂下级职员和打钟人，收入微薄。虽然赫尔德曾写信给他的未婚妻说他的家庭是一个不算富裕也不贫穷的家庭，但事实上，这个家庭是比较贫穷的。① 当时的莫伦根小城主要信奉虔敬主义，而且赫尔德的父母都是非常虔诚的虔敬主义信徒，所以赫尔德从小是在一个虔敬主义宗教氛围非常浓厚的家庭里长大的，受到了虔敬主义非常深刻的影响。

早在16世纪10年代（具体是1517年10月31日），马丁·路德基于对当时罗马天主教廷腐败的强烈不满，提出了影响深远的"九十五条论纲"，开启了反对罗马天主教廷、实行宗教改革的序幕。马丁·路德宗教改革的核心主张在于，提倡在上帝面前人人平等，每个人都可以因为他对上帝的信仰成为义人（"因信称义"），检验是否有信仰只需要依靠《圣经》。

---

① Robert T. Clark. *Herder: His Life and Thought*. Berkeley: University of California Press, 1969, p. 40.

换言之，马丁·路德改革后的宗教，人能否得救，能否在上帝面前成为义人，只需要依靠信仰，只需要依靠《圣经》，其他的如教会、事功和赎罪券等都是不重要的。这也就是后来人们归纳的马丁·路德改革的三句话："因信称义"，"唯独《圣经》"，"唯独信仰"。马丁·路德这一极大激活宗教的真正信仰精神的改革在当时落后的德国激起了很大的反响，路德教逐渐拥有越来越多的信众，很快成为当时德国名副其实的正统教派，路德的学说也成为当时德国的主流教义。但是，当发展到17世纪中叶时，路德教就如它所反对的罗马天主教一样，已经成为一堆僵死的教条，路德当初改革的那种"因信称义""唯独《圣经》"和"唯独信仰"的宗教真精神在僵死的教条中基本消失，剩下的只是某种程式化和规范化的理解。面对路德教的这种僵化，一些真正坚守马丁·路德宗教改革真义的人开始在路德教内部进行反抗和分化，开始了一场虔敬主义运动。具体来说，1670年，在法兰克福的一位名叫史宾纳（Philipp Jacob Spener）的牧师，他召集了一些信徒在自己家中一起阅读《圣经》和祷告，相互分享灵修的体会和经验，相互鼓励，共同追求灵魂的内在生命。史宾纳把自己的这个灵修小组叫"虔敬团契"，"虔敬主义"因此而得名，虔敬主义运动也从是史宾纳的"虔敬团契"开始的。

很显然，虔敬主义运动的实质是反对正统教派把活泼的基督教信仰和属灵的宗教生活变成一些抽象、僵化和呆板的教条，强调从内在的宗教经验来感受和领悟基督教的信仰，主张回到路德所宣扬的强调《圣经》的权威和个人通过信心就可以直接在上帝面前称义的基督教的真精神。正如刘易斯·怀特·贝克（Lewis White Beck）教授所指出的，"虔敬主义在德国是这样一种连续努力的公开再现，这种努力是为了获得比在任何已有的教会中存在的更简单、更少教条性以及更道德的基督教"[①]。赫尔德家里每

[①] Lewis White Beck. *Early German Philosophy: Kant and His Predecessors*. Cambridge, MA: The Belknap Press of Harvard University Press, 1969, p. 157.

天洋溢着这种路德式的虔诚,路德的《圣经》以及约翰·阿恩特(Johann Arndt,1555—1621年)的《真正基督教的四福音书》成为影响这个家庭精神氛围的主要著作。正是因为在这种虔诚的宗教氛围中成长,赫尔德思想中一直深深地烙印着虔敬主义的印记,成为他的宗教思想乃至整个思想的一个根本底色。赫尔德虽然并不是一个神秘主义者,但他思想中的虔敬主义维度使他一直都对神秘主义事物、宗教情感以及宗教经验有着很深的同情和理解。卡岑巴赫就指出:"他毕生对各个世纪的神秘主义者都抱有好感,他们为他打开了宗教体验这一领域的大门。他自己虽然不是个神秘主义者,但却感觉到了宗教感情的无可比拟的特殊之处。"① 赫尔德之所以没有走向虔敬主义的极端,成为一个神秘主义者②,就在于作为启蒙时代的思想家,他也受着启蒙理性的深刻影响,实际上他希望把理性和精神性的事物结合起来理解。"然而,对赫尔德来说,他可能在他的精神经验中吸纳了健全理智,避免了走向虔敬主义非理性的极端。"③

对赫尔德文化哲学思想的形成来说,虔敬主义思想成为一个重要而根本的要素。虔敬主义的基本思想经过赫尔德的改造,成为具有文化哲学意涵的观点。比如,虔敬主义强调直接感悟和沟通上帝的观点,在赫尔德这里通过斯宾诺莎泛神论的改造变成了这样一种思想:由于"神即自然"(斯宾诺莎),上帝将自己化身为自然万物,因此我们对上帝的直接感悟就可以等同于对上帝的作品(大自然和人类历史)的感受和体悟,这意味着在自然万物之中我们就能感知上帝的临在,自然万物因此也具有了上帝神性的意义;这运用到文化历史领域就体现为人类的历史和文化都是上帝临在的表现,每个民族和时代的文化都是上帝意图的显现,我们可以通过对人类

---

① [德]卡岑巴赫:《赫尔德传》,任立译,北京:商务印书馆,1993年,第55页。
② 虔敬主义确实是有可能导向神秘主义的,因为虔敬主义强调内心虔诚的信仰和宗教体验,这些都带有很强的个体的非理性因素,将其推向极端,很容易进入神秘主义。
③ Hans Adler and Wulf Koepke (ed.). *A Companion to the Works of Johann Gottfried Herder.* Rochester, New York: Camden House, 2009, p. 15.

历史和文化的研究来感悟和理解上帝。虔敬主义，特别是融入了斯宾诺莎式理解的虔敬主义，为赫尔德融合天意与人道、上帝的意志与人类的命运提供了一个可能的框架和思路。换言之，赫尔德的这种虔敬主义在保留信仰的前提下，最大限度地重视了经验事物（在这里是人类历史和文化）的作用和对它们的研究。如果我们从德国思想当时的背景来看，这一点显得更加地重要。我们知道，当时的德国思想乃至整个的德国启蒙运动都面临一个重要的问题，就是如何回应法国启蒙思想高扬理性而带来的无神论倾向，或者说是高扬理性而带来的信仰瓦解的问题，特别是自然科学中的经验理性导致的信仰和道德的缺失问题。如何能够既保留信仰地盘又保证人类理性的作用就是一个摆在当时德国思想家面前的一个难题。① 很显然，赫尔德对这个难题的解决就是斯宾诺莎式的虔敬主义。当然，这并不是赫尔德一个人的解决办法，也是当时很多德国思想家的解决方案。②

1762年，18岁的赫尔德在一名俄国军医的帮助下来到了哥尼斯堡学习。按照赫尔德和军医的最初约定，赫尔德到哥尼斯堡是学习外科医学，但是由于他在第一次的尸体解剖课上当场晕倒，便放弃了学医，而改学了神学。赫尔德虽然是神学系的学生，但是他的兴趣非常广泛。除了神学，他还大量地阅读文学、科学和哲学等方面的书籍。除了听神学系教授的讲课，他还听了大量物理学、文学和哲学教授的讲课，而在这之中，他最喜欢的老师就是当时的年轻哲学家伊曼努尔·康德。根据卡岑巴赫的说法，赫尔德"激动不已地追随着这位杰出的老师（指康德——引者注），而且马上就认识到了这个男人的伟大之处"③。在哥尼斯堡期间，赫尔德听了康德开设的所有的课程，有的课程还听了不止一次，足见当时的赫尔德对康德的喜爱和仰慕。

---

① 关于法国启蒙运动的问题及德国思想对其的反思，可以参见 Frederick C. Beiser. *The Fate of Reason: German Philosophy from Kant to Fichte*. Cambridge, MA: Harvard University Press, 1987.
② 从这里我们也可以理解，为什么德国会有一场"泛神论之争"（the Pantheism Controversy），以及为什么在这场争论之后，斯宾诺莎的思想在德国思想界流行起来，这是与德国在反思法国启蒙运动时的根本问题意识相关的。
③ [德]卡岑巴赫：《赫尔德传》，任立译，北京：商务印书馆，1993年，第11页。

即使多年以后赫尔德与康德产生了决裂，激烈地批判康德的哲学，但当他回忆起在哥尼斯堡做康德学生的日子时，仍是非常醉心的："30多年前，我认识了一位青年，他正是批判哲学的创始人，而且是时值盛年的男子。我听过他所有的课，有些甚至不只一次。"① 当然，康德也表现出了对这个聪明好学的学生的喜爱，他不但在课堂上公开朗诵了赫尔德根据他的认识论改写的小诗，而且还让他免费听自己所有的课程。② 正是缘于他们这种彼此欣赏的密切师生关系，康德对赫尔德的影响是多方面的。据曼弗雷德·库恩的说法，康德此时是个很有启发性的教师，他不只是教授学生哲学理论，同时还教会学生如何生活，如何培养优雅的气质，如何欣赏自然和文学的魅力，等等，总而言之，教会学生用所学理论观察和分析社会，将理论融入生活。③ 不过，在这里，我们重点关注的是康德此时的思想对赫尔德文化哲学观念发生的影响，这种影响是非常重要也非常深远的，以至于卡岑巴赫认为："赫尔德一生都始终是一个'前批判时期'的康德主义者。"④

那么赫尔德受了前批判时期的康德思想的哪些方面的影响，使他始终都是一个"'前批判时期'的康德主义者"呢？我们认为主要有以下几个方面。首先是康德思想关注的对象。康德此时思想活跃，广泛涉猎当时产生的一切思想和知识，但在这种涉猎中，康德主要研究的目标是人，具体而言，就是人的本性、人在宇宙中的位置、人与周围世界的关系、人的存在

---

① Johann Gottfried Herder. *Sämmtliche Werke*. 33 volumes. Edited by B. Suphan. Berlin: Weidmann, 1877—1913, Vol. XXI, p. 12. 中文转引自［美］曼弗雷德·库恩：《康德传》，黄添盛译，上海：上海人民出版社，2008年，第164页。
② 课程免费对赫尔德来说还是很重要的。前面我们说到，赫尔德家境贫寒，要不是那个俄国军医的资助，赫尔德的父母甚至不打算也不愿意让他上大学，因为家里没有足够的财力支持他的求学。不过，那个俄国军医对他的资助是有前提的，那就是他要在哥尼斯堡大学里面学习医学才能获得资助，而赫尔德在第一次尸体解剖课上晕倒，他的医学学习成为不可能，俄国军医对他的资助也不再继续。所以在哥尼斯堡读书期间，赫尔德的经济是比较困难的。
③ ［美］曼弗雷德·库恩：《康德传》，黄添盛译，上海：上海人民出版社，2008年，第168—169页。
④ ［德］卡岑巴赫：《赫尔德传》，任立译，北京：商务印书馆，1993年，第13页。

和人应该如何存在等问题。这些问题虽然是康德整个一生都在思考的问题，也是启蒙思想家都在思考的核心问题，但是年轻的赫尔德是在康德这里进入和开始思考这些问题，并作为他一生思想围绕的主题。

其次是康德此时主张的研究哲学（形而上学）的方法。前批判时期的康德主张形而上学研究的方法是牛顿在物理学中使用的"分析法"，而不是在数学中广泛使用并被笛卡尔引入哲学研究中的"综合法"。在18世纪，随着经验主义认识论的兴起，哲学研究（尤其是对形而上学概念的分析）到底是应该采用笛卡尔从数学引入哲学中的"综合法"还是自然科学向我们成功展示的"分析法"，发生了激烈的争论。① 在这场争论中，前批判时期的康德鲜明地选择了牛顿的分析法。康德在论文《关于自然神学与道德的原则之明晰性的研究》中对这个问题给予明确的回答。② 康德认为数学中在定义我们所使用的概念以前，我们并不知道这些概念，换言之，这些概念是我们把概念的各个部分综合到一块才形成的，所以它们是通过综合的方法获得的。但是在哲学中却是相反的情况："哲学的定义则完全是另外一回事。在这里，关于一个事物的概念是已经给定的，但却是模糊不清的，或者是不够明确的。我必须对它进行解析，把分离开来的各种标志与给定的概念一起在各种各样的场合里进行比较，使这一抽象的思想变得详尽和明确起来。"③ 质言之，哲学的概念是被模糊地给予我们的，哲学研究的任务

---

① 这场争论实质上还是唯理主义与经验主义的分歧在研究方法上的表现。关于"综合法"与"分析法"相互论争的详细讨论，请参见陈艳波：《走向人道——赫尔德历史哲学研究》，武汉大学博士论文，2010年，第二章。

② 康德这篇论文是应1761年柏林普鲁士皇家科学院的有奖征文而作的，这篇文章虽然没有得奖（当时名气远大于康德的门德尔松 [Moses Mendelssohn, 1729—1786年] 获了奖），但是科学院同意了康德论文的出版。科学院有奖征文的主题是：形而上学是否可以获得和几何学真理一样的确定性？如果不能，那么形而上学获得确定性的方法又是什么？门德尔松主张形而上学研究中应采用数学演绎法。

③ [德] 康德：《康德著作全集》第二卷，李秋零主编，北京：中国人民大学出版社，2003年，第277页。这里笔者把引文原文中的"世俗智慧"根据英文（英文所用的是"philosophy"一词）改译为"哲学"一词，觉得这样更符合上下文的意思和康德的原意，以下有几处笔者也做了同样的处理。

就是使这些模糊的概念变得清晰起来。因此,哲学不像数学那样通过综合的定义去扩展我们关于量的知识,而是通过分析经验给予我们的概念,使我们获得对它们更清晰的认识。① 康德在研究数学和研究哲学的方法之间做了明确的区分——"数学以综合的方式、而哲学则以分析的方式达到其全部定义"②。哲学以分析的方式其实就是哲学要使用牛顿在物理学中所采用的方式:"形而上学的真正方法与牛顿引入自然科学中、并在那里获得了有益结果的方法在根本上是一回事。在那里,人们应该借助可靠的经验,必要时借助几何学,来搜寻自然的某些现象所遵照的规则。"③ 显然,前批判时期的康德认为,哲学研究中的方法就是牛顿在物理学中使用的分析法。这种方法在本质上意味着,形而上学研究的目的就是对那些已经给予我们的模糊概念进行分析,找出它们的特征标志,进而使这些模糊概念变得清晰。

康德推崇的这种哲学研究中的分析法,可能是赫尔德在康德的哲学课堂上学到的最重要的东西。在谈到康德对赫尔德的影响时,赫尔德思想研究的著名学者格雷戈里·摩尔(Gregory Moore)这样说道:"从康德那里他(指赫尔德——引者注)学会了尊重哲学的严格性以及把分析的方法看作通往真理的唯一的真正的道路。"④ 卡岑巴赫持同样的看法:"他(指赫尔

---

① 参见罗伯特·E. 诺顿教授对康德分析法的评论:"因此,哲学并不追求人类知识数量的或综合的增长,而是为了更精确地理解我们通过经验自然而获得的知识和概念。"Robert E. Norton. *Herder's Aesthetics and the European Enlightenment*. Ithaca, New York and London: Cornell University Press, 1991, p. 38. 同样的观点也可参见康德自己在这篇文章里的阐述:"对于给定的含糊不清的概念进行解析,使它们变得详尽和明确起来,这是哲学的事情。而数学的事情则是把量的各种给定的清晰可靠的概念联结起来并加以比较,以便看一看可以从中推论出什么。""在数学中,我在定义提供出我的对象的概念之前,还根本就没有这一概念。但在形而上学中,我有一个已经给定的概念,尽管它是含糊不清的,我应当寻找出关于对象的明晰的、详尽的、明确的概念。"[德]康德:《康德著作全集》第二卷,李秋零主编,北京:中国人民大学出版社,2003年,第279、285页。
② [德]康德:《康德著作全集》第二卷,李秋零主编,北京:中国人民大学出版社,2003年,第277页。
③ [德]康德:《康德著作全集》第二卷,李秋零主编,北京:中国人民大学出版社,2003年,第287页。
④ Johann Gottfried Herder. *Selected Writings on Aesthetics*. Translated and edited by Gregory Moore. Princeton, NJ and Oxford: Princeton University Press, 2006, p. 2.

德——引者注）赞叹康德的苏格拉底式治学方法，并把分析方法看作是通向真理的真正途径。"① 如前所述，分析法与综合法的根本区别在于，前者要求研究的对象（概念）事先（通过经验的方式）给予我们，而后者则意味着研究对象是我们构造出来的。

正是由于对分析法的认同，赫尔德在这一时期写作了一篇课程论文——《论存在》。这篇论文是赫尔德针对康德在《证明上帝存在唯一可能的证据》中从抽象逻辑的角度讨论存在问题提出的质疑和反驳，他从经验主义的和分析法的立场认为存在并非像康德所说的那样是最抽象的概念，需要逻辑才能证明，相反他认为存在是最感性和最确定的概念。这篇论文在以前只是被当作赫尔德的一篇习作而未被重视，它的重要性近些年才逐渐地被学者认识到，赫尔德的研究者们现在基本都认同：《论存在》不但体现了在研究哲学的问题时赫尔德所采用的是分析的方法，而且这篇论文还包含了赫尔德关于本体论和认识论的基本思想。

就赫尔德文化哲学来说，我们前面谈到分析的方法内在地隐含了历史主义的方法，所以对分析法的采信实际上为他将来历史哲学思想的发展提供了条件。康德在1755年出版的《一般自然史与天体理论》一书也对赫尔德历史哲学思想的发展产生了重大影响。康德在这本书中从物质世界本身来解释宇宙和自然的形成，并且康德还把宇宙的形成看作一个逐渐演化和发展着的过程，很显然在这里康德已经是在用一种历史的眼光来看待宇宙和自然界了。赫尔德受康德这种从自然界本身以及以一种历史和发展的眼光来看待自然界的形成的观点影响很大，我们发现赫尔德后来在《关于人类历史哲学的思想》中关于人的形成和人的历史的描述正是康德这种观点在人的历史领域的运用。拜泽尔教授深刻地指出了这一点：

> 赫尔德赞同康德彻底的自然主义并且想推广它。康德在这篇论文

---

① ［德］卡芩巴赫：《赫尔德传》，任立译，北京：商务印书馆，1993年，第12页。

(指《一般自然史与天体理论》——引者注)里建议人类也有着同样的自然历史和可以用自然主义的方式加以说明,这个建议对年轻的赫尔德是尤其有影响的。这个建议成了他《关于人类历史哲学的思想》一书背后的基本指导思想。《关于人类历史哲学的思想》一书的目的就是要把康德的自然主义运用到历史领域自身。正如《一般自然史与天体理论》是宇宙的自然史一样,《关于人类历史哲学的思想》是人类的自然史。①

在哥尼斯堡求学期间,还有一个人对赫尔德思想的形成产生了重要影响,这就是哈曼。哈曼当时就住在哥尼斯堡,并且和康德是好朋友。在一次偶然的机会中,哈曼和赫尔德认识了彼此,并且很快就密切地交往起来,事实上比赫尔德年长 14 岁的哈曼迅速成为年轻的赫尔德的良师益友(mentor)。哈曼教赫尔德学习英文,并且跟他一起翻译莎士比亚的《哈姆雷特》,他们还一起学习意大利文。哈曼对赫尔德的影响主要体现在哈曼对启蒙运动的批判上。哈曼对启蒙理性的批判②首先在于他对路德宗教精神的复活,在他的著作中处处闪耀着与路德宗教精神相关的主题,这就是强调《圣经》的权威、强调个人与上帝通过内在的信仰直接沟通的重要性、否定人在赎罪问题上具有自由意志以及强调信仰的超理性性质和神恩的必要性等。需要注意的是,哈曼对路德的复活是一种"精神"的复活,而非正统路德教义的复活,事实上哈曼是通过休谟的怀疑主义来质疑启蒙的理

---

① Frederick C. Beiser. *Enlightenment, Revolution, and Romanticism: The Genesis of Modern German Political Thought, 1790–1800*. Cambridge, MA: Harvard University Press, 1992, p. 194.
② 需要指出的是,哈曼早年也是一个深受启蒙思想影响的人,只是从 1757 年到 1759 年,哈曼在伦敦的经历使他的思想发生了巨大的转变,他从一个启蒙理性的支持者变成了一个启蒙理性的批判者。关于哈曼伦敦之行的具体过程及其对哈曼思想的影响,中文可参见曹卫东:《哈曼的伦敦之行及其思想史意义》,《河北学刊》,2005 年第 2 期;英文可参见 Frederick C. Beiser. *The Fate of Reason: German Philosophy from Kant to Fichte*. Cambridge, MA: Harvard University Press, 1987, pp. 19–22。

性权威，转而强调信仰的重要性和权威性的。正是基于对路德"唯独《圣经》""唯独信仰"精神的认信，哈曼非常强调信仰的超理性性质，同时激烈地批判启蒙理性。

哈曼对启蒙理性的批判主要包括以下方面：首先，他认为理性并非像启蒙思想家所宣称的那样是一种自律的能力，相反它受着潜意识的支配；其次，抽象的理性不能理解和解释具体的个人生活，特别是不能理解和解释个人的内在信仰；再次，理性运用离不开语言，而语言因时因地存在巨大差异；最后，理性不是普遍的，它根据不同的文化表现出极大的相对性。一言以蔽之，哈曼对启蒙理性批判的核心在于他把理性放在具体的环境和活动中来考察，而否定理性是一种脱离背景的普遍和自律的能力。① 哈曼对启蒙理性的批判深深地影响了赫尔德。我们知道，赫尔德一生都在对启蒙理性（这里是指那种抽象、普遍和自律的理性）进行批判。就赫尔德文化哲学而言，哈曼强调理性对具体文化和环境所表现出来的相对性使赫尔德看到了文化和环境的重要性，正是在对不同文化和环境的考察中赫尔德走上了文化哲学的道路；另外，哈曼对语言的强调，特别是对语言与理性具有本质性关联的强调，使赫尔德开始重视语言、思考语言 ②，事实上，正是

---

① 关于哈曼对启蒙理性的批判，请参见 Frederick C. Beiser. *The Fate of Reason: German Philosophy from Kant to Fichte*. Cambridge, MA: Harvard University Press, 1987, pp. 16–29。

② 值得指出的是，哈曼和赫尔德在语言观（主要是对语言的起源的看法）上并不相同。哈曼基于他的路德主义的神学背景认为，语言是上帝的符号，是上帝隐而未显的意图。在这种语言观的理解下整个自然万物都可以看作上帝的语言，只是这种语言背后上帝的真实意图需要信仰才能得知，需要依靠《圣经》的启示才能了解。而赫尔德在《论语言的起源》中对语言神授说进行了激烈的批判，并且认为语言是人与世界打交道的结果，是人身上一种叫作"悟性"的能力创造的，语言是人理解自我与理解世界的工具，它是逐渐发展起来的。哈曼曾对赫尔德这种基于自然主义和历史主义看待语言的态度提出过批评，认为赫尔德并未了解语言的真谛。但是赫尔德在布克堡时期写作的《人类最古老的文献》和《又一种教育人类的历史哲学》中都表达了对语言和哈曼相同的看法，认为语言是上帝给予人的，人只有通过上帝的语言才能理解上帝的意图，整个自然界、每一民族和时代的历史和文化都是上帝的语言，上帝的意图就隐藏在这些语言之中，上帝通过这些语言引领着人类历史前进，只是我们人并不能参透上帝的意图。赫尔德对语言的看法以及对人类历史的看法一直都在这两种观点之间摇摆，这也是赫尔德思想中科学理性的因素和他宗教的思想背景相互矛盾的一种表现。不过从总体上说，（转下页注）

在对语言的思考中，赫尔德洞见到了人的语言本质，人的文化本质。

康德和哈曼的思想实际上代表了18世纪德国思想界的两种相互对立和冲突的精神：启蒙的理性精神和虔敬主义以宗教体验为基础的神秘主义精神。这两种精神形成的张力构成了18世纪德国启蒙运动的思想背景。① 对这两种精神进行调和也成为当时诸多德国思想家努力的方向。赫尔德也是受到了这两种思想影响并试图对二者进行调和的思想家之一。我们将在后续章节中看到，赫尔德对人的理解，对人类命运（人道）的理解，都可以看作对这两种精神融合的结果。

1764年，在哈曼的推荐下，赫尔德离开了哥尼斯堡，到里加的教会学校做一名教师。由于出色的教育才能，他很快就成了那里最受欢迎的老师，并被任命为里加一个教堂的牧师。在此期间，赫尔德除了做教牧工作，最重要的活动就是写作，其中《关于近代德意志诗歌的断想》（1767年）就是他这一时期创作的代表作品。在这部作品中赫尔德反对用任何僵死的教条来规定诗歌创作和解释，提出诗歌深深扎根于民族语言中，是一个民族语言的精华，我们理解诗歌也应该在充分了解这首诗歌所产生的语言和文化背景的基础上进行。在这种对诗歌和文学理解的基础上，赫尔德认为理解不同时代伟大的文学作品也需要从当时的语言、文化和历史背景等方面来进行："当我阅读荷马史诗时，我就好像以希腊的精神站在一个集市上，并想像柏拉图对话录中的歌手伊安怎样在我面前演唱他那具有神性的诗人的史诗。"② 同时，在赫尔德看来，由于语言、文化和历史等因素的不同，不能把某个时代的伟大作品作为标准来衡量其他时代的作品。比如赫尔德很欣赏荷马的史诗，但他并不认为荷马就是一个固定的标准，在他看来荷马、莪相等伟大的诗人是

（接上页注）赫尔德在解释语言和人类历史时更多是从理性（这里是指和信仰相对的理智）的历史主义的角度，只是在看待人类历史的目标时他更多地求助于上帝。

① 关于18世纪德国启蒙运动的理性主义背景和虔敬主义背景的详细讨论，请参见赵林：《莱布尼茨—沃尔夫体系与德国启蒙运动》，《同济大学学报》（社会科学版），2005年第1期。
② 中文转引自［德］卡岑巴赫：《赫尔德传》，任立译，北京：商务印书馆，1993年，第22—23页。

鼎足而立的，他们各有各的伟大，都是在他们语言、文化和历史的土壤中生长起来的杰出代表。赫尔德的这些思想中已经很明显地体现出一种历史主义解释学的方法：面对一个文学作品，我们需要从它产生的语言、文化和历史等背景来理解它，而不是用一种抽象的普遍标准来评判它。另外，此时期的赫尔德已经开始关注语言和文学、语言和思想的关系，这些将成为他日后思考的重要问题，也将成为他文化哲学的重要主题。

除了创作《关于近代德意志诗歌的断想》，赫尔德在里加期间还写作了《批评之林》和《一块未竟的丰碑——论托马斯·阿贝特的著作》。后者是一部传记，是赫尔德为他欣赏和喜欢的托马斯·阿贝特而写的。赫尔德在这部作品中开创了一种新的传记写作方式，强调传记的作者首先要深入地对所要作传的对象进行同情之理解，然后再在此基础上全面地反映作传对象的全部生活世界。容易看出，赫尔德的这种传记写作方式反映了此时期他对文学与语言的理解，文学和语言是生活世界的反映，对文学与语言的理解也要用移情的方法。《批评之林》总共包括四部分内容（"四林"）：第一部分是阅读莱辛美学著作《拉奥孔》的读书笔记，赫尔德在其中对莱辛将古典艺术视为永恒典范的观点进行了质疑和批判；第二和第三部分是赫尔德与克劳茨就一些美学观点所发生的争论；第四部分，赫尔德从生理学的角度，特别是从触觉、视觉和听觉的角度表达了自己对美学的理解，赫尔德生前这一部分没有公开出版。

不断出版的作品以及出众的教牧才能，在使赫尔德声名鹊起，成为里加上流社会的座上宾的同时，也给他带来同事的嫉妒和怨恨。生性敏感的赫尔德很快感受到了同事们的敌意，觉得自己的才能在里加已不能很好地发挥，遂萌生了去意。1769年的初夏，在朋友的安排和陪同下，赫尔德离开里加，开始了旅行生活。赫尔德首先去了法国，在巴黎结识了当时著名的启蒙思想家夏尔·皮诺-杜克洛（Charles Pinot-Duclos）、让-雅克·巴特勒米（Jean-Jacques Barthélemy）、狄德罗和达朗贝尔（D'Alembert）等人，参观了法国的宫殿和博物馆。赫尔德庞大的写作计划和思想自白书《1769年游记》也是在这期间完成的。接着赫尔德又作为教师与奥伊丁的还俗主教冯·吕贝克的儿子一起开始了教育旅行。他们从布鲁塞尔出发，经阿姆斯特丹到了汉堡，在汉堡赫尔德见到了当时赫赫有名的莱辛。之后，他们几经辗转，到达了斯特拉斯堡。由于赫尔德想在斯特拉斯堡治疗他的眼疾（赫尔德从小就患有一种经常流泪的眼病），他就和主教的儿子结束了教育旅行并在斯特拉斯堡停留了下来。值得一说的是，赫尔德在这次教育旅行的途中结识了卡洛琳纳·弗拉赫兰特，后来他们结为了夫妻。另外，对文学史和思想史都很重要的一个事情是，赫尔德在斯特拉斯堡会见了比他小5岁的歌德。赫尔德把关于诗歌、文学和语言的新观点告诉了歌德，还把自己的一些手稿给了歌德看，这些思想都与启蒙主流思想大不一样。当时还是法律系学生的年轻歌德接触了这些思想后很激动，也大受启发，很快把这些新想法融入他的文学和诗歌创作中。后来18世纪70—80年代德国那场声势浩大摧枯拉朽的"狂飙突进"，正是由赫尔德与歌德在斯特拉斯堡的这次会面开启的（我们在第八章再展开论述）。就赫尔德文化哲学来说，这次旅行使他开阔了眼界，深切地感受了异国的文化和风俗，体味了他乡的人情与风土。同时，这次旅行还促成了赫尔德思想的一种转变：以前在里加的时候历史背景等知识被赫尔德看作理解美学或诗歌的手段，历史主义只是一种方法；通过这次旅行，人类的文化和整个历史成为赫尔德关注的中心，美学和诗歌都是理解人类历史和心灵的一种手段，历史主义成为构成人类心灵和文化的根本原则，也是我们理解人类历史遵循的原则。这种转变也使赫尔德转向了文化哲学（历史哲学）。《1769年游记》集中体现了赫尔德思想的这种转变。

治疗眼疾的失败，使赫尔德于1771年5月离开了斯特拉斯堡，前往布克堡去做一个伯爵的宗教顾问。赫尔德相对开明的宗教和思想观念，使他和伯爵一开始就存在着较大的分歧，赫尔德在布克堡的日子也因此并不愉快,甚至有些阴郁,他优秀的教牧才能也失去了用武之地。在阴郁孤独的氛围中,赫尔德把重心放在了内心的宗教生活与研究之上。他通过《圣经》来慰藉自己孤独的心灵,通过对莪相等先民诗歌的钻研来打发内心的空虚。在此期间,赫尔德的神秘主义的宗教情绪前所未有地高涨,与里加时期深受启蒙思想影响的赫尔德判若两人。从在布克堡期间赫尔德对《圣经》与语言看法的转变上就能感受到这一点。在里加的时候,赫尔德主要是从历史主义的眼光来理解和研究《圣经》,在他看来,《圣经》表达的是东方民族的朴素信仰,是一部反映东方先民生活环境与状况的诗集。对语言的看法也与此相似,先前的赫尔德主要是从自然主义(拒绝用任何超自然和神秘的因素来解释自然)和历史主义的视角来解释语言。赫尔德语言哲学的名著《论语言的起源》正是从这两种视角出发探讨了人类语言的起源问题。[①] 在这部作品中,赫尔德从自然主义和历史主义的视角出发,反驳了语言起源的神授说和契约说,提出了表现说,认为语言产生于人表达自我的需要,体现了人的本质,人运用自己与生俱来的"悟性"与世界打交道,就会发明语言,语言的产生是自然而然的。然而,布克堡时期的赫尔德,重新发现了信仰的真义和启示的价值。从信仰出发,《圣经》是上帝以启示的方式给予我们的神圣之言,《圣经》中记载的故事也不再是东方先民创造的诗歌,而是表达了上帝临在的方式,如《创世记》中就描述了上帝如何创世的过程以及隐藏着人类在上帝的引领下走向何处的秘密,这些都是在道说上帝如何临在。正是在这种理解中,赫尔德将《圣经》看作"人类最古老的文献"[②]。也正是从启示的维度来理解,赫尔德也发现了语言的神圣意义,这让他更靠近哈曼的语言思想。在此时的赫尔德看来,所有的语言都是上帝语言,不管是自然万物,还是人类历史文化,它们都是上帝显现自身和临在的方式,只是上帝的意图并

[①] 这是赫尔德应柏林普鲁士皇家科学院主题为"关于语言的产生"的悬奖征求而写作的论文,这篇论文得了一等奖,并由科学院于1771年出版。
[②] 《人类最古老的文献》是赫尔德在布克堡时期创作的著作,其主题是把《圣经》的《创世记》看作上帝最初的启示,人类只有通过信仰、通过上帝的自我显现才能理解上帝的意图。

不是直接给予我们的，它隐藏在这些语言背后，需要我们通过信仰和启示才能够真正接近和理解。

相比启蒙的自然主义和历史主义，布克堡时期的神秘主义宗教情绪没有成为整个赫尔德思想的主干，不过它始终是赫尔德思想的一个重要维度。赫尔德也一直试图在自然主义和历史主义与神秘主义之间进行协调综合。赫尔德于1774年写成的《又一种教育人类的历史哲学》就是对这两者进行综合的尝试。在这本书中，赫尔德一方面坚持历史主义的立场，认为任何时代、任何民族都有自身的价值，这种价值需要从其内部才能理解，不能用一种所谓的普遍价值从外部进行评判，即使是被启蒙思想家诟病为最黑暗的中世纪，如果从其内部来理解，它依然具有自身的价值。另一方面，赫尔德从宗教的立场出发，认为任何时代、任何民族都是上帝的隐秘语言，背后隐藏着上帝的不为人所知的计划，启蒙思想家狭隘的欧洲中心主义，盲目的进步历史观，实际上都是对于天意的误解。从这部著作开始，赫尔德历史主义的历史观和文化观基本形成，既强调每一个时代、每一个民族都拥有自身内在的价值，又指出它们都共同走向一个整体的目标。只是在布克堡时期，赫尔德对人类整体目标的理解，由于受到此时浓郁的神秘主义宗教情绪的影响，过分强调了启示在理解人类命运的天意中的作用。不过，无论如何，强调每一个历史时代、每一种文化都有自身内在的价值，以及关怀人类历史文化整体的目标，这两者始终是赫尔德文化哲学和历史思想致思的主题。

在布克堡度过失落的五年多之后，赫尔德在歌德的帮助下，于1776年10月去了魏玛。此后一直到1803年赫尔德去世，他基本都是住在魏玛。在这里，赫尔德也迎来了他人生事业的高峰：出任魏玛教区总监，兼任首席宗教顾问、宫廷牧师长和宗教委员会主席等。赫尔德的宗教思想与布克堡时期相比也有着重要的变化，基本抛弃了神秘主义的宗教情绪，重新回到了启蒙的自然主义与历史主义。在1782年和1783年这两年出版的《论希伯来诗歌的精神》中，《圣经》又重新被理解为一部东方民族的诗歌，在赫尔德看来，东方游牧民族的生活方式、语言特点、独特的文化和历史等都成为理解这部诗歌的本质性要素。同时期（1784—1791 年）创作的《关于人类历史哲学的思想》一书从历史观的方面也体现了这种转变。在该著作中，赫尔德试图像他的老师康德在《一般自然史与天体理论》中对自然史的解释一样，用自然主义的方式来解释人类历史。他借助当时天文学、地理学、生理学、生物学、解剖学等自然科学的最新发展，力图将人的生存演化和文化发展的历史解释为一个自然的有机过程。该著作坚持了《又一种教育人类的历史哲学》中的基本观点，认为每一种文化、每一个时代都有自身值得尊重的独特价值，每一个民族都有从其自身内部才能理解的幸福，也同样强调人类历史拥有着共同的目标。不同之处在于，在《关于人类历史哲学的思想》中，赫尔德抛弃了《又一种教育人类的历史哲学》中的关于人类历史整体目标的不可知的神秘主义观点，认为人类可以通过自身有限能力的不断试错和积累而发现人类历史的目标，并最终走向那个目标。在魏玛期间，赫尔德还创作了《论雕塑》（1778 年）、《论人类灵魂的认识活动和感觉活动》（1778 年）和《促进人道书简》（*Briefe zur Beförderung der Humanität*，1793—1797 年）。后者是赫尔德全面阐释"人道"思想的一部著作，在赫尔德看来，"人道"既是人的潜能，也是人类历史发展的目标。晚年的赫尔德对他老师康德的批判哲学进行了激烈的批判，针对康德的《纯粹理性批判》写作了《〈纯粹理性批判〉的元批判》（1799 年），针对康德的《判断力批判》写作了《卡利戈尼》（1800 年，又译《论美》）。赫尔德也因此被归入康德批判哲学最早的批判者行列。

　　赫尔德于 1803 年 12 月 18 日去世，墓地选在魏玛市教堂。墓前的纪念碑上镌刻着"光明、仁爱、生命"。这是赫尔德最喜欢的几个词，也概括了他一生的思想追求，恰如卡岑巴赫所言，"碑文再一次表达了赫尔德的哲学、宗教、信仰、希望和仁爱的总的精神"①。

---

① ［德］卡岑巴赫：《赫尔德传》，任立译，北京：商务印书馆，1993 年，第 108 页。

第二章　赫尔德文化哲学思想的本体论与认识论基础

如果说哲学是关于世界观的学问，那么哲学家的主要职事就在于反思和开创人类的世界观，为人类更好地理解世界提供观念和思想基础。在这个意义上，我们可以认为一个伟大的哲学家之所以伟大，就在于他以哲学的方式为我们开创了新的理解世界的视角。哲学的方式就是一种整体和系统的方式，这也正是哲学家对待世界观与普通人或其他学科学者的不同所在。世界观的创新性与系统性成为我们评判一个哲学家是否伟大的重要标准。

在很长一段时间，赫尔德都是被当作一位二流哲学家来看待的，他的名字经常是为了突出其他更知名更重要的哲学家而被提及的，比如歌德与赫尔德、黑格尔与赫尔德、洪堡与赫尔德、施莱尔马赫与赫尔德等等，他在思想史上的地位更多的是他为其他更知名更重要的哲学家提供了观念的启发和思想的来源。这样一种状况说明了两方面的问题：一是研究者基本认为赫尔德的很多观念是很有原创性与启发性的，不然他也不会被认为是反启蒙的先驱（伯林），更不会对如此多的一流哲学家都产生观念和思想的影响，或者说，这说明赫尔德的思想是有原创性的；二是赫尔德对自己这些原创性的观念和思想的系统阐发和理论证成还不够，让后来者未能深入全面地理解他的思想，不然他也不会被认为是二流的哲学家，不能与那些一流哲学家比肩。如果我们以上面提到的两条伟大哲学家的标准来看，赫尔德被认为是二流哲学家的理由主要就在于他的思想的系统性不够,在理论上还不能够很好地自圆其说。事实上,我们认为,将赫尔德的思想理解为不系统、理论上没有很好证成的观点主要是对他思想的误解造成的,是不符合他的思想的实际情况的。

  造成这种误解的原因主要有以下方面。首先,赫尔德很反对像康德哲学那种体系化的思想表达形式,认为这种表达形式是以裁剪和抽象生动活泼的现实感性为手段的,是一个人造的体系,而并非事物本来的真实面目。基于这种对体系化表达形式的看法,他自己的著作多是以笔记、随笔、对话等灵活松散的形式写成的,显得相对零散,比较难以形成观点和思想之间的系统关联。其次,赫尔德认为,人类的一切语言都形成于我们的感觉经验,只有在感觉经验中我们才能真正地理解语言的真实所指,因此他激烈反对哲学那种干瘪空洞的"纯粹语言",认为它们在进行抽象纯化的时候,完全忘却和丧失了生活世界的感性基础,完全沦为人造的概念游戏,根本无法表达存在的真实状况。相反,他自己使用的语言都是感情充沛、恣肆汪洋的,对一些重要概念、核心概念也缺乏准确和详尽的界定,确实容易给人哲学思维不严谨、不系统的印象,这对熟悉和习惯了抽象思辨哲学语言的研究者来说,尤其如此。再次,康德的批评。赫尔德的《关于人类历史哲学的思想》第一、第二部分出版以后,康德就写了评论,在评论中他如此说道:

> 但是,更应当期望的是,我们这位有才智的作者在继续撰写这部著作时,由于他将在自己面前发现一片坚实的土地,而对他奔放的天才稍加约束;而且,哲学的关切更多地在于修剪茂密的嫩芽,而不是促使它们生长,但愿哲学不是通过暗示,而是通过确定的概念,而不是通过猜想来的法则,而是通过观察来的法则,不是凭借一种无论是受形而上学还是受情感所激励的想象力,而是通过一种在设计时大胆铺开、在实施时小心谨慎的理性,来引导它完成自己的计划。①

---

① [德]康德:《康德著作全集》第八卷,李秋零主编,北京:中国人民大学出版社,2010年,第60—61页。

说一个哲学家是用情感而不是审慎的理智来思考哲学问题，这对一个哲学家来说，无疑是致命的评判，因为哲学的核心就在于用理性论证而不是情感共鸣来表达观点和思想。伴随康德哲学后来的巨大影响，康德对赫尔德的批判基本成为19世纪人们对赫尔德思想的基本理解。

然而，如果我们穿透康德的批判和赫尔德非系统化的表达形式和感性语言的外表，仔细深入地去理解他的整个思想，我们会发现他的思想有着深刻的内在一致性。正是在这个意义上，福斯特认为赫尔德是一位一流的哲学家①，不管是从观念的原创性还是从思想的系统性方面来说都是如此。

在本章中，我们就试图去探寻赫尔德思想中最核心的部分，也就是为他的整个思想奠定坚实基础的那部分。通过这个基础，赫尔德的整个思想成为一个系统有机的组成，也呈现出深刻的内在一致性。在这个意义上，我们也把这个基础叫作赫尔德的核心世界观，或者他整个思想的世界观前提。② 从这个核心世界观来看，赫尔德的文化哲学不过是这个世界观在文化领域的顺理成章的展开和运用。当然，换一个角度，也可以认为文化哲学是赫尔德这一世界观的有机组成部分。赫尔德的这个核心世界观就是他的本体论与认识论思想。

第一节 赫尔德的《论存在》

学者们认为赫尔德的思想不系统，观念很有原创性和启发性但对观念

---

① Johann Gottfried Herder. *Philosophical Writings*. Translated and edited by Michael N. Forster. Cambridge: Cambridge University Press, 2002, p. vii.
② 我们在这里的想法和做法，恰如彼得·辛格（Peter Singer）在他一部介绍马克思思想的著作中的做法。面对马克思宏富的思想和等身的著作，不容易把握马克思思想全面和整体的状况，他如此说道："我相信在马克思的思想中一定有一个中心的观念，即一种世界观，它能将马克思的所有思想统一起来，并且能够解释那些如果不从这个中心观念来理解就很令人疑惑的特征。"参见 Peter Singer. *Marx*. Oxford: Oxford University Press, 1980, p. 1. 彼得·辛格针对马克思思想的说法，也可以完全地运用到赫尔德这里。因为，赫尔德的思想也如马克思一样，庞大却相对零散，需要我们穿透它们零散的外表，找到其中那个核心的世界观，使它们统一起来，获得一致的理解。

的证成不够，造成这种印象的一个重要的原因或许在于这些学者在赫尔德的思想中没有发现系统而坚实的本体论和认识论基础。本体论和认识论的缺失，使得他整个思想的深刻性和系统性不足，因此在思想史上的重要性也大受影响。事实上，赫尔德还在哥尼斯堡读书期间就在康德的课堂上接触了启蒙时代主要的本体论和认识论思想①，并就当时本体论和认识论中的问题发表过自己的看法。赫尔德在此期间写作的《论存在》一文，就集中表达了他对最根本的形而上学问题的看法。赫尔德写作该文时只有20岁，这篇小论文也只是他听康德课后的一篇习作，因而在很长一段时间内研究者们都不重视这篇小文章。赫尔德的权威传记作者鲁道夫·海姆认为这篇文章仅仅是赫尔德重复康德的一些观点②，苏芬版《赫尔德全集》也没有收录这篇。到了20世纪80、90年代，研究者们才开始关注到这篇论文，曼弗雷德·鲍姆（Manfred Baum）专文讨论了这篇文章③，罗伯特·E. 诺顿也在他研究"赫尔德美学与欧洲启蒙运动"的专著中专门讨论这篇文章对理解赫尔德美学的意义④。随着研究者们对这篇文章的重新发现和关注，大家惊奇地发现，就在这篇早年的小文章中，蕴含了赫尔德整个本体论和认识论的思想，奠定了他后来发展的其他思想的整个基础。正如罗伯特·E. 诺顿指出的，"尽管《论存在》是赫尔德第一次尝试将他的智力集中在一个特定的哲学问题上，但这篇早期的作品（如前所述）决定了他随后思想的一

---

① 主要是康德的"形而上学"课。康德在这门课中介绍莱布尼兹、沃尔夫、鲍姆嘉通、洛克、休谟、斯宾诺莎等人的形而上学思想。当然康德并不是只停留于介绍，他是带着自己的思考和哲学观点来介绍的，从保留下来的赫尔德的课堂笔记可以看出来，康德经常是在介绍这些哲学家的思想后，就开始用自己的理解来进行或赞成或批判的评论。无论是康德的介绍还是他的批判，都对赫尔德产生了重要的影响，这从赫尔德在这时期写作的《论存在》习作可以看出来。
② Rudolf Haym. *Herder nach seinem Leben und seinen Werken*. 2 volumes. Berlin: R. Gaertner, 1877–1885, Vol. I, p. 32.
③ Manfred Baum. "Herder's Essay on Being". *Herder Today: Contributions from the International Herder Conference, November 5–8, 1987, Stanford, California*. Edited by Kurt Mueller-Vollmer. Berlin and New York: Walter de Gruyter, 1990, pp. 126–137.
④ Robert E. Norton. *Herder's Aesthetics and the European Enlightenment*. Ithaca, New York and London: Cornell University Press, 1991, pp. 33–43.

个重要部分"①。在我们开始展开论述赫尔德思想的世界观前提之前，先来集中讨论一下这篇文章对我们是很有裨益的。

康德于 1763 年完成了他前批判时期的一篇重要论文——《证明上帝存在唯一可能的证据》，在这篇文章中，康德基于一种新的对"存在"的理解来重新证明上帝的存在。赫尔德《论存在》一文主要是针对康德这篇文章来写作的，在文中他结合当时洛克、休谟和斯宾诺莎等人的思想，对康德的"存在"新理解进行了批判。为方便理解和论述，我们先来看看康德的这篇文章。

在这篇题为"证明上帝存在唯一可能的证据"的论文中，康德把文章分为三个部分：第一部分是关于上帝存在的先天本体论证明，第二部分是关于上帝存在的经验上的自然神学证明，第三部分是关于这两个证明的进一步评价。明显的是，在这样一篇明明是包括了两个证明的文章中，康德却在标题里说只存在证明上帝存在的"唯一可能的证据"。这是我们理解康德这篇文章首先面临的一个困惑：尽管在康德看来，本体论证明相较于自然神学证明是基础性的，也更具证明的严格性，但是在这篇文章里康德确实是做出了两个证明而不是一个，那么，应如何来理解"唯一可能的证据"与"两个证明"之间的关系呢？②在这里，我们同意舍恩费尔德（Schönfeld）的看法，康德在这篇文章中是基于一个证据（Beweisgrund）做了两种证明（Beweise）。这个证据就是"事物可能性"，从事物可能性的先天概念来演绎上帝存在的证明就是本体论证明，而从事物可能性的经验观察中归纳推导上帝的证明就是自然神学证明。这两种证明尽管路径不一样，但是依赖的基础是一样的，这个两种证明共同依赖的基础也是康德自认为新发现的"证明上帝存在唯一可能的证据"。

---

① Robert E. Norton. *Herder's Aesthetics and the European Enlightenment*. Ithaca, New York and London: Cornell University Press, 1991, p. 35.
② 拜泽尔认为，"唯一可能的证据"是康德为了强调本体论证明的优先地位，文章的第二部分只是依据本体论的证明来顺带批评传统的自然神学证明。但事实上，康德文章的第二部分确实构想了一个自然神学的证明，因此拜泽尔的这种理解并不正确。

正如康德在文章的"前言"里自述的，他的"这些考察是长期反思的结果"①，在这篇文章中他对存在问题以及以此为基础的上帝存在的证明有了新的理解。在第一章中，康德首先表明他对存在的新看法——"存在根本不是某一个事物的谓词或者规定性"②。在康德的理解中，事物的谓词或规定性是作为主词的事物的概念所包含的内容，存在（实存）在谓词或规定性的意义上不是主词所包含的内容，因为即使我们想到一个主词的一切谓词（理解一个主词的所有内容），依然存在这个主词只是概念可能还是对象地存在的问题。换言之，谓词与主词是一种内容上的关系，存在与一个事物的主词没有这种内容上的关系。在这个意义上，"这片树叶是黄色的"与"这片树叶是存在的"虽然具有同样的表达结构（语法结构），但是它们的含义却不一样：前者表达的是谓词（"黄色的"）与主词（"这片树叶"）在内容上的关系，谓词使我们认识到主词的某种规定性（属性，在这里是"黄色的"）；而后者却不能这样理解，尽管从语法上来看"存在（的）"在这里似乎是"这片树叶"的一个谓词，但明显它不具有"黄色的"这样的谓词所具有的与主词内容上的关系，通过说"这片树叶是存在的"我们并没有为主词增添任何内容，也没有增加我们对主词的内容的认识。③那么，当我们说"这片树叶是存在的（这片树叶存在）"的时候，我们到底表达的是什么呢？特别是这里在语法上以谓词出现的"存在"意味着什么呢？康德认为，借助"存在"判断所表达的是主词所指称的事物以及相关的谓词都被无条件地设定。一般判断设定的是主词和谓词在内容上的关系，主词所指称的事物在判断中并没有

---

① ［德］康德：《康德著作全集》第二卷，李秋零主编，北京：中国人民大学出版社，2003年，第73页。
② ［德］康德：《康德著作全集》第二卷，李秋零主编，北京：中国人民大学出版社，2003年，第78页。
③ 康德在《纯粹理性批判》中更明确地说道，"存在不是一个实在的谓词"。"实在的"这一限定语更加表明康德这里所强调的谓词与主词的内容上的关系，而不是指"存在"不能是一个语法上的谓词。在语法上"存在"做一个谓词完全是可能的，只是它表达的含义与"实在的"谓词不一样。

被设定，其是否存在也仍然是一个问题；在"存在"判断中主词所指称的事物被无条件地设定，并因此将主词和谓词内容上的关系也一并无条件地设定了。当我们说到"这片树叶是存在的"的时候，"这片树叶"（不只是"这片树叶"这个概念，也包括这片树叶自身）连同"黄色的"等相关谓词都被无条件地设定了。对此，康德明确指出，"存在是对一个事物的绝对肯定，并由此也同任何一个自身在任何时候都只有与另一事物相关才被设定的谓词区别开来"①。通过康德对"存在"概念的这种辨析，可以知道一个事物的单纯可能性与这个事物的实存之间在内容上完全没有差别。

基于这种对"存在"概念的新的理解，康德批评了传统笛卡尔学派关于上帝存在的本体论证明。传统笛卡尔学派的证明可以用这样一个三段论来概括：上帝按其定义来说是拥有所有完美属性的观念（大前提），存在是一个完美的属性（小前提），上帝存在（结论）。显然，这个证明的实质是从关于上帝的观念中推论出上帝的存在来，推论的策略是将存在作为一种完美的属性包含在上帝观念的内容中。整个证明符合三段论的推理规则，在形式上是有效，证明如果有问题，肯定是前提的问题。大前提由于是从一个概念的定义来说的，所以不存在逻辑矛盾问题，因为我们确实完全可以设想或定义拥有所有完美属性的上帝观念。② 如此，问题肯定出在小前提之上。在康德看来，这个问题就在于小前提预设了存在是一种属性（然后才谈得上是一种完美属性），事实上，正如前面已经说明的，"存在根本不是某一个事物的谓词或者规定性"，亦即存在根本不是一种属性，不能够从一个事物的主词内容中推论出来。换言之，在上帝的概念中我们确实可以设想或定义各种各样的完美属性，但存在却无法通过这种方式被设想出来。

---

① ［德］康德：《康德著作全集》第二卷，李秋零主编，北京：中国人民大学出版社，2003年，第80页。
② 这也是笛卡尔和安瑟尔谟关于上帝存在的证明的区别。在安瑟尔谟那里，预设人们心中都有基督教的上帝观念，这对有基督教信仰的人来说可能是适合的，但对没有信仰的人来说可能没有这样的上帝观念；而在笛卡尔的证明里，他不需要预设基督教的信仰和相应的上帝观念，他只是设想或定义了一个上帝的观念。

存在不能通过上帝观念内容的设想来推论，相反，通过存在，上帝这个概念所指称的事物连同所有相关谓词都被绝对地设定。

在揭示了传统本体论证明的错误之后，康德力图为上帝的存在寻找新的证据和建构新的证明。这个新的证据就是"事物可能性"，新的证明包括新的本体论证明和自然神学证明。我们先来看本体论证明。在这篇文章中，康德的本体论证明大致可以进一步划分为两个步骤——证明有一个绝对必然的存在者存在和证明这个绝对必然的存在者就是上帝，前者是关于绝对必然存在者的存在性证明，后者是关于绝对必然存在者的神圣性证明。就本体论证明而言，存在性证明毫无疑问是最重要的。关于绝对必然存在者的存在，康德首先对"事物可能性"概念进行了分析，并以之作为整个证明的推理基础。在康德看来，所谓的"事物可能性"是指在自身中不包含内在相互矛盾的东西；而凡是自身中相互矛盾的东西都是内在地不可能的，就是不可能性。康德进一步指出，事物可能性包括形式的和质料的两方面的条件：前者是指凡是可能的事物都是内在地一致的事物，矛盾律是可能性的形式条件；事物可能性的质料条件就是凡是可能的事物都是可被思维的事物，而凡是可被思维的事物都是具有质料的事物，这里的可被思维和具有质料都是指具有具体的内容。在康德看来，事物可能性必须同时满足形式的条件和质料的条件，特别是质料的条件。以前的哲学家思考可能性都主要是依据形式的条件，忽略了质料的条件，但质料的条件同样是可能性要成立不可或缺的根本条件。根据以上对可能性的分析，康德推论如下：质料的条件要求事物可能性必须以某种存在为前提，"一切事物的内在可能性都以某一存在为前提条件"[①]，因为没有"某一存在"这个前提条件，就没有任何可被设想的东西给予出来，我们根本不能思维任何事物的可能性，也就是说，没有这个前提条件就无法满足事物可能性的质料条件，也更谈不上与矛盾律一致而满足形式条件了。

---

① [德] 康德：《康德著作全集》第二卷，李秋零主编，北京：中国人民大学出版社，2003年，第85页。

显然，康德在这里的推论是以"事物可能性"存在为根本前提的，但要是没有这个前提，或者说"事物可能性"在根本上是不可能的，那么这个推论就不成立了。不过，康德认为，事物可能性是不可能被取消的。假设一切可能性都被取消，那么根据可能性的质料条件就没有任何存在设定或给予，同时，一切可能性都被取消意味着只剩下绝对不可能，按康德的说法就是，"被用来从根本上取消一切可能性的东西，是绝对不可能的"①。但是，这句话是自相矛盾的：一方面，这句话的意思是"一切可能性都被取消"是"绝对不可能的"，在这种理解下，就意味着绝对不可能取消"一切可能性"；另一方面，"一切可能性都被取消"就是指"绝对的不可能"，换言之，就是没有任何可能性是可能的。②这两种理解是自相矛盾而与矛盾律一致的东西，不满足可能性的形式条件，其自身就是不可能的。我们取消一切可能性是通过否定可能性的质料的条件来设想的，现在反证这种取消是不可能的（一切可能性是无法被取消的），这也就证明可能性的质料条件是不能被否定的，而满足可能性的质料条件就意味着"绝对不可能根本没有任何东西实存"③。通过这种对事物可能性概念的先天分析和推论，康德证明了"有一个绝对必然的存在者实存"④。这也就完成了上帝存在的本体论证明的关键一步。接下来，就是证明这个绝对必然的存在者的神圣性，即证明这个绝对必然的存在者就是上帝。康德对必然存在者的神圣特征的证明和传统唯理主义的证明并

---

① ［德］康德：《康德著作全集》第二卷，李秋零主编，北京：中国人民大学出版社，2003年，第86页。
② 这句话里所包含的自相矛盾的两种理解类似于"说谎者悖论"，是一种语义的自反性悖论：既说一切可能性都被取消是绝对不可能的，又说一切可能性都被取消就是绝对不可能。我们也可以这样来理解这里的悖论：取消一切可能性的绝对不可能性，本身也是一种可能性，亦即绝对不可能本身也是一种可能性。我们从康德可能性的质料条件也可以解释这一点：取消一切可能性的质料条件这一设想本身，就是一种质料条件，它就是使得绝对不可能成为一种可能性的质料条件。
③ ［德］康德：《康德著作全集》第二卷，李秋零主编，北京：中国人民大学出版社，2003年，第86页。
④ ［德］康德：《康德著作全集》第二卷，李秋零主编，北京：中国人民大学出版社，2003年，第90页。

无本质区别，同样都是从必然存在者的概念中分析出它的唯一性、纯粹性、永恒性等特性，最后再根据这些特征断定此必然存在者只可能是上帝。以此方式，康德构造了一个不同于传统的新的本体论证明。

显然，康德在这篇文章中对上帝存在的新证明（区别于传统的安瑟尔谟和笛卡尔的本体论证明），建基于他对"存在"概念的一种新的理解。这种新的理解，概要而言，主要有两个方面的内涵：一是存在不是事物的谓词，而是对事物的绝对设定；二是存在是一个必需的设定，只有这样我们的思维才有内容和质料，才不至于沦为空无。换言之，存在是我们的思维要成为可能必需的绝对设定。①

在《论存在》一文中，赫尔德结合当时洛克、休谟和斯宾诺莎等人的思想对康德这种存在的新理解进行了分析和批判。简而言之，赫尔德同意康德存在是一种必需的设定的说法，但是他反对康德设定存在的方式和对存在自身的性质的理解。下面我们先来看第一点。

赫尔德从讨论洛克的经验主义认识论开始。我们知道，洛克在《人类理解论》中明确地说道："在理性和知识方面所有的一切材料，都是从那里来的呢？我可以一句话答复说，它们都是从'经验'来的，我们底一切知识都是建立在经验上的，而且最后是导源于经验的。"② 在这里洛克明确表达了近代主义的认识论原则，我们一切的知识和观念都来自感觉经验，没有经验作用的人心就是一块白板（tabula rasa）。在此基础上，洛克进一步区分了两种经验或者两种经验的来源：外部感觉（outer sense）和内部反省（inner sense）。其中外部感觉是我们的感官受到外部事物的刺激而形成

---

① 虽然批判时期的康德放弃了前批判时期对上帝存在的本体论证明的主张，但是康德这篇文章以及这种对存在的理解对后来整个德国哲学的进程产生了比较重要的影响。相关的讨论可参见Hans-Jürgen Engfer. "Zur Bedeutung Wolffs für die Methodendiskussion der deutschen Aufklärungsphilosophie: Analystische und synthetische Methode bei Wolff und beim vorkritischen Kant". In *Christian Wolff, 1679–1754: Interpretationen zu seiner Philosophie und deren Wirkung*. Edited by Werner Schneiders. Hamburg: Felix Meiner, 1986, p. 51.
② ［英］洛克：《人类理解论》，关文运译，北京：商务印书馆，1959年，第68页。

的感受，它是我们大部分观念的来源；内部反省则是对我们内心各种心理活动的注意，并由此形成意愿、怀疑、思维、推理和信仰等观念。显然，在洛克这里，外部感觉以外部事物为对象，内部反省是以我们自身的心灵（mind）为对象，同时由于外部感觉是心灵反观自身进行内省活动的对象，所以内部反省是以外部感觉为前提的。这意味着，事实上，我们只能通过外部感觉才能获得内省观念或意识。为了方便后续讨论，我们可以用以下更准确的方式来表达洛克经验主义认识论的核心思想及预设：1. 我们的观念都是感性的意味着我们观念的内容都是由感官接受外物刺激形成的外部感觉提供的，而它们作为观念的作用是由心灵对其进行内省来实现的。换言之，我们所有观念由于是感性的，其内容都是由外部感觉提供的，其形式是由心灵内省提供的。2. 这种经验主义认识论，特别是对观念的来源的说明，预设了外部事物的独立存在，因为没有这种预设，我们无法说明外部感觉的来源，也因此无法说明内省观念的对象。

洛克经验主义认识论这种对观念的说明，看似很符合我们的直觉和经验，但是它对外部事物独立于我们的心灵并作为我们观念的原因的形而上学预设却并不是牢靠的和明显地真的。事实上，这条形而上学预设并不能通过经验主义自身的原则，即通过经验的方式来进行辩护和说明。因为，这里涉及的不是这个或那个具体的经验，而是包括一切可能经验在内的整个人类经验，而要说明包括一切可能经验的整个人类经验与人类心灵的关系超出了任何经验的范围。这条洛克经验主义的形而上学预设正是经验观念论者（主要是贝克莱和休谟）质疑和批判的地方。在这些经验观念论者看来，由于通过经验根本无法证明外部事物的存在，更无法证明它们就是我们观念的原因，所以我们的经验和观念可能有另外的来源。[①] 经验和观

[①] 经验观念论对洛克经验主义这条形而上学预设的批判和质疑，如果走向极端就会成为观念论的教条主义，即完全否定外部对象的存在。如果只是认为无法证明外部对象的存在和它们作为观念的原因，则会主张一种对外部对象的怀疑主义，即对是否有外部对象存在持一种怀疑和不可知的态度。当然，由于对经验观念论者来说，外部对象是否存在并不确实，（转下页注）

念不来自外部事物,它们就可能来自我们自身的心灵。比如,休谟就认为,它们完全可以是我们心灵依据想象力的规则而生产出来的产物。在这种理解下,观念就成为仅靠我们人类心灵自身就可以产生出来的,它们完全是我们自身心灵精神力量的结果。

然而,经验观念论者对人类观念起源的设想和说明,基于这样一个前提——人类的心灵具有一种自发产生观念的能力,如果用洛克的术语来说,就是人类的内部反省不需要借助外部感觉为前提,或者说内部反省不需要以外部感觉提供的内容为对象,它仅凭自身就可以产生观念。那么,人类的内部反省到底是一种什么样的精神力量呢?它是否真的可以不借助任何外部感觉就能自己产生观念呢?这正是赫尔德赞同洛克而反对观念论者的地方。

在赫尔德看来,经验观念论者错误地理解了人类的认识能力。与观念论者只强调或只认可人的内部反省能力不同,赫尔德认为人的认识能力是外部感觉与内部反省的结合体,这使得人既与动物有区别,也与上帝有区别,是介于动物和上帝之间的存在。我们可以从这种区别中来理解人的认识能力。动物只具有外部感觉,只能对刺激它们的外部事物形成应激反应,但由于它们缺少内部反省能力,它们不能将外部感觉当成思考和反省的对象,这使得它们对外部世界的反应完全被它们的外部感觉所决定。而人由于有了内部反省能力,能够把外部感觉当成内容和对象来思考和反省,他对外部事物的反应是带着他的能动性和创造性的,他眼中的世界也不再如动物那样,完全被感觉所决定,而是他主动建造的一个世界。"但是,这构成了我们的意识相比动物的意识的一个独特优势——动物只能以它们的方式意识,而人类可以对他们的意识进行意识!不错,外部感觉能够独立于内部感觉存在:动物看见它们感觉的图像,而人则可以看到他们自己的图像。"①

(接上页注)所以他们基本上都主张需要为我们的观念寻找另外的来源。我们发现,洛克之后的贝克莱和休谟正好代表了观念论的独断论和怀疑论。

① Johann Gottfried Herder. *Werke in zehn Bänden*. 10 volumes. Edited by Günter Arnold et al. Frankfurt am Main: Deutscher Klassiker Verlag, 1985-, Vol. 1, p. 10.

但是，人的这种内部反省能力的运用，必须借助外部感觉，人不能脱离外部感觉独立地使用内部反省来创生观念，或者说，人的内部反省能力必须是感性的，必须以外部对象的被给予为前提。"我们的观念除了是感性的是否什么都不是，除了通过对外部感觉的反思进入内部反省之外是否还有别的途径，这是另外一个问题。"① 对这个问题，赫尔德明确地回答道："我所有的表象都是感性的——它们是黑暗的——感性的与黑暗的早就被证明是同一种表达。"②

在赫尔德的理解中，只有上帝（或哲学家眼中的上帝）的观念或表象不是感性的。因为上帝不需要借助外部感觉来作为他精神发挥作用的材料和对象，相反，这些材料和对象都是他通过自己的精神创造出来的，因此对上帝这个神圣的存在来说，他具有内部反省的能力，而不需要外部感觉的能力。对上帝而言，除了他自己的存在（他的自我 [ego] 或神圣的 "我思" [thinking]）是被给予的，其他一切都由他的 "我思" 所产生并真正内在于（immanent）他的 "我思"。换言之，在上帝那里，一切都具有概念分析的清晰性，除了他自身的存在，因为他自身的存在是他产生其他观念的前提，是首先被给予的因而不能再被追问和分析的基础，上帝自身是一切清晰性中那个唯一晦暗未明的事物。在这个意义上，赫尔德认为，只有上帝才能真正地说 "我"，"同时，这里有一个思想的自我的世界，即某物，没有任何感性的感觉，也没有任何被给予的观念，不需要起码的后天经验做前提，也许只有它可以对自己说 '我' " ③。明显地，赫尔德这种对上帝的理解是斯宾诺莎泛神论与观念论的结合，本质上就是将观念论推向极端的形而上学唯我

---

① Johann Gottfried Herder. *Werke in zehn Bänden*. 10 volumes. Edited by Günter Arnold et al. Frankfurt am Main: Deutscher Klassiker Verlag, 1985–, Vol. 1, p. 10.
② Johann Gottfried Herder. *Werke in zehn Bänden*. 10 volumes. Edited by Günter Arnold et al. Frankfurt am Main: Deutscher Klassiker Verlag, 1985–, Vol. 1, p. 11.
③ Johann Gottfried Herder. *Werke in zehn Bänden*. 10 volumes. Edited by Günter Arnold et al. Frankfurt am Main: Deutscher Klassiker Verlag, 1985–, Vol. 1, p. 11.

论（egoism）而实现与斯宾诺莎一元论的结合。① 上帝和人的区别在于人的观念的产生，或者说内部反省能力的运用，必须要借助外部感觉为对象，而上帝不需要外部感觉，他仅凭自身心灵的精神力量就可以产生一切。

综上所述，我们发现，在赫尔德的理解中，动物只具有外部感觉能力（感官接受外物刺激形成应激反应的能力），上帝只拥有内在精神的能力（仅凭内在心灵力量产生观点和对象的能力），而人介于动物和上帝之间，既具有外部感觉能力，又具有内在精神的能力，是外部感觉能力和内在精神能力的结合体。然而，人的这种结合体使他的外部感觉能力区别于动物，也使他的内在精神能力区别于上帝。与动物外部感觉的区别在于，人的外部感觉不直接是感官对外在事物刺激的应激反应，而是经过了内在精神力量的加工，带着人的意志与情感等因素；与上帝内在精神的区别在于，人的内在精神不能单独地发生作用，产生观念，而必须借助外部感觉提供的材料作为对象。正是立足于这种对人的认识能力的理解，赫尔德批判了经验观念论对人的认识能力的理解，而坚持洛克的观点。

站在这样一种经验主义的认识论立场来看待康德对存在的新理解，赫尔德认为，康德将存在理解为一种绝对的设定是正确的。因为，即使像上帝这样仅凭自身的内在精神力量就能创造出观念和对象的存在者，他自身的存在也必须预先被设定，他自身的存在是他唯一不能分析的最后的剩余，这就意味着上帝自身的存在只能是绝对的设定。对人这样的存在者更是如此，不仅他自身的存在是被预先设定或事先被给予的，而且他的整个内在精神的作用对象也必须被给予出来才能发挥作用，所以，对人而言，存在毫无疑问是一种绝对的设定。不设定存在，就正如康德所言的，人的思维

---

① 对赫尔德在《论存在》这篇文章中结合经验唯我论与斯宾诺莎一元论的展开讨论，请参见曼弗雷德·鲍姆的文章：Manfred Baum. "Herder's Essay on Being". *Herder Today: Contributions from the International Herder Conference, November 5-8, 1987, Stanford, California*. Edited by Kurt Mueller-Vollmer. Berlin and New York: Walter de Gruyter, 1990, pp. 129-130. 另外，关于赫尔德本体论思想中的斯宾诺莎元素，我们接下来还要讨论。

就会因为没有对象而成为不可能的。

但是，赫尔德不同意康德将存在看作最不可分析因而是最抽象的概念的看法。我们在第一章说到，1763年时的康德主张研究哲学的方法应该是在自然科学中已经广泛运用的分析法，即对给予我们的对象进行分析，弄清它的构成要素以使得它变得更清晰，在这个意义上，哲学研究不能新增我们的知识，只是使既有的知识变得更清晰。康德就是以这种分析方法来理解存在概念的。在他看来，由于存在概念是最普遍的概念，无法再进一步分解成它的构成要素，所以它也是最抽象的概念。同时，此时的康德也深受了莱布尼兹对观念清晰程度划分的影响。① 根据莱布尼兹的划分，观

---

① 莱布尼兹对观念的划分是这样的："知识可以划分为晦涩的和明白的，而明白的知识又可以进一步划分为模糊的和清晰的。清晰的知识要么是不充分的，要么是充分的，又或者把它们划分为象征性的或直观性的；如果一个知识它既是象征性的又是直观性的，那么它在各方面都是完满的了。如果一个观念不足以使我们辨认出它所指示的事物……也不能使我们把它与其他事物区别开来，那么这个观念就是晦涩的。……当一个知识可以使我们辨认出它所指示的事物，它就是明白的，明白的观念要么是模糊的，要么是清晰的；模糊的观念是指，虽然事实上某一模糊观念所指示的事物具有这些特征，也具有分析这一观念所必需的材料，但我不能通过把这一观念拆分，列举为一些特征，而这些特征是这一观念所指示的事物与其他事物相区别的必要标志……这样我们可以很明白地认识像颜色、气味、味道以及其他通过感觉感知的具体事物，而且我们可以通过感觉提供的简单证据而不需可表征的符号就把它们和其他事物区别开来。这也就是为什么我们不能向一个盲人解释什么是红色，除非我们把人们放在可以感知这些性质的环境中，不然我们也不能使人们了解这样的性质……然而清晰的观念类似于分析机构手中的金子，通过一些显著的特征和充分比较的手段可以把一事物与所有相似的事物区别开来……如果一个清晰观念它所有的要素自身都被清晰地了解了，或者对它的分析已经完全了，这样的清晰观念就是完全的。我不知道人类在这方面能否给出非常适合的例子，但是关于数字的知识非常接近于它。……一个千边形……通过感觉它呈现在我脑海里是晦涩的……但是我的记忆告诉我知道这些观念的指称……我习惯把这类观念叫作盲目的或者象征性的；……确实，如果一个问题非常复杂，我们不能一下子理解构成这一问题的所有要素；但如果这能够做到，或者至少目前为止这可以做到，那么这种观念叫作直观性的。我们只对那些清晰的、原初的观念有直观性的知识，而大部分时候我们对于复合的观念只有象征性的知识。"(Gottfried Wilhelm Leibniz. *The Philosophical Works of Leibnitz*. Translated from the original Latin and French with notes by George Martin Duncan. New Haven: Tuttle, Morehouse & Taylor, 1890, pp. 27-29) 莱布尼兹这种对观念等级的划分，对后来整个德国哲学的发展都产生了重要的影响。相关的分析请参见 Israel Stamm. "Herder and the *Aufklärung*: A Leibnizian Context". *The Germanic Review: Literature, Culture, Theory*, Vol. 38, No. 3 (May, 1963)。

念可分为"晦涩的"和"明白的"。其中"晦涩的"观念由于根本不能使我们把它所指示的事物辨认出来,也不能把它与其他的事物相区别,所以根本就不是知识,比如我们的本能欲望等观念。而"明白的"观念可以进一步区分为"模糊的"和"清晰的":"模糊的"观念是通过感觉得来的观念,它是通过感觉把观念所指示的事物作为一个整体呈现在我们面前,它不能被分解为组成事物的部分,"模糊的"观念之所以是模糊的就在于它的这种整体性与不可分解性,这一特点也是它与"清晰的"观念的根本区别;"清晰的"观念所指称的对象的每一个特征都可以清楚地分析出来,换言之,与"模糊的"观念相反,"清晰的"观念之所以是清晰的正在于它的可分解性。显然,在这种对观念的划分中,观念的清晰性与可分析性(即可被分解为构成要素的程度)是本质相关且成正比例关系的,一个概念越能够被分析为构成它的要素,这个概念就越清晰,反之则越不清晰。在这种理解下,最抽象、最不可分析和最不清晰基本是同一个意思的不同表达。结合分析法与莱布尼兹对观念清晰性的划分,很容易得到康德的结论:存在概念由于是最抽象的概念,不具有分析性,因而也是最不清晰的概念,"人们如果认识到,我们的全部知识最终都归结为不可分解的概念,那么也就清楚地领会到,有一些概念几乎是不可分解的,也就是说,假如标志并不比事物自身更清晰和单纯多少的话。我们对实存的解释就是这种情况"[①]。

赫尔德认为,康德从可分析性的角度出发,将存在判定为最抽象和最不清晰的概念,这是错误地理解了存在的性质。在赫尔德看来,存在概念是最普遍的概念,因为存在是所有事物的基本特性,任何事物只有先存在,才可能是任何具体的事物;但存在并不是最抽象(缺少感性内容)的概念,相反它是以感性的方式直接给予我们的概念。如前所述,我们可以这样来理解赫尔德这里的主张:同样是根据他在康德那里接受的分析法,存在概念必须

---

① [德]康德:《康德著作全集》第二卷,李秋零主编,北京:中国人民大学出版社,2003年,第80页。

以某种方式给予我们，我们才会拥有这个概念，才谈得上对它进行分析；而且，根据上面的分析，赫尔德认为分析法的认识论基础或前提是洛克的经验主义，而这种经验主义认识论认为我们的所有概念都是以感性的方式给予我们的，并不是由上帝放在我们心中或者由我们自己产生的。立足于此，赫尔德认为，存在是一个感性的概念，甚至是最感性的概念（因为它最不可分析），而不是一个最抽象的概念："我抽象它们，提纯它们的感性质料，直到它们不能再被提纯为止，你会发现，剩下的粗糙的残留物，正是不可分析的。因此，感性与不可分析性是同义语。一个概念越是感性，它就越不可分析——如果有一个最感性的概念，那么在其中将不能进行任何的分析。"① 同样是坚持分析法，赫尔德倒转了康德对存在的抽象理解。

更为重要的是，赫尔德不只认为存在是一个最感性的概念，而且他认为存在是最清晰、最确定的概念，这就完全颠倒了康德对存在的基本判断。我们知道，康德对存在的模糊性的判断与莱布尼兹对观念清晰性的划分是直接相关的。在莱布尼兹的划分中，感性和模糊是直接联系在一起的，越感性的概念就越模糊，最感性的概念也一定是最模糊、最不确定的概念。赫尔德要将感性与清晰性和确定性联系起来，就必须破除莱布尼兹对观念的清晰性的那种划分。对此，赫尔德反问道："难道感性概念不是确定的吗？难道它们不拥有如分析性的概念一样使我们信服的力量吗？它们也拥有一种明证的力量。"② 与分析性概念通过分解概念的构成要素来使其变得清晰不同，感性概念的这种明证的力量主要在于它通过直接性与不可否认的在场性的力量来使人信服。比如，我们亲眼见到一朵鲜艳美丽的花，虽然我们无法将这朵花如何鲜艳、如何美丽分解成各个构成要素，但是当这朵花以一个整体直接呈现在我们眼前时，它的鲜艳和美丽给予我们感觉的那

---

① Johann Gottfried Herder. *Werke in zehn Bänden*. 10 volumes. Edited by Günter Arnold et al. Frankfurt am Main: Deutscher Klassiker Verlag, 1985–, Vol. 1, p. 11.

② Johann Gottfried Herder. *Werke in zehn Bänden*. 10 volumes. Edited by Günter Arnold et al. Frankfurt am Main: Deutscher Klassiker Verlag, 1985–, Vol. 1, p. 11.

种直接性与在场性是如此地清晰、如此地确定和如此地具有说服力。感性概念的这种明证的力量，虽然与分析性概念的证明性力量不同，但它同样是一种可以带给我们确定性和清晰性的力量，而且它带给我们的清晰性与确定性并不比分析性的概念少。值得指出的是，这种对感性概念具有另一种清晰性与确定性的发现和强调，并不是赫尔德的首创，事实上早在他之前，美学学科的创立者鲍姆嘉通就提出过感觉的完满性的问题，这对赫尔德无疑是有很大的启发和影响的。①

在论证完感性概念也具有清晰性和确定性之后，赫尔德继续追问道：是否有一个概念是最感性的，因而也是最清晰和最确定的，是其他一切确定性与清晰性的来源和中心？正如康德自己在《证明上帝存在唯一可能的证据》中根据逻辑的推导所主张的，一定有某物存在作为一切存在的基础，赫尔德同意康德这一主张，认为："统一要求这个概念，因为基本物（quid）必须作为每一部分（aliquotics）的基础；那么什么是这个概念？它同时作为某物的基础：这个概念就是存在。"②存在（某物）正是任何物（一物）的基础。不过，与康德从事物可能性逻辑地推导出这个作为一切基础的存在不同，赫尔德认为，存在是不需要也不可能用逻辑先天地进行推导和证明的，它是感性直接地给予我们的，感性自身的明证性和清晰性已经确凿无疑地证明着存在，对存在的证明需要借助的是感性而不是理性："在这里一般的经验就是我们的老师：一个人永远不要试图先天地（a priori）去证明一个经验概念。"③存在是一个经验概念，通过经验而不是通过理性更能证明它。不但如此，赫尔德还从我们的一切观念都来自感觉经验的原则出

---

① 关于鲍姆嘉通感觉完满性的分析及其对赫尔德的影响，请参见陈艳波：《走向人道——赫尔德历史哲学研究》，武汉大学博士论文，2010年，第二章。

② Johann Gottfried Herder. *Werke in zehn Bänden.* 10 volumes. Edited by Günter Arnold et al. Frankfurt am Main: Deutscher Klassiker Verlag, 1985-, Vol. 1, p. 11.

③ Johann Gottfried Herder. *Werke in zehn Bänden.* 10 volumes. Edited by Günter Arnold et al. Frankfurt am Main: Deutscher Klassiker Verlag, 1985-, Vol. 1, p. 17.

发，认为经验的可能性要先于逻辑的可能性，经验的存在概念是逻辑的存在概念的基础，唯理论哲学家的理解恰好把它们的关系弄颠倒了："主观地来说，存在的概念毫无疑问要先于可能性的概念，现实的可能性也要先于逻辑的可能性，因为人是先于哲学家而存在的。"① 显然，赫尔德在这里颠倒了康德在《证明上帝存在唯一可能的证据》中将存在的证明建立在事物可能性的基础之上的做法，而将可能性建立在存在概念之上，以存在为基础来说明可能性。事实上，在赫尔德的这种理解中，存在不只是可能性的基础，而且是其他一切事物的基础，同时由于它是最感性、最清晰和最确定的，所以它也是其他一切事物清晰性和确定性的来源和基础："第一个感性概念，它的确定性是一切事物的基础：这种确定性是我们与生俱来的；大自然免除了哲学家对这种确定性进行证明的负担，因为它一直以来已经使我们确信——它是一切确定性的中心。"② 存在的确定性之所以是我们"与生俱来"的，不需要哲学家再进行证明，就在于存在是以感性的方式直接给予我们的，而感性在赫尔德看来是人类与外部世界打交道的直接而首要的方式，是我们一切观念和所有认识的基础。正因为它是基础和前提，我们一切的清晰性和确定性才来自它。

我们发现，年仅 20 岁的赫尔德通过批判康德在《证明上帝存在唯一可能的证据》中的存在论题，发展出了自己的一系列存在论观点。相比康德此时的观点而言，这些观点更具有说服力，诺顿就认为，"于是，赫尔德将推翻康德理论的不确定性转变为一种新的、具有存在论的和哲学的基础的确定性"③。这种存在观也与后来西方哲学对启蒙哲学的存在论批判有诸多

---

① Johann Gottfried Herder. *Werke in zehn Bänden*. 10 volumes. Edited by Günter Arnold et al. Frankfurt am Main: Deutscher Klassiker Verlag, 1985–, Vol. 1, p. 15.

② Johann Gottfried Herder. *Werke in zehn Bänden*. 10 volumes. Edited by Günter Arnold et al. Frankfurt am Main: Deutscher Klassiker Verlag, 1985–, Vol. 1, p. 19.

③ Robert E. Norton. *Herder's Aesthetics and the European Enlightenment*. Ithaca, New York and London: Cornell University Press, 1991, p. 42.

的相似之处。① 简言之，赫尔德这种存在论的核心观点如下：首先，存在是以感性的方式直接且首先地给予我们的，是最感性的和最不可分析的概念，也是第一个感性概念；其次，存在概念虽然最感性、最不可分析，但是它又是最清晰、最确定的概念，具有最强的说服力和明证性；再次，由于存在是第一个感性概念，是最清晰、最确定的概念，所以它也是其他一切概念（事物）的基础，是其他一切清晰性和确定性的基础。

尽管赫尔德认为存在是以感性的方式直接给予我们的，是最不可分析的概念，但他还是认为我们可以从时间、空间和力这三个方面来理解存在②，正是这三个方面将存在具体地给予出来，使存在成为一个个具体的事物，或者说对任何存在，我们都可以从这三个方面来对其加以理解。赫尔德在《论存在》一文的结语中说道："于是，在存在概念之下，'并列''前后''通过'也同样是不能被分析的：同时我能够把这三个概念拆分为它们的实存（从这种实存中产生了'quoties'这个概念），并且，除了实存，这三个概念都有一些个别的东西，第一个概念被叫作'何处'，第二个叫作'何时'，第三个叫作'通过'。"③ 如果说赫尔德在这里的表达还比较晦涩的话，在几年后写作的《关于近代德意志诗歌的断想》中就表达得更加地明确了："或许直接在存在概念之下这里有三个不能被分析的概念：空间、时间和力。它们表示：并列，前后，一个通过另一个。"④ 在赫尔德一生的思想

---

① 比如，马克思对黑格尔以及整个德国古典哲学的批判，主要是基于人的感性活动对人的生命活动的优先性、对人的观念的优先性来进行的。又比如，海德格尔对近代理性哲学的批判，也主要是基于一种新的存在论，而这种存在论对早期的海德格尔就是通过此在（Dasein）建立起来的，如果用近代哲学的术语来说，海德格尔强调此在，实质上就是强调人的感性生存活动。

② 在这方面赫尔德也受到了其师康德的影响。康德在《论可感世界与理知世界的形式及其原则》中，区分了可感事物和理知事物，并认为，时间和空间是由可感事物构成的可感世界的形式原则。参见［德］康德：《康德著作全集》第二卷，李秋零主编，北京：中国人民大学出版社，2003年，第389—434页。

③ Johann Gottfried Herder. *Werke in zehn Bänden*. 10 volumes. Edited by Günter Arnold et al. Frankfurt am Main: Deutscher Klassiker Verlag, 1985-, Vol. 1, p. 20.

④ Johann Gottfried Herder. *Sämmtliche Werke*. 33 volumes. Edited by B. Suphan. Berlin: Weidmann, 1877–1913, Vol. I, p. 419.

过程中，他都坚持用"存在""空间""时间"和"力"这四个概念来把握现象世界，其中"存在"是最基础的概念，一切都建立于其上①，"空间""时间"和"力"是世界向我们展现，也是我们理解世界的方式。这正如马里恩·海因茨和海因里希·克莱尔蒙特教授对赫尔德的这一思想所总结的，"这里基本的思想可以做如下表述：如果拥有有限认识能力的人类是这类概念的基础，那么就一定可以通过这个基础在这类概念中建立一个秩序。存在、空间、时间和力对于有限的认识主体就是必需的概念。它们表象那些不是通过逻辑建立联系的表象的概念，类似于休谟的联想律"②。以这些概念为基础，赫尔德事实上建立了他自己的本体论和认识论思想，下面我们就据此来展开论述。

第二节　赫尔德文化哲学思想的本体论基础

在上一节中，我们通过分析赫尔德早年的《论存在》一文，揭示他本体论和认识论思想的几个核心概念：存在、空间、时间和力。其中存在概念是最根本的，它规定了人类与世界关系的基本方面是感性和接受性的，即世界是以感性的方式给予人类的。空间、时间和力都是世界呈现自身或者说是人类理解世界的方式。③换言之，存在在赫尔德思想中是一个总括性的概念，标明其思想的根本致思取向（经验主义）和基础，他的本体论和

---

① 赫尔德在 1799 年写作的批判康德认识论的论著《〈纯粹理性批判〉的元批判》一书中，还说道："存在是一切认识的基础。"Johann Gottfried Herder. *Sämmtliche Werke*. 33 volumes. Edited by B. Suphan. Berlin: Weidmann, 1877–1913, Vol. XXI, p. 62.

② Hans Adler and Wulf Koepke (ed.). *A Companion to the Works of Johann Gottfried Herder*. Rochester, New York: Camden House, 2009, p. 45.

③ 赫尔德将时间空间把握为人类理解世界的方式，与康德将时间空间理解为人类接受外部世界刺激的直观形式有很大的相似之处，不过，他们的区别也是很明显的：赫尔德对时间空间的理解是一种存在论的理解，或者说是以一种经验主义的方式来理解时间空间在人类知识中的起源，将时间空间的本质解释为人类的生存经验；而康德认为时间空间是人类与生俱来的先天直观形式，是人类的可能经验之所以可能的条件，并非起源于人类的生存经验。

认识论思想可以说都是建立在这种对存在的基本理解之上的。下面，我们将论题集中到赫尔德思想的本体论基础——"活力"（Kraft/force）[①]概念之上。前面的论述（特别是《论存在》和《关于近代德意志诗歌的断想》）给我们的感觉，似乎赫尔德只是将"活力"作为理解存在的一种方式，但事实上，结合赫尔德整个思想来看，"活力"在他的思想中有更重要的地位和意义：他用斯宾诺莎和莱布尼兹的哲学来改造和提升当时自然科学中广泛接受和使用的"力"概念，将其提升为一个具有本体意义的概念，使他的存在学说有了更为坚实的本体论根基。赫尔德为什么要借用当时自然科学的"力"概念，他又对其做了哪些改造呢？回答这个问题，我们需要理解当时自然科学中普遍流行的机械论解释模式所带来的困境。

　　西方近代启蒙哲学与中世纪神学的一个重要不同在于，启蒙哲学坚持自然主义的世界观，不用神启或任何超自然的原因来理解世界。近代自然主义世界观的一个核心要素是机械论，它源自古希腊的原子论，在近代被重新发展和完善，并通过其在自然科学中的成就奠定了不可动摇的重要地位。尤其是牛顿经典力学建立并获得巨大成功后，机械论被迅速地推广和运用到其他学科和领域，成为一种普遍的研究和解释模式。机械论解释模式的实质在于两个方面：一是对事物的自然因果理解，即任何事物都必须纳入自然因果序列来解释，任何事情的原因以及任何事情的结果都是自然性的，无须也不可能有任何超自然的神秘主义因素；二是这种因果解释最终可以理解和转换为一种数理解释，即用数学和物理的方式（当然这里的物理并不是狭义的物理学，而是指事物之理，一切用理性解释物理现象的方式都可以说是物理的方式）对事物进行原因和结果的说明。这种模式在处理自然科学的问题时显示出巨大的优越性，人们相信对自然现象的解释

[①] 这里的"活力"事实上就是"力"（Kraft/force）一词。我们这里将其翻译为"活力"的原因是想突出赫尔德所赋予这种力的那种生命力和有机性，特别是赫尔德将莱布尼兹那里单子的那种能动性赋予了这种力而使这种力具有的活动的特性。

就是要揭示隐藏在其中的因果规律，并且用数理的方式来表达这种因果规律，牛顿物理学就是这方面的典范。自然科学的进步使人们坚定地认为一切现象都可以用这种科学的方法来解释。

但是，这种机械的世界观如果在理解自然界时还有其正确性的话，那么在将它运用到人类的道德、宗教、历史等精神领域时就显出其严重的局限性了。比如对于人类道德生活的基础——自由的理解，如果按照这种机械论的解释，自由也应该而且需要纳入数理的因果模式中，然而，一旦纳入数理因果模式中来理解，自由将不复存在。因为，自由就是不受外在的原因所决定和支配，而因果模式解释下的世界则是一个决定论的世界，任何事情的发生都是有原因的，不存在没有原因的结果，而且原因是一个不同于结果的事物（或事件），或者说不存在一个事物它自己是自己的原因，这就在外因和内因（自己作为自己的原因）两个方面都消除了自由的可能性。如果人的自由不复存在，那么整个人类的精神领域将岌岌可危。因此，当哲学家们试图用机械论来解释人的精神现象时就陷入了两难的困境：坚持数理模式就要放弃人的自由，使人的道德、信仰等精神生活都陷入危机；放弃用机械论来解释自由又无法为自由提供一个自然主义的解释，只能借助超自然的神秘力量，最终危及启蒙根本的理性精神（体现为自然主义的解释方式）。这些哲学家始终无法摆脱从笛卡尔那里遗留下来的身心二元论的困扰。对于那些坚守贝克莱观念论或马勒伯朗士偶因论的传统哲学家而言，要么选择把精神解释为物质的唯物主义，要么选择把精神和物质安置在不同领域的二元论。但很明显，无论哪一种选项，都无法让人满意。

18世纪哲学家陷入这种困境的一个重要原因就在于，他们不愿放弃笛卡尔哲学的机械论解释模式。他们固执地认为对现象的解释就是对现象的因果解释。这种做法虽然在自然科学领域被视为有效的研究方法，却使哲学陷入困境之中。很显然，机械论解释模式在研究无生命的事物时有着巨大的优点，但面对有生命的有机体时就无法应对了。比如，面对活生生的人，机械论只得将其拆解为各自独立的零件加以分析，而无法对其做整体的有机把握，不能对人的精神做出正确的理解，机械论无法解释人生的意义和目的就是一个很好的例子。说到底，机械论无法解释生命，无法解释生命中的流变与生成。这一点在启蒙运动中的极端唯物主义者那里被完全暴露出来，法国唯物主义哲学家拉美特利就直接宣称人是机器，这就意味着人的整个道德、宗教等精神生活最终都可以还原为作为机器的人的物质性存在。易言之，如果他们根据自然法则解释精神，则精神必然会被还原为物质；如果他们坚持精神具有独特的属性，则不得不把它置于一个无法解释的神秘领域。所以，在受机械论影响的传统哲学家那里，精神不是机器就是幽灵。

理性陷入这种困境也是造成德国 18 世纪泛神论之争[1]的重要原因，因为泛神论之争的实质是理性与信仰的关系，而机械论带给人的精神生活的危机本质上也是理性与信仰的冲突。如果我们承认机械论是科学有效的解释范式，是符合启蒙理性要求的，那就会导致理性的权威受到质疑，因为若作为理性典范的机械论导致了极端唯物主义和决定论，那么理性自身也是可以用物质来解释和被物质所决定的，其可靠性便会遭到怀疑，至少理性的根基是不稳固的，它是有前提有原因的，而并非如人们宣称的那样是

---

[1] 泛神论之争是 1785 年至 1789 年发生于德国的一场关于理性和信仰关系的重要争论。这场争论起源于 1783 年，雅各比在写给门德尔松的一封信中说，莱辛生前曾在与他的一次谈话中公开承认自己是一个斯宾诺莎主义者。雅各比对此表示非常惊讶，因为在他看来泛神论就是无神论的代名词，而他自己则是坚持神论的。门德尔松则对雅各比的观点提出了抗议，他坚持认为泛神论与无神论之间存在着根本性的差别。雅各比因此而与门德尔松展开了一场激烈的争论。1785 年通信公开后，当时的很多思想家都参与了这场争论，其中就包括赫尔德与歌德，他们俩站在门德尔松一边反对雅各比把泛神论等同于无神论的观点（参见赵林：《莱布尼茨—沃尔夫体系与德国启蒙运动》，《同济大学学报》[社会科学版]，2005 年第 1 期，第 20 页）。赫尔德还专门写信给雅各比，论述斯宾诺莎的泛神论与无神论的区别，并认为斯宾诺莎的哲学体系是唯一可能的自洽的哲学体系。这场争论的实质是理性与信仰的关系，它极大地激起了当时的哲学家对斯宾诺莎思想的兴趣，在这次争论之后，德国很多思想家的思想都深深地烙下斯宾诺莎泛神论思想和莱辛历史理性思想的痕迹（比如赫尔德、谢林和黑格尔）。关于泛神论之争的详细讨论可参见 Frederick C. Beiser. *The Fate of Reason: German Philosophy from Kant to Fichte.* Cambridge, MA: Harvard University Press, 1987。

自律的和超越一切的。显然，摆脱这一困境的办法就是：要么剥夺理性作为至高无上的权威的特权地位，将其解释为被物质所决定的；要么将理性划入一个不能用因果模式进行解释的超自然的领域。从泛神论之争的理性与信仰冲突的问题，可以最终推及更加根本的人类认识能力（理性）的本质和范围的问题。由于当时参与讨论的各方都是在承认机械论是解释事物或获得知识的唯一形式这一基础假设下进行的，所以他们解决问题的方案也要么是将身心统一于物质的极端唯物主义和决定论，要么是割裂身心，用不同的原则来解释二者的身心二元论，未能完满地解决这个问题。按照拜泽尔的看法，正是因为承认机械论在获得知识上的典范性这一根本预设，康德与雅各比都未能从根本上解决泛神论之争，他们采取的"限定知识为信仰留下地盘"的做法，实质上还是一种二元论的思路。①

就在18世纪末的哲学陷入僵局时，受新的自然科学理论发展的影响，逐步复苏的目的论解释模式给哲学家们带来了一丝转机。目的论解释一方面坚持了启蒙哲学的自然主义世界观，不借用任何超自然的因素来解释世界，另一方面又能够避免机械论的困境，这就为既坚持启蒙的理性主义（自然主义），又避免陷入机械论的困境带来了可能的转机。哈勒（Albrecht von Haller，1708—1777年）对于过敏性质的实验，沃尔夫和布卢门巴赫的"自发力"（spontaneous generation）、"形成欲"（nisus formativus）等理论都表明物体内部存在一种朝向某种目的的生物力量。这意味着物质不是静止不动的，它在自我组织和自发运动的生物力中持续生成，它就如同其他活生生的生物一样，即便没有外力的作用也在运动和生长。因此，物质是有目的的，虽然这目的可能没有被清晰地意识到。就是这种有机论的唯物主义提供了解释精神现象的新途径。按此理论，我们可以把精神解释为人与生俱来且拥有最高组织和发展的一种力（非比喻的意义），通过这种力，人

---

① Frederick C. Beiser. *The Fate of Reason: German Philosophy from Kant to Fichte.* Cambridge, MA: Harvard University Press, 1987, p. 128.

的精神和身体就成为一个统一的有机整体,或者说精神和身体都是同一种力的形式,只是精神是更复杂一些的力的形式,身体是较简单的力的形式,它们在本质上都是力。这种解释由于引入了有机论,就很好地避免了把人视为机器的机械论;另外,这种解释由于将力作为精神和身体统一的基础,它也摆脱了身心分离的二元论,因为在这种解释中,精神与物体的差异仅仅是组织内部程度上的,他们都以最高等级的"力"为原则,这就保障了二者之间的连续性。

在18世纪的哲学家中,赫尔德没有把机械论视为唯一的解释模式,相反,他是有机论哲学的代表人物,他通过活力论在极端的唯物主义和超自然的二元论之间开辟了一条中间道路。赫尔德恢复了以目的论和整体论为特征的亚里士多德主义,但他并不是简单地回归亚里士多德主义,而是将最新的自然科学成果——有机论融入旧的理论体系之中。在赫尔德看来,精神既不是机器也不是幽灵,它是活生生的有机体,它不应只被置于因果律之下,而应作为整体的一个部分并通过它的运作方式解释其目的。

赫尔德结合目的论和整体论的有机论哲学为解决泛神论之争提供了一个新的可能的方向。这种可能方向是康德、雅各比以及门德尔松在争论中没有考虑到的。不过,如何证明目的论与整体论解释模式的合理性就成为这种新方向能否取得成功、能否拯救陷入困境的自然主义解释的关键问题。[1] 如果目的论和整体论的解释模式能够被证明是有效的,那它就可以开启自然主义解释的新模式,理性就不再陷入极端决定论或预设一个不可知的神秘领域来保证自由可能性的二难困境,重拾人们对启蒙理性的信心。知识和信仰困境的通路看似已经开启,它就是赫尔德的有机论思想。下面我们就来分析一下赫尔德的"有机活力论"。

以机械论为代表的自然主义解释模式之所以不能接纳目的论和整体论

---

[1] Frederick C. Beiser. *The Fate of Reason: German Philosophy from Kant to Fichte*. Cambridge, MA: Harvard University Press, 1987, p. 128.

解释的合理性，根本原因在于这种自然主义解释模式的本体论预设。这种本体论要么是极端唯物主义的，要么是二元论的。极端唯物主义无法真正解释精神的本性，更不能在对物质的解释中引入只有精神才具有的目的；二元论则无法在对自然的解释中引入目的，更无法对自然和精神提供一个统一整体的理解。以这两种本体论为基础，都无法很好地说明精神与身体的统一。因此，赫尔德要为启蒙的自然主义解释寻找出路，在根本上就必须破除这两种本体论预设。赫尔德的有机论思想正是试图提供这样一种新的本体论，在自然与精神之间形成一种新的整体的理解。赫尔德有机论思想的核心是他的"活力"概念，这也是理解他的本体论乃至整个思想的一个基础而关键的概念。然而，不管是在他早期讨论文学和语言的作品中，还是在他后期与康德论战的著作中，他都多次使用到"活力"一词，但并未给它一个清晰的界定，这种核心概念的不清晰也成为不少研究者诟病他思想模糊的原因。事实上，虽然赫尔德没有像康德这样的体系哲学家那样，对其使用的重要概念做准确而清晰的界定（前面我们说到，赫尔德本人反对这种对概念进行抽象定义的做法），但这并不意味着赫尔德"活力"这个概念的内涵是不清晰的。如果我们穿透赫尔德零散的表述，把握他在不同语境下的核心要义，我们发现"活力"概念在他的理解和使用中还是很清晰的。下面我们将结合他的文本和研究者的研究，对"活力"一词的含义进行梳理和阐述。

在赫尔德生活的18世纪，不管是在如日中天的物理学体系中，还是在新兴发展的生物学、解剖学和生理学中，"力"都是自然科学中一个基本而重要的概念，被广泛地用来解释各类现象。比如，在物理学中，当时占主导地位的是笛卡尔奠定的解释范式，这种解释范式的核心就是将"力"作为物体运动的原因；而在生理学方面，哈勒创造性地用"神经力"（vis nervosa）来解释神经系统和肌肉运动，开启了生理学发展的新时代。尽管"力"已经是一个在自然科学中被广泛使用的概念，但"力"的本性、"力"

的来源与测量却是没有得到很好解决的问题，并由此引发了一场吸引了科学家和哲学家都参与的关于"活力"的本性之争。如前所述，在 18 世纪，理解自然现象的首要方式是兴起于 17 世纪的机械论，研究自然现象的首要方法则是以牛顿物理学为典范的一种量化可计算的数学方法，因此当时关于力的讨论大部分是从机械论的角度对力的性质、表现形式、量度、种类，力的守恒等问题所进行的解释。伴随生物学、解剖学和生理学等自然科学的发展，被尘封在古希腊思想中的"活力"概念被目的论或有机论者重新解释并用以反对机械论。关于活力，"如何测量活力"以及"活力是否就是一种量"这两个问题成为当时争论的焦点。有人认为力只是一种现象，测算力只需通过明确的计算公式，这是从量的角度认识力；另有人则认为对力的测算首先需要一种对力基本性质的哲学解释，这是从本质或形而上学的角度认识力。这两个问题在争论中没有明确的区分，导致了讨论者之间经常是在不同的层面讨论问题，难以形成有效的彼此理解，加之术语混淆和晦涩，使得活力问题几乎不可能得到解决。即便已经有一些可供使用的公式和通过实验得到的明确结果，上述的一些困难也使得人们不清楚被测算出的究竟是什么。①

当时关于活力问题的争论主要发生在莱布尼兹和笛卡尔主义者之间。笛卡尔主义者认为力仅仅是一种量，这种量的数值就是物体的质量与速度的乘积。因为在他们看来，物质实体的本质属性是广延，运动只是物质广延的分解或位置移动，机械运动是唯一的运动，"所谓运动，据其通常意义而言，乃是指一个物体由此地到彼地的动作"②。运动的根本原因也不在物体之中，而是上帝赋予的，且上帝赋予物体的运动总量是恒定不变的。既然

---

① 博斯科维奇（Roger Boscovich）和达朗贝尔对"活力之争"做出了判决性解释，他们认为在不同的量度中两种计算都是有效的。但问题是莱布尼兹和笛卡尔理解的力并非量度的差异，而是在本质上有着不同，因此这种判决性解释是可疑的。参见 Carolyn Iltis. "D' Alembert and the Vis Viva Controversy". *Studies in History and Philosophy of Science*, Vol. I, No. 2 (Aug., 1970).

② ［法］笛卡尔:《哲学原理》，关文运译，北京：商务印书馆，1959 年，第 45 页。

物体运动的原因是外在的上帝，运动本身与推动物体运动的力量是等值的，那么物体自身不可能具有能动性，也不存在什么活力。1686 年，莱布尼兹写了一系列文章反对笛卡尔主义者关于力和运动的观点。莱布尼兹认为，笛卡尔主义者的物理学和形而上学都是不可接受的：若物质的本质属性只是广延且运动只是物体的机械位移，那么物体就只是一种相对的东西，这将取消世界的丰富性；同时，若物体运动的原因不在自身，这就意味着取消了实体的独立性，也削弱了造物主的完满性。莱布尼兹认为运动本身只是过程，不能构成事物的本质，因此只有物体本身具有的导致了物体运动的力才能作为本质，"单子具有某种自足性，这是它们具有自己内在活动能力的源泉"①，这种自足性源泉就是活力。这种对物体力的解释模式使得莱布尼兹用以推导测算物体运动情况的公式完全不同于笛卡尔，他认为自由落体的物体才真正体现了力的本质，从而推导出力的公式为 $F=mv^2$。可以看出，莱布尼兹并非单纯在量的意义上理解物体的力，而是将力作为物体的本质加以解释。莱布尼兹也将这种对力的形而上学理解引入他对单子的理解中。我们知道，在莱布尼兹那里，单子是真正的世界本体，它是在数量上无限多的能够自己运动的精神实体。而每一个精神性单子之所以运动不息，能够能动地反映世界，就在于它自身是一个实在的和有生命的点，有一种能动的生命力（living force），或者说单子在本质上就是一种能动的生命力。莱布尼兹在阐述单子的特征时曾说道，"单子没有可供事物出入的窗子"，它的变化不是由外部事物引起的，而是由其内在原则引发的："单子的自然变化是从一个内在的原则而来，因为一个外在的原因是不可能影响到它的内部的。"② 这个"内在的原则"就是每一个单子所固有的那种内在的生命力或精神性的力，正是在这种内在生命力或精神力的推动下，单子才

---

① Nicholas Rescher. *G. W. Leibniz's Monadology*. Pittsburgh: University of Pittsburgh Press, 1991, p. 19.
② 北京大学哲学系外国哲学史教研室编译：《十六—十八世纪西欧各国哲学》，北京：商务印书馆，1975 年，第 483—484 页。

不断地自身运动。争论开始将近六十年之后，康德才加入了这场讨论，并于1747年就写作了《活力的真正测算》一文，在该文中康德试图对笛卡尔主义的对"力"的自然科学式理解，与莱布尼兹主义的对"力"的形而上学理解进行综合，找到二者统一的可能，回应当时关于"活力"的争论和泛神论之争。①赫尔德无意加入这场旷日持久的争论，当然这些争论毫无疑问对他是有影响的，特别是莱布尼兹将"力"提升到形而上学层面的做法，赫尔德是很赞赏的。不过赫尔德不同意莱布尼兹单子论中将物质世界只是看作精神性的单子反映出来的现象的观点，他希望将莱布尼兹的思想与斯宾诺莎的思想结合起来，这一点我们接下来还要展开论述。

总体来说，在坚持自然主义思路的赫尔德看来，"活力"是得到当时的自然科学认可和支持的一个可以用作解释世界的基本概念。对他而言，他关注的重心不是"活力"的自然科学含义，而是以它的自然科学含义为基础，将其提升为一个具有本体论含义的概念，真正实现启蒙思想家的自然主义理想；或者像莱布尼兹那样，通过对"力"概念的形而上学解释，为包括自然科学在内的整个人类的知识提供一个本体论的基础，也为整个世界提供一个形而上学的基础。我们知道，在当时的自然科学中，"力"的主要含义是使物体得以运动、生命得以存续和生长的内在因素。赫尔德认为，自然科学对"力"的这种理解可以不局限于自然界，还可以推广到任何事物和现象，任何事物和现象背后都有"力"的作用，都是"力"作用的结果。通过这种推广，赫尔德就将自然科学的"力"概念提升为一个本体概念。②"活力"不再只是自然事物运动、变化和发展的内在因素，同时也是

---

① 关于康德这篇文章内容的详细讨论，可参见陈艳波、陈漠：《前批判时期哲学的奠基——康德〈活力的真正测算〉解读》，《贵州大学学报》（社会科学版），2018年第5期。
② 在概念的使用上，赫尔德还是使用的自然科学中的"力"（Kraft/force）这一概念，只是他主要强调的是"力"的本体论含义。为了与自然科学中的"力"概念相区别，我们在翻译时将赫尔德具有本体论含义的"Kraft"概念翻译为"活力"，正如前面已经指出的，如此翻译的另外一个考虑就是突出赫尔德强调的"活力"的有机性与能动性。

世间的万事万物得以存在和发展的基础，不管是自然界的事物，还是人类社会的现象，背后都有"活力"作为它们的基础，都是"活力"作用的结果，"活力"成为一切事物的源泉。显然，在赫尔德的这种理解中，作为本体的"活力"与作为现象的具体的事物有质的区别，它们分属于不同的领域。万事万物都只是"活力"的表现形式，但它们本身并不是"活力"，"活力"也无法直接被人所认识，人所能认识的只是"活力"表现出来的现象（具体事物）。

事实上，在赫尔德看来，"活力"表现为外在的可以认识的现象是一个概念真理，因为"活力"就其内涵而言是推动事物运动变化生长发展的内在力量，它在本质上就一定要表现为外在的现象。只是，正如在自然科学中我们只能看到"力"作用的结果或现象，无法看到"力"本身一样，作为世界本体的"活力"在赫尔德看来也是无法被直接认识的，我们能够认识的只是"活力"表现出来的现象和结果，无法认识"活力"本身。"活力"有如康德的"物自体"，人的认识永远只能达至现象，无法及于物自体。"活力"的这种不可认识性或许也是赫尔德始终没有给"活力"以清晰界定的根本原因。这里值得指出的是，与康德主张物自体不可认识一样，赫尔德认为"活力"不可认识也有着重要的理由，只是赫尔德的理由与康德不一样：在康德那里，他是要限制知识的范围（这个限制源于人的认识能力的有限性）而为信仰留下地盘（意志自由、灵魂不朽、上帝存在等都属于物自体的领域因而也是信仰的领域）；而在赫尔德这里，他是为了给世界面向未来的开放发展留下空间，由于作为世界本体的"活力"是不可知的，那么未来发生的事情作为"活力"的表现的结果也是不可知的，这就为世界越来越丰富的发展留下了本体论的基础和可能。我们发现，这种观点对理解后面赫尔德多元主义的文化思想以及"人道"概念有着重要的意义。

虽然"活力"的内在本性是什么超出了人类的认识能力，但赫尔德还是认为万事万物都有其内在的"活力"，"活力"在数量上也有很多，甚至无限多①，因此赫尔德在使用"活力"概念时经常用的是复数（Kräfte/forces）。似乎作为现象的每一个事物都有自身的"活力"，这些"活力"是否存在着差异以及在哪些方面存在着差异赫尔德并没有明言，当然也无法明言，因为这已经是对"活力"的认识了，超出了现象领域而进入了本体。不过，赫尔德认为，在这些具体事物的"活力"之上，还有一个更根本的"活力"，赫尔德将之称为"本原活力"（Urkraft/original force）。"本原活力"是世界的最高本原，也是所有"活力"的最高等级形式，赫尔德有时也把这种"本原活力"称为"神"（Gott）。"我们在神自身中也找不到更高的概念；但是他的所有力都不过是一种力。"②"他在万物之先，万物在他之中而存在。整个世界都是他永存、永动之力的一种表达、一个现象。"③容易得知，"本原活力"才是一切存在的最终根据，是世界的真正本体和统一，而且这个本体是唯一的，那些作为复数形式存在的"活力"（Kräfte）相对于"本原活力"来说，均只是"本原活力"的表现方式和作用方式，现象世界中的万事万物最终都是"本原活力"的作用结果和表现。

  在这里赫尔德明显受到了莱布尼兹单子论的影响。我们知道，在莱布尼兹那里，世界的本体论基础是无限多的具有不同意识和反映能力的单子，整个物质世界实际上是这些单子相互复合而反映出的一种现象。正如彩虹作为一种现象它是由水蒸气构成的云所形成的一样，在这个意义上，彩虹是单子对水蒸气或云的一种反映，彩虹自身并没有形而上的本体或基础，或者说具有精神性的反映能力的单子才是彩虹的形而上学基础。赫尔德认为世界的本体是"活力"，万事万物都是"活力"的反映或现象，这一点

---

① 严格说来，赫尔德这个观点与他认为"活力"在根本上是不可认识的的观点是相冲突的，因为明显地，既然"活力"不可知，何来在数量上无限多的说法？既然确定"活力"在数量上无限多，这本身就是对"活力"的一种认识了。

② ［德］赫尔德：《反纯粹理性——论宗教、语言和历史文选》，张晓梅译，北京：商务印书馆，2010年，第127页。

③ ［德］赫尔德：《反纯粹理性——论宗教、语言和历史文选》，张晓梅译，北京：商务印书馆，2010年，第128页。

与莱布尼兹的想法是很接近的。更重要的是,莱布尼兹认为,虽然单子在数量上有无限多,但它们在反映能力上存在着差异,从最低的反映能力到最高的反映能力构成一个连续的序列,在这个序列的顶端就是上帝这个最大和最初的单子。上帝是最大的单子,是因为他的反映能力最强,整个世界都在上帝的反映之中;上帝是最初的单子,在于其他的单子都是由上帝所创造的,上帝凭借他"神性的一刹那的连续闪耀"创造了单子,除上帝之外的其他单子,都只有上帝才能创造它们或取消它们,"单子只能突然产生,突然消灭,这就是说,它们只能凭借创造而产生,凭借毁灭而消灭"①。在这个意义上,上帝才是最终的本体。很明显,赫尔德对"本原活力"与作为复数的"活力"关系的理解同莱布尼兹对"上帝"与一般"单子"关系的理解有着同样的结构。

事实上,我们前面说到,赫尔德的本体论是斯宾诺莎和莱布尼兹思想的一个综合,赫尔德在写给雅各比讨论斯宾诺莎思想的信中曾说道,"有七年多了,我一直有意对斯宾诺莎、沙夫茨伯利和莱布尼茨作比较"②。关于赫尔德本体论中的莱布尼兹影响,上一段我们已论述。下面我们重点来分析斯宾诺莎的影响。我们知道,斯宾诺莎针对在笛卡尔哲学体系中出现的身心二元论的难题,提出了自己的泛神论的解决方案。斯宾诺莎认为,之所以会在笛卡尔的体系中出现身心二元论的难题,在于笛卡尔事先将身体和心灵划分为了两类不同的实体(尽管是相对上帝而言的相对实体),具有不同的本质,身体的本质是广延,心灵的本质是思维,两种具有不同本质的实体之间自然就会存在着如何沟通、如何相互影响和如何协调一致的问题。针对笛卡尔的这个问题,斯宾诺莎的解决方案就是不再将身体和心灵看作实体(因为实体是具有自足性的),而是理解为同一个实体的两种不同的属

---

① 北京大学哲学系外国哲学史教研室编译:《十六—十八世纪西欧各国哲学》,北京:商务印书馆,1975年,第483页。
② [德]赫尔德:《反纯粹理性——论宗教、语言和历史文选》,张晓梅译,北京:商务印书馆,2010年,第116页。

性。这个同一个的实体也是唯一的实体:"实体(substantia),我理解为在自身内并通过自身而被认识的东西。换言之,形成实体的概念,可以无须借助于他物的概念。"① 根据斯宾诺莎对实体的界定,这个唯一的实体也就是神,因为只有神才是"通过自身而被认识的东西",才是自因② 的。不过在斯宾诺莎的理解中,这个作为唯一实体的神不是在自然之外存在的,他把自己化身在自然之中,或者说,神即自然。实体或神是唯一的,却包含属性:"属性(attributus),我理解为由知性(intellectus)看来是构成实体的本质的东西。"③ 在斯宾诺莎看来,由于神是无限的,他的属性也是无限的,不过对人的认识能力而言,神或自然的属性主要体现为"思维"和"广延"这两种。易言之,"思维"和"广延"都是神或自然的属性,神或自然是既有"广延"又能"思维"的实体。这也意味着,我们既可以通过"思维"来认识神或自然,也可以通过"广延"来认识神或自然。既然思维和广延都是神或自然这个唯一的实体的属性,那么它们就不再像在笛卡尔那里一样是相互限制或相互否定的,而是有着共同的基础。这个共同的基础决定了思维(心灵)和广延(身体)之间虽然不能相互影响,但存在着协调一致,因为它们作为神或自然这个唯一实体的属性,共同反映着这个唯一实体的本质。"观念的次序和联系与事物的次序和联系是相同的。"④ "思想和事物的观念在心灵内是怎样排列和连系着,身体的感触和事物的形象在身体内也恰好是那样排列着和联系着。"⑤ 通过这种将思维和广延理解为同一个实体的两种属性的方式,斯宾诺莎处理了笛卡尔的身心关系难题。除了身心关系的问题,斯宾诺莎的泛神论对"一"与"多"的矛盾关系的处理也很

---

① [荷] 斯宾诺莎:《伦理学》,贺麟译,北京:商务印书馆,1983年,第3页。
② 所谓自因,就是自己是自己的原因,这等同于自由的概念了。斯宾诺莎就如此定义自由:"凡是仅仅由自身本性的必然性而存在、其行为仅仅由它自身决定的东西叫做自由(libera)。"引文参见 [荷] 斯宾诺莎:《伦理学》,贺麟译,北京:商务印书馆,1983年,第4页。
③ [荷] 斯宾诺莎:《伦理学》,贺麟译,北京:商务印书馆,1983年,第3页。
④ [荷] 斯宾诺莎:《伦理学》,贺麟译,北京:商务印书馆,1983年,第49页。
⑤ [荷] 斯宾诺莎:《伦理学》,贺麟译,北京:商务印书馆,1983年,第240页。

有吸引力。在他的"神即自然"的观念中,"神"就是"一","自然"就是"多",作为一的神将自身表达为或显现为作为多的自然。在这个意义上,一(神)并不外在于多(自然),一就是多,多也是一,一与多的矛盾关系通过这种理解获得了某种解决。

斯宾诺莎这种对身心关系难题和一与多矛盾关系的处理,深深地吸引了赫尔德,他认为,只有斯宾诺莎的这种哲学才是真正自洽的哲学:"即实际上只有斯宾诺莎的哲学在完全的意义上自洽。"① 特别是在面对近代机械论所带来的无法很好地从自然主义的立场理解人的精神的问题时,赫尔德觉得斯宾诺莎的泛神论思想可以为身体和心灵的统一理解提供基础。如前所述,赫尔德的本体论,从"活力"的立场,将身体(广延)和心灵(思维)看作连续统一的有机体,它们是同一种"活力"的不同表现方式,它们在实质上是同一的,它们的不同只是表现活力方式的不同。很明显,赫尔德这种思路与斯宾诺莎对身心关系问题的处理是内在一致的。不过值得指出的是,赫尔德将斯宾诺莎的"实体"换成了"活力",这不只是简单一个术语的改变,更有着内在思想的变化。在赫尔德看来,斯宾诺莎的"实体""与笛卡儿思想联系太紧密","受了笛卡儿很深的影响"②,特别是受笛卡尔那种机械论的影响。斯宾诺莎的"实体"不具有能动性,难以解释作为世界本体的唯一实体如何能动地产生世界万物,或者说如何立足于实体来说明自然万物的生灭变化在斯宾诺莎的实体观中很难得到较好的说明,而自然万物基于自身的内在力量发展变化又是被当时的自然科学所揭示的。正是基于这种看法,赫尔德认为,莱布尼兹将"力"引入对本体(单子)的理解是正确的。但赫尔德并不完全赞同莱布尼兹的单子论,因为在他看来,莱布尼兹的单子是一种精神性的实体,物质世界只是精神性单子的一

---

① [德] 赫尔德:《反纯粹理性——论宗教、语言和历史文选》,张晓梅译,北京:商务印书馆,2010年,第115页。
② [德] 赫尔德:《反纯粹理性——论宗教、语言和历史文选》,张晓梅译,北京:商务印书馆,2010年,第116页。

种映现,这就等于实际上是取消了物质的存在,物质只是在精神性单子的反映中才存在,物质自身并没有本体的基础和地位,这与赫尔德的经验主义立场是不相符的。赫尔德对此曾说道:

> 因为尽管我很乐意认同莱布尼茨的体系——他说物质不过是我们感官的现象而已,是实体单子的聚合——这个体系中所谓的"实体之间的完美联合"对我来说还是个迷。……现在,物质对我来说,不单单是我的思想中的某种显相,或者某种只是被有感知能力的造物用概念统一在一起的东西;物质是被自身的本性和真理,被活动之力的亲密的相互联系统一在一起。①

在赫尔德看来,在这个问题上莱布尼茨不如斯宾诺莎正确,广延(物质)也是神或自然的本质之一,物质(广延)并不能被还原为精神(思维)。以这种方式,赫尔德将斯宾诺莎和莱布尼兹的思想进行了融合,形成了自己独具特色的"活力"本体论。

由于赫尔德思想与斯宾诺莎思想的诸多相似性,有不少赫尔德思想的研究者和评论者认为他是一位斯宾诺莎意义上的泛神论者。我们认为,赫尔德这种将"本原活力"等同于"神",并将整个世界看作"本原活力"或"神"的表现和表达的思路确实表明他受了斯宾诺莎思想的很重要的影响,而且赫尔德确实自己也说过很多赞美斯宾诺莎哲学的话(如我们前面所引的)。但是,据此认为他是一个斯宾诺莎意义上的泛神论者是不准确的。首先,赫尔德自己也公开表达过,他并不是完全同意斯宾诺莎的思想:"……只有斯宾诺莎的哲学在完全的意义上自洽。这并不是说我完全同意它,因

---

① [德]赫尔德:《反纯粹理性——论宗教、语言和历史文选》,张晓梅译,北京:商务印书馆,2010年,第131—132页。

为即使是斯宾诺莎的哲学，在我看来也包含有未经发展的概念……"① 其次，正如我们上一段分析的，赫尔德将"力"的概念引入了对斯宾诺莎实体的理解，这种改变即使不是根本性的，也是非常重要的。再次，赫尔德有他自己明确的不同于斯宾诺莎的问题意识和理论目标，而且我们不应忘记赫尔德首先是一位神学家，他的神学理论既不是一般的正统主义，也不同于斯宾诺莎式的理性主义，我们需要以赫尔德自己的而非斯宾诺莎式的方式来理解他的重要概念。赫尔德的本体论思想与斯宾诺莎的泛神论思想有重要的区别，而且正是这些区别体现了赫尔德思想的独特价值。

赫尔德以"本原活力"取代斯宾诺莎的"神"，并且主张世界在最高的本原上只存在一种"力"，赫尔德的用意在于：一是"力"在当时已经是一个被广泛接受的自然科学的概念，用这个概念作为世界的最高本原可以消除对本原的超自然的理解，坚持启蒙的自然主义解释道路；二是在赫尔德看来，世界与神是不同的，或者说"活力"与"活力的表现形式"是不同的，这种不同并非指空间、时间上的不同，而是就本体与现象的区别而言的。"神并不是与他类似之存在的渐进标尺的顶点"②，"神"是本体或本原。世界上的一切都是"本原活力"表现出的具体现象，"本原活力"作为万物的根源而独立存在，它不是简单的一切现象的总和，"本原活力"还包含着可能性，它是过去，是现在，也是未来，在这个意义上讲，"本原活力"是无限的。这明显是与斯宾诺莎"神即自然"的泛神论思想有所不同的。一言以蔽之，赫尔德的"神（本原活力）"虽然也是万物的根据，也将自身表现为万物，但是它并不就因此而等同于万物，或者说在赫尔德那里斯宾诺莎"神即自然"的公式是不完全成立的。

---

① ［德］赫尔德：《反纯粹理性——论宗教、语言和历史文选》，张晓梅译，北京：商务印书馆，2010年，第115—116页。
② ［德］赫尔德：《反纯粹理性——论宗教、语言和历史文选》，张晓梅译，北京：商务印书馆，2010年，第127页。

赫尔德"本原活力"论与泛神论最重要的区别，可能在于赫尔德对"本原活力"的理解中引入了有机论的维度。赫尔德说道："第三，所有自然之力都是有机地作用。每个有机整体都不过是活力构成的体系，这些活力由一个主导力支配，服从智慧、善和美的永恒法则。"① 显然，在赫尔德看来，世界本体不是斯宾诺莎所理解的不生不灭的实体，而是一种自我产生、自我组织、不断地从低级和简单阶段向高级和复杂阶段发展的生命力量。易言之，赫尔德把当时生物学和生理学中的有机论观念引入形而上学领域，让世界的本体也具有了有机论的特征。这实质上也是把一种整体论与目的论赋予了世界的本体。就整体论而言，现象世界在"本原活力"的意义上获得了统一的理解，一切都只是这一内在生命力量的表现形式和作用结果，不同现象和事物之间的区别不再是"质"（实体意义）的区别，而只是表现"本原活力"的程度的差异。"万物维持自身，就像一个圆球依其重心稳稳当当，因为存在着的一切事物都是植根于神自身的永恒本质（Wesen）之中，植根于他的大能、善和智慧之中。"② 正是由于万物都植根于"神（本原活力）"，它们也就在"神"那里获得了统一性与整体性。就目的论而言，世界的本体不再是某种中性的存在，"本原活力"也不是某种盲目的本体力量，而是向着某种目的不断从低级到高级、从简单到复杂发展演进。现象世界作为"本原活力"作用的结果，并不是杂乱地聚集在一起，而是有机地联系在一起，并不断地朝着某种目的前进。"自然的运转、其中的作为，没有什么是徒劳的。因此，神之国中必有进步，因为其中没有哪个点静止不动，更不用说倒退了。"③ 如此我们也能理解赫尔德为何要对"神（本原活

---

① ［德］赫尔德：《反纯粹理性——论宗教、语言和历史文选》，张晓梅译，北京：商务印书馆，2010年，第142页。
② ［德］赫尔德：《反纯粹理性——论宗教、语言和历史文选》，张晓梅译，北京：商务印书馆，2010年，第126页。
③ ［德］赫尔德：《反纯粹理性——论宗教、语言和历史文选》，张晓梅译，北京：商务印书馆，2010年，第141—142页。

力)"与万物做出本质区分并保留"神"的最高地位(区别于泛神论),因为虽然万物都由"神"创造并表现着"神",但它们在表现"神"的完满程度上存在巨大差异,不同完满程度的被造物能和谐一致地统一于世界的根本原因就在于,"它们都是由最有智慧的善联合在一起的"①,每种事物都在"神"之中得以统一。"神"自身的有机性带给了现象世界统一性和目的性。

赫尔德将有机论引入对本体的理解更为重要的意义在于,它为解决近代机械论解释模式所带来的身心关系的困境提供了新的思路。根据赫尔德的"活力"理论,心灵和身体不是存在于不同领域的异质实体,而只是同一个"活力"的不同表现形式,它们之间的区别只是表现"活力"的程度的不同。"对赫尔德而言,心灵可以看作最高层次的身体组织形式,如同身体可以看作心灵最低层次的组织形式。"② 依据这种观点,身体就不再是机械论解释下的僵死的机器,而是一个有内在生命力的有机体。由于心灵和身体这种一体的关系,赫尔德认为,对心灵的解释必须以生理为基础,"依我拙见,没有生理学,心理学的任何进展都是不可能的"③。有了"活力"作为本体基础,身体和心灵二者之间就不存在不能沟通的鸿沟。心灵不仅需要,而且必须与身体紧密联系,因为它对身体起着组织和控制的作用;反过来说,身体也必须在心灵的掌控之下,不然它便会停止活动。既然心灵和身体是一个整体,那么就根本无法将心灵和身体分离开来单独考察,机械论解释模式便失去了基础,自然也就无效了。赫尔德就是以有机整体的解释模式代替传统的机械论解释模式,这使得他在解决身心二元论的问题上提供了新的可能,对后世产生了重要的影响。

---

① [德]赫尔德:《反纯粹理性——论宗教、语言和历史文选》,张晓梅译,北京:商务印书馆,2010年,第129页。
② Alex Englander. "Herder's 'Expressivist' Metaphysics and the Origins of Greman Idealism". *British Journal for the History of Philosophy*, Vol. 21, No. 5 (Sep., 2013).
③ Johann Gottfried Herder. *Sämmtliche Werke*. 33 volumes. Edited by B. Suphan. Berlin: Weidmann, 1877–1913, Vol. VIII, p. 177.

另外，值得说明的是，康德曾对赫尔德的"有机活力论"思想提出过激烈的批评。批评主要集中在两个方面。第一，既然我们在经验中只能认识"活力"作用的结果，对"活力"的本质毫无经验的证据，那么对"活力"的设定就超出了可能经验的范围，是在使用一些我们完全不知道的东西来解释我们有部分了解的事物，不具有科学的有效性与合法性。① 第二，将人类具有的目的性通过类比，引入对"活力"的理解和对整个自然界的解释，不具有合法性。康德认为目的论根本不可能在自然科学中运用，因为它根本无法在经验中得到证明，我们一切有目的的经验活动都来自我们的意识，但我们不能根据这些已有的结果证明本体具有目的。我们在经验中使用类比推理，但我们却不能超出这个界限，因为我们不知道本体世界的任何性质。② 针对康德的第一个批评，我们认为只要把"活力"仅理解为形而上学概念，而不是自然科学概念，那么这个批评所指的问题就不存在了。③ 如果"活力"只是一个形而上学概念，那么就不存在经验证据的问题，因为形而上学的概念在其本性上来说是我们为了解释经验的可能性或获得世界的可理解性而反思出来的概念，有没有经验的证据不是判断其是否有效的标准。如康德的"物自体"概念，其所指的对象也超出了我们人类的认识能力，但这并不妨碍它成为一个有效的形而上学概念。甚至像康德的"先验自我""知性范畴"这些概念，我们对其都没有经验的证据，它们都是为了解释经验的可能性和可理解性而反思出来的概念。"活力"作为本体概念，它完全可以是我们为了更好地理解和解释世界而反思出来的。康德的第二个批评赫尔德自己曾做

---

① 参见［德］康德：《康德著作全集》第八卷，李秋零主编，北京：中国人民大学出版社，2010年，"约·戈·赫尔德的《人类历史哲学的理念》第一部、第二部书评"及"论目的论原则在哲学中的应用"。
② 参见［德］康德：《康德著作全集》第八卷，李秋零主编，北京：中国人民大学出版社，2010年，"约·戈·赫尔德的《人类历史哲学的理念》第一部、第二部书评"及"论目的论原则在哲学中的应用"。
③ 在赫尔德的著作中，对"活力"概念的使用确实经常在形而上学和自然科学间摇摆，这或许是康德对其进行批评的重要原因。

出过回应，其要点在于我们人只能用类比的方式来理解世界。赫尔德认为，除了依据类比和我们构造的"形象"，我们的大脑没有别的什么力量作为依据来理解世界。① 赫尔德如此看法的理由主要在他的语言哲学理论之中，在后面我们还将专章论述，在这里只是简单提一下要点。在赫尔德看来，人只能通过语言来理解世界，但语言是我们创造的关于世界的"形象"，该"形象"并不是镜面式地反映世界，而是加入了人主观的情感、价值、目的和各种思想等因素，因此，人理解世界的方式一定带上了人主观的内容，在这个意义上，避免用目的论的眼光来理解和解释世界，是不可能的。

一直以来，学界对赫尔德思想的关注主要集中在文化、政治和社会思想层面，对他的本体论思想讨论不多，这既容易造成他的整个思想显得不够系统和深刻的印象，也使得他本体论思想的洞见容易被忽视。出现这种情况，一方面是由于赫尔德自己没有系统地阐述他的本体论思想，他的观点都散见在各类著作中；另一方面，更重要的是由于康德曾经基于自己先验哲学的立场对赫尔德的"活力"本体论思想进行过激烈的批评，后来随着康德哲学的如日中天，赫尔德的许多洞见就隐没在康德哲学的阴影之中，康德这种批评的限度也没有得到深入的考察。事实上，当我们客观深入地来理解赫尔德的本体论思想，我们可以对康德的批评做出有说服力的回应。我们认为，即使和康德的本体论思想相比，赫尔德的本体论思想也是值得认真对待的，赫尔德在对本体的分析中引入了康德所缺乏的历史主义视角和立场，这对德国后来的启蒙运动，特别是黑格尔等人的思想产生了实质性的影响。② 另外，"活力"本体论是赫尔德的核心世界观的根本，也是我们理解赫尔德思想的基础和前提，通过"活力"本体论，我们不但可以澄清诸多关于赫尔德思想的误解，而且可以更好地解释赫尔德思想的

---

① Johann Gottfried Herder. *Sämmtliche Werke*. 33 volumes. Edited by B. Suphan. Berlin: Weidmann, 1877–1913, Vol. VIII, p. 171.
② 赫尔德对黑格尔思想的影响可参见查尔斯·泰勒在《黑格尔》一书中的分析。

当代意义和价值。就赫尔德的文化哲学思想而言，"活力"本体论对理解其中核心但又充满争议和歧义的"悟性"与"人道"等概念将提供重要的视角和启发。

第三节　赫尔德文化哲学思想的认识论基础

在本章第一节中，我们分析赫尔德学生时代写作的《论存在》一文时指出，他的整个本体论和认识论思想都建立在这篇小文章所确立的框架之上。上一节我们阐述了赫尔德的本体论思想，这一节我们将以《论存在》中的基本思路来展开他的认识论思想。

如前所述，在《论存在》一文中，面对当时经验论与唯理论的争论，赫尔德认为休谟就像皮浪，他的怀疑论让一切独断论观点都变得难以接受。不管是经验论主张的外部事物是我们观念的原因，还是唯理论宣称的我们拥有先天自明的观念，在休谟的怀疑下，都显得独断而缺乏基础。赫尔德认为，休谟对独断论的怀疑是很有道理的，正确地指出了独断论者对人的认识能力的误解，但他不赞同休谟基于怀疑论对人的认识能力及其本性的理解。在赫尔德看来，要回应和反驳休谟的怀疑论结论，我们就应该破除独断的先天思路，而从自然主义的经验出发来真实地理解一下人类认识能力的本性和特点，以及基于人的这种认识能力我们的知识到底是怎么样的。换言之，赫尔德同意休谟对独断论的怀疑的理由（休谟认为独断论者错误地理解了人的认识能力的本性），但是不同意休谟就此认为人类缺乏经验知识的结论，觉得他这同样误解了人类认识能力的本性。或者如马里恩·海因茨与海因里希·克莱尔蒙特指出的，"这一立场区别于休谟怀疑论在于其立场，而不在于其结果：即使赫尔德持有关于实在的事物的客观知识是不可能的的观点，他首要关注的也不是关于这种不可能性的证据，而是如何将理论化的人（the theorizing human being）与自然的人（the natural human being）调和起来"①。所谓"理论化的人"就是哲学家抽象地理解的人，独断论者正是这样来理解人的；而"自然的人"就是被哲学家抽象掉的人，是真真实实的人。独断论者之所以会误解人的认识能力，正在于用抽象的"理论化的人"取代了"自然的人"，将"理论化的人"当成了真实的"自然的人"。赫尔德将"理论化的人"与"自然的人"调和起来，实质上就是要以一种自然主义的视角，实现对"自然的人"的真实理解，确立"理论化的人"（人的认识能力和知识）的真实根基。

正是从这样一种问题意识和自然主义的思路出发，赫尔德认为，真实存在的人是既区别于动物又区别于神的中间存在者。如我们在第一节已经论述过的，人与动物的区别在于动物只具有感性能力，而人既具有感性能力又具有理智能力。人的感性能力由于有了理智能力的加入，这使得它也不同于动物的感性能力。动物的感性能力只是生物机体对外部世界刺激的本能反应，人的感性能力经过理智能力的加工，其对世界的反应已经带着人作为主体的意志、情感和价值。同时，由于人的理智能力需要通过感性能力才能发挥作用，这就使得人的理智能力不同于上帝的理智能力。上帝只具有理智的能力，他不具有也不需要感性的能力，他仅凭自身的理智能力就能够创造和认识世界（如康德所说的人不具有但上帝具有的"理智直观能力"），这正是人与上帝的理智能力的区别。简言之，人的理智能力是有限的，它只有借助感性能力从外部世界获取知觉材料才能发挥作用，它仅凭自身是无法认识自己和外部世界的。唯理论者错误地把人的理智能力当作上帝的理智能力，才会认为人仅凭自身理智能力就能够认识世界，建立人类知识的大厦，陷入独断论的泥潭。事实上，在赫尔德看来，人的理智必须依靠感性给予它的外部世界的材料才能发挥作用。总之，从一种自然主义和经验主义的立场来看，赫尔德认为，人是感性能力和理智能力的

---

① Hans Adler and Wulf Koepke (ed.). *A Companion to the Works of Johann Gottfried Herder*. Rochester, New York: Camden House, 2009, p. 47.

混合体，感性能力是理智能力发挥作用的基础。

基于这样一种对人的自然主义立场，赫尔德在认识论上（当然，正如马里恩·海因茨与海因里希·克莱尔蒙特已经指出的，这种认识论也是与本体论、生命哲学紧密结合在一起的）[1]发展了一种感觉观念论（sensualistic idealism）。我们下面来分析这种感觉观念。

人的理智能力发挥作用必须依靠感性能力，这就意味着，感性能力是人的最基本的认识能力，通过感性（或感觉）认识世界也是我们首要和基本的方式，简言之，人的一切认识都是以感性为基础的。"没有认识（cognition）可以脱离感觉（sensation），即脱离在他自身或者物体之中的好或坏、愉快或痛苦、存在或非存在的感觉。"[2] 感觉或感性就是世界对我们的给予性，世界必须首先以感性的方式给予我们，我们才能够认识它。或者说对人这样的有限认识者来说，外部世界以感性的方式首先给予我们，这既是经验的事实，也是逻辑的推论。所谓经验的事实就是指在时间的意义上，我们通过经验最容易也最先感知的事实；所谓逻辑的推论则是指理智能力发挥作用必须以感觉材料的被给予为前提，没有感觉材料的被给予，我们的理智能力根本不可能发挥作用，也不可能形成任何认识。也正是基于这样的理由，赫尔德认为"存在"这个在康德等理性主义哲学家看来最抽象、最不可分析因而也最模糊晦涩的概念是最感性和最清晰的概念。

因为，我们人不是神，人的理智能力无法像神那样运用逻辑规律（形式逻辑的法则）就能够认识世界（因为世界就是神按这样的方式创造的），把事物分解为可清晰辨别的标志（莱布尼兹—沃尔夫学派对可分析性与清晰性的理解），人的理智能力必须借助感性材料的给予性才能发挥作用，因

---

[1] 相关论述可参见 Hans Adler and Wulf Koepke (ed.). *A Companion to the Works of Johann Gottfried Herder*. Rochester, New York: Camden House, 2009, pp. 43-64。

[2] Johann Gottfried Herder. *Philosophical Writings*. Translated and edited by Michael N. Forster. Cambridge: Cambridge University Press, 2002, p. 179.

此，在人的认识中一定存在着不能再进行分析的部分（因为分析是理智能力的功能），这部分是通过感性的方式给予我们的。又由于我们一切的认识都是关于存在的认识，存在是我们所有认识中那个不可以被最后分析掉的部分（正如我们前引康德的话所已经指出的），所以存在虽然是最普遍的（因为一切的认识中都包含了存在），但它必定是以感性的方式给予我们的，而且是给予我们的最感性的概念，因为只有它首先以感性的方式给予我们，我们的其他认识才有可能。换言之，其他一切认识、一切概念都建立在存在概念之上，存在必然是最感性的概念。

存在同时也是最清晰的，这个我们在前面已经说明过，赫尔德这里所指的清晰性不是莱布尼兹—沃尔夫学派的"客观的清晰性"，而是鲍姆嘉通的"主观的清晰性"，或者说不是一种客观逻辑分析的"清晰性"，而是一种主观感觉自明的"清晰性"。赫尔德尽管赞同鲍姆嘉通对人主观的感觉的清晰性的发现，然而他并不完全同意鲍姆嘉通对这种"主观的清晰性"的理解。虽然鲍姆嘉通发现并推崇不同于"客观的清晰性"的"主观的清晰性"，对莱布尼兹—沃尔夫体系的理性压制是一个重大突破，但他只是将"主观的清晰性"看作"客观的清晰性"的补充，在他的体系中"主观的清晰性"还是处于从属地位，真正重要的或作为基础的依然是"客观的清晰性"。同时，鲍姆嘉通仍然像莱布尼兹—沃尔夫门徒理解理智"客观的清晰性"一样，用一种逻辑的、普遍的方式来理解感性"主观的清晰性"，并试图通过这种方式建立一门新的学科——美学（"美学"[die Ästhetik]这个词在德文中的字面意思就是感觉学）。在赫尔德看来，鲍姆嘉通这种对感觉以及以之为基础的美学的理解和定位，并没有能够真正理解感觉对人类认识的重要性，也没有能够建立一门真正符合人的感性能力的美学。因为，在赫尔德的理解中，感性不再像唯理论哲学家所认为的那样是从属于理智的、可以被抛弃的、可有可无的、不重要的认识能力，而是包括理智认识能力在内的人的整个认识的基础；理智认识不过是对感性认识的加工和提炼

(如何加工和提炼主要是语言的作用,后面我们讲到他的语言哲学的时候再展开),它完全是建立在感性认识基础之上的,最终也都可以还原为感性认识。基于这种理解,赫尔德甚至认为,唯理论哲学家所主张的那些所谓的理性逻辑、概念事实上都是建立在感性概念之上的,都可以找到它们的感性起源,也都可以还原为感性概念。在这个意义上,感性概念不但不应该从属于理智概念,相反它是理智概念的基础,如此"主观的清晰性"也就应该是"客观的清晰性"的基础。

另外,赫尔德认为鲍姆嘉通混淆了两种不同意义的美学:主观的和客观的。鲍姆嘉通通过一种逻辑的、理性的方式来理解和把握人的感性以及厘清获得感觉的"主观的清晰性"的前提和基础,这种方式是一种典型的客观地理解感性的方式,它所使用的基本方法依然是分析的(analytical)和还原的(reductionist)。在赫尔德看来,客观的美学虽然也能在一定层面揭示"现象的真理"(Phaenomenon der Wahrheit),但是仅通过它来把握感性的现象是不够的,还必须有一种主观的把握现象和研究感性的方式来作为客观的美学的重要补充。这种主观的美学以生理学和心理学为基础,以描述性的方式来直接理解个体特质感觉经验的发生和形成,以及把握以此为基础形成的感性的规则。简言之,主观的美学是基于我们的身体和心理真实的感觉过程来描述感觉能力。马里恩·海因茨与海因里希·克莱尔蒙特也指出了这一点:"鲍姆嘉通混淆了'主观的'美学——通过这个词赫尔德是指'一种使用我的感知能力的技巧'——和一种科学的、'客观的'美学,鲍姆嘉通通过对感性认识的分析使这种美学获得了决定性的进展。"①"一种使用我的感知能力的技巧"必然是与我的个体特质感觉相关的,它的获得必然也是以对我的感觉能力的描述性观察为基础的。事实上,赫尔德还想依据这种以描述性的方式来理解感觉的设想,发展出一种真正能

---

① Hans Adler and Wulf Koepke (ed.). *A Companion to the Works of Johann Gottfried Herder*. Rochester, New York: Camden House, 2009, p. 48.

够与我们的感觉相符、能够实现我们感觉完满的美学理论。他在《论雕塑》一文中试图从触觉来解释雕塑艺术，就是这种思路的一个尝试。①

赫尔德的"主观的美学"强调我们感觉的生理学和心理学基础，实质上就是要通过我们的身体尤其是感觉官能来说明感性能力。或者说，在赫尔德看来，身体是被先天地给予我们的，脱离我们的身体来说明我们的感性和整个认识是不可能的——"依我个人的看法，没有每一步都确定的生理学，心理学是不可能的"②，生理学的研究对象是我们的身体，心理学的研究对象是我们心灵的能力，生理学是心理学的基础。基于这种对人的感性认识能力的理解，赫尔德坚决反对当时的哲学家们将感性认识能力与理智认识能力截然区分开来的做法。因为在他看来，这种区分是一种抽象的区分，忽略了人类认识能力的感性（物质）基础，这个感性基础就是生理学，而生理学对象是被直接给予我们的感性事实，是分析人的认识能力时首先要理解的前提。在生理学的意义上感性认识能力和理智认识能力是无法区分开也不能区分开的，它们是一个有机体（organization），这个有机体通过各种作为感性认识能力物质载体的感官（organ）接受外部刺激形成杂多的知觉印象，再通过作为这个有机体的有机性（organism）的理智认识能力进行整理，才最终形成认识。从生理学的角度来看，感性认识能力与理智认识能力的区分本质上是同一个有机体不同功能的分别，而且这种分别也是相对的，它们在根本上是有机扭结在一起的，在感性认识中已经有理智在起作用，而理智认识更是有着感性的基础和来源。"对我们这种混合的被

---

① 当然，也有学者认为，在赫尔德美学中，他对触觉的强调超过了视觉，触觉在赫尔德美学理论中处于核心位置（高砚平：《赫尔德论触觉：幽暗的美学》，《学术月刊》，2018 年第 10 期）。这个观点我们未必赞同，因为根据我们这里的讨论，赫尔德是认为基于人的每一种感觉都可以发展出一种相应完满地适应和体现着感觉的艺术。与触觉相应的是雕塑，至于与其他感觉相应的艺术是什么，赫尔德没有进行完整的研究和阐述，但是从他的基本立场来看，认为触觉在美学中处于核心位置还是缺乏证据的。

② Johann Gottfried Herder. *Philosophical Writings*. Translated and edited by Michael N. Forster. Cambridge: Cambridge University Press, 2002, p. 196.

造物来说，认识和感觉是交织在一起的；我们只有通过感觉才能拥有认识，我们的感觉也总是伴随着某种认识。"①

此外，由于感性认识能力在人类认识中的基础性作用，理智认识能力必须依靠它才能发挥作用，那么，像唯理论哲学家那样将逻辑的规则（形式逻辑的法则，如同一律、矛盾律等）作为认识事物的主要原则就是不恰当的。②因为，在赫尔德看来，一方面，作为人的理智规则的形式逻辑本身是在感性经验的基础之上形成的，它不能脱离感觉经验来进行运用；另一方面，人的理智规则由于是通过感性经验形成的，它自身必然会因感性经验的不同而有所不同，不可能是抽象普遍的。那种脱离一切感性经验的理智能力是只有上帝才具有的能力，试图用这种只有上帝才具有的能力来认识事物是对人类认识能力感性本质的忽视，也是对人类本性的误解。据此，赫尔德认为，与上帝用理智方式来理解世界不同，人类主要是通过感性的方式来认识世界，而且，像理智能力有对应的形式逻辑的普遍法则一样，人类感性能力也应该有相应的认识事物的规则，因此对人类认识能力的研究，需要首先弄清楚的是感性是如何来理解事物的，亦即感性自身拥有哪些不同于理智的认识规则。在赫尔德看来，人的感性能力的认识规则就是我们前面已经提到的时间、空间和力。时间、空间和力都不是可以用逻辑或理智先天分析或给出的概念，它们是"存在"感性地给予我们的方式。正如我们在本章第一节说到的，时间、空间和力都是位于"存在"这个最感性概念之下的三个感性概念，它们是"存在"表现自身（因为根据赫尔德的本体论，"存在"也可以理解为那个不断地表现着自身的"本原活力"）或"存在"向我们展现出来的方式。

---

① Johann Gottfried Herder. *Philosophical Writings*. Translated and edited by Michael N. Forster. Cambridge: Cambridge University Press, 2002, p. 178.
② 这里主要是指唯理论哲学家通过形式逻辑的矛盾律或者同一律来分析一个谓词是否属于一个主词，或者某种属性是否可以归属到某个主词身上的做法，完全是通过逻辑的推演，而不是依靠任何经验来认识事物，这典型地体现在关于上帝存在的本体论证明之中。

这里其实我们可以发现赫尔德和康德对人类认识能力理解的某种相似之处：首先，他们都认为人的认识能力不同于神的认识能力之处在于人具有感性认识能力，或者说人的理智认识能力与神相比是有限的，它必须以感性认识能力为前提并与其有机结合在一起，必须借助感性认识能力才可以发挥作用（在康德那里叫作才是合法的），这种有机性在康德的表述中就是"直观无知性则盲，知性无直观则空"。其次，他们都把人类感性能力的本质归结到时间和空间之上，或者说把相对人类而言的感性事物的本质归结为时间和空间，而且在对时空的理解上，他们也都不把它们理解为逻辑概念，而是理解为人类把握外部事物的感性方式。但是，他们对时空性质的理解是完全不一样的。在康德那里，时空是先验的（不来自经验，是我们感性能力的先天要素），是我们人类共同具有的先天直观形式；而赫尔德则认为，时间、空间还有力都是从我们的感觉产生的，而且赫尔德从他生理学是心理学的基础的立场，认为它们都是以我们的感官为基础的，其中时间是以我们的听觉（耳朵），空间是以我们的视觉（眼睛），力是以我们的触觉（手）为基础的。对此赫尔德在1767年写作的《柏拉图如是说》中说道："如果存在是我们的世界，那么空间、时间、力（那些有限的力）就是我们感觉的领域，……（空间的）并列……（是）视觉……（时间的）相继……（是）听觉……（以及）一个进入另一个……（是）触觉。"① 可以看出，赫尔德试图以人的被给予性的身体来说明人包括人的感性认识能力在内的整个认识能力。

通过以上分析，我们阐明了赫尔德的认识论思想为什么是感性主义的，即为什么是"感觉"观念论，这在于在他看来我们一切的认识都来源于感觉经验，不存在完全脱离感觉经验的认识，一切认识最终都可以找到感觉

---

① Johann Gottfried Herder. *Plato sagte: daß unser Lernen bloß Erinnerung sei.* In Marion Heinz. *Sensualistischer Idealismus: Untersuchungen zur Erkenntnistheorie und Metaphysik des jungen Herder (1763–1778).* Hamburg: Meiner, 1994, p. 177.

经验的根据。这也意味着人的感性认识能力是理智认识能力的基础，并与理智认识能力有机统一在一起，脱离感性认识能力理智认识能力也无法发挥作用。至于赫尔德的认识论思想为什么是"观念论"的，我们将在论述赫尔德语言哲学的部分详细展开，这里简述如下。在赫尔德看来，我们的认识过程是这样的：感官接受外部事物的刺激，形成各种各样成千上万的感觉印象之流（这些感觉印象之流包括我们眼睛看到的事物的颜色、形状，耳朵听到的事物的声音，鼻子闻到的事物的味道，手摸到的触觉，等等）作为认识的感性材料，理智认识能力对感官提供的这些感性材料按照心灵的法则进行加工、综合和提炼，最后形成关于事物的认识（在赫尔德这里主要体现为语言）。显然，这个关于事物的认识肯定不是如经验论者所认为的那样，是关于外部事物的镜像，可以如实地反映外部事物。因为，首先，我们是通过各种感官来接受外部事物的刺激的，刺激所形成的成千上万的知觉印象受各种各样的条件的影响（比如首要的就是我们的感官的状况），很难说甚至不能说哪一种感官在何种条件下接收的知觉印象或形成的感觉材料是如实地反映了外部事物；其次，感官接收的感觉材料经过理智认识能力的加工、提炼，已经刻上人的主观印记，最后形成的关于外部事物的认识，不可能是外部事物的镜像反映。

　　康德或许也正是在这个意义上说，我们的认识只能止于现象，无法达至物自体。事实上，我们发现，赫尔德与康德对人类认识过程的理解是差不多的，都认为是感性接受外部刺激形成感觉材料，然后提供给更高级的理智认识能力（在康德那里是知性）根据自身的心灵的法则进行加工整理，最后输出对外部事物的认识。他们都看到了人作为认识主体在认识中的作用和对认识结果的影响，所以他们都认为人的认识不能够如实地反映外部事物。但是，正如赫尔德在时空问题上与康德的理解不同一样，赫尔德与康德对理智认识能力的心灵法则的理解也是不一样的。康德站在先验哲学的立场，认为理智认识能力（知性）的心灵法则是一组人同此心心同此理而且放之四海而皆准的知性范畴，完全是理性先天的纯粹概念；赫尔德则立足经验主义的视角认为，心灵法则是与一个人的情感、意志、偏好等所谓的非理性因素本质地联系在一起的，不完全是或首先不是理性的概念，它们就像人的语言一样（后面我们发现，事实上它们就是语言），具有个体性的"特点"或"风格"。换言之，康德强调心灵法则的理性普遍性，赫尔德则突出心灵法则的感性特殊性。这里值得进一步指出的是，康德与赫尔德对理智的心灵法则的发现，都是从经验出发的，只是康德认为我们的经验要可能，必须有先天的知性范畴作为主体条件，换言之，知性范畴在康德那里是通过对经验的反思得到的。而赫尔德则认为不存在先天理智的心灵法则，它们都是通过感觉经验形成并发现自身的，质言之，心灵法则是后天经验的产物。在赫尔德这种理解中，感性对理智而言，就不只是提供感觉的认识材料，更在于理智在加工提炼感觉认识材料的过程中，发展了自己，认识了自己，感觉材料是感性地表现着的理智。由于有以上区别，在康德看来，人的认识虽然无法及于物自体，但仍然是有普遍规律的现象，这种规律性来源于人类心灵法则的普遍性；而在赫尔德眼中，心灵法则本身是与感觉经验紧密结合在一起并在作用于感觉经验的过程中形成的，由于来自外部世界的感觉经验是因时因地而不同的，人们之间的心灵法则以及在此基础上形成的人们眼中的世界也是不同的，不存在普遍的心灵法则。显然，康德的现象世界更像一个科学的世界，由有普遍必然性的规律所决定；赫尔德的认识（语言）更像是一个生活的世界，由人们的喜怒哀乐所充满。

总之，赫尔德对我们认识主观性（与客观性相对，认为我们的认识无法真实地反映外部事物）和特殊性（与普遍性相对，认为我们的认识不是普遍的）的揭示，都体现了他的认识论观点具有观念论的特征。当然这种观念论并不是完全否认观念之外有外部事物的存在，事实上赫尔德甚至认为外部对象不但存在，而且是我们观念的原因和基础，他只是主张我们的观念无法如实地或者说镜像地反映外部事物，但他认为我们的观念是关于外部世界的。正是在这个意义上，索尼娅·锡卡认为赫尔德的认识论是一种实在论（realism）。① 我们认为索尼娅·锡卡的看法是不无道理的，赫尔德的认识论并不是一种极端的观念论，他的观念论有某种实在论的因素。但是总体来看，赫尔德的核心想法更接近观念论，特别是在观念论的前面加上限定语"感性的"以后，就更准确地表达了赫尔德的立场，因为"感性的"本身就意味着是指向外部事物的，它恰好可以表达赫尔德认识论思想中实在论的维度。我们在后面讨论赫尔德的语言哲学思想时还会回到这里的讨论。

赫尔德的感觉观念论是我们理解其文化哲学思想重要的认识论指引。这种认识论指引主要体现在两个方面。一是，由于感觉观念论强调我们整个认识的基础是感性给予的，所以赫尔德坚持从经验基础和感性起源而不是抽象概念来理解事物，特别是注重分析事物中那些被直接给予我们的感性事实。比如赫尔德对人的本质的理解就是追溯到人的被直接给予的生活环境的感性事实；对文化的分析也是如此，强调自然环境对文化的决定性意义，因为自然环境对一种文化而言也是首先被给予的感性事实。二是，由于感觉观念论强调认识的个体差异性与特殊性，强调认识与主体的情感、价值和意志等非理性因素的本质联系，所以赫尔德在分析文化（作为一个族群对世界的认识或一个族群眼中的世界）的时候，也十分注重不同文化的自身的个体性与独特性，强调不同文化之间内在价值的不可统一性。

---

① Sonia Sikka. "Herder's Critique of Pure Reason". *The Review of Metaphysics*, Vol. 61, No. 1 (Sep., 2007).

第三章　赫尔德文化哲学思想的人学基础

英国诗人蒲柏说："人类的正当研究是人。"① 对人自身的研究就是要弄清楚人性或人的本质（human nature）问题。人性问题是西方哲学关注的一个重要问题。从苏格拉底的"认识你自己"中蕴含的对个体自身的关注到休谟所认为的对"人性"的研究是"其他科学的唯一牢固的基础"②，都是对人性的探索。哲学中的人学正是以人性为研究对象，思考人的本质，追问人存在的意义，探究人与世界的关系。而且，人性问题是哲学的一个根本性问题，因为不管是对本体论、认识论等问题的追问，还是对伦理学、美学等问题的思考，都在根本上依赖于对"人是什么"的理解。可以说，哲学的变革在很大程度上也是对人性理解的变革。

我们说启蒙运动开启了一个新的时代，这种"新"从哲学的角度来看是在根本上实现了一种对人性的新的理解。启蒙哲人将人性的探讨从中世

---

① 转引自北京市社会科学院哲学所编著：《中外人文精神钩沉》，开封：河南大学出版社，2005年，第296页。
② 休谟在《人性论》中有这样的说法："关于人的科学是其他科学的唯一牢固的基础，而我们对这个科学本身所能给予的唯一牢固的基础，又必须建立在经验和观察之上"，"在我们没有熟悉这门科学之前，任何问题都不能得到确实的解决。因此，在试图说明人性的原理的时候，我们实际上就是在提出一个建立在几乎是全新的基础上的完整的科学体系，而这个基础也正是一切科学唯一稳固的基础"。参见［英］休谟：《人性论》，关文运译，郑之骧校，北京：商务印书馆，1980年，第8页。

纪的天国唤回到了尘世，实现了对人的理解从神学话语到理性话语和自然话语的转换，并从这种对人的新的界定来重新理解世界、历史和人类社会。启蒙运动正是这样一场新的人性观的发现及推广应用到各个领域的轰轰烈烈的运动。在这场运动中，"因其思想之故而在此最值得一提的一个人物是赫德尔（即赫尔德——引者注）"[1]。赫尔德之所以"最值得一提"，或许正在于他的哲学既深深地扎根于启蒙思想，接受了启蒙思想的根本原则和基本价值[2]，又对启蒙思想的局限和困境洞若观火，对启蒙思想进行了激烈的批判，力图开拓一条新的道路。根据伯林和泰勒的解读，赫尔德批判和突破启蒙主流思想的地方正在于他对人性的理解。启蒙思想家基于普遍理性认为人性是抽象的主体，是超越时空的普遍法则；赫尔德反对这样一种人性观，认为人性像是一块黏土，其形式与意义需要在不同时空环境中不断地生成和再造。伯林和泰勒将赫尔德的这种人性观界定为表现主义的，并认为这种人性观开启了一个人学研究的新视域，"人的本质""人的发展"以及"人与世界的关系"等问题都可以在表现主义视野下得到新的回答。正是因为赫尔德这种与启蒙主流大不相同的对人性的理解，赫尔德的整个思想都具有一定的反启蒙思想的倾向，这也使他成为"狂飙突进"运动和浪漫主义运动理念的鼓吹者和先行者，被伯林誉为浪漫主义的真正父辈。

西方近代哲学将理性看作人的本质，将人理解为超时空的、非历史的和去文化的空洞而抽象的存在，在赫尔德看来这是一种对人性的虚构，无法真正说明现实的人性，现实的人性是丰富而具体的。立足他"有机活力论"的本体论和"感觉观念论"的认识论，赫尔德反思和批判了西方近代理性主义的人性观，认为人的本质不是先天给定的，而是在人实际生存的过程中通过与外部世界的互动创造和形成的，并因此深深植根于他所生活

---

[1] ［加］查尔斯·泰勒：《黑格尔》，张国清、朱进东译，南京：译林出版社，2012年，第17页。
[2] 这里根本原则主要指启蒙思想家普遍相信的自然主义原则，即不用神启或超自然的力量来对世界进行说明的理性精神，基本价值是指自由、平等等启蒙思想家鼓吹的价值。

的世界和所归属的文化。依据赫尔德这种对人性的新理解，文化不再是与人性相外在的事物，而是与人性本质相关的存在，人性的具体性就实现在文化当中，文化本质上是人性的表达和体现，不同的文化正是人性丰富性的体现。显然，赫尔德的这种人性新观念已经通往了他的文化哲学思想，并成为其重要的有机组成部分。

第一节 启蒙时代人性即理性的人性观

在正式进入赫尔德的人性新观念之前，我们先来看一下启蒙时代主流的人性观，因为正是在批判这种人性观的基础上赫尔德发展出了自己的新观念。在中世纪神学一统天下的时代，人和世界作为上帝的造物其本性是通过上帝的神性来界定的，人的罪、人的恶、人的希望与救赎以及世界的存在和意义都必须通过上帝才能得到说明。换言之，上帝是一切的来源，真正值得关注和需要理解的只有上帝，人和世界都只有在解释上帝的意义上才有价值。然而，事情在近代发生了变化，文艺复兴、科学崛起、资本主义发展和宗教改革等一系列新事物的出现，使得中世纪的神学世界观不断地接受冲击和挑战，神学话语不断向世俗（自然）话语转换。特别是在17世纪牛顿的物理学体系揭示出在纷繁复杂的现象背后隐藏着秩序井然的规律之后，人们惊奇地发现，这个世界具有自身可以被认识的本性，而且人类具有认识世界本性的能力。① 或者说，世界的本质不再是上帝创世的秘

---

① 需要说明的是，西方近代自然科学的兴起和发展是跟上帝观念的变化密不可分的，其中自然神论（核心观点是上帝是一位高超的造物主，他按法则创造了自然之后就再也不插手了，让自然自身像一只精密的钟表一样有条不紊地运转；据说牛顿本人就是一个自然神论者）、泛神论（核心观点是神即自然，上帝把自己化身到自然之中，自然中的规律正是上帝神性的体现；典型代表是斯宾诺莎）的上帝观都对自然科学的兴起起了推波助澜的作用。这两种上帝观都既承认上帝的存在，又为人们独立地从事科学研究保留空间。易言之，自然神论和泛神论的上帝观让人们可以将关注的重心从中世纪神学的上帝转移到上帝的造物自然上来，这样就可以很好地协调上帝信仰和科学研究了。

密,而成为人类可以认识的对象。所以,在这个意义上,牛顿物理学的成功,不仅是一个重要的科学事件,而且是一个重要的哲学事件,即,它改变了人们理解世界的方式,实现了一种世界观的转换。① 牛顿的物理学,让世人重新认识了人类理性精神的强大,并使人们从上帝的信徒转变成了理性的崇拜者。牛顿之后,人们前所未有地相信自身的理性力量②,认为理性是一种穿透黑暗获得光明的伟大力量③,具有至高无上的权威,是衡量一切的最终标准。人们纷纷开始运用自己的理性来理解世界,理性成为启蒙时代最重要的精神。这恰如康德所指出的,"要有勇气运用你自己的理智!这就是启蒙运动的口号"④。可以说,"理性"是整个启蒙运动围绕的中心,是其所有追求和成就的汇聚点。

那么,启蒙时代是怎么理解理性的呢?我们可以在两个重要的意义上来说明。

首先,理性在启蒙思想家那里是被作为一种获得正确知识的方法来理解的,这种方法能够揭示万物的内在法则,是我们认识自身和理解世界的关键手段。伯林认为启蒙运动甚至整个西方传统都有一个根本信念,即问题都存在答案,且答案能被掌握以及彼此互不矛盾:

> 现有三个命题,或许我们可以将它们归结为撑起整个西方传统的三个支柱,它们的确曾是西方传统的支柱。这些命题并不仅限于启蒙运

---

① 当然,我们这里讲的世界观转换类似于库恩所讲的科学革命中的"范式"革命,只是这里的革命不局限于科学领域,而是一种全方位的世界观革命。当然,必须指出的是,这场世界观的转换并不是由牛顿一人完成的,事实上,这在近代是一种普遍的趋势,牛顿的物理学正是这种转换的杰出代表,他既是这种趋势的结果,又极大地推动了这股潮流的进一步发展。
② 西方自亚里士多德开始就将理性界定为人类的本质特征,不过只有到了近代,人类的理性本质才得到专题性的探讨。
③ 这里的黑暗指的是事物的不可理解性,相反光明指的是事物的可理解性,质言之,人类理性是一种使事物获得可理解性的能力。
④ [德]康德:《历史理性批判文集》,何兆武译,北京:商务印书馆,1990年,第22页。

动,尽管启蒙运动提供了三个命题的特殊文本,把它们转换成一种特殊的形式。三个命题大致如下:首先,所有的真问题都能得到解答,如果一个问题无法解答,它必定不是一个问题。……第二个命题是,所有的答案都是可知的,……第三个命题是,所有答案必须是兼容性的。①

伯林所谓"启蒙运动提供了三个命题的特殊文本",就在于在启蒙时代,这三个命题是通过理性来保障的,不管是为真问题寻找答案,还是使不同的答案之间实现兼容,一切都是建立在理性之上的。同时,受牛顿物理学的影响和启发,理性的方法逐渐地被理解为一种对事物的数理解释模式②,在这种模式看来,对事物的理解和知识就是能够用数学和物理的方式来解释它。在这个意义上,理性被比作光,可以用来照亮世界,理性用来照亮世界的方式就是赋予世界一种数理的可理解性,正如拜泽尔指出的:

> 启蒙运动对理性的信仰最后建基于(但不仅限于)自然主义,如果只从原则上讲,这种自然主义信念认为理性能够解释自然中的一切。尽管这种信念很大胆,但是似乎现代科学的所有成功都支持它。对许多自由思想家(freethinkers)、德国的启蒙主义者(Aufklärer)以及法国启蒙思想家(philosophes)而言,伽利略、牛顿和惠更斯的新物理学已经表明,自然界的一切依据数学法则的系统都是可解释的,这些数学法则对理性是显而易见的,也是可以被理性所发现的。③

---

① [英]以赛亚·伯林:《浪漫主义的根源》,亨利·哈代编,吕梁等译,南京:译林出版社,2011年,第28—29页。
② 从17到18世纪启蒙哲人对理性作为一种方法的理解是有变化的。具体相关论述可参见卡西尔《启蒙哲学》([德]卡西勒:《启蒙哲学》,顾伟铭等译,济南:山东人民出版社,1988年)一书的相关章节以及笔者的博士论文(陈艳波:《走向人道——赫尔德历史哲学研究》,武汉大学博士论文,2010年)的第二章第一节"作为方法的启蒙理性"。
③ Frederick C. Beiser. *The Fate of Reason: German Philosophy from Kant to Fichte*. Cambridge, MA: Harvard University Press, 1987, p. 10.

所以，启蒙时代的思想家们发现，所有问题能被回答的唯一方法是正确使用理性，而理性正是自然科学向我们展示的数理的解释方法，通过这种方法我们能够解答一切。总之，启蒙哲人们相信只有通过理性人们才可以获得更多的知识，人类借助理性可以找到事物背后的"万有引力"，解出自然的"达·芬奇密码"，只有个体理性能力的增长才能使人们走出神话，只有依靠理性发现的真理才能为人类建造最宜人的乌托邦，走向完满的自由。如此理解的理性，已经取代了上帝的权威，被赋予了至高无上的地位，一切事物只有建立在理性的基础上才能获得自身合法性的地位。

其次，理性被理解为人的本质。在启蒙哲人看来，理性作为人的本质主要有两个方面的意涵。一方面，理性是人性中最纯然的部分，是人与动物的根本区别所在，是人所有高贵和尊严的来源。人性有其动物性的一面，包含了本能欲望和情感等非理性的因素，但人之为人正在于人的理性可以与这些本能欲望相分离，并成为它们的主宰。人高贵于动物的地方正在于人能够用他的理性来控制非理性的因素，按照理性的方式来行动。这种对理性的理解显然使它自身成为一种自律的能力，完全不受，也应该不受人的情感、欲望、本能等非理性的因素的影响。推而论之，理性与人所赖以生存的自然环境、所处的历史时代、所生活的社会制度以及所秉持的价值观念都没有本质性的关联，超然独立于这些具体的环境和情境之上。这典型地体现在康德对理性的理解之中。我们知道，为了应对机械数理模式带来的理性自身的危机，即理性自身是否可以用数理的方式来对象化地进行研究以及理性至高无上地位的合法性来源问题，辩护理性自身的纯然性、自律性和非情境性，康德将理性自身的根据推向了物自体的领域，成为不受现象界因素干扰，仅依据自身的内在法则运行的本体存在。[①] 另一方面，

---

① 事实上，康德这种拯救理性的方式，也可以看作启蒙时代将理性理解为可以对一切进行批判的最高权威和最终法庭这一观点本身的必然逻辑结论，或者说必须预设这种观点作为其前提。因为，只有理性是不受其他因素制约和影响的，它才有可能成为最高的权威，才能对其他的一切进行批判，如若不然，它的这种最高权威的地位就不具有合法性。

理性是人所具有的高级认识能力和最重要的认识能力。启蒙思想家将人的认识能力割裂为理性、知性、感性和本能,这些认识能力按认识事物的清晰性等级从高到低进行排列,其中理性是人身上最为重要的心灵力量,它能够最清晰地认识事物,把握事物的原则和规律,本能是最低级的认识能力,它对事物的认识是最模糊的,依次感性和知性对事物的认识都存在不同程度的模糊性。本能、感性和知性自身并不存在认识的价值,它们的价值在于使认识最终实现理性认识。这种理解典型地体现在莱布尼兹—沃尔夫哲学体系当中,本能和感性被认为只能获得晦暗或者模糊的知识,它们都只是获得清晰的理性知识的桥梁,并不具有自身独立的价值。总而言之,理性认识能力是人最重要的认识能力,最使人接近上帝对存在的认知。

基于这样一种对理性的理解,启蒙的思想家对人性持一种普遍化的观念,认为如同自然领域的法则和规律在不同的时空和历史情境中都保持不变,自然领域的现象千变万化但其背后的基本法则不变一样,人性也在变化万千的历史现象背后从未改变。研究人类的历史,就是要透过纷繁芜杂的历史现象去寻求这种不变的人性。休谟以牛顿物理学为榜样建立的一种人性科学所阐述的内容为我们提供了这种关于人的观念的一个出色例子。休谟在《人类理解研究》中曾这样说道:

> 人类在一切时间和地方都是十分相仿的,所以历史在这个特殊的方面并不能告诉我们以什么新奇的事情。历史的主要功用只在于给我们发现出人性中恒常的普遍的原则来,它指示出人类在各种环境和情节下是什么样的,并且供给我们以材料,使我们从事观察,并且使我们熟悉人类动作和行为的有规则的动机。①

根据这种观点,亚洲人和欧洲人,古代人和现代人实际上大体是相似的,他

---

① [英]休谟:《人类理解研究》,关文运译,北京:商务印书馆,1957年,第76页。

们的行为都可以用类似的原因做出解释。在休谟看来,不同地域、不同时代人类的行动有很大的同一性,人类在一切时间和地方的行为和表现都是十分相似的,同样的动机会产生出同样的行为。人性的原则和作用始终如一。人类的漫长历史由于这种相似性并没能为后来人展示一些新的事物。另外,即使被认为是启蒙运动异类的卢梭,也认为人类拥有一种善良的本性,并且这种本性在未受污染的孩童和野蛮人的纯洁心灵当中才能真正获得,人类后来创造出的制度规范和文化艺术等毁坏了这种善良的本性。人们需要做的是去发现潜藏在历史现象背后的这种类似真理的人性,并据此来清除败坏人性的制度和文化,回归人性的本然状态,这样人类才能真正过上美好的生活。卢梭说道:"最不幸的是:人类所有的进步,不断地使人类和它的原始状态背道而驰,我们越积累新的知识,便越失掉获得最重要的知识的途径。"① 卢梭和休谟可能在普遍人性的具体内容(即对那普遍的人性到底是什么的理解)上存在分歧,但他们在将人性理解为一些抽象的法则的致思方向上却是高度一致的,这也代表了启蒙主流思想家对人性理解的基本方式。根据泰勒的说法,启蒙时代这种对人性的理解实际上是对较早时期对人性的随心所欲的理解的蔑视和反抗,是对先前随意通过与宇宙秩序的关系来类比规定人性的不认同。② 随着近代自然科学的崛起,对科学真理的发现要求人们对人做出新的理解。大体来说,18 世纪以休谟为代表的思想家对人性的主流回答都是以理性原则为核心的,他们强调人的主体性和人的力量,认为人应该在自然中寻找到方法,一种理想的模型远比实际的存在更为完美。启蒙运动主流思想家尽管对人性法则的内容的看法存在差异,但是都意图将人看作一种对象化的主体,认为人性是一种抽象不变的法则。

---

① [法]卢梭:《卢梭经典文存》,李瑜青主编,上海:上海大学出版社,2007 年,第 126 页。
② 泰勒认为,近代启蒙思想家开始将人理解为自我规定的主体,破除了以前通过与宇宙秩序的关系来理解人的观点。"现代主体是自我规定的,而按照以前的观点主体是在同宇宙秩序的关系中得到规定的。"[加]查尔斯·泰勒:《黑格尔》,张国清、朱进东译,南京:译林出版社,2012 年,第 7 页。

正如自然科学发现自然界的规律后可以用于改造自然一样，启蒙思想家认为，启蒙时代对人类普遍本性的发现，也可以用于增进人类的福祉。这种增进主要表现在人类的事务可以越来越依据普遍的人性来安排和展开，进行理想社会的设想和构建，实现与普遍自然秩序的和谐，而不是像在历史中那样，缺乏对人性的认识而盲目地行动，受到自然秩序的制约和惩罚。在《18世纪哲学家的天城》一书中，贝克尔（Becker，1873—1945年）就明确指出了启蒙哲学家的这种野心："既然人和他的心灵是由上帝创造出来的那种性质所形成的，所以人就有可能'单凭运用他们天然的才干'就把他们的思想和他们的行为、从而他们所赖以生活的种种体制都带入到与普遍的自然秩序相和谐的状态。"① 根据贝克尔的说法，对人类而言，最好的状态就是从自身的本性出发，实现人类事务与自然秩序的普遍和谐。由于人类和自然都是上帝的造物，他们拥有共同的本性，这为他们之间的普遍和谐提供了基础。

以这种对人性的理解和设想为基础，启蒙主流思想家发展出了人类历史进步的观念和欧洲中心主义的观念。针对人类历史不断进步的观念，孔多塞在《人类精神进步史表纲要》中如此说道：

> 如果我们就其在同一个时间的某一空间之内对每个个人都存在着的那些结果来考虑这同一个发展过程，并且如果我们对它的世世代代加以追踪，那么它就呈现为一幅人类精神进步的史表。这种进步也服从我们在个人身上所观察到的那些能力之发展的同样普遍的规律，因为它同时也就是我们对结合成为社会的大量的个人加以考察时那种发展的结果。②

---

① ［美］卡尔·贝克尔：《18世纪哲学家的天城》，何兆武译，北京：生活·读书·新知三联书店，2001年，第66页。
② ［法］孔多塞：《人类精神进步史表纲要》，何兆武、何冰译，北京：生活·读书·新知三联书店，1998年，第2页。

在孔多塞看来，人类历史像个体人的成长一样，体现为精神不断发展进步的一个过程。以此来观照人类历史，就呈现为一幅不断向前发展的图景。但是，孔多塞的这种人的精神不断发展进步的观点似乎是与启蒙时代普遍的人性理解相矛盾和冲突的。因为，按照休谟的说法，人性像自然现象背后的规律一样，在一切的时空当中都是相似的，不存在不断进步的问题，但孔多塞又认为人的精神是不断发展和进步的，这两种观点之间似乎是不能自洽的。换言之，相信人性亘古不变因而谈不上进步，以及相信人类精神存在着不断的发展和进步都是启蒙主流思想家的基本信念，这两个信念之间是相互冲突的。那么启蒙主流思想家如何来协调这两者的冲突？或者说，启蒙主流思想家是在什么意义上来理解人类历史不断进步的呢？针对这个问题，我们认为，在启蒙主流思想家的理解中，人类历史的进步体现在两个方面：一是对人性认识的进步，二是依据对人性的认识来设想和安排人类事务的进步。诚然，人性亘古至今从未有什么变化，但是它以前隐藏在纷繁复杂的历史现象背后，没有被人们认识，只有到了启蒙时代，人性的普遍法则才被我们所发现和认识到，这恰如自然规律一直隐藏在变动不居的自然现象底下，是牛顿物理学发现和认识到了它们一样。正是在这个意义上，启蒙主流思想家认为，相比其他时代而言，对人性普遍法则的发现本身就是一种进步。因为，虽然以前的人们也受人性法则的支配，但是他们并不能认识和理解，对他们而言，人类历史的现象是晦暗未明的，只有真正认识和把握了人类历史现象底下的普遍的人性法则，人类历史现象才能真正地被理解，这毫无疑问是人类对自身理解的一种进步。

关于这一点，研究启蒙问题的大家卡西尔就曾以伏尔泰为例进行了讨论，他首先提出这样一个问题："但在为历史写作提供这一基本方案时，伏尔泰提出了一个困难的问题。……伏尔泰是进步观念的热烈预言者，……但试问，伏尔泰对人类进步的信念，怎么能与他认为人类永远是基本相同的，真正的人性从未改变过这一同样强烈的信念相调和呢？"[①] 经过分析，

---

① ［德］卡西勒：《启蒙哲学》，顾伟铭等译，济南：山东人民出版社，1988年，第212页。

卡西尔对这个问题的理解是这样的：

> 就象对自然过程的机械规律的知识把自然科学从神学中解放出来一样，心理学应该为历史领域提供同样的效劳。心理分析最终决定进步观念的真正意义。它说明并辩解了这一观念，但它也指出它的局限性，使它的运用很好地保持在这些界限之内。心理分析表明，人类不可能超出"人性"的局限，但人性不是一蹴即就的，因为它不得不逐渐地演进，并在不断克服障碍的过程中肯定自身。"理性"当然是人天生的基本禀赋，它到处都是同样的。但理性并不以这种稳定不变的面貌在外部表现自身，而是隐藏在大量风俗习惯背后，屈从于偏见的重压。历史表明了理性如何逐步克服这些障碍，如何实现自己的真正命运。因此真正的进步与人性本身无关，而仅仅涉及人性之客观的、经验的表现。但使理性得以在经验中显现、并能为自身所理解，这样一种进步便是历史的基本意义。①

显然，在卡西尔的理解中，历史中的进步与自然科学中的进步是一样的，自然科学的进步在于不断地发现那些隐藏在自然现象背后的本质规律，历史的进步也在于逐渐地找出那些潜藏在风俗习惯表象背后的人性规律，历史进步的意义是一种心理学的意义，或者说是对人性理解的进步，而不是人性自身的进步。② 通过将历史的进步理解为心理学意义上的，启蒙主流思想家克服了普遍人性观与人类历史不断进步的矛盾。

---

① ［德］卡西勒:《启蒙哲学》，顾伟铭等译，济南：山东人民出版社，1988年，第213—214页。
② 正是在这个意义上，我们才能理解卡西尔认为的伏尔泰的《风俗论》展示的是人类不断克服障碍而实现进步的过程："在伏尔泰那里，精神这一概念获得了更广阔的范围。它包含着内心生活的全部过程和一切转变，人类非得经历这些转变才能认识和意识自身。《风俗论》的真正目的就是揭示人类向着这一目标的逐步前进，揭示为达到这个目标所必须克服的障碍。"（［德］卡西勒:《启蒙哲学》，顾伟铭等译，济南：山东人民出版社，1988年，第212页）这里之所以是一种内心的转变，正是在心理学的意义上来谈的。

除了这种认识的进步，就人类历史进步而言，更重要的意义在于人们发现了人性的普遍法则以后，就可以根据这一法则来设计人类生活，导向人类历史发展的目标。如此，人类历史就可以被看作不断地澄清谬误，挖掘出更多掩埋在历史迷雾中的普遍法则并依据这些新发现建构更适合人类的幸福生活的过程，这个过程的顶点就是完全按照人性的法则来安排人类事物。前面我们引用的贝克尔的说法，"把他们的思想和他们的行为、从而他们所赖以生活的种种体制都带入到与普遍的自然秩序相和谐的状态"，也是在这个意义上来谈的。在这种理解下，人类历史就呈现为一部不断进步的历史，正如伯林所指出的，"18世纪的第三大神话是平稳进步的神话，如果说进步不是不可避免的，则至少是近乎确定的；与此相伴的是对黑暗过去的轻蔑，它导致了这样一种观点：一切先前的世纪不过是迈向现在的好日子和将来更加辉煌的生活的一个个阶梯"①。

与这种进步的历史观相应的是启蒙主流思想家的欧洲中心主义文化观。我们知道，欧洲中心主义文化观其实就是欧洲中心主义（"Eurocentrism"，也翻译为"欧洲中心论"）。《牛津英语词典》把"Eurocentric"（欧洲中心的）解释为以欧洲为中心，认为欧洲文化是世界文化的中心，是至高无上的，相应地，"欧洲中心主义"一词就是指那些将欧洲视为整个世界的中心的观念和行为。② 也就是说，欧洲中心主义是一种以欧洲文化的核心世界观来理解世界的方式，它暗含了欧洲文化的先进性和正确性，以及欧洲文化高于其他地区文化的那种优越感。西方人的欧洲中心主义由来已久，只是在近代得到了迅速的增强，正如潘娜娜所指出的：

15、16世纪整个世界连为一体，欧洲的视线大大扩展，欧洲中心

---

① ［英］以赛亚·伯林：《启蒙的三个批评者》，马寅卯、郑想译，南京：译林出版社，2014年，第231页。
② J. A. Simpson and E. S. C. Weiner (ed.). *The Oxford English Dictionary, Vol. 5.* Oxford: Clarendon Press, 1989, p. 442.

的思想非但没有削弱，反而进一步加强。人文主义者以复兴古典希腊罗马文明为己任，挖掘了古代欧洲优越思想，把希腊人发明的"野蛮"用于刚发现的美洲居民身上，用朦胧的"文明观"表达了欧洲的优越，为欧洲的殖民扩张作了文化铺垫。17世纪以后的哲学家和思想家进一步发挥这种欧洲优越思想，逐步在史学中确立了进步的观念，即人类社会从野蛮到文明的进程，而且他们还确立了不同民族在这个进程中的不同位置，其中西方是进步的、创新的，是进步的终级目标。①

当启蒙思想家在进步历史观的指引下将18世纪的欧洲看作历史上最先进的时代的时候，他们也将自身的文化作为历史的标尺来衡量其他的时代和民族，在这个标尺的度量下，其他的民族和历史上的其他时代都处于迷信、黑暗和落后之中，都只是通往18世纪欧洲文化的一个阶段。这其实比较容易理解。因为相比其他地域和民族，是当时的欧洲人发现了人性的普遍法则，并且用这种发现开启了一场轰轰烈烈的启蒙运动，民智大开，欧洲的整个社会也正在按这些新发现来进行改造和安排，因此，启蒙主流思想家很容易认为当时的欧洲文化是人类历史上和世界上最先进的文化，并据此将别的时代和地域的文化判为愚昧的和落后的。特别是伴随着这一时期地理大发现和资本主义的扩张，很多原始的民族以及其他的族群的文化在这一过程中被发现，当时的欧洲人很容易以自身的文化为标准来理解和判断他者。

第二节 赫尔德对启蒙理性观与人性观的批判

以赛亚·伯林认为，"赫尔德的……三个观点对浪漫主义运动贡献巨大，……其一，我称之为表白主义（expressionism）的观点；其二是归属的

---

① 潘娜娜：《17世纪以前的欧洲认同观和欧洲中心思想简析》，《山东社会科学》，2008年第6期，第35页。

观点（notion of belonging），意即归属于某一个群体；其三，真正的理想之间经常互不相容，甚至不能够调和。在当时，这三个观点中每一个都具有革命性意义"①。在伯林看来，这三个观点之所以都具有革命性，在于赫尔德的这三个观点是与启蒙时代的主流观点相冲突的。上一节我们说到，基于普遍的理性人性观，启蒙主流思想家认为人性是亘古未变的法则，是先天的和人与生俱来的；同时由于人性是普遍的，在哪里都是一样的，所以启蒙主流思想家主张一种世界公民的观点，个人与国家完全是一种理性契约的关系（与此相伴随的是近代社会国家学说中契约论思想的兴起，比如霍布斯、卢梭等）；再者，同样是由于人性的普遍性与共同性，人类生活的理想也应该是普遍的、一样的。但是，赫尔德鼓吹的表现主义、归属观念和多元主义这三种观念是与启蒙的主流价值背道而驰的。赫尔德基于这些新的观念不但激烈地批判那些主流的思想，而且这些新观念还为后来浪漫主义、历史主义和文化民族主义的产生和发展奠定了思想基础。显然，赫尔德与启蒙主流观点的冲突的根本点是对人性理解的分歧，赫尔德批判最多的也是启蒙主流思想家的普遍人性观念。而且，赫尔德的人性新观念是建立在他对启蒙时代主流人性观的批判和反思基础之上的，不首先了解赫尔德对启蒙理性和人性观的批判，我们也很难全面深入地理解伯林归纳的这些观念。同时，赫尔德的人学思想不仅有着丰富的内涵，而且在他的整个思想中具有基础性地位，深入探讨他的人学思想，对全面理解其整个文化哲学思想有着重要意义。

在赫尔德生活的年代，德国思想界已经高度关注人性问题。赫尔德也深受这种氛围的影响，对人性问题有着强烈的兴趣。只是对赫尔德而言，他与当时主流的人性观点更多的是分歧和对其的批判。为了更好地理解赫尔德的立场和他对启蒙主流人性观的批判，我们先来看一下德国思想界当

---

① ［英］以赛亚·伯林：《浪漫主义的根源》，亨利·哈代编，吕梁等译，南京：译林出版社，2011年，第62页。

时对人性问题的关注。

在18世纪40年代,在德国思想界占统治地位的是莱布尼兹—沃尔夫体系。这一体系是沃尔夫将莱布尼兹思想中那种理性主义的倾向推至极端而形成的,但由于沃尔夫本人在哲学观点上并没有多少创见,更多的是把莱布尼兹的思想用数学演绎的方法系统化了,所以这一体系被后人称为"莱布尼兹—沃尔夫体系"。沃尔夫是学数学出身的,他早年在大学里面讲授的也是数学。很自然,他对数学知识的那种确定性有一种特别的偏爱,这对他的哲学研究也产生了重要影响。首先,对沃尔夫而言,哲学的主要目的是以数学为模本为人类的全部知识建立具有完全自明性的形而上学基础,因此哲学的首要工作就是寻找具有完全确定性的知识。其次,无论探讨什么问题,沃尔夫总是热衷于按数学的模式从定义、公理和推理的程序来进行。贝克教授不无讽刺地说:"他(指沃尔夫——引者注)阐释一些不需要阐释的东西。他证明(虽然这些证明经常是如此地无效以至于使一些较真的读者不满意)一些不需要证明或者容许不证明的东西。他定义一些不需要定义的东西。"① 通过这种方式,沃尔夫建立起复杂又庞大的理论体系,这个理论体系主要包括两类知识——理论知识和应用知识,其中前者主要是指本体论、宇宙论、神学和理性心理学这样的内容,而后者则主要包括经济学、伦理学和政治学这样的应用知识,当然在这两者之上是被他视为一切科学的导论的逻辑学(当然也包括数学,在沃尔夫看来数学也是一种逻辑学)。显然,沃尔夫用逻辑的矛盾律和演绎法来将一切知识系统化的做法,虽然增强了莱布尼兹思想的系统性,但是也把莱布尼兹思想中那些鲜活的成分(比如莱布尼兹对单子能动性的理解)给丧失掉了,使其成为一套烦琐的经院哲学,远离了人们的现实生活。不过由于莱布尼兹基本是用法语和拉丁语写作,沃尔夫用德语将莱布尼兹的思想进行系统化(他

---

① Lewis White Beck. *Early German Philosophy: Kant and His Predecessors*. Cambridge, MA: The Belknap Press of Harvard University Press, 1969, p. 259.

也是第一个使用德语来写作哲学的德国思想家），也事实上使他成为第一个将哲学在德国本土化的人，这也使莱布尼兹—沃尔夫哲学体系成为在康德哲学之前，在德国占据统治地位的哲学。

及至18世纪60年代，英法等国的启蒙运动进行得如火如荼，新鲜的思想不断地产生，轰轰烈烈地开启民智的思潮正在全面展开，特别是英国的休谟和弗格森等人关于"人性的科学"（a science of human nature）的理想以及法国的卢梭为普通人的自由而思考的精神，极大地触动了德国的思想家。在这种影响下，一批德国思想家（如哥廷根的菲德尔［Feder］和柏林的尼科莱［Friedrich Nicolai，1773—1811年］）开始对莱布尼兹—沃尔夫体系进行反叛，认为它只是专注于枯燥干瘪的逻辑证明和寻求脱离实际的绝对自明性和确定性，忽略和错失了哲学更紧迫和更根本的任务：通过教导公众来实现启蒙。在他们看来，沃尔夫虽然是启蒙造就的典范，他自身的理性精神高度发达，但是他的哲学更像是中世纪的经院哲学，晦涩难懂不说，还严重脱离公众的生活，对一般的公众几乎毫无意义，不能实现开启公众的理性精神、启蒙公众的目的。因而，这些思想家主张：哲学应该从那种晦涩抽象的思辨中转变过来，成为现实的（praktische）哲学；哲学应当关注普罗大众的需要，从他们的立场来思考哲学的意义，应当以普罗大众能理解和接受的方式来书写，应当肩负教导和启蒙普罗大众的责任；总之，哲学应当成为普众的（populär）哲学，否则哲学将是对普众毫无价值的空洞思辨。正是在这样的背景下，18世纪60年代的德国掀起了一场声势浩大的哲学革新运动，即哲学的普众化运动，当时的思想家发明了一个专门的词——Popularphilosophie（普众哲学）来表达这场运动的价值诉求。

显然，普众哲学革新运动的题中应有之义就是关注和研究人性（Humanität）问题。因为，如果哲学要为普罗大众服务，要教导和启蒙他们，就必须很好地去了解他们，只有如此，才能更好地为他们服务；或者说，对普罗大众的人性理解得越深入，对人的需要把握得越充分，就越能更好地为人类服务。这实质上就要求思想家要尽可能地去了解人性、研究人性，使哲学不仅是"关于人"的哲学，而且也是"为了人"的哲学。当时的德国思想家用"Anthropologie"（人类学）一词来专门称呼这种既"关于人"又"为了人"的哲学。当然，与今天学科建制中的人类学相比，当时德国思想家是在一个很宽泛的意义上来理解人类学的所指："关于人的教条，从神学的、身体的和道德感的方面来研究人的角色及其关系。"① 正是在这样一种对哲学的革新中，在对哲学要为普罗大众服务的呼唤中，理解和研究人性及如何更好地完善人性成为当时德国思想界的重要主题。康德可以看作在这场哲学普众化运动中进行转换的典型例子。他在 1764 年曾坦言，是卢梭教会了他尊重普通人，让他重新寻找到了哲学思考的方向，因为他早年是看不起一般的民众的，觉得他们无知和愚昧，但是卢梭纠正了他，让他认为，如果他的哲学不能为普罗大众所接受，不能为他们服务，就将是毫无价值和意义的——"我渴望知识，不断地要前进，有所发明才快乐。曾经有一个时期，我相信这就是使人生命有其尊严。我轻视无知的大众。卢梭纠正了我。我意想的优越消失了，我学会了尊重人，认为自己远不如寻常劳动者有用，除非我相信我的哲学能替一切人恢复其为人的共有的权利"②。

这场哲学革新运动不但影响了康德，也对赫尔德产生了重要的影响。早在 1765 年，年轻的赫尔德就写下了一篇名为"哲学如何才能更普遍和更有用地促进普罗大众的利益"的文章。正如标题所表明的，赫尔德这篇文章的中心主题就是如何使哲学从经院传统的注重逻辑推演、追求绝对确定性的自明知识转变为以普罗大众为中心、服务于他们利益的智慧。为此，他认为哲学应该是研究和促进人性的学问，传统的形而上学、逻辑

---

① Johann Christoph Adelung. *Grammatisch-kritisches Wörterbuch der hochdeutschen Mundart*. Vienna: Bauer, 1811, p. 392.
② 转引自李泽厚：《批判哲学的批判：康德述评》，北京：生活·读书·新知三联书店，2007 年，第 32 页。

学、伦理学都应该从人性的角度来理解,而不是将它们变成远离人、远离现实生活的法则,简言之,哲学应当成为一种彻彻底底的"人的哲学"(Philosophie der Menscheit)。在该文的结尾,赫尔德明确写道:"所有哲学都应该是属于普罗大众的,都应该以普罗大众为中心关注点,如果哲学的观点能够像哥白尼体系从托勒密体系中突破出来那样进展,如果所有的哲学都变成人类学,那么将会有多少新的哲学发展在这里出现。"① 换句话说,在赫尔德看来,哲学要实现一场类似于天文学中的哥白尼式革命,它要从旧式的托勒密体系(在哲学中旧式体系是传统学院哲学烦琐抽象的思辨体系)转向哥白尼体系,从以抽象概念为中心转向以普罗大众为中心,更好地为普罗大众服务。这种转变的实质就是立足于现实的人性来研究哲学,要将哲学变为真正的人类学,只有如此,哲学才是有生命力的,才能真正地获得新的发展。可以说,赫尔德青年时期的哲学应该是一种研究人性的人学的看法贯穿了他一生的哲学思考,不管是早年的牧师讲道、美学研究,还是后来的历史哲学、人道主义书信,甚至是对康德纯粹理性哲学的批判,他思考的核心主题都是人性是什么,如何才能更好地完善人性,实现人类的启蒙。也正是在这个意义上,我们认为赫尔德的人学思想在他的整个思想特别是在他的文化哲学思想中具有基础性意义。

尽管都是对人性的关注,但是赫尔德对人性的理解一开始就与启蒙主流思想家不同,认为他们理解的那种普遍的理性和人性,只是一种空洞的抽象,根本不能反映人性的现实和丰富。由此出发,赫尔德强烈地批判了启蒙的主流的理性观与人性观。

我们先来看赫尔德对启蒙理性观的批判。在赫尔德看来,启蒙思想家特别是当时的法国思想家将理性推崇为最高的权威,并用它来认识和批判一切,这实际上预设了理性是一种独立、自律、纯粹和与其他因素无涉的

---

① Johann Gottfried Herder. *Philosophical Writings*. Translated and edited by Michael N. Forster. Cambridge: Cambridge University Press, 2002, p. 29.

能力，因为只有理性自身是超越其他一切因素的，它才可能作为最高和最终的标准来批判和衡量其他事物。但事实上，赫尔德认为，启蒙思想家对理性能力的这些预设是没有根据、不符合实际和无法保障的，这种理性能力是只有上帝这种无限的理性存在者才可能具有的能力，而人作为有限的理性存在者，他的理性有其自身的特点。这种特点体现在以下方面。首先，正如我们在前面所说的，人作为有限的理性存在者，他的理性能力的发挥，必须以感性为前提。这意味着，理性作为人类的一种认识能力，它是与人类的感性、情感、意志和本能有机结合在一起的，它不能与它们相脱离或者完全区分开来，更不可能完全地独立出来。人类的任何认识活动都包含了感性、情感、意志和本能等人类知觉能力的整体，而不只是理性，相反，理性必须借助于感性等才能真正地发挥作用。对人类认识能力的这种统一性，赫尔德专门强调道：

> 人的力量所具有的这种倾向（Disposition），有人称为"知性"（Verstand）或"理性"（Vernunft），也有人称为"意识"（Besinnung），等等；只要不把它们理解为分隔开来的力量，不把它们仅仅看作动物力量的高级形式，这些名称在我看来都是一样的。人的所谓理性，就是一切人类力量的总和形式，就是人的感性本质和认知本质（erkennende Natur）、认知本质和意愿本质（wollende Natur）的结合形式，或更确切地说，是与某种机体组织相联系的唯一积极作用的思维力量。①

启蒙主流思想家将人的理性从人的其他非理性的因素中独立出来，是一种人为的虚构，根本不符合人类理性的真实状况，他们将人类的有限理性误解为了上帝的无限理性。

---

① ［德］赫尔德：《论语言的起源》，姚小平译，北京：商务印书馆，1998年，第21—22页。关于赫尔德对人类理性的深入理解，我们在后面论述赫尔德的"悟性"概念时还会更深入地展开。

其次，人类理性的运用是通过语言来实现的，或者说语言是人类理性能力的表达和体现。需要指出的是，赫尔德所谓的理性通过语言来表达和体现，并不是说事先有一个先天或现成的理性，然后通过语言来表达或体现，这种将语言只是理解为理性的外部载体或物质外壳的观点恰是赫尔德所反对的。在赫尔德看来，语言确实是理性的外在表达，但是更为重要的是，理性是在语言的使用过程中逐渐生成和发展起来的，人的理性能力就是人的语言能力。简言之，在人这里，理性就是语言。显而易见，这种看法破除了启蒙主流思想家认为理性是一种先天或现成的能力的观点，而认为理性是通过语言而历史性地生成的能力。另外，由于语言是嵌入具体的时空环境之中的，那么理性也因此是不能与其使用的具体时代、自然环境和历史条件相独立而存在的，相反，它深深地受到这些因素的决定性影响。① 正如赫尔德明确指出的，"没有语言的纯粹并单一的理性完全是一个乌托邦"②。由于受这些因素的影响，作为理性的表达和体现的语言就必然具有地域的丰富性与时代的差异性，而不可能像启蒙主流思想家所理解的那样，是普遍的和单一的。尤其是，启蒙主流思想家将理性只是视作对事物的一种数理化的解释能力，这更是完全误解了人类理性能力的语言本质，或者说是将人类理性能力的这种语言本质局限于一种数理的模式。

总之，赫尔德认为，理性的使用是与我们的感性、情感、意志和本能等结合在一起的，是通过我们的语言来形成和发展的，并因此受到人的生活环境的深刻影响，它不可能是先天、自律和单一普遍的，也不可能具有至高无上的权威地位。启蒙思想家将理性看作衡量万物的尺度，最终将之抽象成空洞的本质，抛弃了作为人类理性基础的感性、本能，更忽略了人类理性能力的语言本质，使纯粹抽象的理性实际上成为对人的感性和本能的压制。

---

① 关于语言如何受时代、自然环境和历史条件等因素的决定性影响，我们将在第四章展开论述。
② Johann Gottfried Herder. *Sämmtliche Werke*. 33 volumes. Edited by B. Suphan. Berlin: Weidmann, 1877–1913, Vol. XIII, p. 357.

立足于这种对启蒙主流理性观的批判，赫尔德批判了启蒙主流思想家的普遍人性观。与他们对理性的抽象理解一致，启蒙主流思想家也将人性理解为一些抽象的亘古不变的原则，事实上，理性也被包括在这些人性的普遍法则当中。在赫尔德看来，启蒙主流思想家这种对人性理解的方式，实际上是把理解自然对象的方式用来理解人自身（这里的人自身主要是指人类自身的历史，因为正如自然科学是通过对自然现象的研究来发现自然规律一样，人的科学也是通过对人的历史的研究来发现人性的规律），所以才会认为人像自然对象一样具有一些恒定不变的客观内在法则，如自然界的规律超越自然现象的因素一样，人性的普遍法则也超越具体的民族、文化、制度和自然环境。事实也如此，由于牛顿物理学的成功示范（这也是我们前面提到的牛顿物理学作为一种世界观的意义），启蒙思想家将自然科学中使用的数学和物理方法用来研究人自身（人类历史），希望像自然科学发现自然界的规律一样来发现人性的规律，如休谟就认为历史研究的目的是探寻人类历史和文化中的人性的"万有引力"。

赫尔德认为，启蒙主流思想家用自然科学的方法来研究人的历史是不合适的，通过这种方式形成的对人性的理解也是大成问题的。首先，在他看来，用研究自然对象的方式来理解人是不适合的。研究自然对象的方式是一种建基在数学和物理学之上的抽象的认知模式，这种模式对无目的和无生命的自然对象是适用的，也可以获得确定性的知识，但不能运用在有生命和其活动是有目的的人身上。因为人的生命本质不像自然物体那样是固定的和现成的，而是在具体的时空环境中形成和展开的，所以对人的理解就不能用数学和物理学这种外在的方式，而只有设身处地地深入其内在的目的和生命活动，才能领会和把握其中所含的意义。对生命的这种理解必须是具体的和解释学（hermeneutics）的，不能像理解自然对象那样用抽象的方式。① 赫尔

---

① 赫尔德关于生命本质的观点我们将在下一节展开论述，关于理解生命本质的解释学方法我们将在第五章进行论述。

德曾对此说道：

> 概括之无力，我的感受比任何人都深。如果你描述整个民族、年代或地区，你描述的是什么？如果你把不同的人民和时代汇在一起、一个接一个地串成一条无止尽的河，如大海之波涛，你讲的是什么？这描述的词用在谁身上？如果你接下来把所有这些总结为一个普遍的词，人们无论对它做何感想都可以，那么，这描述的手段是多么不完美！你是多么容易遭到误解啊！①

显然，在赫尔德对人的理解中，人的生命展开的那个生活世界（包括生活的时代、自然环境和历史文化等）是人的本质的体现，也是正确理解人的根本方面，而自然科学的方式恰恰是抽象掉了这些对理解人而言具有本质性意义的要素，所以它是不能把握和理解人的真实存在和本质的。

其次，将人性理解为若干抽象普遍的法则与人性实际的状况大不相符。人性体现在每一个人当中，但是每一个人的人性都具有他自身的独特性。"谁曾留意到，一个人的独特性是多么不可言说：把一个人的独特品性明白地讲出来，说清楚他如何感受、怎样生活，说清楚万事万物在一个人的眼中是如何不同、各具特色，因为这个人在用他的眼看、用他的灵魂度量、用他的心灵感受——这是多么不可能？"② 以这种具有独特性的个人所构成的民族，它一样具有自身不同于其他民族的特性。"谁曾留意到，任何一个民族的品性有多么深？无论我们怎样钻研它、敬慕它，却从不能找到一个词，可以捕捉它的全部神韵。即便找到一个词，它也绝少能让我们认出这民族的品

---

① ［德］赫尔德:《反纯粹理性——论宗教、语言和历史文选》，张晓梅译，北京：商务印书馆，2010年，第1页。
② ［德］赫尔德:《反纯粹理性——论宗教、语言和历史文选》，张晓梅译，北京：商务印书馆，2010年，第1页。

性,以至于人人都能理解,感同身受。"① 我们发现,在人类历史中,不管是东方还是西方,不管是古代还是现代,我们都没有看到那些脱离了具体的文化、制度和自然环境等的抽象普遍的人性,我们也不知道抽离具体的文化、制度和自然环境等内容,这些地方的人的人性还剩下什么。"民族的品性!必须由关于其禀赋与历史的事实来确定。"② 相反,在历史中我们理解到的都是因不同的地域、不同的历史、不同的文化而展现出的丰富的人性,人性就真真实实地体现在其中,不同的自然环境、历史和文化就会产生不同的人性,不同的历史和文化正是不同人性的表现。脱离具体的自然环境、历史和文化来理解人性是没有意义的,也不可能真正地理解人性。赫尔德明确地说道:"人性,即便在它最好的时候,也绝非什么独立的神:它必须学习一切东西、不停地被塑造,通过点滴努力求得进步。很自然,它发展出来的,主要是,或者说仅仅是那些有机会历练品德,得以成长的方面。"③

总之,赫尔德认为,人性绝不是启蒙主流思想家理解的那样是一些抽象的原则,毋宁说人性是在具体历史时空中的生成与再造。"实际上,人性绝非一个容器,盛着某种像哲学家们定义的那样绝对的、独立的、不变的幸福。毋宁说,它总是吸引那些它力所能及的幸福元素:它是一团软的黏土,不同的条件、需要和压力,就被塑造为不同的形状。"④ 显然,在这里,作为黏土本身的"质料"并非人的本质,作为黏土形状的"形式"才是人的本质,而"形式"正是不同时代、不同地域和不同民族所独具的不同文化,不同的文化正是不同人性的体现。抽象人性观拔除了人的文化根性,

---

① [德]赫尔德:《反纯粹理性——论宗教、语言和历史文选》,张晓梅译,北京:商务印书馆,2010年,第1—2页。
② [德]赫尔德:《反纯粹理性——论宗教、语言和历史文选》,张晓梅译,北京:商务印书馆,2010年,第3页。
③ [德]赫尔德:《反纯粹理性——论宗教、语言和历史文选》,张晓梅译,北京:商务印书馆,2010年,第4页。
④ [德]赫尔德:《反纯粹理性——论宗教、语言和历史文选》,张晓梅译,北京:商务印书馆,2010年,第8页。

无法理解人的本质,也终将使人成为无家可归的存在。①

根据这种对人性的新理解,赫尔德对当时的欧洲中心主义进行了批判。显然,如果人性是依据不同的自然环境和时空条件而变化的,如果人对自我和世界的理解取决于他生活其中的整个生活世界,那么作为人性体现的文化也必然是随自然环境等时空因素的不同而不同的,脱离一种文化赖以产生的具体的时空环境是不可能真正理解这种文化的,所以,我们不可能也不应该以某一种文化为标准来评判其他文化。

> 那么一个人怎么可能用一种眼光、一种感情、一个概念来研究和把握所有的民族、所有的时代和所有的国家呢?!这个概念将是多么没有生命力、多么不完全的怪物啊!在一个特定的大地上和天空下的生活方式、习俗,它所需的必需品以及它的特色,总之整个生动的生活场景要么被添加到这个概念中,要么先于这个概念被把握。②

换言之,每种文化的本质或者它的内在价值都是由它产生于其中的具体的时空环境决定的,而由于产生不同文化的时空环境是很不一样的,那么这必然意味着文化和价值是多元的,以当时的欧洲文化作为唯一价值来看待和衡量别的文化和价值就是不合法的:

---

① 赫尔德对启蒙主流人性观的批判主要是从人的文化根性和文化体现了人的本质的视角来展开的,这在后面的论述中还会进一步详细说明。事实上,除了赫尔德的批判,启蒙主流的这种人性理论还存在一个很大的矛盾。一方面,在启蒙主流思想家看来,人作为自然的一部分,是受自然的因果支配的;另一方面,他们对理性的高扬又宣称人的理性能够实现人的自主和自决,能够控制世界,创造一个新世界,一个完美怡人的乌托邦。很显然,在人受自然因果律的支配和依据理性自主自决之间存在着巨大的鸿沟和矛盾。当然,这种矛盾在本质上也是启蒙主流思想家对理性自身理解的矛盾的体现。这个鸿沟和矛盾成为康德批判哲学的主题,也成为后来反启蒙运动攻击的重要着力点。

② Johann Gottfried Herder. *Against Pure Reason: Writings on Religion, Language, and History.* Translated and edited by Marcia Bunge. Minneapolis: Fortress Press, 1992, p. 38.

我们时代普遍的、哲学化的、博爱天下的语调，论及德性与幸福，总是把"我们自己的理想"强加于每个遥远的异邦，历史上每个古老的时代。但这种唯一的理想，能否作为判断、批评或颂扬其他民族和时代之风俗的不二标准？善难道不是遍洒人间？既然善不是人性的一种形式、单独的一个地区所能穷尽，它以千万种形式遍布各个大陆、各个世纪，像永远的普罗透斯，不断变着样子。①

以欧洲文化为标准来看待其他文化，不但不能理解，而且还歪曲了它们，因为每一种文化的价值都只有从它的内部才能发现和理解，"像每个球体都有自己的重心一样，每个民族也有自己幸福的中心"②。另外，由于人性是丰富的，人的价值观和幸福观也是多元的，那么人类历史的进步也不能像启蒙主流思想家理解的那样，只是一种人类理解自身普遍人性的心理学的进步，而毋宁说是人性变得越来越丰富、人类的价值观和幸福观变得越来越多元的进步："人类必须历经生命的各个历程！每段历程显然都在进步！它们都在共同努力、持续向前！每段历程之间都看得到停滞、革命、变化！尽管如此，每段历程都在其自身之内有它自己幸福的中心。"③

显然，赫尔德主张的文化多元主义或价值多元主义，很容易被误解为文化或价值相对主义，因为如果每一个时代、每一个民族的文化都有其内在的价值，都不能用外在的标准来进行衡量和评判，那么这意味着不同的文化和价值之间是不可通约的，任何一种文化和价值都不存在高于或低于别的文化和价值的问题，因此，人类的文化和价值也不存在进步可言，因

---

① ［德］赫尔德：《反纯粹理性——论宗教、语言和历史文选》，张晓梅译，北京：商务印书馆，2010年，第9—10页。
② Johann Gottfried Herder. *Werke in zehn Bänden*. 10 volumes. Edited by Günter Arnold et al. Frankfurt am Main: Deutscher Klassiker Verlag, 1985–, Vol. 4, p. 39.
③ ［德］赫尔德：《反纯粹理性——论宗教、语言和历史文选》，张晓梅译，北京：商务印书馆，2010年，第11页。

为进步预设了高与低、好与坏。赫尔德的思想中确实存在着这种价值相对主义的可能性，而且也有学者这样来理解和批判他。但是，值得指出的是，我们必须看到，在赫尔德这种表面的价值相对主义后面，有一个更普遍的善的价值来做保障，这种善就是赫尔德所谓的上帝的"天意"：

> 整个人类可以有一个更伟大的天意，每个单独的造物不能遍览无余，恰因为没有哪样东西的最终目的会是某个单独的造物，更不用说是 18 世纪的某位哲学家或君王。所有的场景必须汇合为一，每位演员都只扮演其中的一个角色，是其全部努力和幸福之所系。每个单独的、自我中心的演员都不知道，也看不到合一的整体，但视角正确的观者，平静而耐心地看着整场戏的进行，自是一目了然。①

简言之，在赫尔德这里，上帝的"天意"在人这里就是"人道"（Humantät），人类不同的文化和价值正是人道的具体体现，也是上帝的"天意"在世间的实现。因此，人类的不同文化在人道的意义上都是相通的（或者说在上帝眼中都是一样的），人类的进步也表现在越来越丰富地体现人道。②

第三节 赫尔德的表现主义人性观

从赫尔德对启蒙理性和人性的批判可以看到，对人性根本不同的理解成为他与启蒙主流思想家的真正分歧。启蒙主流思想家主张用自然科学的模式抽象地理解人性的整齐划一，赫尔德则强调通过历史和文化来阐释人性的丰富和多样，也正是在这个意义上，赫尔德可以被认为真正地创立了

---

① ［德］赫尔德：《反纯粹理性——论宗教、语言和历史文选》，张晓梅译，北京：商务印书馆，2010 年，第 13 页。
② 关于赫尔德的"人道"思想我们在后面还要详细讨论。

现代意义上的人类学和历史哲学。就人类学而言，这是非常明显的。赫尔德立足于人的本性来解释文化，也通过文化来理解人性的丰富性与具体性，特别是基于这种理解主张文化的多元性与相对性，这些都已经是通往现代人类学的观念了。而就历史哲学来说，不管是在现代分析的历史哲学意义上，还是思辨的历史哲学意义上，赫尔德都是有开创之功的。前者是他强调对异质的文化要采用一种移情和同情理解的方式①，而不是如启蒙主流思想家所主张的用一种统一普遍的方式。这种不带偏见和狭隘的观点来理解他者的态度，正如罗伯特·T. 克拉克所指出的，是赫尔德带给现代世界的。② 后者则是他以一种整体的眼光来看待人类历史，把不同的文化都视作上帝的"天意"在世间的人道的体现。这就使他的历史哲学具有一种本体论的维度，这正好是在维科那里有所不足的。③ 显然，这些思想在根本上都是立足于赫尔德的人性新观念的，它们也只有通过这种人性新观念才能获得理解。

赫尔德这种人性的新观念被伯林和泰勒解读和概括为"表现主义"（expressivism）④ 的人性观。根据伯林和泰勒的说法，赫尔德这种"表现主义"的人性观不仅批判和纠正了启蒙主流思想家对人性理解的偏颇，而且

---

① 赫尔德这种强调以移情和同情的方式来理解其他文化的观点，我们在后面论述赫尔德文化哲学的解释学方法时还要详细分析。
② Robert T. Clark. *Herder: His Life and Thought*. Berkeley: University of California Press, 1969, p. 188.
③ 克罗齐（Benedetto Croce）就指出："关于维科与赫尔德谁是历史哲学的创立者的争论中，必须坦诚地支持赫尔德，因为他的著作展示了普遍历史的进程，而这恰恰是《新科学》所缺少的。"（参见 Benedetto Croce. *The Philosophy of Giambattista Vico*. Translated by R. G. Collingwood. New York: The Macmillan Company, 1913, p. 145）所谓普遍历史的进程，指一种本体论的理解人类历史的视野。另外，关于赫尔德分析的历史哲学和思辨的历史哲学的详细论述，可以参见陈艳波：《走向人道——赫尔德历史哲学研究》，武汉大学博士论文，2010 年。
④ 伯林和泰勒主要不是在 20 世纪初文学艺术领域"表现主义运动"的意义上来使用"表现主义"一词，他们的用法要宽广和一般得多，而且主要指的是赫尔德所开创的这种人性理解的新观念，即把人的活动和人的生活看作各种表现，把人的生命看作一种表现。正是为了与文学艺术中的"表现主义"（expressionism）不同，突出他们自己的特殊用法，伯林曾建议泰勒将"expressionism"改为"expressivism"一词，以示区别。参见［加］查尔斯·泰勒：《黑格尔》，张国清、朱进东译，南京：译林出版社，2012 年，第 18 页。

更重要的是对后来德国浪漫主义运动、德国观念论以及现代人对自我的理解，都产生了非常深刻的影响。在伯林看来，启蒙运动为绝对的真理知识、普遍理性以及秩序而战，18世纪下半叶开始的浪漫主义运动则与独特性的意识、丰沛的情感以及个体的差异性联系起来。如果说对启蒙主义者来说认识是追求客观普遍的真理的话，那么"对于浪漫主义者而言"，认识本身的意义在于生命的活动与表达，"活着就是要有所为，而有所为就是表达自己的天性"。① 赫尔德正是通过他的"表现主义"人性新观念与启蒙运动实现决裂，成为浪漫主义的真正父辈，为浪漫主义运动奠定思想的基础的。受伯林的影响，泰勒也建议用"表现主义"一词来概括赫尔德的这种人性新观念，并且他认为，赫尔德的"表现主义"人性学说对理解黑格尔的哲学以及现代自我认同的形成具有重要的意义。在其名著《黑格尔》一书中，泰勒详细阐述了赫尔德的"表现主义"人性观，并据此对黑格尔的哲学进行了新的解读。赫尔德"是主张有责任去发展出另一种人类学的主要代表，是关注表现范畴的主要代表。……这些范畴对理解黑格尔或黑格尔时代来说是至关重要的"②。在其另一本名著《自我的根源》中，泰勒将赫尔德开创的"表现主义"人性观视为现代自我认同的一个重要转向。③ 可见，不管是伯林还是泰勒，他们都极其看重赫尔德的"表现主义"人性新观念。下面我们首先来梳理一下伯林和泰勒对赫尔德"表现主义"人性观的解读。

尽管赫尔德本人并未直接使用过"表现主义"一词，但伯林认为赫尔德对人性的理解有很强的原创性，并用"表现主义"一词标识这种独特的人性新观念。在伯林看来，赫尔德开创的"表现主义"是这样一种人性学说：

---

① [英]以赛亚·伯林：《浪漫主义的根源》，亨利·哈代编，吕梁等译，南京：译林出版社，2011年，第107页。
② [加]查尔斯·泰勒：《黑格尔》，张国清、朱进东译，南京：译林出版社，2012年，第17—18页。
③ [加]查尔斯·泰勒：《自我的根源——现代认同的形成》，韩震等译，南京：译林出版社，2012年，第528—562页。

主张一般的人类活动（尤其是艺术）表现了个体或群体的完整个性，人们能够做到什么程度，也就能够对它们理解到什么程度。更为特别的是，表现主义宣称：人类的所有作品（尤其是人类诉说的话语），无论美丑或趣味与否，都不是与它们的创造者分离的客体，它们都是人们之间活生生的交流过程的一部分，它们不是独立存在的实体，外在观察者不能像科学家（或任何不接受泛神论或神秘主义的人）看待自然客体那样，用冷漠而不带感情的视角来看待它们。如果这种观点更进一步，那么人类自我表现的每种形式在某种意义上都是艺术的，自我表现是人类自身本质的一部分；它们反过来决定了这样一些区别，诸如内在的和外在的，奉献的人生和荒废的人生；并从而带来了阻碍自我实现的各种人和非人的障碍的观念，而自我实现正是自我表现最丰富和最和谐的形式，所有的人都在为这个目标而生活，不管他们对此是否有意识。①

根据引文，我们可以从以下几个方面来理解伯林关于"表现主义"的内涵界定。首先，人是一种需要"表现"的存在，不管是个体还是群体（当然群体是由个体组成的，我们强调群体，是强调组成一个群体的个体共同表现出来的某种特性，这种特性恰是赫尔德很看重的文化的内涵），其完整的个性都只有在"表现"中才能展现和获得，或者说"表现"是人性的实现和生成。伯林在另一处曾说道，"第一个观点，表白主义，是这样的：赫尔德认为人的基本行为之一是表白，是有话要说。因此，一个人无论做什么事情，都是在充分地表白自己的本性"②。很显然，在伯林看来，赫尔德肯

---

① ［英］以赛亚·伯林：《启蒙的三个批评者》，马寅卯、郑想译，南京：译林出版社，2014年，第187—188页。
② ［英］以赛亚·伯林：《浪漫主义的根源》，亨利·哈代编，吕梁等译，南京：译林出版社，2011年，第62页。

定了"表现"是人的本质特征,只有通过"表现"人才能成为他自己。其次,"表现"意味着人的内在本性必须通过外在作品来体现或实现。如此人"表现"的结果或形成的作品就不是与人的本性相分离的外在实体,相反,它们是人的内在本性的真实确证,换句话说,它们是以作品的形式存在的人的内在本性。由于人的本性与作品的这种本质关联,那么理解一个作品就是理解其制作者的人性,这种理解就不能是"像科学家看待自然客体那样",用不带感情的冷漠态度来客观观察,而必须是设身处地地深入作品制作者的整个生活世界和意义世界中去全面具体地理解和领会,只有这样才能真正地理解一个作品及其所体现的人性。这种理解也决定了它的性质必然是解释学的,因为它不是按照某种客观的标准去解释(erklären/explain),而是通过移情来实现对他者人性的同情之理解(verstehen/understand)。① 再次,"表现"同时意味着人性中没有一个先验或先在设定的本质或目的等待着人去实现,人的本质或意义是在"表现"的过程中逐步确立和形成的。② 换言之,人性不是永恒的法则,而是历史性地生成的。在这个意义上,人的"表现"活动是创造性的。"人类自我表现的每种形式在某种意义上都是艺术的",这里"艺术的"含义就是"诗化的"(poetisch/poetic),亦即创造性的,人的本质或意义是他自己的一个作品。

伯林对赫尔德"表现主义"人性论的阐释在泰勒那里得到了进一步的明确和深化。与伯林一样,泰勒也主要是通过"表现"范畴来分析赫尔德的人性观念。他说,赫尔德"是关注表现范畴的主要代表。我很想更密切地考查

---

① 这里区分了"解释"与"理解",前者主要运用在自然科学领域,强调对自然事物和规律的客观说明,后者主要是运用在人文科学领域,侧重对人的价值、文化和历史等的同情之了解。
② 很明显,这种通过"表现"来理解人性的观念已经很接近后来存在主义者的口号"存在先于本质"了。事实上,伯林确实认为,赫尔德的这种"表现主义"人学观念通过后来的浪漫主义运动,直接影响了存在主义者的思想。"这些存在主义者是人道的浪漫主义的正宗传人,人道的浪漫主义宣称人是独立的、自由的,也就是说,人的本质不在于其意识的自觉,亦非发明工具,而是做出选择的能力。"([英]以赛亚·伯林:《扭曲的人性之材》,岳秀坤译,南京:译林出版社,2009年,第203页)这一点我们从泰勒的解读中可以更清晰地看到。

根据这些范畴建立起来的一种关于人的理论。……其核心观念是：人的活动和人的生活被看做各种表现"①。在明确赫尔德的人性理论是"表现主义"的基础上，泰勒深入考察了在"表现主义"人性理论中"表现"的内涵及其革命性意义。在泰勒看来，赫尔德人性理论中的"表现"主要不是指某种对外在永恒理念或秩序的体现，比如像中世纪神学家那样把世界理解为上帝意志或神圣法则的表现或证明，而主要是把人自身，把人的生命看作一种需要被表达和实现的主体，是从人自身出发来理解的一种"表现"，被表达或表现的是人或人的主体状态，这对近代启蒙人性观念来说是一种革命性的见解。人自身成了"表现"的主体，成了某种需要"表现"出来才能被理解和认识的对象，意味着"表现"实质上是人的自我表现，是对人的人生意图和生命意义的实现，这对主张普遍人性观的启蒙思想家来说，确实是革命性的。"就由赫德尔（即赫尔德——引者注）及其追随者发展起来的这种人类学而言，……把生命看做一种表现，也就是把它看做一个意图的实现，就这个意图不是终极盲目的而言，一个人可以谈论某个理念的这种实现。"②从人生意图和生命意义的实现来理解"表现"，有两点需要进一步说明。

首先，"表现"作为人生意图和生命意义的实现具有历史性。由于人生意图和生命意义都是在人生的展开过程中逐渐确立起来和随时调整的，并不是与生俱来或先天给定的，会因自然环境、时代境遇、历史文化的不同而不同，这既是个体人生所遭遇的历史性，也使作为人生意图实现的"表现"具有历史性。"人所实现的理念不是完全事先决定的；它只有在被完成过程中才得到了完全的确定。"③可见，"表现"的过程不只是对人生意图的实现，更是对人生意图的澄清。如果"表现"只是人生意图的实现，那么在逻辑上还有可能说这种人生意图本身是先在的或预先给予的，但是如果说"人所

---

① ［加］查尔斯·泰勒：《黑格尔》，张国清、朱进东译，南京：译林出版社，2012年，第17—18页。
② ［加］查尔斯·泰勒：《黑格尔》，张国清、朱进东译，南京：译林出版社，2012年，第19页。
③ ［加］查尔斯·泰勒：《黑格尔》，张国清、朱进东译，南京：译林出版社，2012年，第22页。

实现的理念……只有在被完成过程中才得到了完全的确定",那么就意味着人生意图本身是在"表现"的过程中生成的。对此,泰勒更明确的说法是:"人通过表现他的所是并因此澄清他的所是以及在这种表现中承认自身而逐渐了解了自身。"① 之所以是在"表现中承认自身而逐渐了解了自身",就在于"自身"(人生意图)是在"表现"的过程中形成的,并不是先在的。在这种说法的基础上,泰勒以一种更抽象的方式表达了"表现"所具有的这种历史性:"一个形式的实现澄清了或决定了那个形式将是什么东西。"② 个体生命的形式是什么,取决于这个生命以什么样的方式来实现自身。

很显然,泰勒的这种说法里面有很强的亚里士多德"四因说"和"潜能与现实"思想的影子,因为泰勒这里的"表现"概念我们也可以从亚里士多德的从潜能到现实的关系来理解:生命形式的实现就是生命的形式从潜能到现实的完成。但是,更值得注意的是泰勒对"表现"的这种界定与亚里士多德不一样的方面。这在于,在亚里士多德那里,"形式"作为"质料"运动的"动力"和"原因",它自身有一个"自然目的"在其中,"质料"运动的目的就是成为那个包含了"自然目的"的"形式",质言之,"形式"先天地已经包含"目的"在其中,"形式"的内容是预先设定的。相反,在泰勒的界定中,"形式"的内容并不是预先给定的,"形式"并不包含先天的目的,而是在自身实现或澄清的过程中逐渐确立起来。泰勒与亚里士多德对"形式"理解的这种区别,成为理解泰勒"表现"概念内含历史性维度的关键,也是在泰勒看来赫尔德"表现主义"人学观超越亚里士多德的地方。泰勒曾对此说道:"但是这也被理解为一个自我的实现;就这一方面而言,这种观念是现代的,它超越了亚里士多德,显示了与莱布尼茨的关系。"③ 之所以"显示了与莱布尼茨的关系",在于莱布尼兹的单子

---

① [加]查尔斯·泰勒:《黑格尔》,张国清、朱进东译,南京:译林出版社,2012年,第23页。
② [加]查尔斯·泰勒:《黑格尔》,张国清、朱进东译,南京:译林出版社,2012年,第21页。
③ [加]查尔斯·泰勒:《黑格尔》,张国清、朱进东译,南京:译林出版社,2012年,第19页。

论更强调"反映"（表现）的个体性与能动性。①

其次，"表现"作为人生意图和生命意义的实现具有个体性。在前面一点的基础上可以发现，如果每个人的生命本质都是历史地生成的，那么这也就意味着每个人都是独特的，由个体所组成的每个民族也是独特的，他们都有着只有从其生活的内部才能够得到理解和说明的人生价值和个体价值。人们要去尊重个人和民族的这种独特性，也有义务去实现个人和民族的这种独特性。

> 赫德尔（即赫尔德——引者注）的如下理念：我的人性是独一无二的，而不是均等于你的人性的；这种独一无二性只有通过我的生命自身才能得到揭示。……差异规定了我们每个人都要求给予去实现的这种独一无二的形式。这些差异包含着道德含义；因此，人们第一次提出了这样的问题：某种给定的生命形式是否是某些个体或某个民族的本真表现。②

这里的"道德含义"包括两个方面：一是要尊重每个他者和每个民族基于自身本性而发展出来的那种独特性，用自身的标准或一个普遍的标准去衡量或评判他者和其他民族的独特性是不道德的；二是要求每个人和每个民族都要依据自身的独特本性来本真地表现自身，在这里本真地表现就是依据自身本性表现，压抑自身的本性或非本真地表现自身的本性都是不道德的。

根据以上伯林和泰勒的界定和阐发，我们可以把赫尔德"表现主义"人性新观念的内涵简单总结如下：1.生命就是表现，人的本质表现在生命施

---

① 不过，需要指出的是，在莱布尼兹的单子论中，个体单子依据自身来"反映"整个世界，看似具有能动性和个体性，具有个体自决的自由与自我生成的特点；但是如果站在神的立场来看，这种个体自决的自由和自我生成是一种假象，事实上一切都已经被上帝安排好了，一切都是按照上帝的意图在实现，只是个体不知道而已。

② ［加］查尔斯·泰勒：《黑格尔》，张国清、朱进东译，南京：译林出版社，2012年，第22页。

及的作品（这里的作品是广义的，即一切打下了人的生命印记和体现了人的生命本质的事物，类似于马克思所讲的人的生命本质力量对象化的产物）中，并在其中历史性地生成；2. 作为人的生命本质表现的外部作品不是脱离人和外在于人的存在，它们就是以确定的形式（作品的形式）存在着的人的本质；3. 对人的本质的理解必须通过其表现出来的作品来实现，脱离作品来理解人性或脱离人性来理解作品都是不可能的；4. 对人的本质的理解只能基于同情之了解的解释学方法。

我们认为，赫尔德的"表现主义"人性观是以他的本体论和认识论思想为基础的，或者说是与它们紧密结合在一起的。下面我们就结合赫尔德的本体论和认识论思想，来对赫尔德的"表现主义"人性新观念进行更深入的阐释。

在第二章，我们论述到，赫尔德的本体论是结合斯宾诺莎和莱布尼兹思想，将自然科学的"力"概念提升为一种具有本体意义的"活力"。在赫尔德这里，作为本体的"活力"首先具有一种莱布尼兹单子论的意义。"活力"是一种能动的本体，它的能动性体现在它能够不断地产生现象（在莱布尼兹那里是单子能够能动地反映作为现象的世界）。现象对于"活力"而言，并不是一种外在的存在，它自身是"活力"的表达或表现。脱离现象的"活力"是不可认识也无法理解的，"活力"是现象的"活力"，现象也是"活力"的现象，它们虽然有本质的区别（一个是本体，一个是现象），但只有在相互的关系中，才能获得对其真正的理解。其次，赫尔德的"活力"也具有斯宾诺莎泛神论的意义。这在于，在"活力"这个本体之上，物质和精神都是作为它的样式而存在的。换言之，外部事物是作为物质形态存在的"活力"，内在精神是作为心灵形态存在的"活力"，它们共同的基础都是"活力"。在这个意义上，精神与物质不是相互不能沟通的两类存在，即它们没有本质的区别，它们只是表现"活力"形态的差异，恰如在斯宾诺莎那里精神和物质都只是实体（神）的不同属性，没有本质的区别一样。不过，需要指出的是，通过在斯宾诺莎的思想中加入莱布尼兹单子论的因素，赫尔德的"活力"本体论表现出不同于斯宾诺莎式的泛神论的特征。这在于，在赫尔德这里，作为本体的"活力"是一种能动的存在，整个作为其表现的现象世界都是在它的不断的作用下逐渐地生成的（不是预先给定的或现成不变的），这就使得现象世界体现出历史性的特征；同时，由于作为本体的"活力"自身是不可知的，只有通过它表现出来的现象来认识它，这就意味着现象不仅是生成的，还是无限生成的；另外，作为"活力"表现的现象世界包括了精神和物质，那么显然，精神和物质也是逐渐生成并具有历史性的特征的。现象的生成性、历史性与无限性是赫尔德与斯宾诺莎泛神论思想的主要区别。尽管也主张本体就体现在现象中（神即自然），精神和物质是表现实体的两种不同属性，但是斯宾诺莎却认为实体是不生不灭与永恒不变的，不具有能动性，精神和物质也具有固定的表现实体的序列，缺少生成性与历史性。这恰恰是赫尔德通过将莱布尼兹的单子引入斯宾诺莎的实体而实现的改变。

我们可以通过他们对笛卡尔的"身心关系"问题的不同解决来更好地理解这一点。在斯宾诺莎的理解中，之所以会出现笛卡尔式的"身心关系"问题，就在于错误地理解了身体（物质）与心灵（精神）的本质，错误地将它们划归为两类不同的实体，具有不同的本质，所以存在如何沟通它们二者的问题。基于这种理解，斯宾诺莎的解决办法就是将精神和心灵都看作唯一实体的属性，这样它们就不是两种本质不同的东西，而是同一个东西的不同呈现形式。这样"身心关系"问题就因身体和心灵都立足于一个共同的本体而有相互协调一致的可能。但是，在斯宾诺莎那里，唯一并且是静止不动、永恒不变的实体（本体），如何可以产生多种多样的现象，以及如何基于不生不灭的本体来说明现象界的生灭变化以及成长发展的显而易见的事实等始终是一个问题。换言之，本体的静止性与现象的能动性如何自洽圆融地解释？特别是现象界很多事物都体现出发展变化的特点，这些特点如何在本体里获得理解？这不能不说是斯宾诺莎泛神论面临的一个困难。赫尔德对这个问题的解决，就是将能动性赋予本体，或者说是将本体理解为一种能动性的存在，将斯宾诺莎的实体转换为"活力"。这种转换体现在"身心关系"问题上，就是身体（物质）和心灵（精神）都是表现"活力"的不同形态，它们的区别只是表现"活力"的方式和程度的不同（这里已经不再是斯宾诺莎的两种不同的属性的区别）：前者是以物质性的形态表现"活力"，表现的程度比较低；后者是以精神性的形态表现"活力"，表现的程度比较高。表现程度的差异也不是质的不同，而是清晰程度的区别，较低清晰程度的物质性表现形态可以在较高清晰程度的精神性表现形态中理解自身，或者说物质性的表现形态可以在精神性的表现形态中更好地理解自己。如果我们暂时不考虑不可知的"活力"本体，仅仅从现象的角度来考虑，那么赫尔德这样一种对"身"和"心"以及它们关系的理解，就可以这样来看：身体是以物质性形态存在的心灵，心灵是以精神性形态存在的身体。心灵需要通过身体来实现自身物质性的外化（形象），因为没有物质性的身体作为自身的形象，心灵自身是空虚的、无所依傍的；身体需要通过心灵来理解自身精神性的本质，因为没有精神性的心灵，物质性的身体永远无法理解自身的本质。因此，身体与心灵之间是一个连续的有机的统一体。

显而易见，赫尔德的这种"活力"本体论已经在根本上为他的"表现主义"人性观奠定基础了。如前所述，赫尔德"表现主义"人性观的实质是将人的生命理解为表现，将生命表现的外在作品理解为生命的内在本质。如果从他的"活力"本体论来看，"表现主义"人性观的内涵就更容易理解了（或者说可以看出它们的内在一致性）。首先，把人的本质理解为一种"活力"，这就在根本上界定了人是一种能动和表现的存在物，因为根据赫尔德的理解，作为人的本质的"活力"是一种不断地推动着人展现自己、征服客体的内在生命力量，它必须也必然要把自己实现和表达出来，否则就是生命的完结。换言之，人的生命之所以是表现，是因为人本身或人性就是一种"活力"，它是能动的，它必须将自身表现为现象，才可以被认识。一种不把自己表现为现象的"活力"在逻辑上是自相矛盾的（因为"活力"作为能动的本体就是相对于现象而言的），生命作为一种"活力"就是表现，或者说，从"活力"的立场来理解生命，生命必然是表现的：

> 自我和事物的存在都通过**力**来展示它自己，否则它将是**虚无**。通过它自己的力（任何地方它都拥有这种力）它**在那里**并且**持存**。**生存（在那里/此在）**意味着在一个地方，并且索取它。**本质**意味着居有一个地方，并在那里持存。**真理**则是保存自己和使自己持续。……**时间**的概念是用来指示在一个地方的持存性和被力造成的位置变化的概念。①

其次，在赫尔德的理解中，"活力"本身是无法被认识的，我们能认识的只能是"活力"表现出来的结果或现象。换言之，我们能认识的只是作为人的本质的"活力"打下印记和"据为己有"的那些他者和客体。我们是通过这些他者和客体来认识人的"活力"、认识人的本质的，生命"活力"作用下的这些他者和客体成为人的本质的表现。需要进一步指出的是，正如我们上一段已经说明的，生命"活力"将自身表现为现象有两种形态——精神性的形态和物质性的形态，其中精神性的形态被理解为生命的内在本质，物质性的形态被理解为外在作品。由于身体与心灵之间是一个连续的有机统一体，外在作品实际上是内在本质的物质性表达，内在本质实质上也是外在作品的精神性本质，所以外在作品不是与内在本质相独立相外在的东西，它本身就是内在本质的体现和表达，因为我们完全可以通过外在

---

① Johann Gottfried Herder. *Metacritique: The Linguistic Assault on German Idealism*. Edited and translated by Jere Paul Surber. New York: Humanity Books, 2001, p. 94.

作品来理解生命的内在本质，也只能通过外在作品来理解内在本质。再次，赫尔德将"活力"理解为人的本质，这就否定了人具有一种实体性的先天本质。因为作为人的生命本质的"活力"只是人的能动性本身，它自身没有实际的内容，它的内容是在表达自身的过程中逐渐形成的，所以，可以说人被先天给予的是形成本质的需要或形式，它的内容都是后天历史地建构和形成的。

关于最后这一点，即人不具有一种先天的本质，人的本质都是历史性地建构起来的这一点，我们从赫尔德的认识论中也得到说明。前面我们在分析赫尔德认识论的时候谈到他的认识论是一种感觉观念论的认识论。这种认识论强调感觉的方面，就是认为对任何事物的认识都首先需要从感性的给予性出发。赫尔德对人的本质的理解首先也是追溯到人的被直接给予的感性事实。这个事实就是每个人必须生活在一定的环境之中，或者可以说，生活环境①是每个人首先被给予的感性事实。生活环境对人而言的意义是双重的。首先，人只有通过生活环境提供的食物、衣服和住所等才能维持身体存活；其次，人只有通过与生活环境打交道，在生活环境中打下自己的印记才能形成和认识自我。以此感性的事实为基础，赫尔德认为，人在本质上是一种"活力"，一种与生俱来的生命的力量，它直接表现为一种自我保存和自我表现的渴望。这种渴望产生了对客体或他者（生活环境）的需要，推动着人不断地去征服、吸纳和同一化他者或客体，将他者或客体"据为己有"，成为自己本质的一部分或本质的体现。从赫尔德这种对人的理解中，我们很容易发现，人与生活环境打交道，实质上是在生命"活力"的推动下不断地在生活环境中打下自己的印记，形成和认识自己的本质。生活环境对人的自我的形成是本质性的，没有生活环境作为认识的材料，作为生命"活力"作用的材料，自我的形成是不可能的。这显然已经

---

① "生活环境"在这里是在非常宽泛的意义上来使用的，它包括了自然环境、社会制度、历史文明等人生活中遭遇的一切环境，当然在赫尔德看来，其中首先起作用的是自然环境。

是在认为人的生命本质是历史性地建构起来的。

赫尔德认识论的观念论特征强调我们的认识并不能像镜子那样如实地反映外部事物，相反，人作为主体的因素强烈地影响着我们对外部事物的认识，而且这种影响还具有群体甚至个体的差异性，或者说人对外部世界认识所形成的观念是具有个体的差异性的。正如我们前面已经说到的，这明显是与康德的想法不同的，康德虽然也同意人的主体因素参与到人对外部世界的表象与认知当中，并因此认为人并不能认识物自体意义上的外部世界，但是康德认为，人参与对外部世界表象和认知的主体因素是具有普遍性的，因而他们眼中可以形成一个统一普遍的现象世界。赫尔德这种对人类认识的个体和群体差异性的强调，很容易带来一个后果，就是消解掉人类认识的客观性，而陷入相对性的泥淖，甚至消解掉外部世界的实在性本身。因为每一个个体对关于外部世界的观念都受到其自身主体因素的强烈甚至是决定性的影响，那么由于每个个体的主体因素千差万别（因为个体主体因素由身体、自然环境和文化制度等因素决定），他们的观念也必然是不一样的，而且，由于我们只能通过自身的观念来认识世界，这些观念又彼此不同，那么我们在什么意义上或者基于什么理由认为我们的观念是对外部世界的认识就成为一个问题，或者说强调个体认识的差异性会危及外部世界的实在性。我们知道，赫尔德对这个问题的处理是引入斯宾诺莎主义（主要是泛神论）来作为他感觉观念论的本体基础。这里基本想法是这样的：外部存在物是客观地实现的神的思想。它们首先以给予的方式进入人的认识，并作为感觉材料被人的感性认识能力所接收，然后人的理智认识能力再对感性认识能力提供的这些感觉材料进行综合提炼，最终形成观念，这观念就是我们对外部事物的认识。由于外部事物的基础是神的思想，那么我们对外部事物的观念也是对神的思想的认识，即对世界本质的认识。我们可以看到，赫尔德引入斯宾诺莎来解决认识的相对性问题的思路，实质上只是解决了认识的实在性问题，亦即人类的认识（不管彼此间差异多么巨大）都是对神（自然，也是"活力"）的认识，这些认识并不是主观可以随便臆造的想象（不是休谟意义上的主观联想），它们都是基于神的认识，神在这个意义上给予了人类认识以实在性。但是，个体之间和群体之间认识的差异性被保留了，在赫尔德看来，这种差异性是必需的，也只有在这种差异性中神的无限性和丰富性才能够全面地体现出来。当然，赫尔德对认识差异性的强调，其代价就是人类认识普遍性的丧失，这恰恰是康德所看重的问题。所以，就认识论而言，康德和赫尔德之争，可以看作他们分别发现了人类认识的两个不同的方面和维度。

不过，赫尔德对人的认识的个体差异性的强调，却通向了对人的本质的历史性建构的理解。因为，赫尔德之所以强调人的认识的个体差异性，正在于人的认识的主体因素并不是一套如康德所认为的那种先验结构，相反，这种主体因素作为一个结构它必须在对感性认识能力提供的感觉材料的加工过程中才能形成，或者说，它只有在与感性材料打交道的过程中才能生成和认识自己。赫尔德强调道："对我们这种混合的被造物来说，认识和感觉是交织在一起的；我们只有通过感觉才能拥有认识，我们的感觉也总是伴随着某种认识。"① "我们只有通过感觉才能拥有认识"，不仅说明我们只有通过感觉才能形成对外部世界的观念，同时更说明我们的主体因素（在这里主要是理智能力，也就是个体的本质）只有在感觉中才能生成。如果结合赫尔德斯宾诺莎式的本体论来看，精神在物质中认识上帝的本质，实质上也是精神在物质中生成和认识自己的本质。正如马里恩·海因茨与海因里希·克莱尔蒙特在谈到赫尔德认识论的本体论基础时说到的，"首先，对相较感性（sensuality）已经处于较高层次的心灵的力量来说，它在感觉（sensuous）中认识自己；其次，心灵通过在感觉中识别自己的形象，

---

① Johann Gottfried Herder. *Philosophical Writings*. Translated and edited by Michael N. Forster. Cambridge: Cambridge University Press, 2002, p. 178.

认识到感觉也像它自身一样是神的一种形象"①。心灵（精神）在感觉中认识自己，心灵只有通过感觉来认识自己，由于感觉是因时因地因个体而不同的，那么个体和群体的心灵也必然是历史性（这里主要是因时空的区别而来的差异性）地生成的。

需要指出的是，正如伯林和泰勒等学者已经指出的，赫尔德"表现主义"人学观更集中地体现在他的语言哲学思考中。这一点我们在第四章讨论他的语言哲学思想时再展开论述，在这里只是简要论述如下。赫尔德的语言哲学主要表达于他对人类语言的起源的思考，聚焦到两个核心的问题：人"为什么要"和"为什么能"发明语言？对后一问题的回答，赫尔德认为，主要在于人与生俱来一种"悟性"（Besonnenheit/reflection）②，它能够对外部世界刺激我们的感官所形成的各种各样的知觉印象的海洋进行综合提炼，抽绎出那个最能够代表该事物的特征，并用符号来标识它。比如，一只山羊，它刺激我们的感官形成的知觉印象是非常多的，白色的、毛茸茸的、有角、会跑、能咩咩叫等形成一片知觉印象的海洋，但是人能够对这片知觉印象的海洋进行综合提炼，从中抽绎出"咩咩叫"这一特征来代

---

① Hans Adler and Wulf Koepke (ed.). *A Companion to the Works of Johann Gottfried Herder.* Rochester, New York: Camden House, 2009, p. 51.

② 关于"Besonnenheit"，国外早期主要翻译为"reflection"（罗伯特·T.克拉克，1969年），主要的理由是赫尔德自己经常将"Besonnenheit"与"Reflexion"混用。但这一翻译的一个主要缺陷是容易让人误解赫尔德在这里强调的是一种理性的反思能力，而这恰恰是赫尔德所反对的。在赫尔德看来，"Besonnenheit"是人的整个生命力量所体现出的一种表达和认知倾向。因此，近年来英语世界的研究者主张将该概念翻译为"cognitive disposition of human beings"或"disposition to create language"（尤尔根·特拉贝特［Jürgen Trabant］，2009年），又或者直接使用"Besonnenheit"（索尼娅·锡卡，2007年）。汉语学界主要是姚小平先生在翻译《论语言的起源》时，将"Besonnenheit"翻译为中文的"悟性"，强调了"Besonnenheit"所具有的感知力、思考力和洞察力的方面。但事实上，在赫尔德这里"Besonnenheit"没有中文充满佛教意味的"悟性"的含义，不过，为了引用的方便，我们这里沿用了姚先生的译名。当然，我们建议翻译为"反思能力"，或许更切中赫尔德的原意，因为在赫尔德那里"Besonnenheit"首先意味着那种挑选特征并形成符号的能力，这是需要在接受了外部世界的刺激形成感觉之海后反过来思考才能做到的。不过这种译法也有其弊端：很容易与赫尔德本人所反对的那种唯理主义哲学的理性概念联系起来。

表山羊，来标识山羊，这种能力在赫尔德看来就是人所独具的"悟性"。

这里很容易将"悟性"概念误解为近代认识论哲学的"理性"概念，是人区别于动物的高级认识能力。对此，赫尔德特别指出，"悟性"（或者赫尔德理解的人的理性）并不是像近代认识论哲学家认为的那样，是一种高阶的且与感性、欲望和本能等截然区别开来的认识能力，相反，它是与人的情感、意志和欲望本能等有机地结合在一起的，是人的整个生命力量所形成的一种认知倾向：

> 人的力量所具有的这种倾向（Disposition），有人称为"知性"（Verstand）或"理性"（Vernunft），也有人称为"意识"（Besinnung），等等；只要不把它们理解为分隔开来的力量，不把它们仅仅看作动物力量的高级形式，这些名称在我看来都是一样的。人的所谓理性，就是一切人类力量的总和形式，就是人的感性本质和认知本质（erkennende Natur）、认知本质和意愿本质（wollende Natur）的结合形式，或更确切地说，是与某种机体组织相联系的唯一积极作用的思维力量。①

在这里，赫尔德突出强调了"悟性"的认知倾向性和有机综合性，这对理解赫尔德语言哲学的核心思想是很重要的。首先，"悟性"是一种认知倾向，表明人类语言的产生仅凭"悟性"是不够的，因为它只是一种"倾向"，它需要将这种"倾向"及于某个对象才能最终形成语言。换言之，"悟性"只是产生语言的主观条件，语言的产生还需要外部世界的在场。尤尔根·特拉贝特明确地指出过这一点："从语言产生的过程可以清楚地看到，内部语言并非出于主体自身，它的产生需要外部世界。因此，语言并

---

① ［德］赫尔德：《论语言的起源》，姚小平译，北京：商务印书馆，1998年，第21—22页。

非人类与生俱来的。只有创造语言的倾向——悟性——才是天生的，人类创造语言只能通过它和世界的相遇。"①

其次，"悟性"作为一种认知倾向，它需要不断地去把这种倾向实现出来，不断地推动着人去与外部世界打交道，在外部世界中打下自己生命的印记，把自己的认知倾向实现出来，用语言表达出来："具有感觉的人用他自己的方式来感觉万物，感觉他身外的万物，他在万物身上留下他的形象，留下他的痕迹。"②"他必须表达那些他在自身之中看到和感受到的一切，这样，心灵内部的印象，作为可说出的符号——语言就形成了。"③

再次，语言作为"心灵内部的印象"，它是"悟性"综合提炼知觉印象之流而形成的关于外部世界的"感觉"（Empfindung/sensation）。值得指出的是，赫尔德语言哲学所强调的"感觉"并不是如近代经验主义哲学家所讲的感觉材料或知觉印象（sense data），可以镜面式地客观反映世界，而是融入了人主观的情感和价值的内容，是饱含了自己的人生经验，体现着自己生命喜怒哀乐的"生活世界"。索尼娅·锡卡也指出了这一点："当赫尔德强调思想的经验根源时，他经常使用的一个词就是'Empfindung'（感觉），它的意思就是'sensation'（感觉），但这个词不能把它同感情、气质、情绪等分开来理解。"④这一点也可以从赫尔德强调"悟性"是人的感性本质、认知本质和意愿本质结合的有机统一体来理解。因为"感觉"是"悟性"综合提炼外部世界刺激我们的感官所形成的知觉印象的结果，同时"悟性"又是与认识、情感、本能和欲望等有机结合在一起的，毫无疑

---

① Hans Adler and Wulf Koepke (ed.). *A Companion to the Works of Johann Gottfried Herder.* Rochester, New York: Camden House, 2009, p. 125.
② Johann Gottfried Herder. *Philosophical Writings.* Translated and edited by Michael N. Forster. Cambridge: Cambridge University Press, 2002, p. 188.
③ Johann Gottfried Herder. *Werke in zehn Bänden.* 10 volumes. Edited by Günter Arnold et al. Frankfurt am Main: Deutscher Klassiker Verlag, 1985-, Vol. 8, p. 420.
④ Klaus Brinkmann (ed.). *German Idealism: Critical Concepts in Philosophy.* London and New York: Routledge, 2007, Vol. IV, p. 172.

问，它在综合提炼知觉印象时，在抽绎事物的独有特征时，一定是受到感情、气质、兴趣、情境和本能等的影响的，或者可以说，这些因素也一定掺入"悟性"对对事物的知觉印象的综合提炼和特征抽绎。甚至可以认为，世界中哪些事物被人所注意到，事物身上哪些特征被人认为是独有的特征，这在很大程度上就是由人的处境、利益、情感和本能等因素决定的。因此，语言（"感觉"）所表达的就不是关于外部世界的客观图像，而是关于外部世界的主观"形象"，所表达的是人眼中的世界，赫尔德明确说道，"动物看见它们感官的印象，而人则看见**他们自己（创造）的形象**"①。

正如索尼娅·锡卡所指出的，赫尔德这种对语言的理解，表明人在根本上是"诗化"的："语言因此就反映了一个能感觉、有感情和具有意愿的特别的存在者所遭遇的世界，而这同时也表明这个特别的存在者的最根本的特性是'诗化'的。"②在这里，"诗化"意味着创造，意味着构建。为什么说在赫尔德的理解中的人"最根本的特性是'诗化'的"呢？因为人用语言来表达他的独特而丰富的生命感受，表达他所遭遇的或喜或悲的世界，这些表达都带着强烈的主观意味，是人所创造的一个主客交融的形象，是人生存其中的意义王国，人对世界的认识体现在其中，人对自我的理解也体现在其中。也正是在这个意义上，赫尔德认为，"语言是人的本质所在，人之成其为人，就因为他有语言"③。这也回答了前面提到的人为什么要发明语言的问题，简言之，人发明语言首先是为了表达和实现自我的需要，是为了确证自身的本质。

很显然，赫尔德以"悟性"为基础来解释语言的思想，典型地体现了他的"表现主义"人学观。语言不只是人对外部世界的创造和认识，而

---

① Johann Gottfried Herder. *Werke in zehn Bänden*. 10 volumes. Edited by Günter Arnold et al. Frankfurt am Main: Deutscher Klassiker Verlag, 1985-, Vol. 1, p. 10.
② Klaus Brinkmann (ed.). *German Idealism: Critical Concepts in Philosophy*. London and New York: Routledge, 2007, Vol. IV, p. 172.
③ ［德］赫尔德：《论语言的起源》，姚小平译，北京：商务印书馆，1998年，第21页。

且同时也是人对自我的创造和表达。因为"悟性"其实就是人身上的"活力",它与"活力"一样,自身是空洞的和黑暗的,无法被直接理解和认识,只有在与外部世界打交道的过程中才能够被充实和照亮,因此,语言作为"悟性"与外部世界打交道的结果道说和照亮了人与世界的交汇之所,是人存在的"林中空地"(die Lichtung,海德格尔语)。在此意义上,人通过语言创造和认识世界的过程就具有了双重意义:一方面,语言构造了外部世界的形象,形成了对外部世界的知识;另一方面,人的"悟性"(生命"活力")在外部世界中留下痕迹,将外部世界"据为己有",创造和确证了自己的本质。人的本质在表达中得到创造和实现,这正是赫尔德"表现主义"人学的核心观念,也是他的语言哲学的中心思想。

　　总结本章,我们可以看到,西方近代哲学对认识论问题的集中关注和讨论,使得当时的哲学家普遍有一种把人抽象地理解为具有认识能力的"质点"①的倾向。这种理解倾向造成了对人生存其中的自然环境、历史文化背景和社会制度等方面的忽视,人在这种理解下成为超时空的、非历史的和去文化的空洞抽象存在。赫尔德认为这种对人性的抽象理解是虚构的,无法真正地说明现实人性的丰富性与具体性。因此,赫尔德力图探究人性的真实状况,他发现,人并不是一个先天给定的"质点",相反,他的本质是在实际生存的过程中和与外部世界的互动中创造和形成的,并因此受到他的生活世界的决定性影响和具有语言和历史文化的根性。这成为他理解人,开创"表现主义"人学新观念的根本洞见。

　　这种洞见深刻地影响了黑格尔和马克思的思想,也成为后来主张从生活世界和历史文化来理解人的文化哲学传统的先导。同时,赫尔德这种对人的理解也可以看作要回到被近代哲学家抽象掉的那个人性"质点"的基础或土壤,这也成为现代哲学家反思或批判近代哲学家对人的理解的普遍

---

① "质点"是物理学概念,是指有质量但不存在体积或形状的点,是一个理想化模型。在这里我们的意思是西方近代哲学家为了讨论人的认识能力,把人抽象为一个只具有认识能力的主体。

做法。不管是马克思的"感性实践",还是尼采的"权力意志",抑或海德格尔的"此在",都是在试图打破近代哲学家对人的先天"质点"式理解,寻回被近代哲学家所抛弃或忽视的人真实的存在状况。有所不同的在于,赫尔德的"表现主义"人学新观念建立在他的"活力"本体论之上,而"活力"本体论正如当时康德所批评的,是一种独断的形而上学预设,是"从人们还了解较少的东西出发来解释人们所不了解的东西"[①],存在着需要进一步说明和辩护的问题。马克思、尼采和海德格尔等现代哲学家经过德国古典哲学或现象学的洗礼,其理论已在很大程度上避免了传统形而上学的独断预设问题。不过,无论如何,他们对人的本质、人的存在有着相同的思考方向和相似洞见。

[①] [德]康德:《康德著作全集》第八卷,李秋零主编,北京:中国人民大学出版社,2010年,第59页。

第四章　赫尔德文化哲学思想的语言哲学基础

在第三章，我们说到赫尔德"表现主义"的人学新观念集中体现在他对语言的理解上，因为在他看来，语言不是表达思想的一种外在工具，而就是人性自身的表现，在这个意义上，人的本质就是语言。赫尔德这种对语言的看法，也与他对文化的理解本质相关，因为文化的核心就是凝结在语言（作为人的本质体现的语言）中的世界观（der Weltanschauung）①，在这种理解中，文化也就成为一个群体或民族（das Volk）的人性本质的表达和根本价值观的体现。可见，赫尔德对语言的哲学沉思与他的文化哲学思想是紧密相关的。赫尔德这种对人性、语言和文化的洞见，虽然相左于启蒙思想的主流，却与我们这个强调文化多元的时代相契合，这恰如阿尼克·沃尔多和奈杰尔·德索萨指出的：

  赫尔德在很大意义上（very much）是我们这个时代的思想家。与以孤立的方式进入人类存在的各个方面不同，他通过追溯人类与自然、文化和历史世界的联系，使整个人类成为焦点。通过这种整体的（integrated）方式，赫尔德的人类学发展了对与我们作为自然生物的存

---

① 在这里，我们是在一个宽泛的意义上来使用"世界观"，它包括了我们对世界、人生、社会、历史等的根本观点和价值。

在相关的人类领域的整体理解，这些自然生物的关键特征在于这样一个事实，我们拥有语言和思想，并且理解和表达我们行为中的意义。通过说明人类存在的这些处境化的维度，在前所未有的全球挑战之后，当国家和文化的利益——或冲突——以或旧或新的形式出现之时，赫尔德人类学与当今兴起的很多要求（demands）和需要（needs）相呼应。①

赫尔德呼应于我们这个时代的，本质上是他开创的不同于启蒙主流的人类学（anthropology），这种人类学的核心是将语言作为人类与自然、历史、文化以及自身相联系的中介和产物。这种语言观在启蒙时代是革命性的，并且对今天对语言哲学的讨论都有很强的启发和借鉴意义。福斯特就指出，今天英语世界的语言哲学传统中的两个重要命题——1. 思想在本质上依赖于语言，其界限也被语言所限定（thought is essentially dependent on and bounded by language）；2.（语言的）意义在于语言的用法（meaning consists in the use of words）——都可以在赫尔德那里找到源头，并且他是这些观点的真正奠基者。②"一个很好的例子是，赫尔德不仅是现代语言哲学的奠基人，也是现代解释学（hermeneutics）和翻译学的奠基人，他在这些问题上的思考我们今天仍然可以从中获益。"③ 关于赫尔德语言

---

① Anik Waldow and Nigel DeSouza (ed.). *Herder: Philosophy and Anthropology*. Oxford: Oxford University Press, 2017, p. 1.
② 学界一度认为，在语言哲学的问题上，哈曼更具原创性，赫尔德的许多思想也是来自哈曼。不过，福斯特通过他的研究，修正了这一看法。就思想的原创性及与当代语言哲学的契合而言，赫尔德是超过哈曼的，而且在语言哲学的很多观点上，相反哈曼受到了赫尔德诸多影响，尽管哈曼的年龄比赫尔德要大。"语言哲学的革命通常归功于哈曼，解释学与翻译学的革命则归功于施莱尔马赫。与此相反，我坚决主张，这些革命是密切地彼此相连的，它们主要归功于一个人，这个人既不是哈曼也不是施莱尔马赫，而是赫尔德。而且，我认为，主要归功于赫尔德不只是因为他首先开创了相关的思想（尽管事实上哈曼年纪更大），而且在于他对这些思想的说法在哲学上优于哈曼和施莱尔马赫的。" Michael N. Forster. *After Herder: Philosophy of Language in the German Tradition*. Oxford: Oxford University Press, 2010, p. 3.
③ Michael N. Forster. *After Herder: Philosophy of Language in the German Tradition*. Oxford: Oxford University, 2010, p. 55.

哲学思想对当代语言哲学及文化讨论的意义将在后续的章节中展开，本章我们集中来讨论赫尔德的语言哲学。在进入赫尔德语言哲学之前，我们先来概略地了解一下西方近代主流的语言观。

第一节　西方近代主流的语言观

我们知道，在西方从中世纪开始，就存在着实在论与唯名论的争论，争论主要围绕个别事物与共相的关系展开。实在论继承柏拉图以来的传统，认为真正存在的东西只有共相，个别事物只有依存于（在柏拉图那里是"分有"）共相才能获得自身的存在，它自身是不具有实在性的，至少是不像共相那么实在。与此相反，唯名论者则更多地受到亚里士多德的影响，相信只有个别事物才是真实存在的东西，共相是从个别事物中抽象出来的，本身不具有实在性。① 这种争论反映到对语言的看法上，就是实在论者认为语言反映的是共相，而共相是具有实在性的精神实体；唯名论者却认为语言所反映的共相只是对个别事物的抽象，本质上它只是个别事物的"名称"或人们用以指称个别事物的一种"声音"。②

---

① 在某种意义上，中世纪实在论与唯名论的争论本身就是柏拉图与亚里士多德哲学思想差异的延续和继承。比如，5世纪末6世纪初的拉丁教父波爱修（Boethius，480—525年）就写道，"柏拉图却认为'种'、'属'等观念不仅被理解为共相，而且是离开形体也存在着和自存着；至于亚里士多德，则认为它们虽然当作无形的和普遍的东西来理解，但是它们却潜存于可感知的事物之中"（北京大学哲学系外国哲学史教研室编译：《西方哲学原著选读》上卷，北京：商务印书馆，1981年，第233页）。波爱修指出的柏拉图和亚里士多德对范畴理解的这种区别，很明显就是后来唯名论与实在论争论和分歧的根本点。

② 需要说明的是，在中世纪关于个别事物与共相关系的争论，大致有三种代表性的观点：第一种是极端的实在论，即断言共相是精神实体，只有共相才具有实在性，代表人物是安瑟尔谟和阿奎那；第二种是极端的唯名论，主张只有个别的感性事物才是真实的存在，共相后于个别事物，否认共相具有客观实在性，代表人物是罗吉尔·培根和威廉·奥卡姆；第三种观点是一种相对温和的观点，虽然也否认共相的客观实在性和主张唯有个别事物才具有客观实在性，但同时又认为共相表现了个别事物的相似性和共同性，它存在于人们的思想并在这个意义上具有实在性，这种观点也叫作概念论，代表人物有阿伯拉尔。我们在这里所指的主要是极端的唯名论和极端的实在论。

中世纪实在论与唯名论的争论，在近代主要演变为认识论问题上的唯理论与经验论之争。① 就对语言的观点而言，近代西方唯理论与经验论之争主要表现在对我们主观"观念"（idea）的来源、内容和性质等方面的分歧。"观念"自柏拉图的"理念论"（idealism）以来，就成为西方哲学探讨的一个主要对象。及至近代，"观念"更是成为哲学家们关注的核心焦点，《波尔-罗亚尔逻辑》（Port-Royal Logic）在其第一章的开头就写道："有些词是如此清楚以至于不能用其他词来解释，因为没有一个词比它更清楚或更简单。'观念'就是这样一个词。为了避免该词使用上的错误，所能做的只是指出这样的概念所易受的不正确的理解。"② 17、18 世纪的哲学主要围绕"观念"展开了认识论的争论。③

唯理论者主要继承了柏拉图和中世纪实在论的传统，认为我们拥有与生俱来的天赋观念，而且它们是我们整个知识的基础。唯理论的开创者笛卡尔就把观念看作哲学思考的一个基本概念："我用'观念'这个词是因为它是标准的哲学术语，用以指称神圣心灵的知觉形式，尽管我们认识到上帝不具有任何物质性的（corporeal）想象力。此外，在我的使用中没有任何一个词比它更合适。"④ 不过笛卡尔对"观念"的用法与柏拉图到中世纪的实在论者的用法有很大不同。实在论者主要将"观念"理解为上帝的观念，是上帝知

---

① 当然，这种说法只是一种大致的说法，唯理论者并不完全赞同实在论者的观点，经验论者与唯名论者也有着诸多的区别。我们这里只是强调唯理论者对实在的主张与实在论者相近，经验论者则与唯名论者趋同。

② 转引自 Roger Ariew, Dennis Des Chene, Douglas M. Jesseph, Tad M. Schmaltz, and Theo Verbeek. *Historical Dictionary of Descartes and Cartesian Philosophy*. Lanham, MD: Rowman & Littlefield, 2015, p. 181。

③ 西方近代哲学可以看作各种版本的观念论，它们围绕认识论问题而展开对观念的争论，如贝克莱、休谟是主观观念论，康德是先验观念论，黑格尔是绝对观念论。针对这些观念论，也有各种版本的反对者，如机械论、物质论等。

④ 根据英文译出，参见 Roger Ariew, Dennis Des Chene, Douglas M. Jesseph, Tad M. Schmaltz, and Theo Verbeek. *Historical Dictionary of Descartes and Cartesian Philosophy*. Lanham, MD: Rowman & Littlefield, 2015, p. 181。原文参见 C. Adam and P. Tannery (ed.). *Oeuvres de Descartes*. 11 volumes. Begun in the 1890s and given a second, expanded edition in the 1970s, Vol. VII, p. 181。

觉事物的形式。在这种理解中,观念是某种实在性的存在(观念的实在性来自上帝对它的思想),是事物的形式或类,具体的事物只有通过对观念的模仿或分有才具有自身的实在性;而且,观念不只是具体事物本质的来源,也是它们运动的根据,观念在这个意义上具有使具体事物运动的能力。而在笛卡尔这里,他尽管也认为观念是思想的产物,但是他并不将对观念的思想仅局限于上帝的思想,而是将其扩展到人的思想,所以在笛卡尔那里,观念就是"当我们以任何方式想到某种事物的时候出现在我们心灵中的一切"①,换言之,观念就是我们思想的心理单位(psychological units)。在这种理解的基础上,笛卡尔还进一步将"观念"划分为三种类型:"在这些观念里边,有些我认为是与我俱生的,有些是外来的,来自外界的,有些是由我自己做成的和捏造的。"② 由我捏造的观念就是我虚构出来的观念,它们是世界上不存在的东西,也没有任何可信的依据;来自外界的就是通过感觉经验获得的,笛卡尔虽然并不认为它们是完全虚假的(相较虚构的观念),事实上它们不少是有现实依据的,但是不完全可靠,因为它们也经常欺骗我们,不能判断它们的真假;只有那些与我俱生的,才是最清楚明白的。显然,在这三种观念里面,笛卡尔最看重的是"与我俱生"的观念,因为只有它们才是最清楚明白的,只有它们才能作为我们整个知识的基础。③ 除了将实在论者的

---

① 根据英文译出,参见 Roger Ariew, Dennis Des Chene, Douglas M. Jesseph, Tad M. Schmaltz, and Theo Verbeek. *Historical Dictionary of Descartes and Cartesian Philosophy*. Lanham, MD: Rowman & Littlefield, 2015, p. 181. 原文参见 C. Adam and P. Tannery (ed.). *Oeuvres de Descartes*. 11 volumes. Begun in the 1890s and given a second, expanded edition in the 1970s, Vol. III, p. 393。
② [法]笛卡尔:《第一哲学沉思集》,庞景仁译,北京:商务印书馆,1986年,第37页。
③ 为什么只有清楚明白的观念才能作为知识的基础?因为所谓的"清楚明白"就是在我们的理性看来具有必然性的事物,不可怀疑的事物。而在笛卡尔的理解中,人类知识的基础必须建立在"清楚明白"的观念之上才是可靠的,也就是必须建立在理性不可怀疑的事物之上。这就意味着只有那些"与我俱生"的观念(即不依赖于后天经验的观念,如逻辑、数学中的观念)才是最清楚明白的观念,才是最可靠的知识的基础。对此,笛卡尔在谈到他的怀疑方法和知识标准的时候曾说道:"只要我在那些东西里找到哪管是一点点可疑的东西就足以使我把它们全部都抛弃掉"([法]笛卡尔:《第一哲学沉思集》,庞景仁译,北京:商务印书馆,1986年,第15页),"凡是我们清楚明白地设想到的都是真的"(北京大学哲学系外国哲学史教研室编译:《十六—十八世纪西欧各国哲学》,北京:商务印书馆,1975年,第151页)。

"观念"的来源和范围进行了改换和扩展（来源从上帝的思想改换为人的意识，范围从具有实在性的精神实体扩展至人的心灵中出现的一切观念），笛卡尔还在一定程度上取消了观念的实在性，认为观念只是事物的图像，是一种表征事物的精神活动。①

基于这样一种对观念的理解，笛卡尔形成了如下对语言的看法。首先，语言与它所表达的事物（或观念）并无相似之处，它只是我们的观念和外部世界建立联系的符号，它的全部意义及作用只在于它所指称的事物（或观念）。换言之，语言是表达观念的工具，观念的内涵是独立于语言的。那么，与事物（或观念）毫无相似之处的语言，为什么能够表达事物，具有大家都认可的意义呢？笛卡尔认为，这是一个群体约定俗成的结果："语言除了约定俗成的意义外，什么也不表示。如果语言足以使我们想到那些它们与之毫不相似的事物，那么为什么大自然不也建立某个符号，即使这个符号本身不包含任何与光的感觉相似的东西，也能使我们拥有光的感觉呢？"②

其次，人的语言是对自身观念或思想的有意识的表征，它区别于动物的激情和本能式的叫喊，在这个意义上，笛卡尔甚至认为动物不具有语言。笛卡尔曾问道："动物通过某种语言表达它们的感情和激情以及运用符号表示它们的愤怒、它们的恐惧、它们的痛苦、它们对所做之罪恶的后悔吗？"③ 他的回答是非常明确的："不要把语言和自然运动混淆了，后者表达

---

① Roger Ariew, Dennis Des Chene, Douglas M. Jesseph, Tad M. Schmaltz, and Theo Verbeek. *Historical Dictionary of Descartes and Cartesian Philosophy*. Lanham, MD: Rowman & Littlefield, 2015, p. 204.
② 根据英文译出，参见 Roger Ariew, Dennis Des Chene, Douglas M. Jesseph, Tad M. Schmaltz, and Theo Verbeek. *Historical Dictionary of Descartes and Cartesian Philosophy*. Lanham, MD: Rowman & Littlefield, 2015, p. 181。原文参见 C. Adam and P. Tannery (ed.). *Oeuvres de Descartes*. 11 volumes. Begun in the 1890s and given a second, expanded edition in the 1970s, Vol. XI, p. 4。
③ 根据英文译出，参见 Roger Ariew, Dennis Des Chene, Douglas M. Jesseph, Tad M. Schmaltz, and Theo Verbeek. *Historical Dictionary of Descartes and Cartesian Philosophy*. Lanham, MD: Rowman & Littlefield, 2015, p. 204。原文参见 C. Adam and P. Tannery (ed.). *Oeuvres de Descartes*. 11 volumes. Begun in the 1890s and given a second, expanded edition in the 1970s, Vol. I, p. 514。

的是可以被机器模仿的激情；我们也不应该像一些古人那样认为野兽在说话，尽管我们不懂它们的话语。"① 显然，在笛卡尔看来，语言是约定俗成的一套表意的符号系统，动物的叫喊或发声只是一种本能的体现，并不是在用一套通用于一个群体的符号来有意识地表达某种含义，所以动物的声音只能被看作一种"自然运动"，而不是可以一般地表意的语言。

再次，由于语言和事物（或观念）并无相似之处，语言只是约定俗成的符号系统，那么就可以发明一种普遍语言。笛卡尔之所以想要发明一种普遍语言，可能是由于两个方面的原因。一是他认为语言的不清晰和凌乱是很多错误和晦涩的根源，学术中的很多争论和误解其实是语言混乱的问题。除了造成误解，语言还容易遮蔽我们对事物的正确理解，造成和掩盖无知，笛卡尔对此分析道："当我们将概念储存到我们的记忆中，我们经常同时储存了相应的语词，……而人们的思想更多地关心语词胜过对应的事物；……人们就经常给予那些他们并不真正理解的事物以同意，认为他们真正理解了这些事物，或者是从其他正确地理解了这些事物的人那里获得对它们的理解。"② 二是笛卡尔受数学特别是代数的影响（笛卡尔自己是数学家），认为可以像数学那样建立一套规范、精确的普遍语言，来消除误解，准确地表达人类的思想。那么如何来建立这种普遍语言呢？笛卡尔认为，任何一种语言都包含两个方面，一个是语词的意义（语义），另一个是语词相互联系的规则（语法），那么通过约定或规定语词的普遍意义和规则就可以建构一种普遍的语言。这种普遍的语言类似于代数的系统，一方面

---

① 根据英文译出，参见 Roger Ariew, Dennis Des Chene, Douglas M. Jesseph, Tad M. Schmaltz, and Theo Verbeek. *Historical Dictionary of Descartes and Cartesian Philosophy*. Lanham, MD: Rowman & Littlefield, 2015, p. 204。原文参见 C. Adam and P. Tannery (ed.). *Oeuvres de Descartes*. 11 volumes. Begun in the 1890s and given a second, expanded edition in the 1970s, Vol. VI, p. 58。

② 根据英文译出，参见 Roger Ariew, Dennis Des Chene, Douglas M. Jesseph, Tad M. Schmaltz, and Theo Verbeek. *Historical Dictionary of Descartes and Cartesian Philosophy*. Lanham, MD: Rowman & Littlefield, 2015, p. 204。原文参见 C. Adam and P. Tannery (ed.). *Oeuvres de Descartes*. 11 volumes. Begun in the 1890s and given a second, expanded edition in the 1970s, Vol. VIII-1, pp. 37-38。

有大家都认可的数字或符号（语词的意义），另一方面有数字进行运算的规则（语法规则）。正如代数系统可以精确地刻画事物的数量关系一样，这种普遍语言也可以表达我们所可能产生的所有观念。显然，这种普遍语言，不仅要以人类思想的真正的全部法则为基础，还要能够完全列举和精确刻画人类思想中（包括可能想象的）那些最简单的单元（观念）。这样的工作即使不是原则上不可能的，也是在实践中非常困难的。另外，笛卡尔还意识到这种普遍语言在实践中的另外一个困难，这就是这种普遍语言只能通过既有的自然语言来学习，那么不可避免的就是在普遍语言的发音方面有着实际上难以克服的困难。或许正是由于这些困难的存在，这种普遍语言的设想在笛卡尔那里只是一个乌托邦式的计划。尽管笛卡尔普遍语言的设想没有实现，但是他这种想法却对之后的唯理论者影响巨大，例如，莱布尼兹就试图以数学和逻辑为基础建立一门符号化和形式化的通用语言。①

以上我们以笛卡尔为代表简要分析了唯理论者对语言的看法，下面我们来分析经验论者的语言观。我们也是先来看一下经验论者对"观念"的理解。经验论者洛克在他的《人类理解论》中集中讨论了"观念"。他认为，"观念""这个名词，我想最足以代表一个人在思想时理解中所有的任何物象；因此，我就用它来表示幻想（phantasm）、意念（notion）、影象（species）、或心所能想到的任何东西"②。换言之，观念就是出现在我们意识中的任何对象。这个意义上的观念，也是我们思维的全部对象："观念是思维底对象——人人既然都意识到，自己是在思想的，而且他在思想时，他底心是运用在心中那些观念上的，因此，我们分明知道，人在心中一定有一些观念，如'白、硬、甜、思、动、人、象、军、醉'等等名词所表示的。"③但是，与笛卡尔主张我们的观念有三种来源不同，洛克认为，我们的观念只

---

① 实际上，这种建立普遍语言的理想一直持续到19、20世纪，罗素等分析哲学家就一直试图建立一门科学的语言来消除传统形而上学的谬误和混乱。
② ［英］洛克：《人类理解论》，关文运译，北京：商务印书馆，1959年，第5页。
③ ［英］洛克：《人类理解论》，关文运译，北京：商务印书馆，1959年，第68页。

有一种来源，那就是感觉经验：

> 我们可以假定人心如白纸似的，没有一切标记，没有一切观念，那么它如何会又有了那些观念呢？人底匆促而无限的想象既然能在人心上刻画出几乎无限的花样来，则人心究竟如何能得到那么多的材料呢？他在理性和知识方面所有的一切材料，都是从那里来的呢？他在理性和知识方面所有的一切材料，都是从那里来的呢？我可以一句话答复说，它们都是从"经验"来的，我们底一切知识都是建立在经验上的，而且最后是导源于经验的。①

强调我们的一切知识（观念）都导源于经验，这正是经验主义者的基本立场，也是他们被称作经验主义者的根本原因。一切观念都来自经验，就意味着我们不具有不依赖于后天经验的先天观念，从而否定了唯理论者的天赋观念主张。② 在主张一切观念都导源于感觉经验的基础上，洛克进一步区分了感觉经验的两种类型，或者说是区分了观念的两个经验来源：感觉和反省。其中，感觉是外部事物刺激我们的感官在我们的心中所形成的各种可感事物的观念，如冷、热、烫等观念就是外部事物刺激我们所形成的观念：

> 感觉底对象是观念底一个来源——第一点，我们底感官，在熟悉了特殊的可感的物象以后，能按照那些物象刺激感官的各种方式，把各种事物底清晰知觉传达于人心。因此，我们就得到了黄、白、热、冷、软、硬、苦、甜，以及一切所谓可感物等等观念。……我们观念

---

① ［英］洛克：《人类理解论》，关文运译，北京：商务印书馆，1959年，第68页。
② 事实上，洛克在他《人类理解论》的第一卷，基于经验论的立场专门批判了唯理论者的天赋观念学说，认为人心中既没有天赋的认识原则，也没有天赋的实践原则。

底大部分,既导源于感官,既是由感官进到心中的,因此,我们便叫这个来源为"感觉"。①

总之,作为我们大部分观念的来源,感觉就是我们的感官对外部可感事物的知觉。如果说在洛克这里感觉是外部经验,那么内省就是内部经验,也就是观念的第二个经验的来源。所谓内省,就是我们对主观心理活动的注意,在此基础上形成的观念就是内省的观念,比如怀疑、相信、推论等:

> 心理活动是观念底另一个来源——第二点,经验在供给理解以观念时,还有另一个源泉,因为我们在运用理解以考察它所获得的那些观念时,我们还知觉到自己有各种心理活动。我们底心灵在反省这些心理作用,考究这些心理作用时,它们便供给理解以另一套观念,而且所供给的那些观念是不能由外面得到的。属于这一类的观念,有知觉(perception)、思想(thinking)、怀疑(doubting)、信仰(believing)、推论(reasoning)、认识(knowing)、意欲(willing),以及人心底一切作用。……这种观念底来源是人人完全在其自身所有的;它虽然不同感官一样,与外物发生了关系,可是它和感官极相似,所以亦正可以称为内在的感官。不过我既然叫前一种为感觉,所以应叫后一种为"反省"。②

洛克除了主张一切观念都来源于感觉经验外,还认为观念可分为简单的观念和复合的观念。所谓简单的观念就是由单一的现象在我们心中所引发的被我们知觉得最分明的观念:"一个人知觉得最分明的,就是这些清晰明白的简单观念。这些观念本身各各既都是单纯不杂的,因此,它们只含有

---

① [英]洛克:《人类理解论》,关文运译,北京:商务印书馆,1959年,第69页。
② [英]洛克:《人类理解论》,关文运译,北京:商务印书馆,1959年,第69页。

一种纯一的现象,只能引起心中纯一的认识来,并不能再分为各种不同的观念。"① 而复合观念,就是简单的观念经过并列、合成或抽象形成的观念。如果说简单观念是我们被动地接受经验的刺激而形成的观念,那么复合观念则是我们心灵发挥主动的作用加工简单观念而形成的观念。在洛克看来,我们整个思想的对象就是这样一些或简单或复合的观念,对这些观念的来源、观念的本性、观念之间的关系等进行研究,正是认识论的首要任务。

与洛克将观念作为人类整个思维的对象不同,休谟认为人类思维的对象应该是"知觉",并且将知觉定义为:"人类心灵中的一切知觉（perceptions）可以分为显然不同的两种,这两种我将称之为印象和观念。两者的差别在于:当它们刺激心灵,进入我们的思想或意识中时,它们的强烈程度和生动程度各不相同。"② 显然,休谟对知觉的界定与洛克对观念的定义（"这个名词,我想最足以代表一个人在思想时理解中所有的任何物象;因此,我就用它来表示幻想 [phantasm]、意念 [notion]、影象 [species]、或心所能想到的任何东西"）在外延上几乎是一致的,都是指我们在思想时心灵或意识中出现的一切对象。那么休谟为什么要将洛克的"观念"换成"知觉"来描述呢? 这在于在休谟看来,用洛克的"观念"来描述我们心灵中所出现的一切对象,是不够精确的,它错失了我们心灵对象的一个根本性的区分,违反了"观念"一词的本义。③ 在休谟看来,将我们的心灵对象（知觉）区分为"印象"和"观念"才是根本的和符合事物的本性的:

---

① [英] 洛克:《人类理解论》,关文运译,北京:商务印书馆,1959年,第84页。
② [英] 休谟:《人性论》,关文运译,郑之骧校,北京:商务印书馆,1980年,第13页。
③ 休谟在《人性论》第一章中引入"观念"这个词的时候曾解释道:"我在此处所用印象和观念这两个名词,其含义与通常的意义不同,我希望能有这样用词的自由。洛克先生曾用'观念'一词表示我们的全部知觉,违反了它的本义;我现在应用这个词,或者宁可说是恢复了它的本义。我所谓印象,读者请勿误会我是用以表示生动的知觉产生于心灵中时的方式,我只是指知觉的本身;无论在英语中或在我所知的其他任何语言中,对于这些知觉都没有专用的名词"。
[英] 休谟:《人性论》,关文运译,郑之骧校,北京:商务印书馆,1980年,第14页。

> 人类心灵中的一切知觉（perceptions）可以分为显然不同的两种，这两种我将称之为印象和观念。两者的差别在于：当它们刺激心灵，进入我们的思想或意识中时，它们的强烈程度和生动程度各不相同。进入心灵时最强最猛的那些知觉，我们可以称之为印象（impressions）；……至于观念（idea）这个名词，我用来指我们的感觉、情感和情绪在思维和推理中的微弱的意象；……我相信，无需费辞就可以说明这种区别。①

简言之，在休谟的界定中，"印象"是指我们对某种感觉的直接的觉知，是最鲜活和强烈的感觉，比如对某种刺耳声音的当下感受；"观念"则是我们对某种感觉的想象或事后回忆，它在鲜活程度和强烈程度上都远不如"印象"，比如我们事后回忆起听到某种刺耳声音时的感觉与当时直接听到这种声音时的感觉是很不一样的，后者比前者要鲜活和强烈得多。通过这一区分，我们发现，休谟的"观念"只是洛克"观念"的一部分，它更多的是指我们对直接知觉（印象）的一种间接性指涉或概念性理解。而且，洛克和休谟的更重要的区别或许在于：洛克的"观念"主要来自外部对象刺激感官所形成的感觉，或者在洛克那里感觉观念是由外部对象导致的，外部对象是感觉观念的原因，我们可以通过感觉观念推知外部对象的存在或它们所具有的可感性质；但是在休谟看来，知觉是我们唯一的认识对象，我们既不能通过知觉的存在推论出作为知觉原因的外部对象的存在，也不能推导出我们的知觉与外部对象存在着相似之处。

> 我们所确实知道的唯一存在物就是知觉，由于这些知觉借着意识直接呈现于我们，所以它们获得了我们最强烈的同意，并且是我们一

---

① ［英］休谟：《人性论》，关文运译，郑之骧校，北京：商务印书馆，1980年，第13页。

切结论的原始基础。我们由一个事物的存在能推断另一个事物的存在的那个惟一的结论,乃是凭借着因果关系,这个关系指出两者中间有一种联系,以及一个事物的存在是依靠着另一个事物的存在的。这个关系的观念是由过去的经验得来的,借着过去的经验我们发现,两种存在物恒常结合在一起,并且永远同时呈现于心中。但是除了知觉以外,既然从来没有其他存在物呈现于心中,所以结果就是,我们可以在一些差异的知觉之间观察到一种结合或因果关系,但是永远不能在知觉和对象之间观察到这种关系。因此,我们永不能由知觉的存在或其任何性质,形成关于对象的存在的任何结论,或者在这个问题上满足我们的理性。①

显然,休谟立足于彻底的经验论立场,认为我们真正能够具有经验的只是我们的知觉,这也是休谟整个认识论的逻辑起点。② 至于那些没有知觉基础的外部对象或实体观念,他一概表示怀疑或认为不可知,这也是休谟在经验论的路途上比洛克走得更彻底的地方。不过,值得指出的是,尽管洛克和休谟对观念所涵盖的范围存在着分歧,对心灵对象与外部对象关系的理解也不一样,但是他们都认为观念来自感觉经验(在洛克那里是来自外部感觉和内部反省,在休谟这里则是来自知觉),这是与笛卡尔这样的唯理论者不同的。经验论者不认为有来自先天的观念,看似先天的观念最终都可以还原为感觉经验或者可以找到感觉经验的起源。

经验论者这样一种对观念的理解,也直接影响到他们对语言的看法。整体上,经验论者认为语言(符号或声音)是表达我们主观心灵对象的工

---

① [英]休谟:《人性论》,关文运译,郑之骧校,北京:商务印书馆,1980年,第239—240页。
② 之所以说知觉是休谟认识论的逻辑起点,在于他的整个分析都是立足于"知觉"这一基本概念来展开的。由于休谟认为我们的知觉是否来自外部对象是不可知的,我们首先拥有的是知觉,那么我们的整个认识论分析就只能立足于知觉之上,知觉在这个意义上就成为最初的和逻辑的前提。

具。在洛克那里，由于我们心灵的对象就是观念，所以语言就是表达我们观念的工具。①对此洛克曾说道："声音必须成为观念的标志——因此，人不仅要有音节分明的声音，而且他还必须能把这些声音做为内在观念底标记，还必须使它们代表他心中的观念。只有这样，他底观念才能表示于人，人心中的思想才可以互相传达。"②基于对语言本质的这一基本理解，洛克还分析了语言的另外一些特征，比如语言的概括性特征。洛克认为，为了表达我们观念的需要，一个语词一方面需要具有自身特殊的内涵，即表达某种特殊的观念，不然这个语词就没有办法与其他的语词区分开来；但另一方面，一个语词如果只表达某一个特殊的事物，那么由于特殊的事物无限杂多，语词也就会无限多，反而影响语词的表达功能。为了避免这种状况，并把这两方面结合起来，语词主要是表达一类特殊事物，这就使语言具有了概括性的特征。当然，语词的这种概括性特征来源于观念的概括性特征，观念首先对一些或一类特殊的事物进行概括，语言只是对这种概括性观念的表达：

> 声音还必须是概括的标记才行……欲使字眼尽其功用，我们不能只使声音来表示各种观念，还必须使各种观念各各能包括一些特殊的事物才行。因为每一个特殊的事物如果都需要一个特殊的名称来标记它，则字眼繁杂伙多，将失其功用。为了避免此种不利起见，语言中恰好又有进一层的好处。就是，我们可以应用概括的字眼，使每一个字来标记无数特殊的存在。声音所以有这种巨大的功用，只是因为它们所表示的那些观念是有差异的。因为各种字眼所表示的各种观念如

---

① 虽然休谟没有专题讨论过语言的问题，但是根据他认识论的基本思想，我们可以推论在语言的问题上，休谟也会认为语言是表达心灵对象的工具。只是在休谟这里，心灵对象是包括印象和观念在内的我们整个知觉。
② ［英］洛克：《人类理解论》，关文运译，北京：商务印书馆，1959年，第383页。

果是概括的，则那些字眼亦就成了概括的，它们所表示的观念如果是特殊的，则它们仍是特殊的。①

另外，与他强调观念都来自感觉经验的立场相一致，洛克认为我们的语言最后都建立在那些表达可感观念的语词的基础之上，这意味着，不管一个语词有多么抽象，不管它看起来多么先天，它在根本上或者说最终都可以还原为那些表达可感观念的语词：

> 各种字眼最后都是由表示可感观念的那些字眼来的——我们如果注意字眼是在多大程度内依靠于普通的可感的观念的，那我们就会稍进一步认识到我们意念底起源，和知识底起源，我们还应当知道，许多文字普通虽然表示远离感官的那些行动和意念，可是它们也都是由那个根源来的，也都是由明显的观念转移到较抽象的意义，并因而表示那些不为感官所认识的各种观念的。②

同样，作为经验论者的霍布斯也认为语言是对我们心灵对象或思想之物的表达，只是他既不像洛克那样将心灵对象叫作观念，也不如休谟那样将其称为知觉，而是直接叫作"思想"：

> 关于人类的思想，……个别的来说：每一思想都是我们身外物体的某一种性质或另一种偶性的表象或现象。这种身外物体通称为对象，它对人类身体的眼、耳和其他部分发生作用；由于作用各有不同，所以产生的现象也各自相异。
>
> 所有这些现象的根源都是我们所谓的感觉；（因为人类心里的概念

---

① ［英］洛克:《人类理解论》，关文运译，北京：商务印书馆，1959年，第383—384页。
② ［英］洛克:《人类理解论》，关文运译，北京：商务印书馆，1959年，第384页。

没有一种不是首先全部或部分地对感觉器官发生作用时产生的。）其余部分则都是从这根源中派生出来的。①

很容易看出，就"思想"的来源而言，霍布斯的看法与洛克接近（在休谟那里，事实上没有"知觉"的来源这个问题，因为在他看来，知觉就是那个最初的东西），即同样认为"思想"（观念）来自外部对象。只是霍布斯认为人类思想是在"首先全部或部分地对感觉器官发生作用时产生的"，即人类思想在根本上来自外部对象；而在洛克那里，除了作为外部经验的感觉，还有作为内部经验的反省。② 在这种对心灵对象的理解基础上，霍布斯认为语言是对我们思想（心灵对象）的记录："人类运用语言把自己的思想记录下来，当思想已成过去时便用语言来加以回忆；并用语言来互相宣布自己的思想，以便互相为用并互相交谈。"③ "语言的一般用处是将心理讨论转化为口头讨论，或把思维序列转化为语言序列。"④ 不管是对思想进行记录，还是对思想进行转化，语言都只是表达思想的工具。

通过以上分析，我们很容易看出，尽管唯理论者与经验论者在观念的来源、观念的性质和观念的范围等方面存在着分歧，经验论者内部对观念的主张也存在着差异，但是，他们（不管是唯理论者还是经验论者）对语言的看法却基本一致，即认为语言是对我们心灵之物或思想之物的外在表达，语言是表达我们心灵之物或思想之物的工具。这种语言观的一个基本

---

① ［英］霍布斯：《利维坦》，黎思复、黎廷弼译，杨昌裕校，北京：商务印书馆，1985年，第4页。
② 霍布斯虽然也强调心灵对外部对象刺激感官所形成的感觉的加工作用，并认为通过心灵的这种加工可以派生出一些新的思想，但是他不认为心灵的这种加工是一种独立的感觉来源，它必须借助于感官接受外部对象刺激形成的感觉才有可能，这与洛克将心灵的反省看作一种与外部经验并列的内部经验是很不一样的。
③ ［英］霍布斯：《利维坦》，黎思复、黎廷弼译，杨昌裕校，北京：商务印书馆，1985年，第18页。
④ ［英］霍布斯：《利维坦》，黎思复、黎廷弼译，杨昌裕校，北京：商务印书馆，1985年，第19页。

形而上学预设是，心灵之物是独立于语言的，语言只是心灵之物的外在表达，语言的选择或使用不会影响心灵之物的意义。以此来看，唯理论与经验论的差别在于对心灵之物理解的分歧：唯理论者认为我们的心灵之物中存在着与生俱来的观念，这些观念具有先天的普遍性和必然性，而且只有这些观念才能成为我们整个知识大厦的基础；经验论者则认为我们的心灵之物全部来自感觉经验，不存在任何的先天观念和超出感觉经验的普遍必然观念。尽管有这些差异，他们在语言的观点上却共同预设了语言是对心灵之物的表达。同时，立足于这一预设，我们很容易理解为什么此时流行的关于语言起源的观点是约定俗成论。因为，语言只是表达心灵之物的工具，心灵之物自身的内涵是独立于语言的，那么一个语言的符号是表达这种心灵之物还是那种心灵之物，就不是必然的，而是一个社会约定的或通过习俗形成的。

第二节 赫尔德语言哲学的三个主要概念

上一节我们重点讨论了西方近代主流的语言观。就对赫尔德的影响而言，主要是经验论的语言观。不管是培根把语言视为"市场假象"，认为进行哲学思考就应该清除这种障碍，还是洛克试图把语言问题与人的理解能力联系起来，并提出要把语言问题作为认识论问题来考察，抑或是孔狄亚克对语言的系统考察①，都深深地影响了赫尔德对语言的思考，只是赫尔德更多的是将他们当作批判的对象。另外，传统神学对语言的理解，也是赫尔德重点关注和批判的对象。在语言问题上，传统神学认为，语言就是上帝之言，人的语言是由上帝给予的，并非出自人自己的创造，因此人的

---

① 孔狄亚克在《人类知识起源论》的第二卷系统地考察了人类的语言。赫尔德写作的《论语言的起源》这本书当中有不少观点就是直接反驳孔狄亚克的观点，特别是他关于人类语言起源的观点。我们在后面论述赫尔德的观点时会结合孔狄亚克的观点来进行论述。

语言拥有神圣的起源，不同语言中相似的语法规则和差不多的基本语音符号（主要指拼音文字）就是证明。赫尔德坚决不同意人的语言来自上帝的说法，认为人的语言是人自己创造的。在他看来，人身上有一种与生俱来的叫作"悟性"的能力，人由感官接收来的知觉印象通过它的整理就形成了语言。除了不同意人的语言来自上帝之外，赫尔德也不赞同孔狄亚克关于语言起源的看法。在孔狄亚克的理解中，语言最初的产生是出于交流的目的，是交流的需要导致了语言的产生。在赫尔德看来，语言的最初产生并不是出于交流的需要，而是出于人表达自我的需要。人感受他所生活的世界，感动于他自己的情感，他需要把它表达出来，这就产生了语言。"他必须表达那些他在自身之中看到和感受到的一切，这样，心灵内部的印象，作为可说出的符号——语言就形成了。"① 所以，在赫尔德的理解中，语言是自我表达的需要产生的，而且，它本身就是人对自我存在的表达，是人创造和拥有自身生活世界的方式，或者说，一个人的语言就是他的世界。另外，赫尔德反对近代唯理论者和经验论者将语言看作思想的物质外壳的主张，认为他们错误地理解了语言的本质。在他看来，语言本身就是思想，没有语言就没有思想，不存在独立于思想的语言，也没有离开语言的思想，语言的界限就是我们思想的界限（维特根斯坦语）。对此他明确说道，"每个民族都根据他们的语言来思考，来言说"②。

赫尔德关于语言本性的这些思考和洞见，对理解他的文化哲学来说，具有十分的重要性。首先，语言作为人对于他自己和他生活的世界的表达，作为他创造和拥有世界的方式，它本身就是文化的本质内容。其次，由于

---

① 根据英文译出，参见 Klaus Brinkmann (ed.). *German Idealism: Critical Concepts in Philosophy*. London and New York: Routledge, 2007, Vol. IV, p. 172。德文参见 Johann Gottfried Herder. *Werke in zehn Bänden*. 10 volumes. Edited by Günter Arnold et al. Frankfurt am Main: Deutscher Klassiker Verlag, 1985–, Vol. 8, p. 420。
② Anik Waldow and Nigel DeSouza (ed.). *Herder: Philosophy and Anthropology*. Oxford: Oxford University Press, 2017, p. 50.

文化的文本都是用语言写成的，我们只能通过语言来理解文化，所以语言在文化哲学的探讨中显得尤为重要。因此，语言哲学是赫尔德文化哲学的重要组成部分，是我们理解他的文化哲学很多重要观点和思想的基础。

赫尔德关于语言哲学的思想主要表达在他的获奖论文《论语言的起源》当中，我们将以这篇论文为主并结合他的其他一些相关著作来论述他的语言哲学思想。赫尔德的语言哲学思想与他的核心世界观是一脉相承的，我们在论述他的语言哲学时也将借用前面对他的本体论和认识论考察的成果。另外，由于本章的考察主要是为理解赫尔德的文化哲学服务，所以我们不打算全面系统地来考察他的全部语言哲学观点，而只就其中与文化哲学相关的部分进行论述。不过事实上赫尔德的语言哲学与文化哲学是本质相关的，对相关部分的考察已经可以窥见其语言哲学思想的全貌了。鉴于以上考虑，我们主要从三个基础概念——"悟性""感觉"和"氛围"——来进入。下面我们逐一论述。

悟性（Besonnenheit/reflection）[①]

"悟性"是赫尔德语言哲学的一个基本概念，也是其整个思想的一个重要概念，赫尔德主要是在《论语言的起源》一书中详细探讨了这个概念。下面我们也将主要根据这本著作来解释赫尔德的"悟性"概念。

18 世纪 50 年代以后，语言的起源问题引起了欧洲不少思想家，特别是经验派的思想家和神学家的关注，成为当时哲学争论的焦点问题之一。经验派哲学家关注语言起源问题似乎是很自然的，因为从经验的立场来看，语言的起源必然和人的认识能力相关，从经验的角度对于认识能力的研究必然会涉及语言问题。对神学家而言，语言的起源则主要涉及信仰问题。

[①] 台湾学者一般把"Besonnenheit"这一概念翻译为"觉识"，从含义上来讲这个翻译更接近赫尔德的意思，因为在赫尔德这里，"Besonnenheit"就是对通过感官知觉到的感觉之流用心灵加以抽绎和综合最终识别出来的意思。但这个词在大陆这边用得不多，所以我们这里主要还是采用姚小平先生在翻译《论语言的起源》这本书时使用的译名。

如果如一些启蒙主义者所鼓吹的,语言是人自己发明的,不是上帝的神圣之言,那么《圣经》"太初有道"的说法就是一派胡言。因此,经验派哲学家希望从经验中找到人类语言的起源和认识的根据,神学家则坚持人的语言来源于上帝的赐予,有着神圣的基础。正是在这样的背景下,1769年柏林普鲁士皇家科学院设立了专项奖,征求对于人类语言起源问题的最佳答案。赫尔德《论语言的起源》这篇论文就是为了征文而作的。这次征文引来了欧洲各国诸多应征者的出色论文,不过只有赫尔德这篇论文获了奖,并且由普鲁士皇家科学院指定出版。赫尔德这篇论文在当时就引起了很大的重视和反响,后来也成为语言学和语言哲学中的一篇经典论文。

在这篇论文里,赫尔德首先站在一贯的经验主义的立场对神学家苏斯米希(J. P. Süssmilch,1708—1767年)的观点进行了反驳。苏斯米希认为,人的语言来源于上帝:人类的语言不但具有复杂的机理和精巧的组织,而且可以化约为20个左右的符号,这样神奇而复杂的创造不可能出自凡人之手,只能是上帝所为。① 赫尔德基于大量的语言学的田野事实对苏斯米希的观点进行了激烈的批判。赫尔德指出,把任何语言都可以化归为20个左右的符号视为上帝神明秩序的体现,这种观点不但"事实是错误的,结论更成问题"。赫尔德列举了大量的语言学证据表明我们最初的语言就是对大自然进行各种模仿而产生的语音,符号的产生是很晚的事情,是语言发展的后期和高级阶段,早期的语言要比后来的符号丰富得多。赫尔德明确说道:"没有任何一种活的语言可以完全归诸字母,更不必说只有二十个字母。"以希伯来文这种最早的所谓神造语言为例,可以发现,它的大量字母都是相似而易混淆的,而且根本没有元音,而元音被认为是一个词最基本的要素。基于这样的事实,赫尔德认为可以"充分证明它(指希伯来文——引者注)在初始阶段发音非常生动,根本写不出来,所以一旦被写出来就只能是那么不完善的样子"。通过大量语言学的经验证据,赫尔德反驳了以苏

---

① [德]赫尔德:《论语言的起源》,姚小平译,北京:商务印书馆,1998年,第6—7页。

斯米希为代表的语言神授说，证明了语言的经验起源论。①

从经验的立场来考察人类语言的起源，动物是否具有语言以及这种语言与人的语言有什么样的区别就是一个需要被考虑的问题。在《论语言的起源》一书的开头，赫尔德就对这个问题做了明确的回答："当人还是动物的时候，就已经有了语言。"② 赫尔德这句关于人类语言的著名论断历来是学界聚讼的焦点。鉴于我们这里的目的，我们不打算全面地呈现和参与讨论，只是从这个著名的表述中引申出它明显表达的意思。从这句话我们至少可以确定以下两点：第一，人一开始就具有语言；第二，"当人还是动物的时候"，他拥有的语言只是一种动物式语言，而不是人的语言。需要进一步说明的是，赫尔德说"当人还是动物的时候"只是强调人一开始就具有语言，他并非真的认为动物也具有人类的语言（赫尔德认为只有人才具有语言），更不会认为人是从动物发展而来的和人的语言是从动物的语言发展而来的。因此，当姚小平先生在《论语言的起源》的"译序"里面提到从这句话我们还能得出"人类语言从动物语言演化而来"③ 的时候，就是误解了赫尔德的意思。因为，作为神学家的赫尔德不大可能认为人从动物进化而来，而且在《论语言的起源》这本书里赫尔德想要做的就是要找到人类语言独特的起源，这种独特的起源就是人身上的一种叫"悟性"的能力，这种能力是人与生俱来的，是上帝给予人的，不是人从动物那里进化而来的。这一点我们可以从赫尔德如下一段话中得到证明："神造就了人类心灵，而人类心灵则通过自身的作用不仅创造出语言，而且不断地更新着语言。神的崇高本质映现在人类心灵之中，使之藉助理性而成为语言的创造者。所以，只有承认语言源出于人类本身，才可以说，语言在一定意义上是神的作品。"④

---

① ［德］赫尔德：《论语言的起源》，姚小平译，北京：商务印书馆，1998年，第7—9页。
② ［德］赫尔德：《论语言的起源》，姚小平译，北京：商务印书馆，1998年，第2页。
③ ［德］赫尔德：《论语言的起源》，姚小平译，北京：商务印书馆，1998年，第 iv 页。
④ ［德］赫尔德：《论语言的起源》，姚小平译，北京：商务印书馆，1998年，第111页。

尤尔根·特拉贝特教授也指出过这一点："然而在它（指'当人还是动物的时候，就已经有了语言'这句话——引者注）肯定的陈述下面首先包含的是否定的意思：它暗含这样的意思，人通过拥有一些只有动物才具有的东西并非表明他就是人，相反只表明他具有一些动物的东西——动物的语言。"① 这说明，动物的语言还不是人的语言，在严格的意义上，动物的语言还不能叫作语言。只是，对所谓动物语言的了解，可以帮助我们理解人的语言的某些方面。赫尔德正是在这个意义上来考察动物语言的。他认为，动物语言有两个功用。第一，表达动物的激情和本能："我们面前存在着一个有感觉的动物，它不可能把它的任何生动的感受禁闭在自身之中；即使不具任何意志和目的，它从一开始就必须把每一种感受用声音表达出来。"② 第二，和同类动物交流沟通："动物身上的每一根精微的感觉之弦……不论其作用是否会促发同类个体的交流意识，都是针对其它个体而动作的。"③ 然而，需要强调的是，动物的语言并不是人的语言，动物的所谓语言只是出于本能的喊叫，是一种自然的声响，并没有声响背后的意义在其中，或者说动物的语言至多有所谓的能指，而无所指。人类语言虽然也包含这样的成分（人的语言中也包含出自本能的物理声音），但这种出于本能的声响并不是人类语言的主要部分，人类语言有其另外的起源。"在所有原始的语言中，都还残存着上面说到的自然的声音，只是，这种声音已不再是人类语言的主要成分。它们不是语言的根茎，而是滋润根茎的树液。"④

那么造成人类语言与动物语言差别的真正原因是什么呢？赫尔德认为，在本能方面，人类与动物相比要逊色很多，比如蜜蜂能建筑出让人类最优秀的建筑师都叹为观止的蜂房，狗的嗅觉让人类最灵敏的鼻子都难以望其

---

① Hans Adler and Wulf Koepke (ed.). *A Companion to the Works of Johann Gottfried Herder*. Rochester, New York: Camden House, 2009, p. 123.
② ［德］赫尔德：《论语言的起源》，姚小平译，北京：商务印书馆，1998年，第3页。
③ ［德］赫尔德：《论语言的起源》，姚小平译，北京：商务印书馆，1998年，第2页。
④ ［德］赫尔德：《论语言的起源》，姚小平译，北京：商务印书馆，1998年，第5页。

项背。不过，本能的强大使得动物的活动范围非常狭小，它们基本上被限制在本能的范围内生存。人的本能尽管不如动物，但或许正因如此，他的活动范围却非常大，因为大自然给了他另外一种能力作为补偿，这种能力就是"悟性"。"悟性"在《论语言的起源》中是一个基本概念，也是理解赫尔德语言哲学思想的一个重要概念。但赫尔德并没有为这个概念下一个严格定义，我们只能通过赫尔德对这个词的运用和相关论述来分析它的含义和特征。首先，本着他的人的认识能力是一个有机统一体的立场，赫尔德把这种"悟性"看作人所有认识能力的一个有机统一体，它是人的感性、知性、理性和意识等的有机统一。他也经常把"悟性"与"理性"（Vernunft）、"意识"（Besinnung）、"知性"（Verstand）等词互换着使用，特别是与"反思"（Reflexion）这个词互换着使用，但是无论用哪个词，赫尔德始终强调的都是它们并不是单一孤立的能力，而是构成一个有机的整体：

  人的力量所具有的这种倾向（Disposition），有人称为"知性"（Verstand）或"理性"（Vernunft），也有人称为"意识"（Besinnung），等等；只要不把它们理解为分隔开来的力量，不把它们仅仅看作动物力量的高级形式，这些名称在我看来都是一样的。人的所谓理性，就是一切人类力量的总和形式，就是人的感性本质和认知本质（erkennende Natur）、认知本质和意愿本质（wollende Natur）的结合形式，或更确切地说，是与某种机体组织相联系的唯一积极作用的思维力量。①

需要指出的是，赫尔德并非认为知性、理性等词的区分没有意义——当我们突出认识这个有机体某一个方面的作用时可以把它叫作知性或者理性，但他强调这种区分只是功用上的区分，它们并不是截然分开的，实质上它

---

① ［德］赫尔德：《论语言的起源》，姚小平译，北京：商务印书馆，1998 年，第 21—22 页。

们是一个有机体。其次,"悟性"是人所独有的一种能力,是人与动物相区别的根本标志。在赫尔德看来,传统哲学所理解的理性只是人的"悟性"的一个功能,是人心智能力的一个功用,因此认为理性是人的本质属性,其实也就是认为人有一种独特的心智。"理性能力乃是人的种属特性,它与我们所想像的不同,是人身上相对感性和本能而言的全部思维力量。"① 正是人具有的这种理性能力,这种独特的心智,使得人不像动物那样不能摆脱本能而获得自由。人独特的心智能力弥补了在本能上的缺陷,并且把这种缺陷转换成了一种优势,使得人可以获得相对本能更自由和更广阔的生存空间。"正因为不定向于一个方面,人的感官才成为更一般化的、面向整个世界的感官。"② 再次,也是最重要的一个特征,那就是"悟性"使人创造了不同于动物语言的人类语言,"当人处在他所独有的悟性状态之中,而这一悟性(思考能力[reflexion])初次自由地发挥了作用,他就发明了语言"③。下面我们就来看一下"悟性"是如何发明语言的。

从发明语言的角度来说,"悟性"首先可以被理解为一种人类对他所处的世界形成认识的需要和倾向。"用现代的术语来说,赫尔德用'Besonnenheit'这个概念表达的意思就是人类的认知倾向,人类对世界形成知识的需要。"④ 这种认知倾向表现为一种区分能力:我们通过感官(视觉、听觉和触觉)接收了一事物各种各样的感觉印象,形成关于一个事物的"感觉之海","悟性"就在这个"感觉之海"中找到那最特别的一个支流,即一事物最突出的特征,把这一特征和其他特征相区别。通过这样的过程,人就可以根据一事物的典型特征来区别事物,同时把符号赋予这些事物,这样就形成了语言:

---

① [德]赫尔德:《论语言的起源》,姚小平译,北京:商务印书馆,1998年,第23页。
② [德]赫尔德:《论语言的起源》,姚小平译,北京:商务印书馆,1998年,第21页。
③ [德]赫尔德:《论语言的起源》,姚小平译,北京:商务印书馆,1998年,第26页。
④ Hans Adler and Wulf Koepke (ed.). *A Companion to the Works of Johann Gottfried Herder*. Rochester, New York: Camden House, 2009, p. 124.

第四章　赫尔德文化哲学思想的语言哲学基础

如果心灵的力量极度自由地发挥了作用，使得它能够从经由感官蜂拥而至的大量感觉中分离出一股流向（如果可以这样表达的话），把它保存起来，将注意力集中到它上面……自觉地停留在其中的一幅图像上，清醒冷静地加以观察，并且能够区分出它的一些特征，确定它是这一客体而不是任何其它客体……人的思考能力不仅表现在他能清晰明确地认识事物的所有特性，而且表现在他能确认一个或若干个区分特性。这种确认行为（Anerkenntnis）第一次发生，就形成了明确的概念，这也是心灵作出的第一个判断。①

从引文可以看出，"悟性"创造语言是通过区分事物的特征而实现的，我们根据特征来给事物"命名"，人类的语言就在这个他给世界"命名"的过程中产生。同时人用"命名"的符号——语言来把握事物，这事实上是人用自己的方式来理解和把握世界。

赫尔德这种语言是对事物特征的"抓取"的理解很符合德语中"概念"这个词的含义。在德语中"概念"这个词是"Begriff"，它来源于动词"begreifen"，这个动词是由前缀"be-"加上动词"greifen"形成的。"greifen"的意思就是抓住、抓取，引申到"begreifen"，就是理解、领会和认作，再到"Begriff"就成为概念的意思。通过这种词源的追溯，可以发现，在德语中领会和理解一个事物就是去"抓住"这个事物（"抓取"这个事物的典型特征），这种领会的结果就是概念，所以，在这个意义上，概念也是"抓取"的结果。事实上似乎也是这样，我们理解了一个事物，就能对这个事物形成概念。赫尔德对语言产生过程的描述，正好契合了德语"概念"一词的本义。下面我们通过分析赫尔德描述的关于"羊"这个概念的形成过程，来更好地理解"悟性"是如何创造语言的。

前面说到，"悟性"作为人天生的一种认识倾向，人在它的导引下有一

---

① ［德］赫尔德：《论语言的起源》，姚小平译，北京：商务印书馆，1998年，第26—27页。

种认识世界的渴望。认识世界的前提是把人和世界区分开来，人可以把世界当成认识的对象，正是"悟性"使人从本能解放出来，使他可以把事物不只是当成本能欲求的对象而是当成认识的对象。所以，当一只母山羊在人面前出现的时候，他不像饥肠辘辘的饿狼那样马上扑过去把它变成口中的食物，也不像处于发情期的公羊那样把它设想成享受的对象，本能完全决定了饿狼和公羊眼中母山羊的图像；人也不像那些对母山羊漠不关心的动物，本能把它们导向了另外的方向，它们对山羊根本视而不见。人在"悟性"这种认知渴望和倾向的驱动和导引下用眼睛来看山羊，用耳朵来听山羊，用双手来触摸山羊，总之用他所有的感官来感受山羊。他发现母山羊是"白色的，柔软的，毛茸茸的"，同时还在"咩咩地叫"。正是这"咩咩地叫"给他的心灵带来了最强烈的印象，使它从其他观察、触摸到的性质中脱颖而出，深深地印在人的心中，这样人的"悟性"就找到了山羊的特征，把"咩咩地叫"和母山羊联系了起来。因此，"现在，这羊儿又来了：白色的，柔软的，毛茸茸的；人的心灵看到了，感觉到了，开始思考，寻找特征，——羊儿咩咩地叫了，于是心灵终于又认出它了！'噢！原来你就是那咩咩叫的！'心灵内在地感觉到了，以人的方式认识到了这一切，因为它明确地认识和命名了一个特征"①。正是在"悟性"给特征"命名"的过程中人发明了语言（这里我们也能够清楚地看到，"悟性"用语言给事物的特征"命名"，实质上也是在"抓取"事物的特征），人用自己发明的语言来认识世界。

从"悟性"创造语言的过程可以清楚地看到，赫尔德把人类语言的产生归于人天生的"悟性"，"悟性"是产生语言的"唯一地方"。"当人处在他所独有的悟性状态之中，而这一悟性（思考能力 [reflexion]）初次自由地发挥了作用，他就发明了语言。"② 但需要注意的是，赫尔德对"悟性"创造语言的看法与传统的唯理论哲学家对"理性"产生自明观念的看法完全不一样。

---

① ［德］赫尔德：《论语言的起源》，姚小平译，北京：商务印书馆，1998年，第28页。
② ［德］赫尔德：《论语言的起源》，姚小平译，北京：商务印书馆，1998年，第26页。

唯理论者认为理性是人的一种天生的能力，它自身就能产生一些先天自明的观念，这些观念是我们知识和信仰的基础。相反，在赫尔德看来，尽管人的"悟性"也是一种神赐予的（与生俱来的）能力，但是这种能力仅从自身并不能产生语言，它必须结合经验才能产生语言，没有经验给予的"悟性"空无一物，什么都不是。这一点和我们前面说到的赫尔德的经验主义认识论立场是一致的，赫尔德认为我们一切的观念（在这里就是语言）都来自感觉经验，没有感觉经验是不可能形成语言的。所以，在赫尔德这里，"悟性"只是人天生的产生语言的倾向，如果不结合经验而仅依赖自身，它是不能形成语言的："从语言产生的过程可以清楚地看到，内部语言并非出于主体自身，它的产生需要外部世界。因此，语言并非人类与生俱来的。只有创造语言的倾向——悟性——才是天生的，人类创造语言只能通过它和世界的相遇。"①

事实上在赫尔德那里，语言与理性（理性是作为人整体认识能力的"悟性"的一种功能）是等同的，语言就是理性，人类是理性的动物也就意味着人是有语言的动物："语言是人的本质所在，人之成其为人，就因为他有语言"②，"人被称为'说话的动物'，不具理性的动物则称为'哑巴'"③。人的"悟性"是一种创造语言的倾向，它表现出来就是语言。由于"悟性"创造语言需要结合经验，需要和世界相遇，并且由于它结合的经验不同，遭遇的世界不同，产生的语言也必然不同，人的理性也必然随着这种语言的不同而有所不同，因而唯理论哲学家所鼓吹的那种超越时间和空间的纯粹理性就是不存在的。④

---

① Hans Adler and Wulf Koepke (ed.). *A Companion to the Works of Johann Gottfried Herder*. Rochester, New York: Camden House, 2009, p. 125.
② ［德］赫尔德：《论语言的起源》，姚小平译，北京：商务印书馆，1998年，第21页。
③ ［德］赫尔德：《论语言的起源》，姚小平译，北京：商务印书馆，1998年，第36页。
④ 这里我们也可以看到赫尔德批判启蒙时代那种对纯粹理性精神的鼓吹的一个视角，这个视角实质就是把理性能力等同于人的语言，然后强调语言是具有历史性的，这样就否定了那种超越时空的纯粹理性能力。哈曼和赫尔德对启蒙理性的批判都采用过这个视角，特别是赫尔德晚年对康德《纯粹理性批判》的批判，更是非常强调语言的历史性这个维度。

很明显赫尔德的语言观是一种"内在语言"（inner word）观，它强调语言的创造完全是在人内部的心灵中完成的过程，跟人外部的发音器官并没有直接关系。在他那里，语言是"悟性"根据感官的刺激而形成的人把握和理解外在事物的心灵符号，它完全是一个在心灵内部发生的事件。以刚才举的山羊为例，我们可以把心灵创造语言的内部过程简述如下：山羊的各种特征进入感官形成"感觉之海"，"悟性"在"感觉之海"中找到最鲜明的特征作为内部符号，人通过这个内部符号来给山羊命名，用一个符号来表示这个名字，这个符号就是最初的词，就是人类语言。

会不会识别不出特征呢？假如那样的话，任何感性的生物都不可能感知到自身之外的东西，因为它始终必须压抑其它感觉，必须通过第三个东西去认识两个东西之间的区别。总之，只能是借助一个特征。但这个特征作为内在的记号（Merkwort），又是怎样的呢？羊儿咩咩的叫声由人的心灵知觉为羊儿的标志，并且由于这种意识活动而成为羊的名称。人从这叫声上识认出羊儿，叫声是一个听到的符号（Zeichen），心灵通过它想到一个明晰的观念。这不正是词吗？整个人类语言不正是这样一些词语的集合么？①

语言产生的这种内在性使赫尔德相信就算一个人是天生的哑巴，从未说出过一个词，只要他拥有健全的心灵，拥有创造语言的"悟性"，那么他也同样拥有语言，语言的产生和人身上的发音器官并无本质联系。"根据我们在这里阐述的观点，嘴巴的构造与语言的发明并没有关系，因为人即使一辈子喑哑无语，也仍然是人，只要他在思考，语言就存在于他的心灵之中！"②

---

① ［德］赫尔德：《论语言的起源》，姚小平译，北京：商务印书馆，1998 年，第 28 页。
② ［德］赫尔德：《论语言的起源》，姚小平译，北京：商务印书馆，1998 年，第 29 页。

虽然在语言的起源上赫尔德把它归结于人具有的独一无二的"悟性",并在此基础上排除了交流的需要对于语言产生的必要性,甚至可以说在他看来"嘴巴"和"社会"对于语言的产生都不是必要的,不过赫尔德还是在他的语言理论中为"嘴巴"和"社会"赋予了相应的意义。在赫尔德看来,由"悟性"和世界的相遇所发明的"内在语言"在本质上是"对话性的"。"赫尔德的认知的、内在的语言不是天生的,它在本质上是**对话性的**"①,内在语言具有对话性首先是因为它是我们人在倾听万物的声音以后做出的回应,是人和万物的声音的对话。这涉及赫尔德对人的感官能力的基本看法。在我们创造语言的过程中,首先是外物刺激我们的感官形成感觉之流,然后我们需要区分出感觉之流中那个最特殊的支流,这样才能根据这个支流来表象事物。赫尔德认为在所有的感官中听觉对于语言的产生是最重要的,因为在所有的感觉中,听觉是最特别和最容易辨识的。"人是一种善于倾听辨察的生物,生来注定要拥有语言;即使是盲人和哑巴,只要他不聋,还有感觉,就不得不发明语言。"②正是通过听觉我们感知到万物都在发声,都在对我们说话,我们就开始通过倾听万物的声音而形成语言,听觉具有一种内在的对话性。同时,通过听觉我们形成的事物的特征是最鲜明的,比如对于山羊,我们通过"白色的,柔软的,毛茸茸的"等视觉和触觉的特征并不能有效地找出山羊的典型特征,但是通过它"咩咩地叫"我们马上就知道是山羊了,"从物体发出的声音中,人提取出区分特征,从而构成一种生动的语言"③。万物的声音的特征是和语言最接近的,"所以,自然的本性决定了语言的第一个教师只能是听觉"④。正是对听觉的强调使得赫尔德认为"内在语言"本质上就是"对话性的":我们首先倾听万物

---

① Hans Adler and Wulf Koepke (ed.). *A Companion to the Works of Johann Gottfried Herder*. Rochester, New York: Camden House, 2009, p. 127.
② [德]赫尔德:《论语言的起源》,姚小平译,北京:商务印书馆,1998年,第39页。
③ [德]赫尔德:《论语言的起源》,姚小平译,北京:商务印书馆,1998年,第40页。
④ [德]赫尔德:《论语言的起源》,姚小平译,北京:商务印书馆,1998年,第38页。

的声音，把这些声音转化成人的内在语言，我们把这些内在语言表达出来，和万物的声音进行对话。内在语言的"对话性"本质上蕴含了"嘴巴"和"社会"，因为"对话性"要求我们把内在语言说出来与他者进行交流，而说出来就需要"嘴巴"，他者的集合和在场就是"社会"。"内在语言包含的对话的潜在性为一个人和其他人的交流，为一个人把内在语言表达为一种声音和社会语言铺平了道路。"① 赫尔德强调一种语言产生的内在性，在这种内在性之上才有语言的其他外在目的。

赫尔德的内在语言观使他和传统哲学家对于语言的看法区别开来。传统观点认为，思想和语言是彼此分开的，思想是内在的，语言是外在的，语言是表达思想的工具，是思想的物质外壳，思想可以独立于语言而存在。但是赫尔德的内在语言观却认为，并不存在独立于思想的语言，语言本身就是思想。"这就是在赫尔德思想中决定性的和根本创新的地方——思想就是语言。这样语言就不再是像传统的亚里士多德派的观点那样，把语言只是看作为了思想的交流和指称而采用的声音和物质符号。语言根本上就是思想。"② 语言之所以根本上就是思想，乃是因为"悟性"与世界相遇发明语言的过程，实际上就是我们认识世界的过程，这同时就是我们思想的过程。因此，在内在语言观的基础上，赫尔德认为人的理性、语言、思想都有一个共同的发生根源，这个根源就是人类特殊的心灵能力——"悟性"，通过"悟性"人的这些能力形成一个有机的整体：

在许多语言里，"词"和"理性"、"概念"和"词"、"语言"和"起因"是用一个名称表示的，这种同音现象反映出语言的全部发生根源。在一些东方国家，把确认一事一物称作"命名"（Namengebung），

---

① Hans Adler and Wulf Koepke (ed.). *A Companion to the Works of Johann Gottfried Herder*. Rochester, New York: Camden House, 2009, p. 129.
② Hans Adler and Wulf Koepke (ed.). *A Companion to the Works of Johann Gottfried Herder*. Rochester, New York: Camden House, 2009, p. 124.

这已成为那里的语言最普通的特点；显然，在心灵的深底，这两种行为是统一的。人被称为"说话的动物"，不具理性的动物则称为"哑巴"。类似这样的表达体现出感性特征，而希腊语的 α'λoros（无语言的，无理性的）恰好把语言和理性二者综括了起来。语言可以说是知性的自然器官，对于人类心灵它是一种必要的感官，就像初民敏感的心灵离不开眼睛，蜜蜂筑巢离不开本能一样。①

赫尔德的内在语言观完全改变了人们对语言的看法，语言不再是人们思想的物质外壳，它本身就是思想。可以说后来尼采、海德格尔以及维特根斯坦的语言观都是和赫尔德的这种内在语言观一脉相承的，只是在坚持语言的内在性和语言就是思想这一点上，尼采、海德格尔和维特根斯坦都比赫尔德走得更远。

感觉（Empfindung/sensation）

根据前一部分所述，在赫尔德那里语言产生需要两个条件，一是人主观天生的认知倾向——"悟性"，二是人与世界的相遇所形成的"感觉"。人生存于一个世界，与各种事物打交道，通过各种感官接受事物对他的刺激，形成感觉之流，"悟性"在这些感觉之流中辨识出那个最特殊的支流，以它为特征，并用这个特征来表示事物，这就形成了人的语言。前一部分我们已经指出，"悟性"只是一种天生的可以产生语言的倾向，它仅凭自身并不能产生语言，它产生语言还需要人和世界打交道所形成的"感觉"。在赫尔德看来，"感觉"是形成语言的必要条件，只有有了"感觉"，"悟性"才能通过对"感觉"的加工形成语言。我们知道，"感觉"是经验主义哲学家的一个基本概念，赫尔德作为一个经验主义哲学家，他也把语言的基础归于

---

① [德]赫尔德:《论语言的起源》，姚小平译，北京：商务印书馆，1998年，第36页。

"感觉"。在他看来,我们一切的语言都来源于"感觉","悟性"通过加工"感觉"而形成语言。但赫尔德对"感觉"的理解与一般经验主义者(主要指洛克及其追随者)不同。在一般的经验主义者那里,"感觉"是我们通过感官(主要是视觉)对事物形成的知觉印象,这些知觉印象是事物在我们的感官中留下的事物的图像,它们和这些事物本身相似,或者说就是这些事物的摹本。而在赫尔德看来,我们的"感觉"和事物根本无相似之处,因为事物刺激我们的各种感官,而每一种感官对同一事物的刺激所形成的知觉都是不一样的,我们的"感觉"是心灵通过对这些不同的知觉综合联结而形成的。而且,在这个综合联结的过程中"感觉"里还融入了我们的情感,掺杂了我们对事物的态度,因此我们的"感觉"和事物本身并不相似,人创造了他自己的"感觉"。"当赫尔德强调思想的经验根源时,他经常使用的一个词就是'Empfindung'(感觉),它的意思就是'sensation'(感觉),但这个词不能把它同感情、气质、情绪等分开来理解。"①

在"感觉"中已经融入了人的情感、需要等因素,这种观点并非赫尔德的独创,在他之前的另外一个经验主义哲学家孔狄亚克也有同样的看法。孔狄亚克认为事物要刺激我们,要引起我们的注意,它必须和我们的需要和情感等因素相关,"事物只有在跟我们的气质、我们的激情、我们的处境,或一言以蔽之,只有在跟我们的需要密切相关时才能吸引我们的注意"②,也就是说,当事物刺激我们的感官形成"感觉"时,"感觉"中实际上已经包含了我们的气质、处境等因素。而且,和赫尔德一样,孔狄亚克也把我们观念的来源归结于"感觉",只是作为洛克的信徒,他认为我们的观念分两类,一类是感官直接从外界客体那里接受来的观念,一类是我们通过反省心灵活动而形成的观念:"根据外界的客体对我们所起作用,我们就能

---

① Klaus Brinkmann (ed.). *German Idealism: Critical Concepts in Philosophy*. London and New York: Routledge, 2007, Vol. IV, p. 172.
② [法]孔狄亚克:《人类知识起源论》,洪洁求、洪丕柱译,北京:商务印书馆,1997年,第34页。

通过各种感官接受着各种不同的观念，而且，根据对感觉在我们的心灵中所引起的活动进行反省，我们就获得了一切我们不能取自外界事物的观念。"①

虽然赫尔德和孔狄亚克在看待"感觉"和"观念"上有类似的观点，但他们对于语言起源的看法却是完全不同的。尽管孔狄亚克认为语言的产生是人身上一种叫作"反省"的能力使用信号的结果②，但是他认为语言最初是从人类需要彼此交流的实用目的中产生的。为了分析人类语言的起源，孔狄亚克假设有两个新生儿孤立生活在荒漠中。当这两个孩子还是彼此独立生活的时候，他们只能局限于使用他们的知觉和意识，并不能发挥他们的"反省"能力。而当他们两个生活在一起的时候，虽然起初这两个孩子还是只能局限于知觉和意识的运用，但是在他们的交往中，当一个孩子在有某种需要或者受到某种刺激时，他常常会由于本能或者激情发出一定的声响和伴随一定的动作。这些声响和动作就会给另外一个孩子留下印象，最初可能也是一些知觉印象，但是那个孩子不断有同样的声响和动作，这个孩子的知觉印象就不断重复，他就会开始运用反思，把这些声响和动作与那个孩子的一些需要和反应固定下来，久而久之，语言就这样形成了。③很显然，孔狄亚克认为语言起源于人类彼此交流的需要，语言只能在人类彼此交流的过程中自然而然地发展出来。可以说在孔狄亚克那里，如果没有他人的在场，没有彼此交流的需要，仅凭人的"反省"能力和通过感官形成的知觉印象是不可能形成语言的，甚至连"反省"能力的运用都将成为不可能。但是，赫尔德本着语言产生的内在性坚决地反对孔狄亚克关于语言起源的实用外在性的看法。赫尔德认为语言的产生完全是人心灵内部

---

① ［法］孔狄亚克：《人类知识起源论》，洪洁求、洪丕柱译，北京：商务印书馆，1997年，第11页。
② ［法］孔狄亚克：《人类知识起源论》，洪洁求、洪丕柱译，北京：商务印书馆，1997年，第44—48页。
③ ［法］孔狄亚克：《人类知识起源论》，洪洁求、洪丕柱译，北京：商务印书馆，1997年，第135—141页。

的事件，是人的"悟性"与世界相遇的结果，它的产生与有没有交流的需要没有必然联系，因此：

> 即使他从未有机会把这个观念传递给另一生物，从未想要发出或不能够发出这一意识到的特征，他的心灵仿佛也在内部咩咩地叫着，因为心灵已选择了这个声音作为记忆的符号；而当心灵凭记忆识认出这个声音的时候，在它的内部就又咩咩叫了起来，——于是语言就发明了！语言的发明那么自然，对于人那么必不可缺，就像人只能是人一样。①

"即使他从未有机会把这个观念传递给另一生物"这一表述已经非常清楚地排除了把交流的需要作为语言起源的本质要素，因而当我们看到赫尔德"森林中孤寂独处的野人，哪怕从不说话，也必须为自身发明语言"②的说法时就不奇怪了。

赫尔德与孔狄亚克在语言起源上观点的不同实质在于，赫尔德认为语言最初的产生完全是由于人表达自我的需要。正如我们在第三章论述赫尔德的人性观时所分析的，人自身有一种与生俱来的"生命力"（他自己的本质力量），人的生命过程体现为在这种"生命力"的作用下生存活动在"时间"和"空间"中的展开。这个过程表现为两个方面：一方面人为了认识世界，他在"生命力"的推动下把世界作为客体而对其形成知识，在外部世界打下生命的印记，同时也实现物质世界的精神本质；另一方面人为了认识自己，为了认识自己与生俱来的"生命力"，他需要把这种"生命力"投射到他所生存的世界当中，把世界当成他生命的一部分而"据为己有"。正是在人想要认识自己的本质力量这种动力（这种推动力首先表现为一种

---

① ［德］赫尔德：《论语言的起源》，姚小平译，北京：商务印书馆，1998 年，第 28 页。
② ［德］赫尔德：《论语言的起源》，姚小平译，北京：商务印书馆，1998 年，第 29 页。

认知的需求和渴望）的推动下，人天生有一种表达和表现自我的需要，这使人天生具有一种创造性，天生是"诗人"（具有创造能力的人）。因此，当具有感性能力的人与他所生存的世界打交道时，他需要在世界中留下他自己的痕迹，他需要在万事万物中表达他的本质力量。"具有感觉的人用他自己的方式来感觉万物，感觉他身外的万物，他在万物身上留下他的形象，留下他的痕迹。"① 这样语言作为表达拥有感觉的人的工具就产生了，因为拥有感觉的人，"他必须表达那些他在自身之中看到和感受到的一切，这样，心灵内部的印象，作为可说出的符号——语言就形成了"②。所以，语言在赫尔德这里作为人理解和表达自我的工具，它最初的产生完全是由于人表达自我的需要，而非出于任何交流的实用目的。

同时，"感觉"作为语言符号所指称的内容，作为人理解和表达自我的"形象"（Bilder/image），它必然不是被动地从外部接收来的"感性材料"（sense data），而是使用它和表达它的人的加上了自己的人生经验、自己生命的喜怒哀乐的"生活世界"（Lebenswelt/life world）。这正如索尼娅·锡卡教授指出的，在赫尔德这里，"语言因此就反映了一个能感觉、有感情和具有意愿的特别的存在者所遭遇的世界，而这同时也表明这个特别的存在者的最根本的特性是'诗化'的"③。因为人带着他全部的生命感受来理解他所遭遇的世界，来创造作为他生命表达的语言，他是从他自己的视角来理解他的世界、"创造"（诗化）他的世界，因此人"这个特别的存在者的最根本的特性是'诗化'的"。赫尔德自己也有类似的说法："动物看见它们感

---

① Johann Gottfried Herder. *Philosophical Writings*. Translated and edited by Michael N. Forster. Cambridge: Cambridge University Press, 2002, p. 188.

② 根据英文译出，参见 Klaus Brinkmann (ed.). *German Idealism: Critical Concepts in Philosophy*. London and New York: Routledge, 2007, Vol. IV, p. 172. 德文参见 Johann Gottfried Herder. *Werke in zehn Bänden*. 10 volumes. Edited by Günter Arnold et al. Frankfurt am Main: Deutscher Klassiker Verlag, 1985–, Vol. 8, p. 420。

③ Klaus Brinkmann (ed.). *German Idealism: Critical Concepts in Philosophy*. London and New York: Routledge, 2007, Vol. IV, p. 172.

官的印象，而人则看见**他们自己（创造）的**形象。"① 之所以人看到的是他自己创造的形象，在于人在接受外部世界刺激的时候，并不是消极被动地镜面式反映，而是掺入了主体知情意、本能和欲望等因素。在赫尔德这里，"形象"是人创造出来的，它比较好地体现了人根本的"诗化"特性。下面我们来分析一下赫尔德关于"形象"的阐述，以期更好地理解赫尔德语言哲学和人的"诗化"特性。

在 1787 年写作的《论形象、诗与寓言》这篇论文里，赫尔德表达了他关于"形象"的主要思想。虽然在这篇论文里赫尔德主要是用他的形象理论来理解诗歌和寓言，或者说是用形象理论来解释诗歌和寓言，但事实上赫尔德理解的"形象"就是语言。如果用现代语言学的术语来表达，那么"形象"是语言的"所指"，语言是"形象"的可表达可说出的符号，所以赫尔德关于"形象"的论述也是关于语言的论述。

赫尔德关于"形象"的思考建立在他对人类"心灵"（Seele/mind）的理解之上。在前面我们已经指出，与传统哲学家的理解不同，虽然赫尔德也认为人的心灵有感性和理智两种能力，但他强调这两种能力本质上是同一个有机体的两种不同的功能，而不是彼此隔绝开来的能力。感性通过我们的感官（主要是眼睛、耳朵和手）接受事物的刺激，对事物形成杂多的知觉印象；理智运用它自己的规则对这些知觉印象进行综合，最终形成我们对事物的表象。尽管在分析我们的认识的时候，可以将感性的接受刺激阶段与理智的加工阶段分开来论述，仿佛它们被分成了两个过程或两个阶段，但事实上，这两个方面是相互扭结在一起的，它们是同一个认识能力在起作用，感性和理智都是同一个认识能力的不同方面。我们的每一种感

---

① 根据英文译出，参见 Robert E. Norton. *Herder's Aesthetics and the European Enlightenment*. Ithaca, New York and London: Cornell University Press, 1991, p. 40。德文参见 Johann Gottfried Herder. *Werke in zehn Bänden*. 10 volumes. Edited by Günter Arnold et al. Frankfurt am Main: Deutscher Klassiker Verlag, 1985-, Vol. 1, p. 10。

官接受事物的刺激所形成的知觉印象都是不一样的,眼睛主要是从空间上来把握事物,耳朵主要是从时间上(声音体现为一种时间的序列)来理解事物,手则更多的是把事物感知为一种力的相互作用,而理智是把这所有的知觉印象综合起来,在其中找出最突出的特征来表象事物。从感官感觉到理智这一认识能力发生作用的过程可以看出,人对事物的理解一定带上了自己的印痕。"在他的感官中,**视觉**和**听觉**可以从晦涩的感觉海洋中把事物最详尽和最清晰地带到心灵之前来;而且由于他拥有通过语言的方式把这些事物保存和命名出来的技艺,人感觉和观念的世界——特别是从视觉和听觉获得——就已经塑形在他的语言中。"① 正是人类心灵这种特殊的有机性使得他只能以自己的方式来理解世界,他需要把世界纳入他自己的心灵之中才能使世界获得理解,才能照亮世界。

在这种理解下,赫尔德把"形象"定义为任何获得了某种意识的知觉印象:"我把**形象**叫作:任何与一定的感觉意识相联系的对于事物的表象。"② 赫尔德关于"形象"的定义有两个核心要素:一是形象是关于事物的表象,二是形象是经过心灵的整理和综合所形成的表象。第一个要素表明形象是关于生活世界的事物的,形象是对这些事物的指称,而不是对纯粹虚构对象的指称;第二个要素说明生活世界的事物通过刺激感官形成知觉印象,意识(理智)对这些知觉印象进行综合整理,最后得到关于这些事物的"形象"。所以,"与一定的感觉意识相联系"就说明"事物的表象"是通过感觉意识加工整理过的,知觉印象通过"感觉意识"的整理才成为"事物的表象"。

我们发现,赫尔德对"形象"的理解与康德对"现象"的解释有诸多

---

① Johann Gottfried Herder. *Selected Writings on Aesthetics*. Translated and edited by Gregory Moore. Princeton, NJ and Oxford: Princeton University Press, 2006, p. 357.

② Johann Gottfried Herder. *Selected Writings on Aesthetics*. Translated and edited by Gregory Moore. Princeton, NJ and Oxford: Princeton University Press, 2006, p. 358.

类似的地方。在康德那里，人的感性（时间和空间直观形式）通过接受物自体的刺激，形成各种知觉印象，这些知觉印象再在知性范畴的综合统一作用下，最后形成"现象"。由于"现象"是人主观加工后的结果，所以"现象"并不能如实地反映物自体，"现象"和物自体也毫无相似之处。显然，这与赫尔德认为"形象"不能如实地反映生活世界中的事物的理由和观点是一致的。有所不同的是，由于在康德那里，不管是感性还是知性，都是人的一套先天认识结构，具有普遍性，所以在他的理解中，"现象"也是具有客观性的；而在赫尔德这里，不管是接收知觉印象的感官，还是对知觉印象进行加工的意识，它们都强烈地受到本能、欲望、价值等各种因素的影响，具有个体差异性，人的认识能力在本质上也是历史地生成的，而不是先验地产生的，所以赫尔德的"形象"具有个体的独特性。总之，在赫尔德的理解中，"意识"形成表象并非被动地接收知觉印象的过程，相反它是一个能动的、具有个性化的心灵发挥作用的过程。个性化的心灵发挥作用体现在它把感官接收的知觉印象转变成它自己的"形象"，用赫尔德自己的说法就是，在知觉印象上"盖上**意识的**印章"（with the stamp *of our consciousness*）。正是由于有心灵对知觉印象的加工整理才能形成表象，才使得心灵看到的不是事物本来的模样，而是心灵自己所创造的"形象"："那么，我们整个的生命在某种程度上就是**诗化的（创造性的）**：我们不是看见形象而是创造它们。"①

如此，我们经验和语言的最基本要素就不是任何外在的客体，不是反映在我们视觉神经上的图像；相反它们是被我们的内在心灵所创造的"形象"，是我们内在自我的艺术作品。赫尔德曾经对此说道：

> 客体和形象完全没有共同之处，形象带有意识，意识掺有表达，

---

① Johann Gottfried Herder. *Selected Writings on Aesthetics*. Translated and edited by Gregory Moore. Princeton, NJ and Oxford: Princeton University Press, 2006, p. 358.

视觉的知觉获得命名，可以说它们都只有通过我们用于感知的复杂组织才能彼此相连，而这个复杂的组织通过不同的感官可以同时感知几个不同的事物。几种感官之间的可沟通性以及它们之间的普遍和谐，作为它们彼此沟通的基础，构成了心灵内在的形式或者所谓的人的完美性。而设想如果我们只拥有一种感官，我们只能通过世界的一个单一方面与造物相连，那么可以说这将使得把客体转变成形象和把形象转变成语言或符号成为不可能。①

从赫尔德对"形象"的解释，可以发现他思想的一条基本原则——个体化的原则，这不但是他理解文学、艺术和语言等的根本原则，也是他奠定文化哲学的本体论（文化是人的本质，文化是历史性的存在）和认识论（历史主义解释学）的基本原则。

在赫尔德看来，个体化的原则是一条理解"形象"、理解心灵"内在法则"的基本原则。"我们同样发现，这个内在感官——它作为理智和意识的规则——是唯一的评价标准，在各种不同艺术系统的作品中，它用于衡量作品的形象如何定位、如何调整以及如何完成。简言之，每一个特征在何种意义上可以获得真理、生动和清晰。"②"因而让心灵模仿大自然的形象就是没有意义的；遵照理智和意识内在的规则，按照一个具体的艺术作品的要求，根据它的特殊目的和特定的时间、空间以及根据艺术家和鉴赏家特殊的感觉气质来运用形象，这才是心灵应该学习的运用形象的方式。"③根据个体化的原则，赫尔德反对启蒙理性那种形式化的普遍的法则，他认为

---

① Johann Gottfried Herder. *Selected Writings on Aesthetics*. Translated and edited by Gregory Moore. Princeton, N J and Oxford: Princeton University Press, 2006, p. 359.
② Johann Gottfried Herder. *Selected Writings on Aesthetics*. Translated and edited by Gregory Moore. Princeton, N J and Oxford: Princeton University Press, 2006, p. 360.
③ Johann Gottfried Herder. *Selected Writings on Aesthetics*. Translated and edited by Gregory Moore. Princeton, N J and Oxford: Princeton University Press, 2006, p. 360.

"形象"是通过心灵的内在法则建构起来的,它跟每个人内在的精神气质相关,并非理性主义者所宣扬的人人皆同的普遍法则。"一般的机械法则在这里是没有用处的,因为正如我已经说明的,我们在外部客体上看见的并非事物本身,而是依赖于感知它们的感官和把它们带入意识的心灵法则。"① 当然,这个个体化原则并非要完全抛弃普遍的法则,而是把普遍的法则具体到个体的事物来理解。马丁·舒茨(Martin Schütze)教授曾指出过这一点:"它是一条这样的原则,在抽象和综合限制的范围内来理解特殊性,来分析细节。在他(指赫尔德——引者注)的思想中,这条原则和他的'个性气质'概念是可替换的术语。"②

个体化原则的实质在于强调每个人的"个性气质"(personality)对于他的心灵建构"形象"的影响。因为我们每个人天生的一些倾向、气质以及情感因素等都是不一样的,而这些因素都会影响我们对于"形象"的表象,因此当外界事物刺激我们的时候,我们用心灵对它们形成的"形象"就是不一样的。而且,由于不同的人所生活的环境不一样,生活的时代不一样,外界事物对他的刺激就会不同,这些不同都会集中体现在他对世界的表象所形成的"形象"上面。厄尔·尼古拉斯·路易斯(Earl Nicholas Lewis)教授在总结赫尔德"个人气质"思想时说道:

> 首先,赫尔德相信几乎任何一个人都拥有一种或者更多上帝赐予的天赋,当这些天赋被有意识地根据整个生理—心理的过程发展到最大限度时,它将最终导向幸福和人道的理想。因为没有两种地理环境和气候是相同的,没有两种发展和历史阶段(从婴儿到老年)是相同的,没有两种精神活动的过程是相同的,赫尔德因此深深地相信没有

---

① Johann Gottfried Herder. *Selected Writings on Aesthetics*. Translated and edited by Gregory Moore. Princeton, N J and Oxford: Princeton University Press, 2006, p. 360.

② Martin Schütze. "Herder's Conception of Bild". *Germanic Review*, 1 (1926).

任何两个个体和文化可能是相同的。①

这种在"形象"中的个体化原则,最终体现为语言中的个体化原则,因为前面我们已经谈到,"形象"实质就是语言的所指,语言是"形象"可说出的符号,因此"形象"的个体化必然体现为语言的个体化,而语言的个体化最终会形成民族文化的个性化和独特化。

综上所述,容易看出,赫尔德这样一种对"形象"的理解,与他对"感觉"的解释,基本是一致的,它们都是人创造出的关于生活世界的图像,是人类语言的真正"所指"。

氛围(Klima/climate)

前一部分我们主要是考察了语言的"诗化"特征,即语言在表象世界和表达自我方面的创造性特征。但我们知道语言是人和世界打交道的产物,世界必将深深地影响我们的语言。为了更好地理解世界对我们语言的影响,我们将来考察赫尔德语言思想的另外一个重要概念:氛围。

语言是我们理解和占有世界的方式,同时也是我们形成自我和理解自我的方式。因为,从语言形成的过程我们可以明显地发现,语言的所指——"形象"中既包含了世界万物刺激我们形成的知觉,在这个意义上语言是我们认识世界的方式,同时"形象"中也掺入了我们自身的"个性气质",这包括我们的气质禀赋、人生经验和所思所感,因此在这个意义上语言也是我们建构和理解自我的方式。

通过对赫尔德关于"形象"观点的论述,我们阐明了"感觉"概念的一个"诗化"(创造性)的维度,这就是语言作为人表达和理解自我的工具,它所具有的"诗化"(创造性)特征。但同时语言作为人和世界打交道的产

---

① Earl Nicholas Lewis. "Herder's Theory of the Gifted Individual". *The German Quarterly*, Vol. 29, No. 3 (May, 1956).

物，作为人理解和认识世界的工具，它必然受世界对它的决定性影响。这就是"感觉"概念的另外一个维度：语言受言说它的人所生活的世界的决定性影响，语言表达一个具体的生活世界。

赫尔德用"氛围"一词来表达对语言产生决定性影响的那个方面。在他的理解中"氛围"并非只是自然环境，而是一个人生活于其中的整个世界。他如此说道："一个地方的海拔，它的构造和产品，人们的饮食，生活方式，工作，服饰，习惯性的姿态，艺术和快乐，以及一切和人们的生活相联系的其他要素，都是对于氛围的描述。"① 在德语中的"Klima"一词，以及对应的英文翻译"climate"一词，它本来的意思都更强调气候这样的自然要素，但是在赫尔德对该词的使用中，除了对自然气候因素的强调外，还增加了文化和人文的因素，正是在这个意义上，我们将该词翻译为中文中含义更宽泛的"氛围"一词。② 在赫尔德看来，"氛围"就是一定的自然条件以及与这些自然条件相适应的一种生活方式的总和。根据前面对赫尔德人性观的论述，"氛围"对人有本质的重要性，因为人和他所生活的世界之间有一种本体论意义上"相互依存"的关系：一方面他需要通过世界来建构和理解他自己，把自己的生命本质投射到这个"氛围"中的万物之上，在万物之上打下自己的印记；另一方面"氛围"也构成他的自我和生命本质的一部分，因此他的自我和生命本质也必将印上"氛围"的痕迹。正是人和"氛围"之间的这种本体论上的"相互依存"关系，使得人的生活方式必然跟他所处的"氛围"相适应。这也正如马里恩·海因茨教授所指出的：

有限的人类心灵需要感觉来为它呈现宇宙的形象……感性把知觉

---

① Johann Gottfried Herder. *Werke in zehn Bänden*. 10 volumes. Edited by Günter Arnold et al. Frankfurt am Main: Deutscher Klassiker Verlag, 1985–, Vol. 6, p. 266.
② 我们原来的翻译是"环境"。在一次会议上，邓晓芒教授认为翻译为"氛围"更准确，我们采纳了邓教授的建议。在此感谢邓晓芒教授。

印象输送给心灵，理智再对这些知觉印象进行处理……人类心灵不但依赖表象的被给予，而且它还依赖某种特别的感觉通过心灵的物理器官而进入心灵，这种特别的感觉在一个具体的时空环境中有其确定的位置。对赫尔德来说，由于人类的精神在不同的自然和人造境遇中展开，精神自身也呈现出不同的面貌。在赫尔德看来，艺术、手工贸易以及思想的方式都表明人类的理智是建立在感觉之上的。①

了解了赫尔德的"氛围"概念，我们就容易理解"氛围"对语言的决定性影响。因为，语言最终来源于"感觉"，语言的基础就是"感觉"，而"感觉"的发生是一个能感觉、有感情和有意愿的人与一个具体的"氛围"相遭遇，与之打交道的结果。这样，具有"悟性"的人发明语言就变成了这样一个过程：人和一个具体的"氛围"打交道，形成各种各样的知觉印象，"悟性"通过自己独有的方式对这些知觉印象进行整理，使它们变成可理解的"形象"，我们再用符号来表达这些"形象"，就形成了语言。我们也可以反过来描述语言产生的过程，这样可能会使我们把"氛围"对语言的决定性影响看得更清楚。由于语言的所指是"形象"，"形象"的根基是知觉印象，而知觉印象最终来源于"氛围"的刺激，是我们和"氛围"打交道时它刺激我们感官的结果，所以毫无疑问，"氛围"必定是我们形成语言时外部的决定性因素。

如此观照下，语言就为生存于一个具体"环境"中的人提供了理解他所生活的"氛围"的方式。当人与"氛围"打交道时，"氛围"刺激人的感官形成知觉印象，但是这些知觉印象是杂乱的和黑暗的，因而也是不可理解的，是人的语言使它们变得有序，变得光明，变得可理解。可以说，是语言赋予了人所生活的"氛围"以一种秩序，是语言照亮了人的生存的周

---

① Marion Heinz. *Sensualistischer Idealismus: Untersuchungen zur Erkenntnistheorie und Metaphysik des jungen Herder (1763–1778)*. Hamburg: Meiner, 1994, p. 135.

遭。我们可以用海德格尔的话来表达这一点，那就是一种语言实际上说出了一个世界的可理解性，或者用维特根斯坦的术语表达为一种语言就是一种生活方式。

这里我们似乎遇到了一个麻烦，那就是：一方面"氛围"对我们的语言有决定性的影响，另一方面我们的语言又给世界带来秩序，照亮世界；如何理解"氛围"和语言的关系？为了使赫尔德语言观中语言和"氛围"的关系变得更清晰，我们可以从现代语言学中"意义（用法）"与"所指（指称）"的角度来考察这一关系。赫尔德实际上通过"感性"这个概念，比较圆满地解决了"氛围"对人的语言"形象"有决定性影响和人对"氛围"形成的"形象"又具有创造性的看似矛盾的问题。

我们知道，语言学中"能指"与"所指"的区分最早是由瑞士语言学家索绪尔在他的名著《普通语言学教程》中提出来的。在这本书中，他指出："语言符号连结的不是事物和名称，而是概念和音响形象。……我们建议保留用符号这个词表示整体，用所指和能指分别代替概念和音响形象。"① 由此可见，任何语言符号都包含着"能指"和"所指"两个方面："能指"是指语言的音响形象，这里的音响形象"不是物质的声音，纯粹物理的东西，而是这声音的心理印迹，我们的感觉给我们证明的声音表象"②，换言之，"能指"所谓的音响形象就不是声音的分贝，而是物理声音在人的心里留下的印记；"所指"指通过音响形象的符合所反映的事物的概念。比如英语的"river"这个单词，它的发音在我们心里所造成的印迹就是它的"能指"，而"河流"的概念就是它的"所指"。

索绪尔提出"能指"与"所指"的基本区分之后，这对概念成为人们分

---

① ［瑞士］费尔迪南·德·索绪尔：《普通语言学教程》，高明凯译，岑麒祥、叶蜚声校注，北京：商务印书馆，1980年，第101—102页。
② ［瑞士］费尔迪南·德·索绪尔：《普通语言学教程》，高明凯译，岑麒祥、叶蜚声校注，北京：商务印书馆，1980年，第101页。

析语言现象的基本概念。一个重要方面就是用它们来分析语词的意义,并在此基础上形成了不同的关于语词的意义理论。早期梅农的对象理论认为,一个词的意义就是它的所指,是它所指称的对象,哪怕一个词是矛盾的(圆的方)也指称一个对象,尽管这个对象在现实中不存在,它的意义依然可以通过这个对象来确定。弗雷格不同意梅农的看法,认为语言的意义不能够通过所指来确定。首先,认为一个矛盾的表述(木的铁)指称一个在现实中不存在的对象,但它的意义依然可以通过这个不存在的对象来确定,这不管在理论上还是直觉上都是难以理解的,但是一个矛盾的表述确实有意义;其次,不同的语词可以有相同的指称,但它们意义却不同,比如启明星和长庚星,同时,指称同一个对象的可以有不同的语词,它们也拥有不同的意义,如鲁迅和周树人,有人知道鲁迅却未必知道周树人。接着,罗素在区分一个命题的语法形式和逻辑形式的基础上,认为一个词的意义仍然是它的指称,只是我们需要从它的逻辑形式而不是语法形式来理解,以此可以避免弗雷格对梅农的指责。但罗素悖论[①]的出现使他的意义理论再次面对危机。针对之前意义理论的问题,晚期维特根斯坦提出了他自己的意义理论,基本观点是语言的意义在于它的用法,一个语词的意义需要通过它在语言游戏中如何被言说来确定。在维特根斯坦的语言意义理论出现以后,很多语言哲学家都倾向于认为语言的指称和语言意义(用法)是分离的。

如果我们以这样一个视角来看赫尔德那里语言和"氛围"的关系,那么很容易发现,他的语言观实际上实现了一种"意义"与"指称"的融合。一方面,赫尔德保持了语言对于世界的指称性。在赫尔德这里,语言在根本上依然是一种对生活世界有所指称的符号。语言来源于"感觉",而"感

---

① 罗素悖论俗称理发师悖论,是由罗素发现的一个集合论悖论。其基本思想是:对于任意一个集合 A, A 要么是自身的元素,即 $A \in A$,要么不是自身的元素,即 $A \notin A$。根据康托尔集合论的概括原则,可将所有不是自身元素的集合构成一个集合 S1,即 S1={x: $x \notin x$},那么对集合 S1 来说,它是不是自身的元素呢?根据 S1 的定义,它不应该是自己的元素,但是如此它恰好满足它关于自身元素的定义,悖论由此产生。

觉"是人与世界打交道的产物,它区别于个人主观的知觉,具有相应的客观性与独立性,反映着生活世界,在这个意义上,语言作为感觉的表达指称着生活世界中的事物,对它们具有指称性。另一方面,语言所指称的事物同时也是语言的意义。这里的关键在于如何理解在赫尔德那里什么是语言所指称的事物。前面我们已经分析过,这个事物就是生活世界中出现的事物,不过它不是客观中立或镜面式地反映的事物,而是与生活在其中的人的生命和生活紧密联系在一起的事物。这些事物由于是与人的生活联系在一起,那么对它们的理解和反映就饱含着人的喜怒哀乐,充满着悲欢离合,换言之,它们是被人赋予了意义的事物,而不是与人无涉、和人无关的客观事物。那么这样的事物,作为语言所指称的对象,就只能在一个生活世界中才能得到完全的理解。因为,生活世界实际上是一个意义的网络和场域,构成这个生活世界的事物其意义也只能在生活世界的意义网络中才能被定位和理解。生活世界的意义网络本身就是由语言所赋予的,也直接体现在语言中,所以,事物在生活世界中的位置,也就是指称该事物的语词在整个语言网络中的意义,而语词在语言网络中的意义规定了它在语言网络中的用法。

显然,这里理解的核心是赫尔德对语言所指称的事物的界定本身就是从"意义"的角度来进行的。我们也可以从前面讲的"感觉"和"形象"的概念来理解这里的说法。根据赫尔德,一种语言所指称的事物只能在这种语言的"感觉"所植根的那个世界中才能获得最好的理解,并不是在任何其他语言中都能展开这种理解。因为语言的所指是"感觉","感觉"是人在一个具体的"氛围"中创造性地形成的关于"氛围"的"形象","形象"又是人用自身的心灵秩序①来综合联结"氛围"对他的刺激而形成的,这就意味着通过"形象"人把心灵的秩序赋予了"氛围"。人正是在这种

---

① 这里的心灵秩序在赫尔德的理解中包括了人的知情意和本能欲望等各种因素。

"形象"中来理解和使用语言的,因此语言的所指就是语言的意义。索尼娅·锡卡曾对此有过这样的说法:"这样,意义就是用法,因为一种语言的网络描绘了一个感觉世界,而这种语言就来源于这个感觉世界,一个人在不知道这种语言如何使用的情况下,不可能使用这种语言来指称这个语言所对应的感觉——在这感觉中,各种各样的对话、语境以及背景都和一定的生存活动和情感相关。"①

换句话说,在赫尔德的语言哲学中,所指和用法是不可分离的。语词的意义由它所指称的感觉组成,而这些感觉的"形象"在语言中的位置由把握语言的人的具体生活来决定。这包括两方面的内容:一方面,被命名的事物是已经被我们意识到,并在我们的生活中被把握为"形象"的事物;另一方面,语词作为名字指称了这个被感知到的事物,这个事物作为感觉和我们感性的身体紧密相连,同时通过这个感性的身体和整个"氛围"相接。因此,在与一定环境相适应的生活方式当中,事物的名字就与被命名的事物的意义相一致了。

这样理解的赫尔德的语言观就是一种符合论的语言观,只是这种符合论的语言观和传统的有很大不同。传统符合论认为首先有一些独立于我们的事物存在,它们是客观中立的,不以我们的意志为转移,我们的观念(语言)就是对这些事物镜面式的反映。语言和事物之间存在着一种对应和符合,当语言比较好地表达(符合)了事物的含义,我们就认为语言达到了事物的真理。赫尔德也认为语言与事物之间存在着某种符合,只是正如刚才所分析的,在他的理解中,这里的事物并不是客观中立的事物,而是由在一个具体的环境中过着某种生活的人用他的全部生命存在创造出来的"形象"。索尼娅·锡卡也明确地指出过这一点:

---

① Klaus Brinkmann (ed.). *German Idealism: Critical Concepts in Philosophy*. London and New York: Routledge, 2007, Vol. IV, p. 175.

换句话说，我主张赫尔德在某种意义上是一位意义的符合论者。但是他的观点和旧式观点截然不同之处在于，他的理论中语言要符合的对象不是任何理智都可以理解的，因而在任何语言中都可以得到表达的"中立"对象，而是那些具有这样一种性质的事物，它们只有在与有着确定范围的"我们"的具体生活方式的关系中呈现自己。①

因此，在这种符合论的理解下，语言实际上表达的是这样一些事实，这些事实存在于由人和环境的交往所形成的空间。人的内在心灵和外在环境通过人的感性身体，通过人的感官联系起来，在这种联系中形成了一个"内在"和"外在"无法分开的领域，这就是"感觉"的领域，"形象"的领域，也就是语言表达的场域。斯宾塞教授在讨论赫尔德的语言观时认为，"外在环境"和人的"内在条件"是我们理解不同语言之间的区别以及同一种语言产生的变化的两个主要因素："赫尔德认为有两个主要的因素导致了这种变化（指各种语言之间的不同——引者注）：首先是像气候和地理位置这样的外部环境因素，然后是人内在的条件，这包括一些倾向和态度，它们来源于一个集体中的共同经验以及在这个集体中家庭与成员之间的关系。"② 这种"外在环境"和"内在条件"相结合的领域就是语言表达的空间。

第三节 赫尔德语言哲学视域下的主体与文化

在第三章，我们讨论赫尔德"表现主义"人性观的时候曾说到，赫尔德"表现主义"人性观集中体现在他对语言的思想中。本节我们将结合他

---

① Klaus Brinkmann (ed.). *German Idealism: Critical Concepts in Philosophy*. London and New York: Routledge, 2007, Vol. IV, p. 175.
② Vicki A. Spencer. "Towards an Ontology of Holistic Individualism: Herder's Theory of Identity, Culture and Community". *History of European Ideas*, Vol. 22, No. 3 (May, 1996).

的语言哲学思想,更加深入地来理解赫尔德是如何通过他的语言哲学思想来破解近代的理性主体的,为了突出这层意思,我们在本节的标题中用了"主体"(subject,有时也用"自我"[self])而不是"人性"这个概念。在赫尔德的语言哲学视域下,人不再是理性的主体,而成为在文化中展开的场域,文化因此成为人的现实性本质。从语言的角度来理解人和文化将成为我们阐释赫尔德文化哲学思想的重要切入点。

在赫尔德看来,西方近代理性主义哲学家都将人理解为一种理性主体,并以此为基础建立了主体形而上学体系。以这种主体形而上学来观照,近代哲学家之间可能存在具体观念的分歧,但他们思想的基本框架都是以一个具有天赋观念或理性能力的主体作为根基,以此来建构自己的思想体系。赫尔德认为这样的理性主体是哲学家的虚构和抽象,并不真实存在,主体都是在具体的文化中建构起来的,因此,在这个意义上,近代以理性主体来建构的形而上学实际上是没有根基的。正是基于对主体是在文化中建构起来的的洞见,赫尔德就不单反对近代各种具体的主体形而上学,而是在根本上反对任何建立这种形而上学的努力。罗伯特·S. 莱文塔尔(Robert S. Leventhal)就明确指出过:"因而赫尔德的批判就不只是直接指向某种形式的形而上学,就不单针对笛卡尔、莱布尼兹以及康德经过批判地改造后的传统形而上学,而且直接反对基础形而上学的整个计划。"[①] 这里所言的基础形而上学就是主体形而上学。

作为西方近代哲学的开端,笛卡尔对两种实体的划分奠定了近代主体理论的基础。在笛卡尔看来,存在着两种不同的实体——精神实体和物质实体,前者的本质属性是思维,后者的本质属性是广延。能思维的精神实体在笛卡尔的理解中就是主体。笛卡尔具体分析了这个能思维的精神性主体,认为它具有一些与生俱来的自明观念,它们可以成为我们构建知识大

[①] Robert S. Leventhal. *The Disciplines of Interpretation: Lessing, Herder, Schlegel and Hermeneutics in Germany, 1750–1800*. Berlin and New York: Walter de Gruyter, 1994, p. 179.

厦的坚实基础。主体就这样成为笛卡尔哲学体系的阿基米德点，以此方式，笛卡尔也奠定了近代主体形而上学的基本范式。之后的不管是经验主义者还是唯理论者，他们的思想都在这一基本范式下展开，都立足主体（或自我）展开哲学的分析，他们之间的区别只是在于这一主体具备的能力以及这些能力如何划分之上。其中最具代表性的是沃尔夫，他在继承莱布尼兹思想的基础上对人的认识能力进行了更细致的划分。沃尔夫认为，主体具有两种表象形式：一种是依靠理性能力获得的清楚明白的表象，另一种是通过感性能力获得的模糊的表象。与此相对应的是两种高低不同的认识能力：较高级的理性和知性能力，以及较低级的感性能力。在沃尔夫看来，哲学的目标是获得清楚明白的观念，而这只能通过高级的理性和知性能力才能实现。

但是赫尔德由于受鲍姆嘉通的影响，特别是鲍姆嘉通对于人的感性认识能力的强调和研究，他更加注重感性对于人的基础作用，并以此为基础来批判以沃尔夫为代表的唯理论者对理性的偏爱和对感性的贬抑。在《克里斯蒂安·沃尔夫文集》（"Christian Wolffs Schriften"）一文中，赫尔德对沃尔夫区分"高级"和"低级"的认识能力的做法进行了批判，认为沃尔夫完全没有真正理解人类的认识能力。在赫尔德看来，所谓"低级"的感觉能力才是更根本的，是"高级"认识能力的基础，是我们一切认识的来源："我们大部分发明（指语言——引者注）产生的地方——心灵最黑暗的部分却未被他（指沃尔夫——引者注）所说明。他谈论心灵'低级的认识能力'时好像是在说和身体截然分开的精神一样。"[1]

在强调感性是更基础的认识能力的同时，更为重要的是赫尔德认为人

---

[1] 根据英文译出，参见 Robert S. Leventhal. *The Disciplines of Interpretation: Lessing, Herder, Schlegel and Hermeneutics in Germany, 1750–1800*. Berlin and New York: Walter de Gruyter, 1994, p. 179。德文参见 Johann Gottfried Herder. *Sämmtliche Werke*. 33 volumes. Edited by B. Suphan. Berlin: Weidmann, 1877–1913, Vol. XXXII, p. 157。

的认识能力是一个有机的整体。它的有机性和整体性体现为一套作用结构，专门用来对感官从外部世界接收的知觉印象进行加工。但赫尔德的这套作用结构与康德的先天认识结构不同，在赫尔德这里，这套作用结构不是像康德那样划分为感性、知性和理性的先验结构，它是把人所有的生命力量综合在一起形成的一种认知倾向，它是在生命展开过程中历史地生成的，而不是一套固定的认知形式，它在本质上是一种有机力，需要将自身作用于外部世界才能形成自身和认识自身。对此，赫尔德有如下论述：

> 人不得不抛弃本能，但因此他就获得了若干发展的可能性。由于他可以广泛地观察，不放过任何一个方面，他就享有充分的自由，能够为自己开辟一个反映（Bespiegelung）的领域，能够自我关照（sich in sich bespiegeln）。这样，人就不再是大自然手中的一台没有缺陷的机器，而是以他自身为行动的目的。人的力量所具有的这种倾向（Disposition），有人称之为"知性"（Verstand）或"理性"（Vernunft），也有人称为"意识"（Besinnung），等等；只要不把它们理解为分隔开来的力量，不把它们仅仅看作动物力量的高级形式，这些名称在我看来都是一样的。人的所谓理性，就是一切人类力量的总和形式，就是人的感性本质和认知本质（erkennende Natur）、认知本质和意愿本质（wollende Natur）的结合形式，或更确切地说，是与某种机体组织相联系的唯一积极作用的思维力量。①

赫尔德这段对人的认识能力的阐述，我们在本研究中反复进行了引用，正在于说明赫尔德对人的认识能力的有机性与综合性的强调。如前所述，近代哲学家将主体划分为感性的部分和理性的部分，以此为基础再将人的认

---

① ［德］赫尔德：《论语言的起源》，姚小平译，北京：商务印书馆，1998年，第21—22页。

识能力划分为低级的感性认识能力和高级的理性认识能力。显然，在这里，赫尔德首先是批判了这样一种理解主体的方式。主体不是由彼此区隔开来的认识能力组成的，而首先是一个生命力量的综合的有机体，各种认识能力不过是在这个综合体上发展出来的不同功能，这正是赫尔德所言"是一切人类力量的总和形式"，而"不把它们理解为分隔开来的力量"的含义。当赫尔德使用"总和形式""意识""理性"等概念来称呼人的生命力量的总体时，他的意图也不是在用这些所谓的"概念"来"抓取"生命力量的总特征，如果这样他就和传统的理性主义者没有什么区别了，他在这里使用这些传统哲学家的概念只在于指出它们的真实所指是什么。

  如果说赫尔德突出认识能力（生命力量）的有机性与整体性是其批判传统理性主体的基础方面的话，那么更重要的方面则在于他指出主体认识结构的历史性与开放性。与理性主体形而上学强调人的能力是一套先验结构不同，赫尔德认为人的认识框架是经验地建立起来的。我们可以通过前面论述的语言的产生过程来理解这一点。人在自身生命力量的推动下与外部世界打交道，接收各种各样的知觉印象，运用心灵的力量把这些知觉印象加工成"形象"，再用符号来表示它们，语言就这样形成了。将语言编织成网络，就形成了一种理解世界的方式。可见，人形成对世界的理解方式和结构是和人与世界打交道形成语言的过程同步的，人的语言能力是在形成经验的过程中发展起来的，人的认识能力和结构也是通过经验形成的。在赫尔德这里，语言与认识能力和认识结构是同样的意思，人的认识能力和认识结构最终都体现为语言能力和语言结构，都通过语言能力来实现和体现。通过前面的分析我们知道，语言有面对经验的历史性与开放性，所以人的认识能力和认识结构在赫尔德这里同样具有历史性与开放性。所谓认识结构的历史性就是指认识结构都是人的生命力量在不同时空不同环境中形成的暂时性结构，它们因时因地而不同；认识结构的历史性决定了它面向经验的开放性，因为历史性意味着认识结构是通过经验历史地形成的，认识结构会随着经验的改变而有所改变，它必然是面向经验开放的。

　　认识结构的历史性与开放性同时也就表明主体是历史性和开放性的，或者用罗伯特·S. 莱文塔尔的说法，是"暂时性的"（provisional）。人用全部生命力量认识世界、用符号编织世界的图像的过程，也是人表达自己、确认自己和认识自己的力量的过程。人形成的关于世界图像的语言网络，其实也是将人的生命力量用语言的形式凝结下来，确认下来。换言之，人用语言表达世界图像的过程，本质上也是他用语言导引、规范和编织自身生命力量，形成生命本质的过程。因此，从生命力量到形成主体，实质上是人通过语言对自身的全部力量及其作用结果进行的一种排列与综合，导引这种排列与综合方向的是人生活其中的氛围。罗伯特·S. 莱文塔尔教授就是这样理解赫尔德的主体的："主体是一个多种力量的综合物，它综合的方向由各种各样的符号和差别通过源源不断的结合而决定，由人自身各种能力和力量的无穷尽的排列所决定。"① 主体作为一个暂时的结构和系统，在人通过区分和差异而进行的认识活动中得到实现，并且通过人的认识活动而表现出来。人的全部力量实现为主体的历史性与开放性正是来源于它们在认识活动中所表现出来的多样性与差异性。这里有两点是很明显的，首先，这样一个"暂时性"的主体作为一个相对稳定的认识结构依然是反思的结果，只是此反思与理性主义者的反思大不相同。理性主义者的反思是试图在一个先验主体中找到一套先天结构，赫尔德的反思则是试探性的（tentative）和暂时性的，它完全建立在人与世界打交道的经验过程之上。"试探性的和暂时性的统一主体作为反思的结构，它依赖于之前通过区分的作用而形成的多种力量的综合物。"② 其次，认识主体的"试探性"与"暂时

---

① Robert S. Leventhal. *The Disciplines of Interpretation: Lessing, Herder, Schlegel and Hermeneutics in Germany, 1750–1800*. Berlin and New York: Walter de Gruyter, 1994, p. 181.

② Robert S. Leventhal. *The Disciplines of Interpretation: Lessing, Herder, Schlegel and Hermeneutics in Germany, 1750–1800*. Berlin and New York: Walter de Gruyter, 1994, p. 181.

性"决定了它是历史性的和开放性的,质言之,就是这样一个主体是历史地建构起来的,是面向经验而开放的。总之,在赫尔德的理解中,自我不是先验主体或实体,它是通过对生命力量与世界打交道的结果的反思而逐渐形成和建立起来的。

显然,如此历史地形成和建构的主体,作为人的生命力量的某种导向和确认,它需要一个确定的环境(context)来对自身的含义(生命力量被导向的某个方向或确认为的某种内容,或者生命力量的综合排列的结构)进行一种解释学意义上的说明(explication)。"为了展露和阐明运作于一个确定环境的各种力量,这类型的主体需要一种解释学的说明。"① 如果主体的建立需要世界的在场,需要运用他的各种力量与世界打交道才能形成,那么脱离世界主体就不能建立,纯粹的主体只是一种"黑暗力量"(dark powers),一个"内在的深渊"(abyss of internal):"自然拥有成千上万的可用千万种方式撩拨的细线,这些细线通过排斥和联络而被编织成一个多种形式的综合体;它们通过内在的力量拉升或者缩短自己,而且每一根细线都参与了感官的作用……。有人曾经看见过比一个由于源源不断的刺激而不停跳动的心灵更加奇异的事情吗?一个内在的黑暗力量的深渊。"② 这个"内在的黑暗力量的深渊"只有通过与世界打交道才能被照亮。

这个抽离世界后留下的"黑暗力量的深渊",它作为人与世界打交道的源源不断的力量,敞开了自我作为历史性的和解释性的主体的场域。因为主体这个"黑暗力量的深渊"需要世界才能被照亮,需要世界的在场,需要人与世界打交道才能形成,那么主体的形成就与人所生活的世界有必然

---

① Robert S. Leventhal. *The Disciplines of Interpretation: Lessing, Herder, Schlegel and Hermeneutics in Germany, 1750–1800*. Berlin and New York: Walter de Gruyter, 1994, p. 181.
② 根据英文译出,参见 Robert S. Leventhal. *The Disciplines of Interpretation: Lessing, Herder, Schlegel and Hermeneutics in Germany, 1750–1800*. Berlin and New York: Walter de Gruyter, 1994, p. 181。德文参见 Johann Gottfried Herder. *Sämmtliche Werke*. 33 volumes. Edited by B. Suphan. Berlin: Weidmann, 1877–1913, Vol. VIII, p. 172。

的关联。由于不同的时代不同的民族生活的世界是不一样的，对世界的理解也是不一样的，因此主体就必然是历史性的与解释性的。

人与世界打交道，既是世界照亮"黑暗力量的深渊"，形成自我的过程，同时也是主体照亮世界，使世界获得理解的过程。我们在前面介绍赫尔德语言哲学时曾谈到，世界对人呈现为"形象"，它是人的"悟性"综合感官从与世界打交道的过程中获得的知觉印象的结果。因此，"形象"就具有两方面的意义：一、它是我们运用"黑暗力量"的结果，是对"黑暗力量"的一种照亮，在这种照亮中我们开始形成自我；二、它是我们对世界的表象，是对世界的照亮，在这种照亮中世界获得了可理解性。这两方面的意义同时带来双重结果：既使人与世界相区别，形成主体与客体，因为人在与世界打交道的过程中逐渐意识到自我与世界的不同，自我是与世界相对立的主体；同时也使人与世界相统一，因为人必须通过世界才能形成他的主体，世界只有通过人才能被照亮。

主体作为历史性地和解释性地敞开的场域，作为被世界所照亮的"黑暗力量"，立身于"黑暗力量的深渊"之上。因为抽离世界后的主体只是无尽的"黑暗力量的深渊"，"深渊"一词已经显明主体的无根性。在德语中，"Abgrund"一词本来的意思就是没有基础、去掉基础的意思，赫尔德正是用这个词来描述"人的全部内在力量"。没有基础与"黑暗的"在含义上基本是一致的，黑暗的东西就是无根基的东西，无法理解的东西，被世界照亮的部分只是"黑暗力量"这个整体的冰山一角。换言之，对人的生命力量来说，黑暗、无根是根本性的规定，照亮与确认是暂时性的规定，正是由于在根本上是黑暗和无根的，才会形成历史性与开放性的暂时性主体。不过，赫尔德还指出，主体作为"黑暗力量"中被照亮的部分，对自身立于"黑暗力量的深渊"之上这一事实毫无所知，它才会误解自己是一个绝对的先验主体，忘记了自己经验性和历史性的本质。同时，赫尔德认为，尽管主体对自身基础的这种无知是一种遗忘和忽视，但是也是一种"幸福的无知"，因为只有通过无知的这种遮蔽，自我才能开始形成，主体才能确立："她（指理性能力或主体——引者注）站立在无限的深渊之上并且没有意识到她站立在那里这个事实；通过这种幸福的无知她坚定地和确定地站立着。"① 如果人一开始就洞穿自己的本质立于黑暗的深渊之上，那么他会陷入对根基的无穷追溯而无法真正形成和认识自我，换言之，有限的主体无法将自身建立在无限黑暗的深渊之上。

把赫尔德与康德对自我的理解做一番对比是有意思的。在理性主义的代表康德那里，自我被区分为先验自我和经验自我：其中先验自我是普遍的，每个人都一样，体现为一整套的先天形式法则，也是经验自我的可能性条件；经验自我则是先验自我在经验中运用并与之结合而形成的自我，具有个体差异性和偶然性。如果类比一下，那么赫尔德的主体作为被照亮了的自我类似于经验自我，作为黑暗的深渊的生命力量相当于先验自我。在经验自我的意义上，康德和赫尔德都认为它们是在经验的基础上形成的，都具有因经验而来的个体偶然性。只是，康德从他的普遍主义立场出发，认为这种偶然性是心理学研究的对象，不是他要关心的；赫尔德则从他的历史主义观点出发，认为这种偶然性是本体性的，是人真实存在的状况，应当深入理解和尊重。而在先验自我的意义上，康德认为尽管先验自我自身不能认识，而且只能作用于经验的领域，但作为经验自我乃至构造整个现象世界的基础，它体现为一整套理性主义的形式法则，这套法则是普遍的和先验的；作为赫尔德主体基础的生命力量实质上是一种有机力，它永远保持自身为黑暗的深渊，是一种不断推动着人去与世界打交道的不竭动力。康德与赫尔德对自我理解的这种区别，使得康德走向了先验主义，赫尔德却走向了历史主义。

---

① 根据英文译出，参见 Robert S. Leventhal. *The Disciplines of Interpretation: Lessing, Herder, Schlegel and Hermeneutics in Germany, 1750–1800*. Berlin and New York: Walter de Gruyter, 1994, p. 182。德文参见 Johann Gottfried Herder. *Sämmtliche Werke*. 33 volumes. Edited by B. Suphan. Berlin: Weidmann, 1877–1913, Vol. VIII, p. 185。

第四章　赫尔德文化哲学思想的语言哲学基础

赫尔德如此理解的主体,就成为海德格尔意义上的"林中空地"。在海德格尔那里,"林中空地"是指这样一个地方,它是黑暗中被光明所照亮的一块地方,是黑暗与光明的游戏之所,是真正意义上的真理。赫尔德的主体也正是这样一块"林中空地",它立于黑暗深渊上,却又被世界所照亮,是黑暗中那块被照亮的地方。前面我们说到,赫尔德的主体是被语言建构起来的,事实上,赫尔德所理解的语言恰是这黑暗与光明游戏的"林中空地"。语言作为人与世界打交道的产物,是生命力量从黑暗深渊中挣脱而出的光亮,它既照亮自身又照亮世界,成为人与世界、光明与黑暗的交会之所。"无论一个思想是什么,在思想中都有一种内在力量使得一束特殊的光亮从涌向我们的黑暗力量综合体中显明出来。"① 显然,在赫尔德这里,正是语言的产生使人作为主体的形成成为可能,使世界的可理解性成为可能。

人与世界打交道,在形成主体的同时,也形成他眼中的世界,主体与世界是相互生成,而且共同生成的。不存在一个脱离世界的主体,也没有一个离开主体的世界,这两者都是形而上学的抽象。立足于世界与主体共同生成这一事实,世界才能被当作"他者"经验。但,即使是被经验为他者的世界,它依然是照亮生命力量而形成主体的唯一途径,是构成主体自身的一部分。"作为各种不同力量自身被历史性地建构起来和正在建构着的结构,主体在记住、占据它自己以前多种存在样式的同时也把这种历史性经验为非同一性,经验为形成中的他者。"② 因此,人与世界、主体与客体之间就形成这样一种既同一又差异的辩证关系,语言就实现并表达了这样的辩证关系。语言使人与世界都获得理解。在语言中,人成为主体,世界成为客体,同时通过语言人把世界把握为图像,这个图像成为人理解自身和

---

① 根据英文译出,参见 Robert S. Leventhal. *The Disciplines of Interpretation: Lessing, Herder, Schlegel and Hermeneutics in Germany, 1750-1800*. Berlin and New York: Walter de Gruyter, 1994, p. 182。德文参见 Johann Gottfried Herder. *Sämmtliche Werke*. 33 volumes. Edited by B. Suphan. Berlin: Weidmann, 1877-1913, Vol. VIII, p. 193。

② Robert S. Leventhal. *The Disciplines of Interpretation: Lessing, Herder, Schlegel and Hermeneutics in Germany, 1750-1800*. Berlin and New York: Walter de Gruyter, 1994, p. 182.

世界的中介。所以，语言道说着人与世界的交会。

然而，在赫尔德这里，由于主体立身于无底深渊和无限的"黑暗力量"，所以不管它如何被照亮，如何言说世界，这种照亮和言说都是永远未完成的，永远只是黑暗与光明之间的一块"林中空地"。这就是赫尔德的主体所遭遇的历史性。这种历史性通过语言来实现并在语言中表达出来。"主体与客体的可理解性依赖于作为自我意识中介的语言，然而这种自我意识永远不能把握无限的历史的力量，为了创建主体性这种力量是必须被消除的。通过语言，各种具有内在不同和差异的主体同一性就在一个语境当中，在一个离散的语言框架当中被创造出来和定位下来。"① 因而，主体的可理解性与世界的可理解性都是随着历史的变迁而不同的，语言言说了主体和世界的可理解性，并且实现了主体自我理解的历史性和对世界理解的历史性。在不同的时代和不同的民族，是他们的语言道说了什么是可理解的，什么是不可理解的，什么是他们的自我，什么是他者，什么是主体，什么是客体，而这就是"视界"（Horizont/horizon）。"视界"是一个民族在一个时代能理解的他们自己和他们生存世界的总和，它通过当时当地的语言来表达并在这种语言中被规定下来。语言的历史性规定了"视界"的历史性，或者"视界"本身就是这种历史性的产物。"在这样一个语境当中，自我与他者、主体与客体、熟悉的事物和陌生的事物之间的界限就被划出并被建立起来：从赫尔德到尼采再到伽达默尔，视界的观念都被作为解释学思想的必要组成部分，它作为思想的重要界标划定了可理解的事物的场域，确定了试探性的、暂时性的和历史性的主体的立足点。"② 以此方式，赫尔德将近代的理性主体解构为一个在语言中敞开的场域，一个需要通过解释学的方式才能理解的历史性的自我。

---

① Robert S. Leventhal. *The Disciplines of Interpretation: Lessing, Herder, Schlegel and Hermeneutics in Germany, 1750–1800*. Berlin and New York: Walter de Gruyter, 1994, p. 183.
② Robert S. Leventhal. *The Disciplines of Interpretation: Lessing, Herder, Schlegel and Hermeneutics in Germany, 1750–1800*. Berlin and New York: Walter de Gruyter, 1994, p. 183.

语言对主体本质性的建构作用，也将文化的意义揭示了出来。主体作为在语言中敞开的场域，作为被语言所照亮的"林中空地"，它只能在一个语言的网络中才能建构起来。不存在与世隔绝的孤立主体，每一个主体都必然在其他历史性主体和文本的影响下形成自我，一个稳定的主体同一性必须在一个稳定的语境中才能获得，必须通过一个语言的有机体才有可能形成。文化正是这样的有机体。文化作为一个族群对自身与世界理解的符号表达，它形成一种"视界"，对这个族群的成员来说，这种"视界"必将直接影响他们自我的形成和维持他们稳定的主体同一性。在这个意义上，文化对人来说是必需的。质言之，文化作为语言建构的意义网络，实现着也规定着人的本质。

基于这种对语言和主体的理解，我们可以来简要地阐述一下赫尔德的"民族"（Volk）思想。① 在赫尔德看来，"民族"就是"文化民族"，将人们统一为一个民族的既不是血缘和宗族，也不是领土②或法律，而是成员共同拥有的价值观或文化，其中最重要的就是拥有共同的语言和历史传统。"那些共同拥有一个建立在他们的语言基础上的特别的历史传统的人们，赫尔德把他们叫作 Volk 或者民族。"③ 在赫尔德那里，就一个民族而言，它由"外在环境"和"内在条件"共同构成。其中"外在环境"主要是指它所在的地理环境和生存条件等物理因素，"内在条件"则主要是指生活在这里的人们所形成的与外在条件相应的心理倾向和各种价值。"外在环境"和"内在条件"共同构成了一个民族生活的"氛围"，在此基础上形成了它特有的

---

① 赫尔德的"民族"思想我们在后续章节还要详细讨论，在此主要是结合他的语言和主体思想简要论述。
② 根据前面分析的赫尔德语言哲学思想，"氛围"对语言的形成具有决定性的影响，而在"氛围"中自然环境又是根本性的，这很容易得到生活在同一片土地的人们很容易形成一个"文化民族"的结论。事实也如此，一种文化总是与一片土地紧密联系着的。但是，领土是一个政治和法权概念，赫尔德在这里并不是否定了前面所说的自然环境对文化和民族的意义，而是认为民族不应当从政治和法律的标准来划分。
③ F. M. Barnard. *Herder on Nationality, Humanity, and History*. Montreal and Kingston: McGill-Queen's University Press, 2003, p. 57.

历史文化传统，体现为一种民族精神。这种文化传统或民族精神用巴纳德教授的说法就是形成了一个民族独特的"世界观"："Weltanschauung（世界观）这个词，在它最字面的意思上，是最好把握内在心灵与外部世界遭遇的不同方式的概念。"① 我们依然可以从语言的角度来理解巴纳德这里的说法。语言在赫尔德那里实质上就是一种"世界观"，一种"观""世界"的方式。跟"氛围"对人的语言有决定性的影响一样，一个民族所处的自然地理环境对它的历史文化的形成也产生了决定性的影响。民族与民族之间语言的不同、文化的不同其实最初是由"外在环境"造成的，"每个民族的表象方式都深深地打下了他们自己的痕迹，因为它本来就被他们所拥有。这些表象方式决定于他们所生活的大地和天空，来源于他们从父辈和祖先那里继承来的生活方式"②。

显然，赫尔德的民族是文化民族，而不是政治法律意义上的民族国家。由于文化的价值观、心理偏好和意义建构等都凝结在语言中，因此拥有共同的语言成为划分一个民族的典型的甚至是唯一标准。一个民族生活在一定的自然环境中，民族成员长时间地和这个自然环境打交道，已经形成了与这个自然环境相适应的特定的生活方式，形成了关于这种特定生活方式的比较稳定和适合的"形象"，而这就是具有特色的民族语言。只要他们居住的自然环境不发生改变，只要这种民族语言所编织的世界没有消失，那么这种语言就会代代相传，就会继续成为民族中每一个成员看待环境和理解生活的方式，这就形成了他们独具特色的历史文化传统。

另外，在赫尔德看来，一个人在从小哺育他长大的文化传统中更能获得一种幸福感和认同感。与概念上的或者政治上的国家认同不同，这种认同感是一种发自内心的情感的认同和需要。赫尔德的语言观依然是这里理解的关

---

① F. M. Barnard. *Herder on Nationality, Humanity, and History*. Montreal and Kingston: McGill-Queen's University Press, 2003, p. 6.
② Johann Gottfried Herder. *Werke in zehn Bänden*. 10 volumes. Edited by Günter Arnold et al. Frankfurt am Main: Deutscher Klassiker Verlag, 1985-, Vol. 6, p. 298.

键。赫尔德认为语言的产生最初源于人表达自我的需要，人要表达自我，要把他对万物的理解，把他的生命本质表达出来，语言就产生了，因此语言是人理解和实现自我的方式。在一个人从小长大的环境中，他所使用的语言正是从在这个环境中生活的民族的历史文化传统中、从人们的生活习惯中习得的，他说的语言与民族其他成员的语言、他的生活方式与其他成员的生活方式都基本相同，所以他所使用的语言在这个民族中能够得到最好的理解，他也因此能最好地表达和实现自己，最能在这个环境中获得幸福感和认同感。

基于这样一种文化民族观，赫尔德批判了当时的以欧洲文化为中心的观点。在赫尔德看来，一个民族就像一棵植物一样是一个有机的生命体，她只有在一个地方保持她的"外在环境"和历史文化传统，她才能生长壮大开花结果。每一个民族都有她自身的历史文化传统，都体现出她自身的有机性，都是上帝在人间开出的花朵。每个民族都有她自身的、只有在她所生活的环境中才能理解和感受的幸福标准，任何试图以自己民族的标准来衡量别的民族的做法都是不恰当的，任何因此而发动的战争都是不正义的。赫尔德呼吁我们应该尊重每个民族自身发展的有机性，应当尊重世界民族的多样性，因为他们都是"人道"的体现。

第五章 赫尔德文化哲学核心议题一：
历史主义与解释学方法

在前面几章中我们已经分别对赫尔德文化哲学思想的产生的背景、形成过程、世界观前提、人性观和语言哲学基础进行了考察，我们发现，赫尔德思想中的这些部分是理解他整个文化哲学思想的前提和基础，对这些前提和基础有了全面的理解，我们可以更深入地理解他的文化哲学思想，澄清其中一些看似冲突的说法。当然，如果我们以他的文化哲学作为进入和理解赫尔德思想的切入点和基点，那么他的整个思想都带有一种文化哲学思维的痕迹，或者说都带上了以历史主义思维和有机论思维为根本特征的文化哲学思维的印记，他的本体论、认识论、人性观念和语言哲学都可以看作他的文化哲学思维在不同领域的具体展开和运用。①

学界早期对赫尔德的文化哲学和以文化哲学为基础的文化民族主义有所误解，这些误解中最为普遍流行的观点是认为赫尔德是一位文化相对主义者和狭隘的民族主义者。造成这些误解的主要原因在于"文化"（Kultur）和

---

① 这里可能涉及解释学的循环，整体与部分的循环。赫尔德的思想自身是一个整体，不管是他的本体论、认识论、人性论，还是他的语言论和文化哲学，都是作为他的整个思想的有机组成部分，都是他的核心世界观在不同领域的体现，但核心世界观并不是脱离这些具体论题或对象的存在，相反这些具体的论题和对象本身就是作为核心世界观存在的，因此，这里的不同只是理解角度的不同，是一种解释视角的不同，或者说是我们进入解释学循环的角度的不同。

"民族"（Volk）两个概念在赫尔德的文化哲学以及文化民族主义理论中的含义是比较复杂的，并且与赫尔德的语言、历史、人性等理论之间保持着微妙和复杂的关系。如果不能全面准确地理解他的整个思想，确实很容易造成各种各样的误解，或者说赫尔德思想的某些方面如果断章取义地来理解，确实存在着被误解的可能，特别是20世纪初世界复杂的政治情势之下，这种可能性又大大地增加。本书的第五、六、七三章将以前面几章的讨论为基础，聚焦赫尔德文化哲学的几个主要论题——历史主义与解释学方法、文化有机论与文化民族主义、多元文化主义与人道，力图整体论述赫尔德文化哲学思想的核心观念，还原其思想的本来面目，澄清学界的一些误解。具体而言，本章主要考察赫尔德的历史主义原则与解释学方法。历史主义原则反对启蒙时期对世界和人性的一种普遍化和永恒化理解，强调人对世界的理解以及人自身都是历史地生成的，是历史中的人，因此人就必定作为有限的存在者而存在，这种有限性体现在无论是人的生存还是人的理解都是具有历史性的。解释学的方法可以看作历史主义的原则在认识论领域的运用，也是赫尔德文化哲学的方法论。因为人是活在历史中的，在不同历史背景下孕育出的文化是不同的，因此就不能以某种特定的标准去衡量或解释每一种文化，而需要一种具有历史性的解释模式。赫尔德主张一种"移情共感"的基本解释学态度，具体应用"整体主义"和"占问"的方法来理解别的文化和价值，以这种新的解释模式来转变传统的普遍化的历史解释模式。

第一节　历史主义：赫尔德文化哲学的本体性原则

赫尔德思想中贯彻和体现出的历史主义原则是其哲学的一大特征，他的解释学同样由于具有这样的特征因而可以被称为历史主义的解释学。历史主义原则是赫尔德文化哲学的本体性原则，亦即在文化哲学的理解中，本体自身是历史地生成和变化的。在赫尔德看来，文化是悟性的展现，悟性不是抽象理性或单子式的孤立实体，它是人运用自己的全部心灵力量向外实现自我的倾向，因此人必须在与外部世界交往的过程中才能使悟性展现。文化正是人的悟性在与外部世界、与人所生存的具体环境相互关联中创造的。由于必须有外部世界的参与，人所创造的文化就必然要受到具体历史环境的影响，文化必然被人们生存的具体处境所塑造。因此，文化在本质上就是历史性的。既然文化的本质是历史性的，那么就不能以某种普遍的、具有统一尺度的标准去衡量或解释每一种文化，而需要一种具有历史性的解释模式。赫尔德的解释学就是一种历史性地理解文化的方法。这种方法在本质上是由文化自身的历史性所决定的，只有用这种解释学的方法我们才能真正地理解不同文化的本来面目，才能真正地理解多元的文化。在这个意义上，解释学也是赫尔德文化理论的认识论。

由此看来，在赫尔德的理解中，历史主义既是文化的本体性原则（即文化自身就是因时因地而历史地构成的），同时也是他理解文化的方法论。那么，什么是这种历史主义原则呢？正如前面我们已经引用过的梅尼克说的，"历史主义的核心是用个体化的观察来代替对历史—人类力量的普遍化的观察。……它必须运用这种方法，并与一种对于个体的感受结合起来"①。以梅尼克的这种界定去考察赫尔德的学说，我们会发现，历史主义的背后实际上是一种人性观的变革，这种人性观直接针对启蒙时期的普遍人性观，是对启蒙时代普遍人性观以及以其为基础形成的普遍的历史观的一种反思和反叛，也就是说，历史主义试图用个体化的新历史解释模式来代替启蒙时代流行的普遍历史观。在本书的第三章中我们已经论述了启蒙时代的主流人性观，即认为人性即是理性，这种人性观的基础在于近代人们对理性最高地位的确立，笛卡尔和牛顿对理性地位的确立具有杰出贡献。笛卡尔和牛顿为启蒙时期的主流的人性观与方法论进行了奠基。笛卡尔之后，理

---

① ［德］弗里德里希·梅尼克：《历史主义的兴起》，陆月宏译，南京：译林出版社，2009年，前言第2页。

性逐渐被视为人的本质属性，对理性的理解决定了当时哲学家对人的理解。在当时，理性被视为一种超越个性与历史性的实体，因为人们发现理性可以揭示流变现象背后不变的本质。在中世纪时，人们坚信只有上帝才知道流变现象背后的本质，但到了近代人们发现人的理性具有和上帝同样的权能，人凭借理性就能发现事物的本质，理性因而取代了上帝成为永恒不变的实体。对当时的思想家而言，既然人是具有理性的人，那么人性就是具有普遍性的理性，人性就如同理性一样是超越时间空间等外在因素的，是永恒普遍的，因此理解人性的核心就在于理解理性。同时，在笛卡尔和牛顿之后，以理性、数学知识和科学实验方法为核心的近代世界观就基本得以形成，这种世界观的实质是将世界理性化和数学化。当时流行的观念就是要以这种理性化与数学化的模式解释人类生活的全部领域，不仅要解释外在于人的自然界，同时也要解释人的社会与人本身。因此，在牛顿方法的指引下，不但自然界，而且整个人类社会都成为机械论的。

把理性视为人性且以数理的方式理解人性、社会与历史，这就使得启蒙时期主流的对人性与历史的理解是一种普遍人性观和进步历史观。普遍人性观认为人类具有一种普遍的人性，这种人性是一些超时空的、不变的内在法则，历史研究的目的就是在纷繁的历史现象中去探寻和发现这些人性的普遍法则，正如同牛顿在物理现象中寻求物理规律一样。根据这种理论，人性在根本上不存在差别，它不存在因时间、空间或文化所产生的差别。既然人性的原则和作用始终保持不变，其内在本质就是理性，那么只要对理性进行透彻的理解，人性之谜便得到了解答。基于普遍的人性观，启蒙思想家对人类历史持一种进步历史观，其核心就是认为由于人类在不断地理解理性，不断地揭示出理性的法则，因此整个人类历史就可以理解为人性中的普遍原则不断被发现和人类的事务根据这些原则而越来越合理化地被组织起来的过程。在进步历史观的观照下，人类历史呈现为一幅不断向前发展的图景，历史前进的目标就是人类的事务按照普遍人性越来越理性化地被设计和安排。当时的欧洲正走在历史前进这一康庄大道上，因而被启蒙思想家视为历史上最进步的一个时代。

历史主义的信奉者在根本上反对启蒙主流思想家这种对人性与历史的空洞理解，即不认为人性是抽象而普遍的，而是可以在不同的环境中被塑造，是多样而具体的。正因为人性是多样而具体的，所以才不能用"普遍化的观察"，而要代之以"个体化的观察"，而且还要"与一种对于个体的感受结合起来"。之所以强调要"与一种对于个体的感受结合起来"，正在于个体的感受是差异的，是多样的，是因时因地而不同的，质言之，是历史主义的。赫尔德正是这种历史主义的开创者和信奉者。我们认为，赫尔德对历史主义原则的鼓吹源于他对人是历史性存在者的洞见。这种洞见包括两个方面的内涵：人生存的历史性与人理解的历史性。

首先，人的生存乃是一种历史性的生存。在赫尔德看来，人的有限性表明人与世界有一种本体论上的"相互依存"关系，人只有在把外界事物"据为己有"的过程中才能建构和实现自己的本质。但由于不同地域的人们生活的外部世界是不同的，同一地域不同时代的人们将外部世界"据为己有"的方式也是不同的，这就导致不同地域、不同时代的人们建构和实现出来的自己作为人的本质是不同的。这种不同使得人性是多样而具体的，是个体化的而非普遍化的，这也表明人性是在具体的历史情境中建构的，而不是先验的，人的生存是具有历史性的。

赫尔德立足于人生存的历史性，从两个方面批判了当时主流的抽象人性论：一是批判近代理性主义哲学家的主体形而上学理论，二是批判当时启蒙思想家对理性的偏见，即认为"理性是纯粹、自律和独立的"。从第一点来看，赫尔德认为近代理性主义哲学家的思想都是一种主体形而上学，这种形而上学以一个具有天赋观念的理性主体作为基础，然后以这个基础来推演整个知识的体系。这个体系肇始于笛卡尔对两种实体的区分。笛卡尔认为有两种不同的实体，一种实体的属性是思维，另一种实体的属性是广延。能思维的实体就是笛卡尔的主体，这个主体具有一些先天自明的观念，这些观念是我们整个知识体系的基础。后来的斯宾诺莎、莱布尼兹和沃尔夫等人都继承了笛卡尔关于主体的基本理论，只是他们把这个主体的思维能力进行了进一步划分。这种划分在沃尔夫哲学中体现得尤为明显。在沃尔夫看来，心灵中存在着各种如同人的肝脏、心脏或胃这样的物理器官一样的形而上实体，例如感性、知性、记忆、想象力或理性，每种实体也如同物理器官那样具有某种特定功能。在沃尔夫的哲学体系中与思维和广延这两种不同的表象形式相对应的是主体的两种高低不同的能力：一种是高级的理性和知性能力，另一种是低级的感性能力。哲学追求的目标是通过高级的理性和知性能力获得清楚明白的观念。赫尔德既反对把理性规定为主体本质力量，同时也反对把人的心灵的各个功能拆分开来。在赫尔德看来，被沃尔夫视为"低级"的感觉能力才是我们一切认识的来源，并且人的所有认识能力构成一个有机的整体，这个整体体现为一个对感官接收来的知觉印象的作用结构。

从第二点来看，赫尔德认为，启蒙思想家的抽象人性观是不真实的，是受近代自然科学理性影响下的人性偏见，它建立在启蒙思想家对"理性"的一种信念——人的理性是纯粹、自律和独立的——之上。但这种信念本身是大为可疑的，因为人的理性决然不是能与运用它的人所处的环境相分离的，并且决定性地受着语言、社会文化、历史传统等因素的影响，一个人要脱离这些因素来运用自己的理性，就像一个人要超出自己的皮肤一样是不可能的。赫尔德对此说道："使自己独立于自身，即，将自己放置到超出自身的起源、内部和外部的经验，脱离整个的经验来思考自己：这没有人能够做得到。"[1] 因此，人性不是抽象的或空洞的，而是在各种文化、制度和历史传统中丰富多彩地呈现出来，它"绝非一个容器，盛着某种像哲

---

[1] Johann Gottfried Herder. *Werke in zehn Bänden*. 10 volumes. Edited by Günter Arnold et al. Frankfurt am Main: Deutscher Klassiker Verlag, 1985–, Vol. 8, pp. 324–325.

学家们定义的那样绝对的、独立的、不变的幸福。毋宁说，它总是吸引那些它力所能及的幸福元素：它是一团软的黏土，不同的条件、需要和压力，就被塑造为不同的形状"①。正因为人性与不同环境与文化本质性地关联着，所以不能以某一普遍人性为标准来对其他文化中的人性进行衡量和贬低。

在批判启蒙思想家抽象人性观的基础上，赫尔德提出了自己独具特色的人学思想。这种思想的实质是以一种自然主义的眼光把人理解为有限的存在者。这里的自然主义眼光即一种经验常识的视角。以这种眼光来看，人的存在在其认识和生存两个方面都具有有限性。在认识能力一方面，这与赫尔德强调感觉经验的重要性有内在一致性。赫尔德认为，人的理性不是唯理论哲学家所鼓吹的那种可以先验地洞察世界本质和揭示实在结构的先天认识能力，相反，它是面向经验而展开、依据环境而变化、在人与世界的互动中不断地生成的。对于那些唯理主义者，赫尔德讽刺地写道："我们理性的这种诞生方式在我们这个世界的智者看来是如此地不体面，以至于他们完全否认这一点，并把理性崇拜为可靠的神谕，认为它是自我确立的、永恒的、独立于一切事物的。"②理性受着不同环境、经验和历史传统的本质性影响，离开理性建基其上、生发其中和运用其内的处境来谈论纯粹而普遍的理性是完全不可能和毫无意义的，所以，人的理性就是一种以经验为基础、受环境和文化传统影响的有限认识能力。同时，就如我们在第四章中已经提到的，赫尔德所言的感觉经验与传统经验论者是有所区别的。感觉经验对于传统经验论者来说是指事物通过感官给予我们的知觉印象，这些知觉印象和事物本身具有相似性。按照传统经验论的理论，主体在认识事物时是不带任何主观要素的，主体对事物的知觉就是如实地反映事物实际的样态。但在赫尔德看来，感觉在根本上是心灵通过对不同的知觉综

---

① [德]赫尔德：《反纯粹理性——论宗教、语言和历史文选》，张晓梅译，北京：商务印书馆，2010年，第8页。
② Johann Gottfried Herder. *Werke in zehn Bänden*. 10 volumes. Edited by Günter Arnold et al. Frankfurt am Main: Deutscher Klassiker Verlag, 1985–, Vol. 4, p. 361.

合联结而形成的，不同的知觉不仅因其接收器官的不同而不同，而且在心灵的联结作用中还融入了主体的情感。因此，感觉就是我们与世界的关联，它连接着我们与世界，它与其说是事物给予我们的，不如说是我们自己创造的。而由主体参与并建构起来的感觉必定也是有限的，从根本上说，人类思维活动得以运作的基础乃是有限的且包含主体特征的感觉经验。因此，无论是人类理性赖以成长的外部环境，还是理性活动得以运作的基本要素，都决定了人类认识方面的有限性。

人作为有限存在者的另一方面体现在人的存在论意义上的有限性。与启蒙思想家将人与世界截然分离为相互对立的主体和客体不同，赫尔德认为，人与世界在本体论上是"相互依存"的。这种"依存"不只是生物学意义的人要依赖自然供给营养才能生存，更是形而上学意义上的"相互构成"。这意味着单独的世界与孤立的人都是不完整的，世界的内涵只有通过人才能够揭示和实现，人的本质也只有在与世界打交道的过程中才得以照亮和完成。对此，赫尔德说道："我们只能通过我们自己来类比在我们之外的万物，因为我们只能通过和跟随我们自己来看、来听、来理解和行动。但是如果我们不把这些投射于万事万物，如果不是万物已经有东西是可理解的、可听的和可看的，那么就不会有范畴，即不会有意义和理解存在。"① 易言之，人只有通过把世界"据为己有"，才能真正地形成和认识自我，只有在把外界事物"据为己有"的过程中才能实现和认识自己的本质，离开世界的人是黑暗的和空洞的，离开世界来理解人也是不可能和无意义的。人的生存需要与世界一同构成，与此同时，人与世界都是未完成的，因为二者都是活力的展现方式。在第二章中我们谈到，赫尔德把活力视为世界的根据，但这一根据并非如传统形而上学家认为的那样是永恒不变的最高实体，相反，赫尔德认为世界的根据，即活力，乃是一种不断的生成与变化，它化身万物，以世界的生

---

① Johann Gottfried Herder. *Metacritique: The Linguistic Assault on German Idealism*. Edited and translated by Jere Paul Surber. New York: Humanity Books, 2001, p. 99.

成与变化表达着它自己。在赫尔德那里，无论是人还是世界，都是活力的一种展现，并且是一种未完成的展现。也就是说，人与世界都是在不断地生成的，因此人生存的每一阶段既有其独有的价值，同时又只是活力的无尽生存活动中的一环，人的存在因而是有限的。

其次，赫尔德对存在者的历史性的另一层面的洞见在于，他指出了存在者的理解活动同样具有历史性，即人理解的历史性。根据赫尔德的看法，语言表达了人对自我与世界的理解，而且这种理解是历史性的。在赫尔德这里，语言的真实所指是它以感觉为根据，而感觉是人的主观悟性和客观氛围打交道的结果，它既受着客观氛围的决定性影响，也掺入了主观悟性的诸多因素，因此语言在本质上就是因氛围和悟性的不同而变化的。这种变化既表明语言的内涵是历史地游移的，也表明人的自我理解是历史地展开的，即人的理解是具有历史性的。换言之，人理解的历史性在于人对自我和世界的理解在语言中得以实现，而语言内涵随着时空的差异历史地变化。

赫尔德对人类语言的独特看法也是理解他解释学思想的重要方面。在赫尔德看来，语言是人的本质，是人理性能力的体现，"语言是人的本质所在，人之成其为人，就因为他有语言"①，"人被称为'说话的动物'，不具理性的动物则称为'哑巴'"②。解释学的核心是理解人、理解他者，语言又是人的本质，因此，赫尔德的语言哲学观构成他解释学思想的重要前提。我们在第四章中对赫尔德的语言哲学进行过深入分析，这里可以简要地总结一下。赫尔德认为，人之所以能够产生动物所不具有的语言，在于人与生俱来地拥有一种能力——"悟性"（Besonnenheit/reflection），"当人处在他所独有的悟性状态之中，而这一悟性（思考能力 [reflexion]）初次自由地发挥了作用，他就发明了语言"③。悟性在赫尔德看来是一种能够对感官的感觉之流进行区分和标记的能力，当外界事物刺激我们的感官形成知觉的汪洋大海，人能够

---

① [德]赫尔德：《论语言的起源》，姚小平译，北京：商务印书馆，1998年，第21页。
② [德]赫尔德：《论语言的起源》，姚小平译，北京：商务印书馆，1998年，第36页。
③ [德]赫尔德：《论语言的起源》，姚小平译，北京：商务印书馆，1998年，第26页。

第五章　赫尔德文化哲学核心议题一：历史主义与解释学方法

反思和抽绎其特征，并用符号来进行标记，这种人所独具的能力就是悟性。进而言之，赫尔德将悟性看作人类所具有的认识能力，这种认识能力是人的整个生命力量有机地结合在一起而形成的一种认知倾向：

> 人的力量所具有的这种倾向（Disposition），有人称为"知性"（Verstand）或"理性"（Vernunft），也有人称为"意识"（Besinnung），等等；只要不把它们理解为分隔开来的力量，不把它们仅仅看作动物力量的高级形式，这些名称在我看来都是一样的。人的所谓理性，就是一切人类力量的总和形式，就是人的感性本质和认知本质（erkennende Natur）、认知本质和意愿本质（wollende Natur）的结合形式，或更确切地说，是与某种机体组织相联系的唯一积极作用的思维力量。①

需要说明的是，与当时许多哲学家将人的认识能力区分为理性和感性以及将人的认识能力与人的情感、意志和欲望等能力区分开来不同，赫尔德认为人的认识能力是人的整个生命力量的总和，是人的感性与理性以及知情意三者的有机结合，它既是感性与理性的有机结合，也是知情意三者的有机结合。他写道：

> 人们以为，理性是心灵中的一种崭新的、完全割绝存在的力量，这种力量没有添加到动物身上，而是添加到了人身上，成了人独有的属物；所以，理性似乎是一座楼梯的第四级台阶，在它底下还有更低的三级，它应该被独立起来考察。这种说法简直是哲学上的一片胡言，大概只有那些伟大的哲学家才说得出来。②

---

① ［德］赫尔德：《论语言的起源》，姚小平译，北京：商务印书馆，1998年，第21—22页。
② ［德］赫尔德：《论语言的起源》，姚小平译，北京：商务印书馆，1998年，第22页。

在赫尔德看来，我们虽然可以为了强调人类认识能力的某一方面而将其叫作理性或者感性，但无法也不能实质地将它们割裂开来。这种将人的认识能力理解为人的全部生命力量有机结合而形成的认知倾向的看法是理解赫尔德"悟性"概念的一个关键点，也是他与当时许多哲学家在认识论问题上的根本分歧所在。

由于悟性对于人的主体而言只是生命力量的总和，是一种认知的倾向，体现为一种表达的需要和认知的渴望，又由于生命力量必须表达出来才能被理解，认知渴望必须在一个对象上实现才能真正形成认识，所以悟性不管是作为表达还是作为认知，都需要有外界事物作为对象。就此而言，悟性自身并不能产生语言，它必须将自己运用到外界事物之上才能形成语言，换言之，它自身是黑暗的，需要通过外界事物来照亮。尤尔根·特拉贝特在论述赫尔德的语言哲学观时明确地指出了这一点："从语言产生的过程可以清楚地看到，内部语言并非出于主体自身，它的产生需要外部世界。因此，语言并非人类与生俱来的。只有创造语言的倾向——悟性——才是天生的，人类创造语言只能通过它和世界的相遇。"① 因此，除了主观的悟性，语言的产生还需要外界事物的在场，还需要人与外部世界的相遇，外部世界作为悟性运用其上的对象是语言产生的客观条件。赫尔德用"氛围"（Klima/climate）一词来描述他所理解的这个语言产生所需的客观条件。在他看来，氛围既包括山川、河流、物产等生活的自然环境，也包括法律、制度、文化传统、宗教信仰等生活的社会环境。概言之，氛围包括一个人生活的方方面面，是一个人生活其中的整个生活世界，"一个地方的海拔，它的构造和产品，人们的饮食，生活方式，工作，服饰，习惯性的姿态，艺术和快乐，以及一切和人们的生活相联系的其他要素，都是对于氛围的描述"②。语言产生于悟性与

---

① Hans Adler and Wulf Koepke (ed.). *A Companion to the Works of Johann Gottfried Herder.* Rochester, New York: Camden House, 2009, p. 125.
② Johann Gottfried Herder. *Werke in zehn Bänden.* 10 volumes. Edited by Günter Arnold et al. Frankfurt am Main: Deutscher Klassiker Verlag, 1985–, Vol. 6, p. 266.

氛围的相遇，并且是对氛围的表达，不同的人生活在不同的氛围中，就会形成不同的语言来表达这不同的氛围。当赫尔德说"每个民族都根据他们的语言来思考，来言说"①时，他想要表达的正是每个民族都有自己特殊的生存氛围，并在此基础上形成了自己独特的语言，这种语言在这个氛围中形成，并表达着这个氛围。

显然，语言作为人类悟性与氛围相遇的产物，它必然受到氛围的决定性影响，氛围使语言具有了实在性，易言之，语言的产生就是为了照亮和表达人所生活其中的氛围。但需要指出的是，这种照亮和表达不是镜像地客观反映和摹写，而是有着更多的内涵。在语言的产生过程中，人主观的悟性也参与了其中，所以语言同时也掺入了人的生命力量所包含的情感、价值、意愿、意志和偏好等内容。因此，人的语言所描绘的就不是世界的客观图像。我们可以用赫尔德的"感觉"（Empfindung/sensation）概念来深入说明这一点。在赫尔德看来，悟性与氛围相遇首先形成的是感觉，但与近代经验论哲学家不同，他认为感觉和事物根本无相似之处，它既不是反映在"白板"上的客观事物，也不是心灵随意捏造的空的观念。感觉是心灵对感官接收来的知觉材料进行综合统一而形成的，不同感官对同一事物的刺激所形成的知觉材料是不同的，心灵加工整理这些知觉材料，形成人类特有的感觉；同时，感觉在形成过程中融入了我们的意志，带进了我们的情感，掺杂了我们的情绪，体现了我们的价值取向，恰如索尼娅·锡卡指出的，"当赫尔德强调思想的经验根源时，他经常使用的一个词就是'Empfindung'（感觉），它的意思就是'sensation'（感觉），但这个词不能把它同感情、气质、情绪等分开来理解"②。感觉是人类心灵构造的"外部世界"，是外部世界的"形象"，赫尔德直截了当地说道："动物看见它们感官

---

① Johann Gottfried Herder. *Philosophical Writings*. Translated and edited by Michael N. Forster. Cambridge: Cambridge University Press, 2002, p. 50.

② Klaus Brinkmann (ed.). *German Idealism: Critical Concepts in Philosophy*. London and New York: Routledge, 2007, Vol. IV, p. 127.

的印象，而人则看见他们自己（创造）的形象。"① 人类语言正是对这种兼具了主观性和客观性的感觉的表达，是对人类创造的外部世界形象的言说。

如此理解的语言，作为对人的主观悟性与客观氛围相遭遇而形成的感觉的表达，便具有了双重的意义。一方面，语言是对人所理解的外部世界的形象、人所生活其中的氛围的表达，这种表达带给了氛围可理解性，照亮了人所生活其中的生活世界，换言之，不能或没有被语言表达的世界是黑暗的，不能被人所理解。另一方面，语言在表达外部世界的形象的同时，照亮和确证了人自身的本质。人的本质在未被照亮时，只是一种幽暗不明的内在生命力量，它需要把自己外化出来，在外界事物中确证自己："具有感觉的人用他自己的方式来感觉万物，感觉他身外的万物，他在万物身上留下他的形象，留下他的痕迹。"② 作为人在万物上留下痕迹、确证自己本质的结果，语言得以产生："他必须表达那些他在自身之中看到和感受到的一切，这样，心灵内部的印象，作为可说出的符号——语言就形成了。"③ 所以，语言照亮了人的内在生命力量，创造和形成了人的自我。这两方面结合起来看，我们发现，语言实际上所道出的是人与世界（氛围）的交会之所，是人与世界（氛围）相互照亮的那一个场域，这个场域是一个人对自我的理解和那个饱含了他的人生经验、体现着他生命喜怒哀乐的"生活世界"的结合。正如索尼娅·锡卡在论述赫尔德的语言观时所言，"语言因此就反映了一个能感觉、有感情和具有意愿的特别的存在者所遭遇的世界，而这同时也表明这个特别的存在者的最根本的特性是'诗化'的"④。这里的

---

① Johann Gottfried Herder. *Werke in zehn Bänden.* 10 volumes. Edited by Günter Arnold et al. Frankfurt am Main: Deutscher Klassiker Verlag, 1985-, Vol. 1, p. 10.
② Johann Gottfried Herder. *Philosophical Writings.* Translated and edited by Michael N. Forster. Cambridge: Cambridge University Press, 2002, p. 188.
③ Johann Gottfried Herder. *Werke in zehn Bänden.* 10 volumes. Edited by Günter Arnold et al. Frankfurt am Main: Deutscher Klassiker Verlag, 1985-, Vol. 8, p. 420.
④ Klaus Brinkmann (ed.). *German Idealism: Critical Concepts in Philosophy.* London and New York: Routledge, 2007, Vol. IV, p. 127.

"诗化"是其最原本的意义,即创造和建构,人这种特别的存在者之所以是诗化的,就是因为他用语言创造和建构着他的生活世界和自我理解。

语言是对创造和建构着一个人的生活世界及他的自我理解的"感觉"的表达,而感觉是人的"悟性"与"氛围"打交道的产物,氛围作为人的生活世界决定性地影响着语言的内涵。所以,明显的是,不同的时代、不同的民族,人们生活的氛围不一样,他们在此基础上形成的对外部世界的形象和自我理解就不同,这种不同使他们的语言具有了各自独特的内涵。各个时代、各个民族的独特语言正是表达了这种不同,这些独特语言的内涵也只有在相应的氛围中才能获得真正的理解。文化传统是语言编织的意义网络,在这个网络中一个族群对自身与世界的理解得以表达,生命的意义得以积淀,生活的世界得以彰显,它形成一种视界,直接影响着甚至决定着生活在这个文化传统中的人对自我和世界的理解。赫尔德解释学中的历史主义原则来源于他对人的历史性的理解,最终建基于他的人学观和语言哲学观。在赫尔德那里,人最终成了在语言与历史中敞开的场域,对他者的理解必然要在他生命展开的那个场域中进行,必须遵循历史主义的原则。历史主义原则在赫尔德解释学中的重要作用主要表现为他用一种历史主义的态度来理解他者。这一点在下一节中将看得更清楚。

第二节 解释学方法:赫尔德文化哲学的认识论

根据赫尔德的人性观和语言哲学观,人被描述为在语言—历史中展开的场域,那么不同时代、不同地域的人由于他们生活于其中的地理环境和文化传统的不同,他们对自我的理解和对世界的理解都是不同的。正是由于这些不同,理解者与理解者所希望理解的对象之间就可能存在着巨大的鸿沟,特别是对于那些和理解者有着完全不同的生存背景——自然环境以及与之相适应的文化传统的人,理解者为了理解他们就需要付出特别的努力，因此理解经常是一件非常困难的工作。这种困难主要来自理解者与被理解者生活世界的区别。因此，在理解中就有一个特别值得理解者注意的问题：当他理解一个历史性的他者的时候，他很容易把自己的思想投射到对他者的理解当中，进而歪曲了被理解者的思想。这种倾向如何避免，如何才能更好地理解与自身文化完全不同的他者文化，这些问题始终都是赫尔德解释学关注的核心问题，而且正是在思考这些问题的过程中，他形成了自己独特的理解理论。

赫尔德的理解理论建立在他的语言观之上。在他看来，语言是我们用自身的全部力量与世界打交道所形成的"形象"。这"形象"有两方面的含义：一、它是我们对世界的认识，世界在"形象"中被照亮，成为我们可以理解的对象；二、"形象"是我们自身全部黑暗力量作用的结果，黑暗力量的整体作为自我在"形象"中被照亮，成为自我这个黑暗深渊中可被理解的部分。这样，一种语言就不但是使用这种语言的人眼中世界的"形象"，也是他们自己的"形象"，一种语言编织了一种对世界和自我的理解的网络结构。在这种理解下，一个语词观念的意义就不像传统思想家所理解的那样是这个观念所指称的事物，而是这个语词在它被使用的语言网络中的用法，因为它关涉的不只是使用它的人眼中的世界，而且还是使用它的人力量的表达。另外，我们也谈到，人是在语言—历史中展开的场域，人通过语言认识世界的同时也认识了自己，语言既是照亮世界的光，同时也是照亮人自身的光。所以，在赫尔德的理解中，语言就是思想，语言的界限就是思想的界限，也是自我的界限。

因此，赫尔德在语言跟思想和观念的关系中主要是强调语词的意义，这种对观念的理解，尤其是对概念与思想关系的理解和传统思想家有很大的不同。在传统思想家特别是理性主义思想家看来，思想和观念都先于语言，并且它们和语言的关系是外在的，思想和观念可以独立于语言而存在，语言只是表达思想和观念的物质外壳。但是在赫尔德的理解中，语言跟思想和观念的关系都发生了变化，语言与思想的关系被赫尔德理解为语言就是思想自身，语言的界限就是思想的界限，而语言和观念的关系被理解为语词的意义在于它的用法。前面讨论赫尔德语言哲学的时候，这两方面我们都仔细讨论过，这里我们再来简单回顾一下，着重揭示这种语言观与他的解释学的内在关联。

我们先来看语言与思想的关系。赫尔德认为我们的思想本质上依赖于我们的语言，语言的范围限定了我们思想。这意味一个人只有有了语言才能思想，同时他只能思想那些他能用语言表达的东西。对于这一点，赫尔德在他早年的作品中就有明确的表述："因此每个民族都根据他们的语言来思考，来言说，如果语言不只是符号，而且可以说是我们所思所想的表达，我把整个语言看作各种各样的思想的表达，看作无限宽广的概念王国。"① 我们可以从赫尔德的自我理论来理解这一点：因为人天生只是一个各种各样的黑暗力量的综合体，他不但不能思想，而且整个意识领域都是一片漆黑，是在他和世界打交道的过程中这个黑暗的综合体才逐渐被照亮，他才开始思想，被照亮的思想或者意识就是他的自我。然而我们前面也说到，人和世界打交道的过程也是语言产生的过程，是语言的产生照亮了人这个黑暗力量的综合体，是语言的产生使人成为他自身，一个人的语言就是他的自我。因此毫无疑问，语言就是思想，它们是同一个东西的不同名字，或者它们是同一个东西的不同表达。

我们再来看语言与观念的关系。关于一个语词的意义问题，赫尔德有两个基本观点：一个是认为一个语词的意义就是它的所指，即感觉；另一个是他认为一个语词的意义在于它的用法。这两个观点看起来似乎是矛盾的，但是正如我们在前面第四章讨论赫尔德的语言哲学时所指出的，在赫尔德这里这两个观点并不矛盾，因为他通过"感觉"概念实际上实现了指称与用法的结合。语词的意义由它所指称的感觉组成，感觉是人与世界打交道的产物，

---

① Hans Adler and Wulf Koepke (ed.). *A Companion to the Works of Johann Gottfried Herder.* Rochester, New York: Camden House, 2009, p. 121.

是人用自己的力量综合整理知觉印象的"形象",因而感觉是人眼中的生活世界的"形象",所以感觉的"形象"在语言中的位置由使用这种语言的人的具体的生活世界来决定。这包括两方面的内容:一方面,被语词命名的事物是已经被我们意识到,并在我们的生活中被把握为"形象"的事物;另一方面,语词作为名字指称了这个被感知到的事物,这个事物作为感觉和我们感性的身体紧密相连,同时通过这个感性的身体和整个生活世界相关。因此,在与一定环境相适应的生活方式中,事物的名字就与被命名的事物的意义相一致。一个语词的所指——感觉,只有在一个生活世界当中,只有在对这个生活世界的表象所形成的"形象"当中才能理解。所以,一个语词作为表示它所指称的感觉的符号,就必然跟一个生活世界相关,它的意义必然要在与其他指称这个生活世界的语言的相互关系中才能确定。

正是建立在对语言的这种基本理解之上,赫尔德提出了进行理解的基本方法。这种方法的核心被福斯特教授叫作方法论上的经验主义(methodological empiricism),它的实质是指我们在进行理解的时候不能从先天的角度发出,而是始终要依赖我们的语言以及其他相关的经验观察。比如当我们在理解一个作者的语词的时候,我们需要考察他的语词所对应的"感觉"以及他对语词的用法来确定语词的意义。[1] 这个方法具体说来以"移情共感"作为基本态度,以"整体主义"和"占问"作为方法,我们下面分别来讨论。

首先是赫尔德解释学的根本态度——"移情共感"(Einfuhlung/empathy, feeling one's way in)。历史主义解释学态度是在理解他者时的一种"移情共感"的态度,这在赫尔德看来是在理解他者时最本质性的要求。赫尔德用"Einfuhlung"一词来表示这种态度和要求。在德语中,"Einfuhlung"一词的含义是一个人非常真切地、身临其境地感受另外一

---

[1] Johann Gottfried Herder. *Philosophical Writings*. Translated and edited by Michael N. Forster. Cambridge: Cambridge University Press, 2002, p. 16.

个人的情感、思想和意志等。英语中与该词相对应的是"empathy"一词，然而，虽然英语的"empathy"一词与德语的"Einfuhlung"一词含义比较接近，但少了德语"Einfuhlung"一词鲜活生动地去体会一个人的情感、意志等的意味，而这恰恰是赫尔德用"Einfuhlung"一词意图表达和强调的东西。因为这个原因，英语世界的学者有的将"Einfuhlung"翻译为"empathy"，有的则把这个词翻译为一个短语"feeling one's way in"。应该说，这两个翻译各有千秋，"empathy"虽然有上面说的缺陷，但比较像一个学术术语，"feeling one's way in"虽然体现了"Einfuhlung"一词鲜活生动的一面，但不像一个术语。当然，从准确性上来说，"feeling one's way in"的翻译更接近赫尔德使用"Einfuhlung"一词的含义。我们汉语翻译为"移情共感"而不是仅仅译为"移情"，也是想强调理解者对被理解者的情感、思想和意志等进行设身处地的感受和理解的方面。如果只是翻译为"移情"，容易让人误解为是理解者将自身的主观情感等因素投射到对被理解者的理解中，而这恰恰是赫尔德所反对的启蒙思想家用当时欧洲的文化价值观来理解别的民族和时代的做法。在赫尔德这里，"移情"的目的是为了让理解者与被理解者"共感"，让理解者用被理解者的眼光去理解被理解者的生活世界。

为了更好地说明"移情共感"作为一种解释学态度和要求在赫尔德那里的含义，我们来看看他是如何引入这个概念的。在《又一种教育人类的历史哲学》中赫尔德引入了"Einfuhlung"这个概念，并将其确定为理解他者的一条原则：

有人注意过一个民族性格的深层内涵吗？不管这个民族被多少次地研究和称赞，她仍然要避免用一个概念来把握。即使这个概念被找到了，它也基本不可能用每一个人都能理解和移情共感的方式来使这个民族的性格被理解。如果情形是这样的话，那么一个人怎么可能用一种眼光、一种感情、一个概念来研究和把握所有的民族、所有的时代和所有的国家呢?! 这个概念将是多么没有生命力、多么不完全的怪物啊! 在一个特定的大地上和天空下的生活方式、习俗,它所需的必需品以及它的特色,总之整个生动的生活场景要么被添加到这个概念中,要么先于这个概念被把握。为了能够完全地移情共感一个民族她的每一个思想和行动,你需要首先了解她的精神。

心灵规范着万物,它根据它自身来塑造人的其他倾向和力量,即使是最琐碎的行为也打上了它的印记,为了移情共感心灵的整个本质,不能根据那个概念来做出理解;相反,要进入整个时代,整个环境,整个的历史——移情共感它的任何一部分。只有这样你才能走上理解这个概念的道路。①

根据引文可以知道,赫尔德用移情共感所强调的是:不管是理解一个人、一个民族还是一种文化,都要避免用一个抽象概念去理解,避免用一种单一的眼光去理解,而应进入其整个生活世界,并移情共感于这个生活世界;即使要用一个概念来把握其特点,也必须以这种移情共感为基础和前提。因此,以他的人学观和语言哲学观为基础,赫尔德将移情共感视为他历史主义解释学的根本态度和要求。

其次,在移情共感解释学态度的基础之上,赫尔德提出了两条具体的解释学方法。

第一是整体主义(holism)的方法。整体主义的方法强调理解者在理解他者时应有一种整体的眼光,充分了解和理解被理解者所处其中的生活世界。以对历史上某个作者的某部作品的理解为例,按照整体主义方法的要求,理解者不但应结合作者的其他作品以及生平经历等来理解该作品,而

---

① Johann Gottfried Herder. *Against Pure Reason: Writings on Religion, Language, and History*. Translated and edited by Marcia Bunge. Minneapolis: Fortress Press, 1993, pp. 38–39.

且还应结合作者生活的时代、历史文化以及社会制度等信息来理解该作品，一言以蔽之，就是要将作品放置到作者的整个生活世界中来理解。对此，赫尔德明确说道："他和他的时代紧紧地连在一起，他的著作呈现为来自这个时代的礼物：他属于他的时代就像一棵树扎根于大地一样，时代为他提供成长的养分，时代为他的自我形成提供背景。"① 事实上，解释中的这种整体主义原则与赫尔德对人性和人类语言的看法是一脉相承的，因为不管是什么作品，都是作者人性的展现，都是作者用自己独特的语言表达出来的，而作者的人性和语言都是他与生活世界打交道的产物，因此，要理解作者的作品，就必须理解作者所处其中的整个生活世界。

第二是占问（divination）的方法。虽然"divination"这个词本来是占卜、占问的意思，但赫尔德用它来表达的实际上是"假设"（hypothesis）的含义。这个词也并非赫尔德的发明，正如彼得·汉斯·瑞尔（Peter Hanns Reill）所指出的，"占问"这个术语在布封（Buffon）的《自然史》中已经被使用，它表示一种将自然理解为多样性的统一的尝试。在这里，普遍被认为是从特殊中产生出来的，并通过特殊来表达它自己，可以说，特殊性包含了普遍性作为它的潜能，而科学家则力图把握自然的全体，因为自然是由它的各个部分所表现出来的。正如瑞尔总结的那样，"如果自然是多样性的统一，那么科学家就应该仔细研究各种各样的个体经验现象，并培养创造性的科学想象力。（对这个双重任务）建议的答案是同时完成这两个任务，允许它们之间的相互作用产生一种比简单的观察或散漫的形式逻辑所提供的更高形式的理解。这种理解被称为'Anschauung'、'占问'（divination）或'直观'（intuition）"②。赫尔德把这个术语从解释人与自然

---

① Johann Gottfried Herder. *Sämmtliche Werke*. 33 volumes. Edited by B. Suphan. Berlin: Weidmann, 1877–1913, Vol. XXXII, p. 579.

② Peter Hanns Reill. "Herder's Historical Practice and the Discourse of Late Enlightenment Science". In *Johann Gottfried Herder: Academic Disciplines and the Pursuit of Knowledge*. Edited by Wulf Koepke. Columbia: Camden House, 1996, p. 17.

的关系转到了解释人与人的关系。赫尔德认为，当理解者开始理解他者的时候，理解者心里需要有一种预期，这种预期是对这个被理解者的一种预判，或一种假设，理解他者的过程实际上是理解者不断通过对他者的全面阅读和理解来证明或者修正自己的假设。这种在理解之前进行假设的方法就是赫尔德所谓的占问的方法，并且在他看来，这是唯一的阅读方式："值得努力的地方是，这种切身的阅读，作为对作者心灵的占问，它就是唯一的阅读方式，也是最深刻的教育方式。……这样阅读是一种竞争，是启发式的；我们跟随作者一起攀登创造性的顶峰或者发现最初设想的错误以及与之发生的偏离。"① 这种占问式阅读之所以是一种竞争，在于理解者在不是很了解被理解者的时候，在他掌握的关于被理解者的材料还比较缺少的时候，他可能会提出多种假设，但是随着对被理解者了解的增多和理解的深入，他会在多种假设中选择那个最符合被理解者情况的假设，这个过程是多个假设之间相互竞争而不断被排除的过程；而之所以是启发式的，是因为不断地证明或证伪假设，可以不断地推进对被理解者的理解。

以上我们对赫尔德建立在他的语言观基础之上的理解理论做了一个大致的描述，现在我们来简单讨论一下在赫尔德的理解中，理解到底是一种自然科学意义上的科学还是一种艺术。这个问题在赫尔德那里当然还不是一个被明确意识到的问题，这个问题之所以被提出；是因为在赫尔德之后直到今天，理解问题发展成为一门重要的学问——解释学。解释学关注的一个重要问题就是理解是一种科学还是一种艺术，我们希望以这个问题为视角对赫尔德的理解思想进行进一步的廓清。

我们认为，赫尔德的理解思想更接近一种科学，理由如下：首先，根据前面对他的理解思想的论述，我们知道，赫尔德认为任何文本都存在着一种客观意义，这包括作者的情感、意图，以及历史文化等因素，这类似于自然现象

---

① Johann Gottfried Herder. *Philosophical Writings*. Translated and edited by Michael N. Forster. Cambridge: Cambridge University Press, 2002, p. 218.

中存在着客观的自然规律，我们需要做的是抛开我们主观的因素，而与作者的意图"移情共感"。其次，为了真正理解文本和作者的意图，特别是针对那些和我们有着完全不同的历史文化背景和生活世界的文本和作者，我们需要做大量的工作，比如收集相关的背景知识，进行大量的调查和研究，这些都和自然科学的工作相类似。再次，他强调我们在理解中"占问"的作用，这也和自然科学中"假设"的作用一样。最后，赫尔德认为理解他者的过程和自然科学研究自然现象的过程很相似，自然科学通过对自然现象做大量的实验和观察来发现自然规律，而理解是通过对一个人的语言、心理、生活背景、历史文化传统等因素的研究来发现一个人体现在文本中的真实意图。

显然，赫尔德的解释学是将他建立在人学理论和语言哲学之上的历史主义原则融入人类的理解活动中，这种历史主义的最重要特征就是理解者要充分尊重被理解者的历史性，要完全从被理解者的角度来理解被理解者。对此，赫尔德非常强调："一个人要从与生俱来的和习成的思想框架中挣脱出来，从在太过单一的环境中形成的偏执中解放出来，不带任何民族的、时代的和个人的偏见去欣赏任何时代、任何民族以及任何艺术性形式的美；在任何方面都不带任何异质的东西来品味它和感受它。"① 应该说，在一个普遍历史观盛行的时代，在一个充满欧洲中心主义的时代，赫尔德对尊重被理解者历史性的强调是极具洞见且难能可贵的。然而，从现代解释学的视野来看，如果只意识到或只强调被理解者的历史性是不够的，理解者自身也有其历史性，而且恰恰是理解者自身的历史性才使得理解活动得以可能。赫尔德试图抛弃理解者的历史性而还原被理解者的历史性，实现对被理解者一种完全客观的理解，这是不可能的。

① Johann Gottfried Herder. *Kritische Wälder*. Edited by Regine Otto. Berlin and Weimar: Aufbau Verlag, 1990, p. 686.

第六章 赫尔德文化哲学核心议题二：
文化有机论与文化民族主义

本章将讨论文化有机论与文化民族主义二者的内涵及关系。文化有机论是赫尔德文化理论的核心，强调把文化作为有机体并当作一个整体或系统来看待，认为一种文化就像一株植物一样有自身生长和变化的阶段和过程，文化的这种有机性是造就民族文化向多样性发展的内在动力，反对把文化视为一个静止独立的实体。拥有同一个文化传统的群体就可以被视为一个民族，文化是民族成员相互联系和团结的精神纽带。由于在赫尔德这里语言是文化最直接又最内在的体现，因而语言也是一个民族的内在特质（民族性）的直接表达，是构成一个民族民族精神的核心要素。本章结合赫尔德的人性论和语言论讨论他的文化观和民族观，特别是厘清他的"民族"概念的一些独特内涵，澄清它与后来的政治民族主义的区别。

在上一章中我们已经论述了作为赫尔德文化哲学本体性原则的历史主义与作为文化哲学认识论的解释学方法。在赫尔德看来，我们不能以一种抽象的、孤立的视角去理解人，因为生存在世界中的人是活生生的，是在与这个世界交往的过程中形成的，人具有他的历史性。一个人或一个民族的历史性体现在他们的语言和文化中，因为语言和文化都是人的悟性与人生存的环境交互作用的结果，它们既是人类本性（悟性）的体现，同时又受到环境的决定性的影响，而显现出多样性。本章主要是以赫尔德的历史主义思维为基础，论述他的文化哲学的两个重要概念："文化"和"民族"。这两个概念既是赫尔德文化哲学思想的核心，也是他文化哲学独具特色的方面。从整体上看，赫尔德的历史主义原则强调人的有限性和历史性，强调人的生存不可能脱离具体的环境，认为人与环境是一种"有机"的整体关系。文化作为人类活动的具体产物，必然具有这种"有机"的特征。文化的这种有机性具体体现在两个方面：首先，文化不是一个静止独立的实体，而是处于生成和变化过程中的；其次，文化的生成和变化与一个民族生存的环境紧密相连，它与环境构成一个有机整体。不同的环境孕育了不同的民族文化，拥有共同文化传统的一群人便是一个民族或文化共同体，因此必须把一个民族安置在他特属的那个文化中，我们才能去理解他们。这也正是赫尔德文化民族主义的核心要义：民族是以文化为基础来划分的，也以文化为其根本的团结的情感纽带。质言之，民族是一个文化共同体，而不是基于血缘或政治的共同体，甚至可以更进一步说，在赫尔德这里，国家这个政治共同体也需要以文化为根基的民族共同体来构建。另外，赫尔德的文化理论是以其历史主义原则和语言哲学为基础的，也是这些思想的逻辑展开，他的民族理论则是以文化理论为基础构建的。我们先来看看赫尔德的文化哲学理论。

第一节　赫尔德文化有机论的实质：文化的生发性与整体性

"文化"（Kultur/culture）一词在赫尔德文化哲学乃至整个思想中都具有非同一般的重量，因为这个词既是赫尔德阐述其文化哲学思想的核心概念，同时也是他构建自己文化—政治哲学的基石之一。首先需要说明的是，赫尔德对"文化"概念的理解有其独特之处，其主要原因在于"文化"一词在德语中的含义不同于在英语和法语中，赫尔德的"文化"概念继承了德国本土的特殊含义。因此，我们若要理解赫尔德思想中的"文化"概念，必须首先理解暗藏在此概念背后的当时的历史情境信息，即"文化"一词在德语中的独特含义。

一般而言，我们将德语的"Kultur"和英语的"culture"都翻译为"文化"。根据雷蒙德·威廉姆斯（Raymond Williams）教授从词源学的角度对"文化"一词进行的分析，"文化"一词的最初用法是指"照料庄稼或动物等事物的过程"。从16世纪开始，对"文化"概念的定义经历了一个逐步扩展的过程，它由最初的对人类行为或活动的狭隘含义逐渐转变为包含泛指人类发展过程的宏大概念。到了18世纪末和19世纪初，"教化"和"修养"（cultivation）成为"文化"一词的主要含义，"文化"也成为用以描述智力、精神和审美发展过程的独立的抽象名词。在英国和法国，"文化"一词要么成为贵族或上流阶层的代名词，要么就被等同为"文明"（civilization）。德国人从法语中借用了这个词，也用它来描述一个"教化"或"使文明化"的演变的过程。① 但是，在德国思想家眼中，"文化"概念区别于法国人理解的"文明"，更不同于英国人认为的它代表了贵族或上流阶层，他们认为：文化具有独特性和不可复制性，它包含了本民族特有的宗教性、自然性和民族性；而文明则具有理性化、技术化和霸权化的特征，且可以通过物质、产品和技术等来体现出来。② 简言之，在当时的德国思想家看来，文明是一种理性化的、普遍化的东西，是当时的法国和英国启蒙运动的产物；文化则是一种地方性、区域性的东西，是一个民族自身的特性。德国启蒙思想家正是试图通过对自身"文化"特性的强调来对抗当时强势的法英"文明"。赫尔德继承了当时德国思想的这一基本看法，在他看来，"文化"一词指的是一个民族创造的独特成果，包括艺术、工业、商

---

① 参见 Raymond Williams. *Keywords: A Vocabulary of Culture and Society*. London: Fontana, 1983, pp. 87—89。
② 参见［德］埃利亚斯：《文明的进程》第一卷，王佩莉译，北京：生活·读书·新知三联书店，1998年，第62—66页。

业、科学、政治制度、文学、思想、信仰、习俗和神话等，它们都可以被视为一个社会文化的组成部分。① 可以说，文化表现的是一个民族内在的精神，它作为具体文化活动的基础决定着一个民族的行为方式。因此，考察一个民族的社会文化的各个方面，是研究这个民族文化所必须具备的前提条件。在赫尔德之前，伏尔泰和孟德斯鸠对于如何理解民族文化也提出过类似的主张。伏尔泰确立了历史研究的必要性，即要考虑到一个民族的社会生活，并将其表现为生活方式、艺术、工业、文学和科学。孟德斯鸠也认识到这些因素在他对法律的政治分析中的重要性。② 正如穆图（Sankar Muthu）教授指出的那样，许多诸如伏尔泰和孟德斯鸠那样的18世纪思想家通过研究不同社区的不同礼仪、活动和价值观去研究一个民族的文化。但同时，穆图教授也指出了赫尔德与同时代人的差别，他认为赫尔德是最早使用现代意义上的"多元文化"概念去审视其他的非欧洲民族文化，并把非欧洲民族视为"不同文化的成员"的思想家。③

我们曾在前面提到，作为历史主义者的赫尔德极其厌恶当时欧洲盛行的欧洲中心主义，这一点也与赫尔德对文化的理解有密切关系。在《关于人类历史哲学的思想》中赫尔德就质问道，"世界上有哪些人没有共同的文化？"并明确地区分了"文化"与"有教养的民族"（einem cultivirten Volk），同时质疑欧洲人何以能用所谓的"有教养"去评价其他民族且以此标准拒绝承认其他民族的任何优越性。④ 在其他地方，赫尔德也同样表达了对当时流行的欧洲中心主义的不满，他不断地质问那个以欧洲文化为基础制定的评价标准，并以讽刺的口吻写道："为什么单单我们北半球的西半球

---

① Johann Gottfried Herder. *Sämmtliche Werke*. 33 volumes. Edited by B. Suphan. Berlin: Weidmann, 1877–1913, Vol. XIV, p. 228.
② Frederick Copleston. *A History of Philosophy, Vol. 6: Wolff to Kant*. London: Burns and Oates, 1960, pp. 167–168.
③ Sankar Muthu. *Enlightenment against Empire*. Princeton: Princeton University Press, 2003, p. 7.
④ Johann Gottfried Herder. *Sämmtliche Werke*. 33 volumes. Edited by B. Suphan. Berlin: Weidmann, 1877–1913, Vol. XIII, p. 4.

就应该拥有文化?"① 在赫尔德看来,用某个特定时期、特定民族的文化标准去衡量其他民族文化是极其不合理的,他宣称,"想象世界上所有的居民都必须是欧洲人才能幸福地生活,这将是最愚蠢的虚荣"②,因为一个人出身在哪种社会和文化氛围是完全偶然的,出生在不同社会或文化氛围下的各个民族会发展出完全不同的文化评判标准,这些文化标准并不是评价另一个民族优劣的依据。赫尔德坚持认为,"神把他们安置在这里而把我们安置在那里,但他无疑都赋予了人们同等的权利去享受生活",因此,人类的幸福是一种"内在的性情",是一种与环境、语言和社会传统密切相关的"个体的愉悦"。③ 这种幸福观本身就诞生于每个民族特定的历史、文化、社会中,"每个国家都有自己的幸福中心,就像每一个球体都有自己的重心一样!"④ 由于每一种文化都有其独特的标准,这些标准产生于特定的历史和环境条件,因此在赫尔德看来,根据某种特定的文化标准和价值来评价另一种文化,会导致的另一个严重后果是削弱人们对这种文化复杂多样性的认识,这一点尤为体现在对艺术作品的评价上。在赫尔德看来,无论是用古希腊标准来评价古埃及文化,还是用现代欧洲标准来评判古希腊科学,这种分析方法都是错误的和徒劳的。⑤ 因此,在赫尔德对荷马毫无保留地赞赏的同时,他也不能接受莱辛把荷马的作品标榜为评判所有诗歌的绝对标准。⑥ 因为,荷马体现的是他那个时代的伟大,他是他所生活的那个时代的

---

① Johann Gottfried Herder. *Philosophical Writings*. Translated and edited by Michael N. Forster. Cambridge: Cambridge University Press, 2002, p. 419.
② 参见 Johann Gottfried Herder. *Outlines of a Philosophy of the History of Man*. Translated by T. Churchill. London: Printed for J. Johnson by Luke Hansard, 1800, p. 219。
③ Johann Gottfried Herder. *Outlines of a Philosophy of the History of Man*. Translated by T. Churchill. London: Printed for J. Johnson by Luke Hansard, 1800, pp. 218-219.
④ Johann Gottfried Herder. *Philosophical Writings*. Translated and edited by Michael N. Forster. Cambridge: Cambridge University Press, 2002, p. 297.
⑤ Johann Gottfried Herder. *Sämmtliche Werke*. 33 volumes. Edited by B. Suphan. Berlin: Weidmann, 1877-1913, Vol. V, p. 491, p. 506.
⑥ Johann Gottfried Herder. *Philosophical Writings*. Translated and edited by Michael N. Forster. Cambridge: Cambridge University Press, 2002, pp. 491-492, p. 507.

产物和杰出代表，脱离他的时代而将他抽象为一个绝对的标准，是徒劳的，也是错误的。

与赫尔德反对欧洲中心主义相一致的，是他对其他民族文化价值的尊重与认同，这构成了他的文化理论的基本原则。赫尔德承认，不同民族之间存在着相似之处，但每一个民族本身都是独特的，所有文化都有价值的原因也正是在于每个民族本身的独特性，这种独特性形成于每个民族与其生存范围的有机结合中。赫尔德的文化理论最为突出的特征就是他强调文化是"有机的"（organic），他强调把文化作为有机体并当作一个整体或系统来考虑。在赫尔德看来，文化绝不是一个静止孤立的实体，而是处在不断的生成和变化过程当中，并且文化的生成和变化是与一个民族生存的氛围（环境）紧密相连。赫尔德用"有机"一词正是为了强调文化的演变、发展与氛围之间有机整体的关系。赫尔德提出有机论意在批判当时流行的机械论。

事实上，机械论与有机论的对峙由来已久，在西方哲学的源头古希腊哲学那里就已经存在着机械论与有机论的对立。在古希腊哲学中，德谟克利特最先以机械论的方式解释世界，他通过他的原子论把世界的形成解释为原子按照必然性不断旋转运动的结果，一切事物、一切生命的生成与消灭都是原子组合和分离的结果。恩培多克勒虽然也把"四根"的结合与分离看作世界运动的根本原因，但他强调元素的运动不是机械的，而是在"爱"与"恨"的交织中，在"四根"的相互作用中完成的，这可以看成西方有机论思想的最初表达。此后的柏拉图试图通过原子论的数学模型来解释宇宙中的生成和变化。引入数学模型意图以几何学的方式认识自然，这为后来以几何和力学作为自然科学的新范式奠定了基础。然而，在亚里士多德看来，这种原子论只是把复杂的真实生命简单化为一种数学模型，是一种力图将生命的过程归结为物理元素的相互作用并用几何或物质原子来解释生命的反自然理论。亚里士多德之后，伊壁鸠鲁及其学派继承了德谟克利特的机械论，主张万物都由不变的原子组成，认为一切事物都有其发生的原因。斯多葛学派虽然不承认关于原子的假定，但同样坚持认为任何事物都是具有因果性的，并且持一种决定论观点。这种认为现在和未来是完全由过去的事件所决定的因而具有必然性的观念为近代自然科学的发展奠定了理论基础。

在近代，伴随哥白尼、伽利略、牛顿和拉普拉斯等人完成了物理学革命，几何和力学迅速成为自然科学研究的新范式。这种新研究范式的有效性，使它很快成为一种哲学精神和新的世界观，即一种机械论的世界观。当牛顿经典力学建立并获得巨大成功后，机械论被迅速地推广和运用到其他学科和领域，成为一种普遍的研究和解释模式。机械论解释模式首先要求对一切事物进行因果性解释，试图以机械的因果序列解释一切事物，在这种思维视野中，自然的各个环节都是由分离的元素组成的，是可分解和可分析的，自然的所有效应都被看作可以归结到线性的因果链上。其次，这种因果解释最终被转换为一种数理解释，它要求把自然还原为物质实体的集合，要求把各种复杂运动还原为受力学定律支配的机械运动。这种机械论范式尽管也承认运动和变化，但总是将这种动态、连续的运动轨迹分析为不连续的、静止的质点，其间缺乏真正的连续性和动态性。机械论的方法在面对自然科学问题时显示出巨大的优越性，人们相信对自然现象的解释就是要揭示隐藏在其中的因果规律，并且用数理的方式来表达这种因果规律，自然科学的进步使人们坚定地认为一切现象都可以用这种科学的方法解释。但就像亚里士多德批判的那样，仅依靠几何或力学的方式不足以解释复杂的生命，当机械论把一切简化为数理模型或公式时其实是对生命的一种贬低。与机械论不同，哈勒对于过敏性质的实验，沃尔夫和布卢门巴赫的"自发力""形成欲"等理论都表明物体内部存在一种生物力量。这意味着物质不是静止不动的，它在自我组织和自发运动的生物力中持续生成，它就如同其他活生生的生物一样，即便没有外力的作用也在运动和生长。同时，有机论还强调部分与整体处于一个有机系统中，认为整体不只是各部分的总和而且是各部分之间相互作用的结果，也不能通过简单地把事物拆分成各个零件并孤立地观察事物的各个组成部分的方式认识构成整体的部分，而应该以有机的方式从整体上对事物进行全面的观照。

赫尔德摈弃了还原论或机械论，转而用有机论的模式解释文化的生成和演变，由此，文化在赫尔德那里就有了生发性和整体性两个基本特征。我们先来看文化的生发性特征。我们在前文中曾说到，赫尔德反对启蒙时期流行的抽象人性观，因为在他看来人的生存乃是一种历史性的生存，人与世界的关系是一种相互依存和相互生成的关系，特别是人需要通过与外部世界关联才能建构和实现自己的本质。人的这种特殊生存方式在根本上是由悟性导致的。在赫尔德看来，首先，悟性不是已经完成了的形而上实体，因为把悟性预设为实体意味着把悟性视为一种已经完成了的东西，这种预设否认了悟性的生长性和待完成性。其次，悟性的生长性和待完成性并不是指悟性作为一种人之为人的本质要素是不断生成和未完成的。事实上，从悟性作为人之为人的本质要素（从先验的视角）来看，就算是呱呱坠地的婴儿，其悟性与成年人也是没有区别的，他们之为人都是因为有了悟性，这也正如赫尔德自己所说，"如果能力本身不表现出最低程度的积极能动的倾向，那么它就什么也不是"①。这里的待完成性和生长性主要是指悟性必须借助和依赖外部世界才能形成人的本质，说悟性具有待完成性和生长性实质上是说人的本质是待完成的和生长的，只是由于人具有悟性才使自己的本质具有这种特征。由此可见，赫尔德把悟性视为一种既需要一条实现的道路，又不是还未完成的东西。悟性是人之为人的最为关键的要素，人从一开始便拥有作为人的全部力量的总和的悟性，正如一粒种子虽小，但也已经具备了长成大树的条件。也正因为人从一开始就拥有悟性，他也就从一开始就在悟性的状态中存在，正是有了悟性才使得人从一开始就是人而不是动物。作为整体的悟性并不存在所谓潜在的能力，其全部力量从

---

① ［德］赫尔德：《论语言的起源》，姚小平译，北京：商务印书馆，1998年，第25页。

其发端就已经展现出来。但同时，悟性实现为人的本质还需要一条道路，它需要在人的生存中，在与外部世界的交往中实现出来，"这一成长……意味着一种逐渐提高、加强、丰富的运用"①。悟性的这种生发性决定了人的生存必须是一种历史性的生存，人需要在具体的历史环境中，在他与具体的存在物打交道的过程中使自己的悟性实现。因此，文化的诞生和发展就和语言一样既是必然性的，同时又是历史性的。从必然性来说，文化和语言都是悟性的具体展现和实现，人只要生存就必然在运用并展现悟性，因此人一定会创造出语言和文化。从历史性来说，虽然人必然会创造出语言和文化，但这一创造过程是与人所生存的环境紧密关联的，就如同语言的产生必须是悟性和感觉经验的结合一样，文化在根本上是人运用悟性与世界打交道的结果，没有具体环境的参与文化是无法形成的。

由于文化的诞生是悟性在具体历史环境中作用的结果，因此在对待文化时就不能以还原论的方式把文化从其诞生的环境中剥离，而必须以有机的视角把民族生存的环境与民族文化视为一个整体，这是文化有机论的核心要义。不同民族的文化各不相同，并且都有其各自的独特价值，这是赫尔德的基本观点。在赫尔德看来，一个民族所生存的自然环境对其民族特性的形成具有决定性影响。这一观点无疑受到了法国启蒙思想家孟德斯鸠的影响。孟德斯鸠在谈论气候与当地法律的关系时认为："如果精神的气质和内心的感情真正因不同的气候而有极端差别的话，法律就应当和这些感情的差别以及这些气质的差别有一定的关系。"②

赫尔德借鉴了孟德斯鸠的理论并分别对"气候"和"法律"概念做出了进一步扩展。首先，在孟德斯鸠那里，气候就是单纯地指天气，赫尔德则把"气候"引申为"氛围"，后者指一个民族所处的全部环境，它既包含自然地理环境，也包含社会和文化环境。对于赫尔德而言，文化的终极源

---

① [德]赫尔德：《论语言的起源》，姚小平译，北京：商务印书馆，1998年，第24页。
② [法]孟德斯鸠：《论法的精神》上册，张雁深译，北京：商务印书馆，1961年，第227页。

头来自人所生活的特定环境中的"感觉"（悟性和外部世界打交道的产物），文化在生成和创造的过程中必须以"感觉"为基础，或者说，不同的文化就是不同的"感觉"的表达，"感觉"与文化是紧密缠绕在一起的。我们知道，在不同的氛围之中所得到的感觉绝不会全然一致，不同的氛围必然导致感觉具有差异性，如此一来，文化实际上是民族生存的特殊氛围的表达和体现，文化是悟性在这种氛围中运作而创造的。文化的创造不可以脱离悟性与氛围的关联而独自存在，它本身就是悟性对具体氛围运用的结果。人需要通过世界来建构和理解他自己，把悟性运用到环境中的事物之上并以此留下自己的印记；同时，环境也构成他的自我和生命本质的一部分，因此他的自我和生命本质也必将印上环境的痕迹。正是由于人和他生存的氛围之间的"相互依存"关系，人的生活方式必然跟他所处的环境相适应。由此看来，文化就是对人所处氛围的一种共鸣。这些文化不会被新一代的人所颠覆，因为人活在传统之中，这种传统即是氛围，它深深地扎根于同样一群人所生活的世界。其次，赫尔德把孟德斯鸠的"法律"扩展为包括整个民族的行为、观念、生活的准则和价值等在内的整个文化。

在赫尔德看来，人类必须生存在特定的自然环境中，这也就意味着他必定与他所处的地理环境、自然条件具有密切关联。人的品性、行为或习惯会受到特定的自然环境的决定性影响，赫尔德写道："人类并非孤立的个体，他与自然的所有要素相互关联，他呼吸着空气，同时从地球上不尽相同的事物中获取食物饮料……他醒着或睡着，静着或动着，他对自然的变化在起着作用，他又怎能不随着自然而变化？"[①] 在赫尔德看来，自然环境规定着一个民族文化的界限和范围，它既是一个民族国家的界限，也是他们风俗、语言文化和行为习惯的界限，人不可能孕育出与他生存的环境截然对立的文化。反过来，人也可以通过一个民族的生活方式、行为习惯和

[①] Johann Gottfried Herder. *Sämmtliche Werke*. 33 volumes. Edited by B. Suphan. Berlin: Weidmann, 1877–1913, Vol. XIII, p. 3.

文化品性判断那个民族所生存的自然环境。①

由于民族生存的自然环境能够保持长时间的稳定性，因此生存于此的人们就拥有长时间以来形成的特定的风俗、习惯和行为方式，以及特定的观察和理解世界的方式。赫尔德认为这些构成了一个民族的传统，它们用语言固定下来，就成为文化的主要部分。传统是一个民族的文化根性，是使一个民族区别于另一个民族的重要特征。传统具有内在稳定性，它随着一个民族世世代代不断的传承不断加强和凝固。随着传统的不断加强，人们便可以在脱离原有的生存环境后依旧保持其原本的文化特征，犹太人是这一理论最好的例证。这一点是理解赫尔德文化有机理论的时候需要注意的。一方面，赫尔德确实非常强调以自然环境为主要内容的"氛围"对一个地方文化的形成具有决定性和本质性的作用，尽管文化并非镜面式地反映氛围，但是一个文化的最主要特征（特别是最初产生的那些特征）都可以从这个文化所产生于其中的那个"氛围"获得理解和解释。这是赫尔德文化有机论的主要观点，文化和它所产生于其中的"氛围"构成一个有机整体。另一方面，赫尔德也认为一种文化一旦产生，它就会成为一个相对独立的观念和符号（语言）系统，它自身构成"氛围"的一部分，反过来影响人们对"氛围"的理解和改进，这就使得文化在一定程度上可以脱离它所产生的"氛围"而独立存在。犹太文化很早就脱离了它所产生的"氛围"，但它却一直延续了下来，这本身是对文化的相对独立性的证明，只是无论如何，犹太文化的那些主要特征，我们需要通过它所产生的氛围来获得理解和解释。

再者，赫尔德的文化有机论认为，尽管一种文化可以脱离它所产生于其中的"氛围"而相对独立地存在，但是一种文化只有处于它所产生于其

---

① 赫尔德的这个观点我们也可以通过中西文化的对比来理解。我们一般认为西方文明是海洋文明，具有开放、创新和拼搏的精神，中华文明是黄土文明，具有内敛、含蓄和凝重的精神。对这两种不同的文明类型和特点最好的解释就是它们所产生的那个自然环境。这两种不同的文明和它们所处的自然环境是一致的。

中的"氛围"中才能获得良性健康的发展。脱离了那个"氛围",它虽然还能够存续,但是它的生命力会大大降低,它只有面对新的"氛围"发展出新的特质,不然很难避免衰落和灭亡的危险。在赫尔德看来,一个人也是如此,他只有生活在从小养育他的文化中,他才能最好地实现他的生命本质,才能获得最大的幸福。伯林曾如此谈到赫尔德这种观点:

> 一个人的创造力要想得到充分发挥,只能是在他自己的出生地,跟那些与他在身体上、精神上类似的人生活在一起,那些人跟他讲着同样的语言,让他感觉像回到家一样自在,跟他们在一起,让他有归属感。唯有如此,真正的文化才能产生出来,每一种文化都是独特的,都对人类文明做出自己特殊的贡献,而且都通过自己的方式去探求自己的价值,而不是被淹没在某种四海一家的大同世界里面;那种大同世界剥夺了所有土生土长的文化的独特内容和丰富色彩,剥夺了它们的民族精神和天赋,而这些文化却只有在他们自己的土壤中,扎下自己的根系,并且可以远溯到某种共有的过往经历,才会枝繁叶茂。文明就像一个花园,只有百花齐放,草木繁盛,花园才会变得丰饶、美丽;而那些征服性的大帝国,像罗马、维也纳、伦敦,却是花花草草的践踏者,并将它们连根拔除。

> 这就是民族主义的——更恰当地说是民粹主义的——开端。赫尔德肯定了多样性和自发性的价值,提倡差异,主张人们选择不同的道路,各有其独特的风格、表达和感受的不同方式,反对万事万物都用统一的永恒标准来衡量。实际上,他就反对用显赫一时的法国文化为标准,那时它正伪称自己的价值是放之四海皆准的,永远有效,不可更改。一种文化跟另一种文化并非简单的接替关系。希腊不是罗马待客的前厅。莎士比亚的喜剧也不是拉辛和伏尔泰的悲剧的初级形式。这一点有着重大的意义。如果每一种文化表达了而且有权表达它自己

的视域，而且，如果不同的社会和生活方式，其目标和价值不可比较，那么，也就是说，没有任何一套唯一的原则，没有什么普遍的真理，是无论何时何地对任何人都是适用的。一种文明的价值观有可能不同于另一种文明，而且，或许根本无法比较。①

同时，与其他民族交往的程度也影响着一个民族的文化和特性的发展。不同于莱布尼兹按照单子论的模式解释世界，赫尔德反对把文化视为一种独立的实体，并且宣称"自然界中没有任何东西是分离的，通过难以察觉的转变，一切都流向另一切"②。自然中的一切都是相互关联、相互作用的，这是赫尔德的基本自然观。换言之，在赫尔德这里，每种文化尽管都有自身相对的独立性和特质，但它是开放的，它是一种有"窗户"的单子。在这种自然和文化观之下，人作为自然的一部分同样也是相互关联的。因此斯宾塞就认为，赫尔德认为各民族文化的多样性是相互"受惠的"(indebted)，这是贯穿赫尔德作品始终的主题。③ 一个长期由于自然条件的限制或其他原因而封闭的民族，由于他们一直独立地生活在一个稳定的自然环境和自我文化之中，其民族特性越发地稳固。这种民族文化有可能成为一种历史传统而长久地保持下去，但这种独特性并不能为这个民族提供更多积极的发展要素，这种文化在稳定的同时也被固化和孤立了起来。在缺乏与其他文化的交流与竞争的情况下，表面看似稳定的文化其实是异常脆弱的，一旦有更好的与这种氛围相适应的文化进来，本土的文化可能就面临着挑战甚至危机。但是，这种危机也是本土文化自我革新和自我发展的契机，表面的稳定被打破，但是深层的动力却被激发了出来。赫尔德认为，民族文化的发展正是得益于文化

---

① ［英］以赛亚·伯林：《扭曲的人性之材》，岳秀坤译，南京：译林出版社，2009 年，第 225—226 页。
② Johann Gottfried Herder. *Philosophical Writings*. Translated and edited by Michael N. Forster. Cambridge: Cambridge University Press, 2002, p. 195.
③ Vicki A. Spencer. *Herder's Political Thought: A Study of Language, Culture, and Community*. Toronto: University of Toronto Press, 2012, p. 73.

多样性，各民族文化的交流是促进文化发展的巨大动力，这种动力来自两个方面：一是不同文化之间竞争的格局促使本土文化需要革新以积极应对；二是不同文化可以优势互补，取长补短。他举例说，如果没有埃及人的成就，古希腊就不可能有今天的发展，而古罗马文化的繁荣得益于它对古希腊文化的传承。① 基于这种观点，赫尔德对同时代的一些思想家提出了批判，认为由于他们在没有看出不同民族之间、不同时代之间在文化上的有机联系性和可能的互补性时，就对历史持批判态度（尤其是法国的启蒙主义者用过度的谴责来否定中世纪），是极其偏颇的，是不能真正理解历史的。在赫尔德看来，被法国启蒙思想家视为"黑暗的"和"没有人性的"中世纪同样有其不可磨灭的价值，这不仅是因为中世纪并不是一个完全野蛮和精神贫困的时期，更是因为欧洲现代文化在很大程度上受益于中世纪。如果我们要对现在有更丰富的认识，那就必须从它的基础出发，重新审察造成诸如封建战争、十字军东征和移民这些灾难性行为的原因并试图克服它们。② 对于赫尔德来说，由于后来的文化都是在前一种文化的基因中发展起来的，因此在文明的每一个阶段中，其文化都是与之前的阶段相互关联的，这种关联是文化有机发展的外在动力。

另外，从一个民族文化内部来说，一个业已形成和稳定的民族文化传统内部并不是完全同一的，其内部仍然存在差异，并且正是民族文化内部文化多样性的特征造就了文化有机的特性。如果说文化与氛围之间的有机性是赫尔德文化有机论的第一层含义，那么文化内部各要素之间的有机性则是它的第二层内涵。赫尔德首先批判了一种文化理解和研究中的抽象化倾向，这种倾向的一个主要表现方式是通过当地人所从事的主要职业来对他们的文化进行分类，比如从事游牧的就是游牧文化，从事农耕的就是农耕文化，等等。

---

① Johann Gottfried Herder. *Philosophical Writings*. Translated and edited by Michael N. Forster. Cambridge: Cambridge University Press, 2002, p. 161.

② Johann Gottfried Herder. *Philosophical Writings*. Translated and edited by Michael N. Forster. Cambridge: Cambridge University Press, 2002, p. 511, pp. 524-526.

赫尔德指出，人们不同的生活方式，如狩猎、畜牧和捕鱼，在不同的地区之间差异如此之大，同样是狩猎，在不同气候下狩猎的方方面面都显示它的不同，因此以这种划分来理解文化根本不可能具有精确性。①

赫尔德认为，同一民族文化内部的多样性确实存在，但这种多样性形成的原因与其说是人们从事的职业，不如说是他们的权力与社会地位。赫尔德认为，具有在一个已经具有稳定性的文化环境中发展出亚文化能力的是阶层、阶级和种姓，处于这些等级中的人们所从事的活动与他们所处的社会的主导文化存在差异，就可能也有需要发展出不同于主导文化的亚文化。赫尔德举例说，在较早形成的制度国家中，祭司和婆罗门通过保留他们获得特殊知识的权力来确定他们在社会中的地位；这种情况在现在也是类似的，18世纪高等数学和其他复杂的科学使得科学家群体（阶层）形成了一种独立于普通大众文化的特殊文化。②

因此，即便当一个民族的文化成为一个具有稳定性的整体时，其文化内部与外部那些不同的因素仍然在相互限制或促进、相互补充或对立。这些要素在不同的时间中混合、转化，在文化自身内部和各种文化之间创造了多样性，并成为一个有机的整体。由于这些要素是相互影响相互制约着的，因此在任何时间或地点都不存在具有决定性影响的特殊要素。③也就是说，对于民族文化的构成而言，任何活动和要素的影响都是历史的和特殊的，都不构成文化的永恒性因素。为此，赫尔德举例说，随着书写符号和规则的出现，诗歌在希伯来和希腊风俗、法律和宪法的形成和记录中所起的核心作用就开始逐渐减弱；与诗歌对希伯来和希腊文化形成的显著影响相比，它在罗马

---

① Johann Gottfried Herder. *Sämmtliche Werke*. 33 volumes. Edited by B. Suphan. Berlin: Weidmann, 1877-1913, Vol. XIII, p. 310. 这里实际上是赫尔德一以贯之地反对那种通过概括和抽象来理解一个民族和一种文化的观点的体现。

② Johann Gottfried Herder. *Sämmtliche Werke*. 33 volumes. Edited by B. Suphan. Berlin: Weidmann, 1877-1913, Vol. XIV, p. 35.

③ Johann Gottfried Herder. *Sämmtliche Werke*. 33 volumes. Edited by B. Suphan. Berlin: Weidmann, 1877-1913, Vol. XIV, pp. 227-228.

文化的形成中只起了很小的作用，因为那时书面散文已经取代了诗歌在记录国家大事中的作用。① 因此，曾对一种文化的形成起着重要作用甚至是本质性作用的因素，在另一种文化中可能就根本没有作用，即使是在同一种文化中，曾经起着重要作用的因素随着时空的变换，也可能逐渐地变得不重要，这就是赫尔德文化有机论中所必然包含的文化的历史性。

在任何民族群体中都存在着内部文化的差异，因此它就不可能是完全同一的，但所有的文化又都是自身协调变化着的。一种文化在具有积极特征的同时，也会具有消极的因素，一方面可能是最崇高的美德，另一方面却充满异常并显示出令人震惊的矛盾和不确定性。② 比如在赫尔德对古希腊文化的研究中，在流露出对古希腊高尚的公共精神和伟大的艺术成就的钦佩之情同时，他也指出许多希腊国家对奴隶、外国人和殖民地的不人道对待。③ 由于这些差异甚至对抗因素的存在，赫尔德认为，一个群体内部的不同文化的发展并不是一致的，有些文化发展得快并成为主流文化，另一些则发展相对滞缓，快慢与否主要在于是否更好地适应了"氛围"的变化。不过，在一种文化相对成熟稳定之后，尽管它的某些因素因为不能适应氛围的变化甚至缺少了氛围的支持而可能发展较慢，却仍然可能会由于文化自身的系统性和惯性而被保留下来。同时，群体中的文化中心也会随着群体发展的变化而变化。④ 这种文化中心的转移或变化实质上是构成一种文化的某些内在要素在某种机缘下被凸显出来，这种凸显既可能是外部氛围变化导致的，也可能是文化自身各要素的相互作用发展而导致的。在赫尔德

---

① Johann Gottfried Herder. *Sämmtliche Werke*. 33 volumes. Edited by B. Suphan. Berlin: Weidmann, 1877–1913, Vol. XIV, pp. 348–358, pp. 365–369, p. 376, pp. 386–387.
② Johann Gottfried Herder. *Philosophical Writings*. Translated and edited by Michael N. Forster. Cambridge: Cambridge University Press, 2002, p. 294.
③ Johann Gottfried Herder. *Philosophical Writings*. Translated and edited by Michael N. Forster. Cambridge: Cambridge University Press, 2002, p. 508.
④ Johann Gottfried Herder. *Sämmtliche Werke*. 33 volumes. Edited by B. Suphan. Berlin: Weidmann, 1877–1913, Vol. XIV, pp. 66–67.

看来，不同时代文化中心的有机变化和转移正是对人作为有限存在者的印证，因为如前所述，人作为有限的存在者其本体论的意义在于他需要通过与外部世界打交道才能确认自身，这就使得人的本质是面向未来开放的和具有历史性的。文化正是人凝固着的人的本质，人的本质的开放性和历史性，必然使文化也具有开放性和历史性，具有开放性和历史性的文化随着时间而产生中心的变化和转化就是必然的。

对文化内部差异性的关注和强调并不意味着赫尔德否定了民族文化作为一个整体所具有的普遍性和统一性。他认为，每个民族文化都是作为各种力量和影响的综合有机体存在的，这些力量和影响最初会在"一片混沌"中相互竞争，直到"对立的规则相互制约，一种平衡与和谐就会诞生"。[①] 在平衡与和谐的状态下，某些文化特征和活动支配着其文化并成为主导文化，由此便形成了一个民族独特的文化特征，尽管在这种主导的文化特征之下还有许多其他的甚至是与这种主导特征相反的特征，但这种占主导的文化特征在历史的某个特定时期会成为我们识别一个民族及其文化最为突出的标志。比如，我们可以将腓尼基人的航海和商业精神、印度人对劳动的默默勤奋和忍耐力，或者中国人优雅的政治道德和伦理，作为这些群体的独特特征，作为他们文化的特点。[②] 受孟德斯鸠影响，赫尔德也用民族精神来指称这些民族文化特征，前者在《论法的精神》中写道："人类受多种事物的支配，就是：气候、宗教、法律、施政的准则、先例、风俗、习惯。结果就在这里形成了一种一般的精神。"[③] 赫尔德基本继承了孟德斯鸠的这一观点，认为这种"一般的精神"就是一个民族的文化，它是在各种环境力量与各种活动和观念的复杂互动中形成的。不同的是，当赫尔德使用"精神"一词时，他并不是在

---

① Johann Gottfried Herder. *Outlines of a Philosophy of the History of Man*. Translated by T. Churchill. London: Printed for J. Johnson by Luke Hansard, 1800, pp. 451–455.
② Johann Gottfried Herder. *Outlines of a Philosophy of the History of Man*. Translated by T. Churchill. London: Printed for J. Johnson by Luke Hansard, 1800, p. 452.
③ [法] 孟德斯鸠：《论法的精神》上册，张雁深译，北京：商务印书馆，1961 年，第 305 页。

第六章　赫尔德文化哲学核心议题二：文化有机论与文化民族主义　259

抽象的本质主义的意义上使用它。正如前文所述，赫尔德认为文化乃是一个处于生成中的有机体，人们当然可以把一个民族某一特定时期占主导地位的文化挑选出来作为其特征，但人们不可以为他们就此把握到了这个民族的全部文化，这不仅是因为其文化内部还有多样性，更是因为文化本身还处于发展之中。① 与此同时，文化的生成的动态性并不意味着它们完全无法识别，因为文化就像个人一样，是可以根据他们的信仰和实践来区分的，而这些信仰和实践形成了一个可以被识别的整体。②

通过以上讨论，我们可以简单总结一下在赫尔德那里文化具有有机性的三个方面的特征。一是任何一种文化都与其产生于其中的氛围（主要是自然环境）构成一个有机的整体，任何文化生命力的维系和发展都需要在它所适应的氛围中进行，也就是说，文化只有在与它相适应的氛围中才能生长壮大，对一种文化的理解也必须结合它产生于其中的氛围才有可能。二是文化自身各要素之间构成一个有机整体，并具有相对的（相对于氛围）独立性，而且一种文化一旦成为一个系统和传统，它们就可能反过来成为氛围的一部分，影响着人们对自身和世界的理解；构成文化的各要素实质上都是人与世界打交道的本质性结构，只是在不同的氛围下，这些要素被凸显的方面不一样，进而构成了一种文化典型性的特征。三是一种文化和它的成员之间的关系是一种有机关系。这种有机关系体现在两个方面：首先，一种文化就鲜活地体现在它的成员的认同之上，体现在这些成员如何

---

① 值得注意的是，赫尔德的这些观点表面看来似有矛盾之处。一方面他认为可以通过独特的特征来理解一个族群及其文化；另一方面他又反对用一种抽象概括的方式来理解一种文化，理解一种文化就是要深入理解它的全部特征和有机的整体：这两方面似乎是矛盾的。事实上，我们可以这样理解赫尔德这里看似矛盾的说法。首先，从对文化的理解来说，赫尔德始终强调的是一种历史主义的解释学，即以一种"移情共感"的方式去理解另一种文化的全部内容，这是赫尔德首要的观点；其次，赫尔德认为每一种文化都有其独特性，这种独特性使它具有某些突出的特征，我们确实可以通过这些突出特征来把握某种文化，但是赫尔德强调的是我们切不可以为这种突出特征就是这种文化的全部，切不可只见这些突出特征而不见这种文化的全部，要真正地理解一种文化还是要把它当作一种有机体来理解，理解它的全部。

② Bhikhu Parekh. *Rethinking Multiculturalism: Cultural Diversity and Political Theory*. Basingstoke: Palgrave Macmillan, 2006, pp. 148-149.

理解世界、如何理解自我的价值观上,没有人认同的文化是一种死文化,是注定要消亡的;其次,一种文化自身的发展和开新要通过其成员来实现,文化的生命力最终取决于成员的认同,而认同的前提是这种文化要能够解释认同者(成员)的生活,当氛围发生变化,文化也要通过调整自身来适应新的氛围,这需要通过成员的文化创新来实现。

赫尔德的文化有机论直接影响到他对"民族"的看法,事实上,对"民族"的新理解本身就成为他的文化有机论的一部分,而且是非常重要的部分。我们现在来考察赫尔德的文化民族主义。

第二节 赫尔德文化民族主义的基本逻辑:由文化而民族

在赫尔德看来,拥有统一文化精神的一个群体就可能被视为一个民族,他们构成一个民族共同体(community)。在这样的一个共同体中,维系全部成员的是他们共同遵循的传统和文化习俗,其中拥有共同的语言成为最重要最核心的要素。因为根据我们前面所述,一种语言实际上凝结了一种理解自我和世界的方式,拥有共同的语言就可能具有相同或相似的世界观,这既是他们相互认同和团结的关键,又方便他们彼此的相互交流和理解,因此,对赫尔德定义的民族共同体来说,拥有共同的语言是本质性的要素。正是在这个意义上,赫尔德被称为"文化民族主义"(cultural nationalism)的创造者。伯林曾对此说道:"每个人都在寻找自己可以归属的群体,试图归属于某个群体。一个人若从群体剥落出来,他会感到孤独,找不着家了。人在家园或人从家园连根拔起的观念,关于根的概念,以及整个关于人须归属于某个群体、某个派别、某场运动的一整套概念,很大程度上可以说是赫尔德的发明。"[①] 不同于20世纪把文化理解为一个描述智力活动,尤其是描述艺

---

① [英]以赛亚·伯林:《浪漫主义的根源》,亨利·哈代编,吕梁等译,南京:译林出版社,2011年,第64—65页。

第六章 赫尔德文化哲学核心议题二:文化有机论与文化民族主义

创作以及艺术作品本身的独立的抽象名词,从赫尔德对文化的理解就可以看出,文化是一个民族在其生存过程中所展现出的一切成果。显然,赫尔德这种对文化的理解不同于其老师康德,后者对原始状态和高级文明状态进行了区分,并以文化概念指代休闲阶层的活动。①

正如威廉姆斯所言,赫尔德是第一个在现代人类学意义上使用"文化"概念来表示特定时期的个体或群体的特定生活方式的人。②但正是对文化的强调导致了包括诸如里德科普(Benjamin W. Redekop)在内的一些学者对赫尔德的误解,他们认为赫尔德过分地强调文化的地位从而导致他忽视了政治。③正如我们前面已经分析过的,这种理解之所以是一种误解,在于就赫尔德对文化的理解而言,社会政治不仅是民族文化的一个部分,而且政治的形成过程在很大程度上受到特定民族文化的影响,社会政治和民族文化在赫尔德那里并不是可以完全分离开来的两个东西,它们是一个有机体。在这个意义上,巴纳德教授认为,赫尔德主张的正是一种"政治文化"(political culture)理论。④在巴纳德教授看来,一些学者急于断定赫尔德的文化民族主义本质上是非政治性的或与政治无涉,这种评价可能是错误的,因为他们没有认识到赫尔德的基本目标与卢梭相同,即重新定义政治,并在重新定义政治的过程中同时为其合法性奠基,尽管赫尔德用的是他自己的方法。⑤这一方法就源自赫尔德对"民族"概念的独特理解,因此对赫尔

---

① Marion Heinz. "Kulturtheorien der Aufklärung: Herder und Kant". In *Nationen und Kulturen: Zum 250. Geburtstag Johann Gottfried Herders*. Edited by Regine Otto. Würzburg: Königshausen and Neumann, 1996, pp. 142–146.

② Raymond Williams. *Keywords: A Vocabulary of Culture and Society*. London: Fontana, 1983, pp. 87–89, pp. 89–90.

③ Benjamin W. Redekop. *Enlightenment and Community: Lessing, Abbt, Herder, and the Quest for a German Public*. Montreal and Kingston: McGill-Queen's University Press, 2000, p. 214.

④ F. M. Barnard. *Herder's Social and Political Thought: From Enlightenment to Nationalism*. Oxford: Clarendon Press, 1965, pp. 118–119.

⑤ F. M. Barnard. *Herder on Nationality, Humanity, and History*. Montreal and Kingston: McGill-Queen's University Press, 2003, p. 48.

德的文化民族主义的理解建立在对他的"民族"概念的辨析之上。

首先需要指出的是，虽然赫尔德语境中的"民族"（Volk）一词的确可以翻译成英文中的一般意义的"民族"（nation）一词，但他的这一概念比英文单词所表达的含义要复杂得多。① 乌尔里希·盖尔（Ulrich Gaier）指出，赫尔德倾向于用"Volk"的复数形式（Völker）与"nations"互换使用，这也是导致许多学者对赫尔德这一概念产生混淆的原因之一。② 虽然赫尔德也广泛地使用"民族"一词，但赫尔德的用法明显与现代学者的用法相区别，后者理解"民族"概念的一个基本倾向是把"民族"看作现代社会特有的人类交往单位。③ 在现代学者看来，"民族"等同于"国家"，通过政治的形式来定义国家，来确定民族。在这个意义上，国家被视为一个"政治共同体"，而这种对国家的理解源自 18 世纪法国哲学，根据埃利·凯杜里（Elie Kedourie）的考察，狄德罗和达朗贝尔在《百科全书》中把"民族"概念视为一个集合名词，用以表示居住在一定范围内的，并服从同一个政府管理的一群人。④ 后来"国家"更多的是从政治上来获得界定，而不是从文化或其他什么方面。如埃利·凯杜里把"国家"看作普遍的人们意志或立法理性的结果，在国家中人作为一个具有自主权的理性存在者与社会的其他成员交往，这是与传统的种族和部落不相同的，传统的种族和部落成员交往的原则是其血统而非作为具有自主权的国家公民。⑤ 显然，在这里从传统的

---

① 英语的"nation"除了指"民族"之外还有"国家"的含义，但德语的"Volk"只有"人们""民族"的含义。虽然在一般情况下英文的"nation"可以翻译成德语的"Volk"，但对赫尔德的民族理论而言，英文的"nation"是有歧义的，这种歧义也是导致赫尔德的理论被误解的一大原因，下文会指出这一原因。
② Ulrich Gaier. "Herders Volksbegriff und seine Rezeption". In *Herder im Spiegel der Zeiten: Verwerfungen der Rezeptionsgeschichte und Chancen einer Relektüre*. Edited by Tilman Borsche. Munich: W. Fink Verlag, 2006, p. 37.
③ Vicki A. Spencer. *Herder's Political Thought: A Study of Language, Culture, and Community*. Toronto: University of Toronto Press, 2012, p. 130.
④ Elie Kedourie. *Nationalism*. London: Hutchinson University Library, 1966, p. 14.
⑤ Elie Kedourie. *Nationalism*. London: Hutchinson University Library, 1966, p. 75.

第六章　赫尔德文化哲学核心议题二：文化有机论与文化民族主义

种族和部落到现代国家的转变是一种组建原则和成员交往原则的转变。基于这样一种对民族和国家的理解，现代学者对民族主义也进行了界定，如恩斯特·杰勒讷（Ernest Gellner）就认为，民族主义是一种特殊的爱国主义形式，并且它只存在于现代工业世界，是复杂的劳动分工和通过标准化教育体系得到的文化同质性的产物。① 同样地，吉登斯（Anthony Giddens）也认为，只有当"国家对其主权主张的领土有统一的行政管辖"时，它才存在。② 可以看出，现代学者对国家和民族的理解主要是继承了18世纪法国哲学的理解，主要是从政治的层面去理解国家概念。在这种理解之下，国家的基础在于共同的法律与制度体系，它具有统一的政治意志以及一个明确规定和界线分明的领土，并且生存于其中的成员被称作一个民族。

与把民族等同于国家的现代学者不同，赫尔德语境中的民族与国家并不完全一致，导致这种区别的主要原因在于赫尔德对"民族"概念的特殊理解。下面我们就来分析一下赫尔德对"民族"概念的理解。第一，在赫尔德那里，"民族"概念远远超出了现代的"国家"概念。在他的《促进人道书简》一书中，他对"民族"的描述明显不同于18世纪法国启蒙思想家对这个概念的定义。在赫尔德看来，无论是"疆域的边界"还是"统治者的议会"，都不能单独决定一个"国家"或"民族"的整体。③ 18世纪的多数欧洲国家处于君主制政体或具有集权政体的特征，许多民族不仅没有政治自主权或正式的政治结构，甚至可能连非正式的政治结构都不具有，在这种情况下，一个民族作为文化共同体可能与统治它的政治共同体并不一致。但在赫尔德看来，这并不意味着这些民族就因此失去了文化意义，他们仍然具有争取自治的合法性。由于他把文化视为民族生活方式的展现，

---

① Ernest Gellner. *Nations and Nationalism*. Oxford: Basil Blackwell, 1983, pp. 137-138.
② Anthony Giddens. "The Nation as Power-Container". In *Nationalism*. Edited by John Hutchinson and Anthony D. Smith. Oxford: Oxford University Press, 1994, p. 34.
③ Johann Gottfried Herder. *Sämmtliche Werke*. 33 volumes. Edited by B. Suphan. Berlin: Weidmann, 1877-1913, Vol. XVII, p. 257.

政治同样是民族文化的一部分，因此一种恰当的政治制度就应当从民族文化中诞生，而不是从外部生硬地"嫁接"过来。从这个意义上说，我们首先应当把民族视为文化共同体而不是政治共同体。

在赫尔德看来，国家并非一种普遍的需要，相反，他感谢上帝把一部分人从名为"国家"的人造机器中解救出来："这个世界上有数百万人没有国家……父亲和母亲，男人和妻子，孩子和兄弟，朋友和男人——这些都是我们快乐的自然关系；国家能给我们的只是一种人造物；唉，它还从我们这剥夺了一些更重要的东西——剥夺我们自己。"① 这里需要说明的是，赫尔德并不是一般意义上地反对政治国家，他所反对的是那种会压抑或者压制民族文化发展的"人造"国家，对于那种从一种民族文化中自然生长出来的国家（政治形式），赫尔德是很欢迎的。当然，这种自然生长出来的政治形式，本身已经变成了民族文化的有机组成部分。同时，这里也凸显了赫尔德与康德在政治思想上的分歧。就像克拉克教授指出的那样，康德作为一个典型的启蒙思想家，在"人性本恶，因此需要被拯救"的前提下把以理性组织起来的国家视为完成拯救人类这一任务的关键要素；而赫尔德则相反，他继承了卢梭的思想，认为是过度精致和专业化的工具理性思维败坏了人最初的善本性。② 因此，当康德说"人是这样一种动物，当他生活在自己的其他同类中间时，就必须有一个主人"时，赫尔德认为康德的这一命题需要被"倒转"为："需要一个主人的奴隶只是动物；当他成为人之时，就再也不需要一个主人。"③

赫尔德把国家视为一种派生的人造物，并不是因为他认为国家是人建

---

① Johann Gottfried Herder. *Outlines of a Philosophy of the History of Man*. Translated by T. Churchill. London: Printed for J. Johnson by Luke Hansard, 1800, pp. 223-224.
② 参见 Robert T. Clark. *Herder: His Life and Thought*. Berkeley: University of California Press, 1969, p. 320。
③ 参见[德]康德：《康德著作全集》第八卷，李秋零主编，北京：中国人民大学出版社，2010年，第 30 页；以及 Johann Gottfried Herder. *Outlines of a Philosophy of the History of Man*. Translated by T. Churchill. London: Printed for J. Johnson by Luke Hansard, 1800, p. 249。

立的而不是自然创造的。事实上，正如我们前面已经论述的，自然和人造在赫尔德那里并不是截然分开的，不存在本质的区别，相反它们是连续的。赫尔德认为国家是派生的人造物的原因在于大多数国家都不是从当时当地的文化中自然地生长出来的，没有和当时当地的文化构成一个有机体，而成为一种脱离甚或压制文化的人造物。在赫尔德看来，人类发展出国家和构建出国家就如同人要发展出语言和文化一样是一个自然的事情，是出于人的本性的结果。但是，赫尔德敏锐地意识到，尽管国家的产生是出于人的本性的结果，但是当时流行的君主制或集权制国家中的集中化倾向会威胁到文化多样性的发展，这些制度要求把越来越多的人民和民族置于一个君主的管辖之下，多数人总是被迫服从少数人的统治。赫尔德认为，君主或集权政体在根本上是与多样化的民族文化共同体相对立的，它不是从民族文化中自然地生长出来的，而是人们的一种人为构造。

尽管赫尔德和卢梭一样，也意识到一个民族的国家与一个自然的家庭是截然不同的，但赫尔德还是认为民族国家应该像家庭一样，民族成员之间要有认同和关爱，正是在这个意义上，他把民族国家比作一个"大家庭"。赫尔德的这个比喻我们可以这样来理解。民族就像一个家庭，因为民族共同体中的成员有着共同的历史文化，在这种历史文化的哺育下，民族成员会具有一些共同的价值观（理解和看待事物的共同方式，特别是理解自我和世界的方式），这种共同的价值观使他们能够更好地相互理解，也会使他们产生出一种团结一致的情感。即使他们可能永远不会遇见彼此，只要他们处于对这些共同的价值观的认同和热爱中，他们就会对这些与他们拥有着共同价值观的人产生认同的情感。这种团结感会由于这些成员生活在共同的氛围中，经历共同的实践和历史记忆，分享共同的价值观念而越发地深沉。最后这种情感就会像家庭中的父母兄弟姐妹之间的感情一样，成为一种自然的情感，具有了这种情感的民族成员之间也会如大家庭中的兄弟姐妹一样彼此关爱。基于此，赫尔德认为，一种文化不能被上层人士强行改变或强加于它的成员，因为真正的集体情感和团结需要时间才能在群体之中形成。① 巴纳德也认为，赫尔德以"家庭"比喻"国家"的用意在于通过此比喻明确两个相关但本质上截然不同的理念：一是这个国家并没有取代家庭、宗族、部落与其他历史和文化群体，而是与他们保持着连续性，因此，以这种方式，国家就像家庭一样自然地成长。另一点是，将民族成员联系成一个关联整体的文化纽带不是民族之外的东西或人造物，而是来自内部的生命活力（Kräfte），这一文化纽带具有共同意义和情感，它构成了一个民族的精神，本质上，这种纽带就是一个民族的文化，核心是一个民族的语言。正是它们给一个民族带来了一种认同感和连续性，并唤起了团结一致的情感，这与一个家庭成员所经历的团结并无不同之处，这些家庭成员不是因为物质需要而是出于情感和认同以及出于维持家庭的愿望而选择了保持团结。②

从政治的角度来看，赫尔德对文化共同体和政治共同体的区分是至关重要的，这意味着他打破了在民族文化共同体和政治共同体这两者之间简单的直接画等号的做法。具体而论，这包含两方面的含义。

一方面，民族文化共同体并非一定是一个政治共同体。因为，赫尔德民族理论的优势恰恰在于，他为那些不具有正式政治形式的文化共同体提供了合法性证明。③ 在赫尔德看来，作为政治共同体的国家与作为文化共同体的民族是不同的，后者的合法性并非依赖于其是否具有主权国家的政治形式，因为不同民族会根据其生存的独特氛围采取不同的管理或治理形式，只要这种形式是有效的、有利于民族成员的生活和民族自身的发展的，它

---

① Johann Gottfried Herder. *Sämmtliche Werke*. 33 volumes. Edited by B. Suphan. Berlin: Weidmann, 1877–1913, Vol. XVII, p. 59.
② F. M. Barnard. *Herder on Nationality, Humanity, and History*. Montreal and Kingston: McGill-Queen's University Press, 2003, pp. 44–45.
③ Will Kymlicka. *Liberalism, Community, and Culture*. Oxford: Clarendon Press, 1989, pp. 135–136, pp. 177–178, pp. 222–231.

可能并非政治主权国家的形式。古希腊就是一个很好的例证。古希腊作为多城邦的集合体，虽然我们可以从文化和民族的角度来谈论它，但我们并不能从政治意义上说古希腊是一个现代意义的"国家"。赫尔德把古希腊视为一个文化共同体而非国家，但他同时又没有忽视古希腊作为民族共同体的政治意义。在他看来，不同城邦的古希腊人之间正是由于传承了共同的文化和语言，使得他们可以超越希腊城邦的多元与分散，形成团结和认同的情感，使希腊成为一个真正的民族文化共同体。①

另一方面，政治共同体也并非一定是一个民族共同体。因为，政治共同体特别是主权国家的构建主要是通过契约，尤其是法律和制度，政治共同体与其成员的关系是一种被法律所赋予并被法律所保护的契约关系，成员在国家（政治共同体的典型形式）中公民身份的获得正是由这种契约关系来实现的；而民族成员身份的获得决定于其是否在一种民族文化中长大，是否认同这种文化的主要观念，是否与民族的其他成员形成了一种团结和关爱的情感等方面。显然，这两者是有本质区别的。这种区别我们也可以通过"国家"和"祖国"这两个概念来说明：前者主要是一个政治和法律概念，它强调的是一种制度安排和法律关系；后者则主要是一个文化和价值概念，它表达的是一种认同和情感关系。如果说与前者相对的是"公民"，那么与后者相对的则应该是"人民"。关于政治共同体和民族文化共同体，赫尔德的核心观点是前者的建立应当以后者为基础，即政治共同体应建立在民族文化共同体的基础之上，"公民"应建立在"人民"之上，这至少应该是这二者的一种理想关系。

与此同时，赫尔德也认为民族共同体的成员不必然是国家的公民，民族的特点是能够独立于那些现代国家的正式政治结构而单独存在。他在《关于

---

① Wulf Koepke. "Kulturnation and its Authorization through Herder". In *Johann Gottfried Herder: Academic Disciplines and the Pursuit of Knowledge*. Edited by Wulf Koepke. Columbia: Camden House, 1996, p. 183.

人类历史哲学的思想》中描述到，盖尔人被不同的民族征服却在文化上占统治地位，同样的情况也发生在被英格兰人征服的苏格兰人和威尔士人那里，18 世纪的哈布斯堡王朝和普鲁士帝国更是各种各样的民族的集合体，一些民族明显与主权国家的主流文化不同却依然独立存在。① 在这一点上，赫尔德和卢梭不同，后者要求国民服从国家意志②，必要时甚至需要放弃民族归属感，这是赫尔德不能接受的。在对希伯来社会结构的分析中赫尔德指出，希伯来社会虽然是被划分为不同的机构和部落的多元结构，但并没有削弱以色列人把自己理解为一个共同民族的民族归属感。显然，这里体现出赫尔德对启蒙时期仅从契约论来理解国家或政治共同体的微词。在赫尔德的理解中，国家不应该是个别的原子化的公民通过契约组成的代理性机构，而应该是由拥有共同民族文化的"人民"所组成的"大家庭"，组成国家的目的也不是要消除或取代民族多元化的组成部分，国家应当被设想为一个以民族的文化共同体为基础的，维持一个民族各个组成部分的情感纽带。在赫尔德的这种国家观念下，公民必须以人民为基础，国家的制度和法律关系必须建立在祖国的文化和价值认同支持上，如此才能保证国家成员之间团结的纽带，国家也有责任促进民族文化的发展和成员之间的这种团结。

从以上分析中可以看出，赫尔德并不明确区分民族国家和民族文化共同体，因为既然国家的使命是维系文化共同体，那这个国家的一切行为的宗旨自然不能违背作为它的根基的民族文化。赫尔德实际上是把国家设想为一个场域，这个场域保障了民族文化各个组成部分的有机关联，而这种关联是促进民族文化有机发展的重要动力。因此，这个民族国家所主导的是一种主体的非正式"合作"（Zusammenwirken）原则，而不是卢梭提出

---

① Johann Gottfried Herder. *Sämmtliche Werke*. 33 volumes. Edited by B. Suphan. Berlin: Weidmann, 1877–1913, Vol. XIV, p. 263.
② 当然，卢梭是一个契约论者，国家意志是从公民的"公意"而来的，服从国家意志在本质上是服从自己的意志。

的社会契约原则。① 虽然赫尔德的合作原则和卢梭的社会契约原则都建立在共同体成员相互理解的基础上，但是不同于要求彻底消除差异的"公意"（common will），赫尔德主张一种"对话共识"（dialogical consensus），它比基于公意的社会契约原则从本质上更适合于文化多元的民族国家。因为，在民族国家内，要消除所有的价值偏好和文化前见而达到卢梭所谓的"公意"即使不是不可能的，也是非常困难的，这些价值偏好和文化前见正是一个民族核心的世界观，消除它们无异于取消了这种民族文化；相反，赫尔德的"对话共识"是在共同体成员之间展开的，这样就基本保证了他们有着共同的价值偏好和文化前见，可以保证对话的前提，也可使得彼此的共识更容易达成。

同时，赫尔德和卢梭之间的这种差异也反映出二者对政治的现实可行性的不同考虑。卢梭认为国家作为一个复合整体会面临极大的风险，因为对于一个国家而言，缺乏必然性法则的指导，对其生存的威胁是不可想象的。不像赫尔德，卢梭对多样性的合作并不抱太大希望，他更愿意在一个更坚实统一的基础上建立政治国家。很可能卢梭首先把自己看作一个旁观者，并以一个超然的局外人身份给出建议，他选择了最大限度的谨慎，用制度上的可实现性来调和崇高的理想。而赫尔德却相反，他喜欢把自己看作另一个梭伦或来库古那样具有大胆远见的人。②

从更基础的层面看，导致赫尔德和卢梭在关于民族国家所要遵循的基本原则问题上产生重大分歧的原因在于，二者对于民族国家运作机制的预设是完全不同的，这种不同与他们对"自然"和"文化"关系的理解密切相关。这也是理解赫尔德"民族"概念独特性的第二个要点，因为赫尔德

---

① Johann Gottfried Herder. *Sämmtliche Werke*. 33 volumes. Edited by B. Suphan. Berlin: Weidmann, 1877–1913, Vol. XIII, p. 346.
② F. M. Barnard. *Herder on Nationality, Humanity, and History*. Montreal and Kingston: McGill-Queen's University Press, 2003, p. 49.

除了在"民族共同体"这个意义上使用"民族"(Volk)一词外,他也用这个词来表示原始的人性,即表示处于自然状态的人。因此,我们有必要从自然状态层面出发考察赫尔德的"民族"概念。从对自然状态的理解上来说,赫尔德和卢梭至少在以下两点上是一致的。首先,二者都模糊了人性的实然和应然之间的区别。这种模糊并非出于偶然或无意,因为唤起本真的先天人性的目的正是去反对后天的非本真性,真正的人性就是在人的生存和发展中被展现出来的。因此,赫尔德和卢梭的意图就是让文化回归到它真正的基础中去。其次,他们都反对霍布斯的国家理论。卢梭和赫尔德一样,都认为处于自然状态的人并不是如霍布斯所说的那样充满了冲突与战争,而是可以相互理解的。当人们认识到人与人之间的相似性远多于差异性并密切交往时,他们便可以相互合作,达成共识。虽然赫尔德和卢梭在人如何从自然转向政治的理论上有分歧,但他们都同意自然状态必须在逻辑上先于政治状态,因为后者是建立在前者的基础上的。因此,即便为了更好地构成民族而必须使自然状态和政治状态相互关联,也并不意味着民族文化和政治是等同的。①

赫尔德和卢梭真正的分歧在于,赫尔德认为人从自然状态转向政治状态的过程是一种自然"涌现"(emergence),是一个自然生长的过程,而卢梭则认为这一转变过程是人为的"创造"(creation),这一区别体现了赫尔德和卢梭对处于自然状态下的人的不同理解。与卢梭笔下孤独地游荡在森林、居无定所且与他人没有任何关系的原始人不同,赫尔德认为人不是"孤立隔绝的岩石"或"自私自利的单子"②,他从一开始就是社会的产物,因为他拥有语言。语言在卢梭和赫尔德那里的意义截然不同:人是否拥有语言对卢梭而言是一件不那么重要的事,至少和他的政治理论没有那么强

---

① 参见 F. M. Barnard. *Herder on Nationality, Humanity, and History*. Montreal and Kingston: McGill-Queen's University Press, 2003, pp. 39–48。
② [德]赫尔德:《论语言的起源》,姚小平译,北京:商务印书馆,1998年,第2页。

的关系；但在赫尔德看来，语言代表了人的本性，语言是人之为人的证明。赫尔德反对卢梭将人类语言追溯至动物语言以及将社会和交流的需要视为语言产生的前提，他则认为语言是人确证和表达自身本质的需要，是内在心灵与外在世界的交汇的产物，它既是内在的，同时又被表达出来。从语言的内在维度来说，它首先是一种心灵活动，它是人从感觉洪流中抽离并得以自由的一种表现。① 语言不是自然盲目的产物，它标志着人的可能性，这种可能性中最为重要的是选择和反思的能力，它们使人能区别于兽；动物困窘在本能中，不能区分自我与世界，只有人才能"自我观照"（sich in sich bespiegeln），只有人能区分出自我与他者，因此也只有人是自由的。对于赫尔德来说，人类语言起源于动物世界似乎是完全不可理解的。从语言的外在维度来说，外部世界是语言产生的必要条件，人只有在与外界打交道的过程中才能发展出语言。这里所说的外部世界既包括了人生存的具体自然环境，也包括文化环境，而文化是不会在动物中诞生的。

在赫尔德的语言理论中自然与文化、语言与社会、对意义的把握与表达从一开始就是同时存在的，因为人类从一开始就是一种具有特定语言能力的生物，是一个特定社会的成员，他们根植于一个独特的文化基础中，这个基础与这个民族发展的每一个阶段都是相通的。因此，语言既是人与自己的关联，同时又是人与世界的关联，人同时向自己和他人表达自己。语言既是个体的，又是社会的，"表达"并不是在之后才从外部添加到人身上的，而是人本性的要求。

对赫尔德来说，思考语言和社会究竟何者先出现是没有意义的，因为语言和社会都是人的本性的表达，都是人性的涌现，从根本上说二者是一致的。不过，如果一定要追问语言和社会何者为先，特别是语言的产生是否是

---

① 之所以说语言是人得以自由的一种表现，是因为语言产生于人的悟性对刺激我们感官的感觉洪流的反思，通过反思抽绎出那个最典型的特征，并用声音符号来标识它，这本身表明人可以与自身被动的感觉刺激保持距离，对其进行反思，这正是一种自由的表现。

社会交往的结果，那么赫尔德或许会认为语言要先于社会而产生，因为语言的产生是基于人表达和确证自我的需要，而不是交往的需要。当然，即使个体表达自我的自言自语，他也是在将自己当作另外一个人来言说和倾听。这本身就表明人是有社会性的，因为社会性的前提是需要把他人当作自己来看，同时也能够把自己当作另一个他者来看，只有当人具有这种双重意识和身份，才能理解社会的产生。如此来理解，语言也是人社会性的实现和表达。卢梭认为语言的产生是缘于人类交往的需要，并认为语言和社会都是人为了弥补先天不足而做出的后天创造，这是赫尔德不能苟同的。

在赫尔德看来，当人有意识地把自己归属于某个具有和他一样的文化群体时，既不需要立法者的外部援助，也不需要一份社会契约，社会自然地诞生了。在这样一个自然诞生的民族共同体中，就不必然存在一个权力中心，因为自然涌现的社会就像家庭一样，它通过共同的语言和文化把共同体成员扭结在一起。即便这个共同体需要一个领导者，他也不是来自民族之外的，他必须来自民族本身，是这个民族文化的杰出代表，是说着本民族的语言、接受本民族文化熏陶的人。这个领导者的职责是维护共同体的秩序，他是共同体的守护者。同时，他应该尽其所能使自己可有可无，他的作用是有限的，当大多数人们能够"独立行走"时，领导人的职责就完成了。① 如果领导人脱离了他的文化和他的民族，那他就不再属于这个共同体。在这种情况下，赫尔德是用"民族"概念特指社会中的大多数人，而将少部分人排除在民族之外，这是赫尔德"民族"概念的第三个特殊含义。

在阶级划分明显的社会中，赫尔德用"民族"一词特指除了统治阶级和贵族之外的广大人民（das Volk der Bürger），有时知识分子和学者（das Volk der Gelehrsamkeit）也不在赫尔德所认为的"民族"中。② 赫尔德的

---

① Johann Gottfried Herder. *Sämmtliche Werke*. 33 volumes. Edited by B. Suphan. Berlin: Weidmann, 1877–1913, Vol. XVIII, p. 339.
② Johann Gottfried Herder. *Sämmtliche Werke*. 33 volumes. Edited by B. Suphan. Berlin: Weidmann, 1877–1913, Vol. XVII, pp. 393–395.

这一用法与当时的历史背景和他对民间艺术的理解有关。在 18 世纪，大多数平民百姓是劳工、仆人或小手工业者，"民族"一词是赫尔德对这些群体的称呼，这些平民百姓为自己的生活而工作，并以一种简单、健康、勤劳、负责任、清醒和不紧张的生活方式而与其他阶级相区分。① 并且，赫尔德把所有在民歌中占重要地位的职业都和"民族"这个词联系在一起②，这体现了他对"民族"概念和民族文化关系的理解。这里有两点需要强调。首先，赫尔德把一部分人从民族中排除是有其根据的，这种排除并不像帕瑞克（Bhikhu Parekh）理解的那样是赫尔德独断的排他性的表现。③ 赫尔德认为，当统治者和上层阶级脱离了他们的社会或背离了本民族的文化传统时，他们就不再能被称为这个民族的一员了，他们自然不能被归属到这个民族中。他举例说，像摩西和所罗门国王这样的领导者，他们都与普通民众有着密切的联系和共同的价值，这样的上层阶级才能被划归到他们的民族中。④ 其次，赫尔德对民俗、民间艺术的理解和定位与我们今天有很大的不同。简单来说，赫尔德认为民间艺术是民族文化的集中体现，是民族精神的典型表达，艺术必须与本民族文化达成真正的关联，即回到民族的本真中才能成为真正的艺术。因此，赫尔德认为，艺术家唯有当真正浸入他们整个民族的关切和文化中时，他们才真正属于这个民族，他们创作的艺术作品才是真正的民族文化的表现。艺术家在他们的表达方式上越积极、自由和直接，他们就越有能力在他们的作品中真实地体现他们民族的灵魂和性格。据此标准，赫尔德区分了那些暂时流行的作品和那些因为其深刻、

---

① Martin Schütze. "The Fundamental Ideas in Herder's Thought. III". *Modern Philology*, Vol. 19, No. 2 (Nov., 1921).
② F. M. Barnard. *Herder's Social and Political Thought: From Enlightenment to Nationalism*. Oxford: Clarendon Press, 1965, p. 74.
③ Bhikhu Parekh. *Rethinking Multiculturalism: Cultural Diversity and Political Theory*. Basingstoke: Palgrave Macmillan, 2006, p. 73.
④ Johann Gottfried Herder. *Sämmtliche Werke*. 33 volumes. Edited by B. Suphan. Berlin: Weidmann, 1877–1913, Vol. XVII, pp. 57–58.

生动、具体的形式而能够经久不衰的作品。① 另一方面，与本民族文化达成真正关联的艺术又同时能够唤起欣赏者对他自己的民族的归属感。② 总而言之，一个民族真正的文化和精神在它的民俗中，在它的民间艺术中。

在赫尔德看来，艺术与民族文化相辅相成，不可脱离，但现代欧洲艺术中的民族特性却在不断消失，部分原因就在于社会分级化严重，新的哲学和科学的生活方式导致了艺术与民族文化之间的严重分离，艺术家不再是为民族写作，而是为以哲学为中心的学院和"有教养的精英"写作。同时，赫尔德也认为，民族文化的繁荣不可能通过模仿其他民族文化或一味地试图回到过去来实现。在他看来，一种文化产生的历史条件是不可能人为地重现的，也不可能通过对艺术形式或规则的模仿将其生命力转移到另一个时间和地点。③ 正是在这个意义上，赫尔德写道："最差劲的希腊艺术家也是希腊人——我们可以超越他；但我们永远无法获得希腊艺术的全部原始本质；那个时代的天才已经过去了。"④

那如何复兴民族文化呢？赫尔德的回答是回到民族的本真中，并根据新环境做出改变。赫尔德反对当时流行的一种观点，即诗歌或戏剧必须严格遵守希腊或罗马时代开创的形式。赫尔德不反对从其他文化中学习，但其适当性完全取决于具体环境，真正的艺术家应当使他们所学到的东西与他们自己的文化和民族精神相契合。由于现代德国人的心灵与自己的文化背景不够协调，因此，适应自己的文化是至关重要的。⑤ 德国文艺复兴之路

---

① Johann Gottfried Herder. *Sämmtliche Werke*. 33 volumes. Edited by B. Suphan. Berlin: Weidmann, 1877–1913, Vol. V, pp. 182–183.
② Hans Adler and Wulf Koepke (ed.). *A Companion to the Works of Johann Gottfried Herder*. Rochester, New York: Camden House, 2009, p. 170.
③ Johann Gottfried Herder. *Philosophical Writings*. Translated and edited by Michael N. Forster. Cambridge: Cambridge University Press, 2002, p. 324.
④ Johann Gottfried Herder. *Outlines of a Philosophy of the History of Man*. Translated by T. Churchill. London: Printed for J. Johnson by Luke Hansard, 1800, p. 369.
⑤ Johann Gottfried Herder. *Sämmtliche Werke*. 33 volumes. Edited by B. Suphan. Berlin: Weidmann, 1877–1913, Vol. I, pp. 433–441.

不能是严格遵守某种规则，也不能是试图回到过去，而是需要艺术家对自己语言的复杂性和自发性以及他们整个社会的生活方式的敏感，再加上他们作为艺术家的创造力和自发性的释放。① 与孟德斯鸠一样，赫尔德也认为每个民族都有其自身的生命周期，民族就像生物一样会有一条自我实现的道路，它会经历成长、繁荣，并最终衰败。对赫尔德来说，变革精神是历史的核心②，它也必须根据其存在的时间和地点以及其内在特征来调整、改变自己。民族越善于驾驭、发展和团结自己的力量，对历史的影响就越大。同样地，如果一个民族忽视自己的本真，它就会过早衰败和死亡。③ 因此，如果一个民族要继续存在，其成员必须不断根据新的情况重新解释其文化传统。传统不是一种已经完成的人造物，它永远向未来敞开着，等待着新的解释者重新赋予其生命。因此，认识到文化传统的价值和作用，使我们必须根据我们的特殊和不断变化的环境，进行重新解释，而不是不加批判地接受它们。这要求一个民族既要重视自己的传统，同时又要为重新解释传统做好准备。

综上，关于"民族"，赫尔德强调文化的标准，而不赞同种族、血缘或领土等标准。在他看来，那把个体团结成一个民族的主要是他们拥有共同的文化传统，核心是拥有共同的语言。以此来看，赫尔德的"民族"就是"文化民族"。从"文化民族"到"文化民族主义"，实质上是将"文化民族"的逻辑推向民族统治和治理的政治逻辑。就赫尔德"文化民族"的逻辑而言，核心就是民族文化体现了其成员生命的本质，是他们幸福的来源和保障，是需要极力保护的。这种逻辑推及政治逻辑，自然包含着两层

---

① Vicki A. Spencer. *Herder's Political Thought: A Study of Language, Culture, and Community*. Toronto: University of Toronto Press, 2012, pp. 83–84.

② Johann Gottfried Herder. *Sämmtliche Werke*. 33 volumes. Edited by B. Suphan. Berlin: Weidmann, 1877–1913, Vol. XXXII, p. 27.

③ Johann Gottfried Herder. *Sämmtliche Werke*. 33 volumes. Edited by B. Suphan. Berlin: Weidmann, 1877–1913, Vol. XIV, pp. 204–205, pp. 227–228.

含义：一是国家应该在文化民族的基础上自然地生长出来，国家与民族应该是有机地统一在一起的，而不能人为地割裂开来，因为只有这样的国家才是最有利于民族文化的生长和发展的，才最有利于保证民族成员的幸福；二是一切不利于民族文化保存和发展的政治形式（国家）都是应该反对的，因为这样的国家看似只是伤害了文化，但实质上却是使其成员的幸福受到损害，得不到保障。赫尔德反对专制和集权国家，甚至主张一些文化民族无须国家形式的治理方式，无须政府的存在，都是基于这样的文化民族的逻辑。很显然，如果我们理解赫尔德"文化民族主义"的真正主张，那么一切对他的诸如种族主义、一种文化一定要建立一个国家等误解就可以得到澄清了。从现代政治的观点看，赫尔德的一些主张，如一些文化民族无须国家形态的政治形式和无政府的主张，可能是不现实的，但是他这些主张背后的理据是值得我们思考和认真对待的。

最后，关于赫尔德文化有机论和文化民族主义的思想，还有几点补充说明如下。

首先，赫尔德文化有机论与他的文化民族主义思想是紧密联系在一起的。赫尔德的文化有机论主张，文化与氛围之间、文化自身的各要素之间以及文化与人之间是有机的统一体关系，其中氛围对文化具有决定性的影响，文化的发展最终要以促进人的幸福为目的。而且，在这种有机论的理解下，一个人的幸福很大程度上决定于从小哺育他的文化，也只有在这种文化中我们才能理解他的幸福。这样一种文化观，必然使赫尔德重视一个文化的族群，即赫尔德所理解的民族。因为文化是人的本质的体现，拥有共同的文化意味着拥有相似的对自我和世界的理解，这样的人更容易生活在一起，也更应该生活在一起，他们更容易相互认同，彼此团结，也才更容易都生活得幸福。在这个意义上，我们甚至可以认为文化有机论自身蕴含了文化民族主义。

其次，赫尔德的文化有机论是他"有机活力论"的本体论思想在文化领域的具体运用和体现①，正如"有机活力论"是对当时主流的机械论的自然观（世界观）的反思和批判，文化有机论以及文化民族观也可以看作对契约论的国家观的反思和批判。我们知道，在启蒙时代占主流的政治思想是一种契约论的国家观，这主要体现在霍布斯、洛克和卢梭等人的政治思想中。他们几人的政治思想虽然具体的观点各有不同，但都是在契约论的框架下来思考问题。在他们的契约论主张看来，国家是公民让渡自身权利的产物，国家全部的作用和意义都在于保护其公民的各项权利，因此公民与国家之间是一种契约关系。我们发现，契约论的国家观与机械论的自然观有诸多的相似之处，甚至可以认为，契约论的国家观是机械论的自然观在理解国家问题上的产物。机械论的自然观首先是把自然界理解为一个个独立的原子（物质实体），然后再将原子之间的相互作用理解为各种规律，换言之，彼此独立的原子之间是一种相互外在的机械关系。与此相应，契约论的国家观也是首先将公民理解为一个个原子式的个体，每个个体都拥有同样的权利（各项权利主要是围绕自由这个核心来展开），然后再将国家理解为这些个体如何相互在一起、如何构成一个群体（国家）的规则。在契约论的眼光下，这些将个体构成国家的规则类似于自然界中原子之间相互作用的规律，是一种类似于机械关系的关系。如此，契约论的国家观与机械论的自然观的相似之处就可以看得很明显：一是对对象的理解是原子式的，二是都将对象之间的相互作用理解为机械式的。赫尔德的文化有机论正是对这种类似于机械论的契约论国家观进行了质疑和批评。在他看来，人与国家之间，并非一种原子式的个体之间的契约关系，而是植物与土壤的关系。国家（文化民族）实际上是个体生存和发展获得幸福的源泉和土壤，个体脱离了国家，就像植物脱离了土壤，是不可能茁壮成长的。因此，

---

① 根据伊利亚斯·帕尔蒂的看法，赫尔德用生命的有机性来理解历史和文化，实际上是受了18世纪下半叶自然科学发展的影响，特别是生命科学、解剖学等对生命有机现象的发现的影响。参见 Elías Palti. "The 'Metaphor of Life': Herder's Philosophy of History and Uneven Developments in Late Eighteenth-Century Natural Sciences". *History and Theory*, Vol. 38, No. 3 (Oct., 1999).

个人与国家之间是一种有机关系，而不是一种契约关系。①另外，契约论的国家观很容易将公民引申为世界公民，因为公民与国家的关系是一种为了保障自身权利的契约关系，那么当一个国家不再能够保护公民的权利时，他完全可以换一个国家再签契约，这样的公民概念就不再局限于一国一地，而是成为世界公民。站在赫尔德文化民族的立场，世界公民的想法肯定是他所反对的，因为文化民族（国家）是一个人（公民）的根，将他从哺育他的文化中移走，相当于将他的根拔除，他是很难再获得幸福的。总之，赫尔德认为，契约论的国家观是一种人造的关于人与人的机械关系，是不真实的，也不能真正地促进人的发展和完善。

再次，启蒙以来，整个现代社会政治思想的一个逻辑起点是个体，在这个意义上现代社会可以看作基于个体的整个制度设计和文化建构，现代性就是对这一套逻辑和设计的核心概括和表达。正如学者们已经指出的，由于现代社会的逻辑起点是个体，个体实现为各种各样的自身权利，任何集体（包括国家）都是为了保障和满足个体的权利而存在的，或者说只有有利于保障个体自由和权利的集体才具有存在的合法性。这就产生一个问题，个体间的自由和权利是存在着矛盾和冲突的，集体实际上是个体权利相互妥协的结果，那么集体就带有很强的利益性质，集体成员之间的相互认同和团结就成为一个大的问题，换言之，为保障个体权利而产生的集体很难使得成员之间相互认同和团结。这就是很多政治思想家所提出的现代社会的认同问题。如果以此问题来看，赫尔德强调民族文化作为维系民族成员的认同和团结的纽带，作为把民族成员真正有机整合起来的精神和价值力量，这是很值得今天我们在思考认同问题时借鉴的思路。

---

① 在这里，我们可以在赫尔德的思想中看到很多后来社群主义的主张。事实上，这也是赫尔德被伯林和泰勒等人推崇为现代社群主义先驱的原因。同时，我们也可以看到，赫尔德和启蒙主流政治思想的区别，根本上是两种世界观的区别，直接体现是两种不同的对人性的理解。

第七章　赫尔德文化哲学核心议题三：多元文化主义与人道

本章拟讨论赫尔德的多元文化主义与人道。多元文化主义是赫尔德历史主义文化思想的必然逻辑结果。如果每一种文化都有从其自身内部才能理解的独特价值，都有与其环境、历史传统和社会制度相适应的特殊性，那么不同时代、不同地域的族群，他们生活的环境、历史的处境和社会制度等的不同，必然造成他们所生活其中的文化的不同。但是，我们在理解赫尔德的多元文化主义时需要注意，这种多元主义并不必然导致文化相对主义，即文化都是彼此不同的，不存在一些文化间可以通约比较的因素。事实上，在赫尔德那里，他力图避免这种文化相对主义，提出了"人道"这个概念来对他的多元文化主义所可能具有的相对主义倾向进行纠偏。在赫尔德那里，"人道"所指正是不同文化不同价值都共同追求或努力的一种更为根本的价值或目标，它规范和调节着人类的不同文化和价值。如果说不同族群的文化所具有的是一种具体的、实然性的一阶价值的话，那么"人道"所指的就是一种抽象的、形式的二阶价值，它是对不同族群的文化（具体的一阶价值）进行规范的价值。在一阶的意义上，价值（文化）是多元的，是历史性的，是不断生成和面向未来开放的；而在二阶价值（人道）的意义上，价值是永恒的和终极的。一阶价值是二阶价值的体现和实现，二阶价值是一阶价值的规范和目标。通过一阶和二阶价值的区分，我们认为赫尔德通过"人道"概念较好地解决了多元文化主义中的相对主义问题。

第一节　超越文化相对主义与极端民族主义：赫尔德的多元文化主义

在上一章中我们已经指出了赫尔德对待各民族不同文化的基本态度，他认为任何一种文化都有其独特的价值，一个民族必须把他自己的文化传统作为联结人民的精神纽带，唯有如此民族共同体才能获得稳定和长久的发展。毫无疑问，赫尔德的文化理论有着强烈的多元文化主义的价值指向，因为多元文化主义是肯认民族文化的特殊性的价值前提。尽管赫尔德生活的18世纪主要是君主制，但他的文化理论却超越了这种以专制为主要特征的政治氛围，主张不同文化在价值上的平等和文化间的交流互鉴，赫尔德的这种文化理论是具有超前性的。如果说在18世纪赫尔德的文化观主要是对当时的欧洲中心主义文化观的批判和对未来文化多元走向的展望的话，那么在今天他的理论就与现实有很强的契合性和适用性了。因为，今天世界上已经有很多独立主权的国家是文化多元的国家，不管是北美的美国和加拿大，还是西欧的英国和法国，都或由于自身文化传统或由于移民的加入而成为文化多元的国家。如何处理这些国家内部不同文化的矛盾和冲突，实现它们的和谐共生越来越成为一个问题，赫尔德的文化理论可以给我们很多启发。特别是随着经济全球化浪潮的推进，世界不同文化和文明的人群交往日益频繁，文明之间的冲突（借用亨廷顿的说法）和交流互鉴不再只是思想家的理论想象，而是变得日常化和常态化，我们应该秉持一种什么样的价值和眼光来看待这些现象，我们应该以一种什么样的方式来促进自身文化更好地发展，这些问题赫尔德的文化理论都可以给我们以启示。

一些学者对此有所质疑，他们认为现代多元文化社会的社会条件与赫尔德所生活的18世纪晚期的社会条件有如此大的不同，特别是政治国家形式有很大的不同（18世纪主要是君主制，现在西方世界主要是民主政治），所以他的文化理论作为产生在18世纪的文化理论，在当代社会并无多少借鉴价值。我们认为，这种质疑是值得商榷的。首先，这种观点预设了一种强唯物主义决定论，认为一切理论都只是它所产生的时代的产物，不具有超越时代的普遍性特质。显然，对理论与所处时代的这种强唯物主义决定论观点是与事实不符的。比如柏拉图、亚里士多德和孔子、老子，他们产生于两千多年前的理论和思想，对我们今天仍有很大的借鉴和启发意义。其次，这些质疑忽视了现代社会与18世纪社会的承继性与相似性而只片面强调了差异性。从赫尔德年轻时期在多元文化城市里加的经历以及他对里加的评论可以看出，早在18世纪文化多元化现象就已经存在，这种现象在文化多元的国家和地区最为常见，这意味着我们不应该过分夸大现代社会与18世纪社会之间的差异。在20世纪，随着第二次世界大战后的移民浪潮导致的文化多元程度加深，苏联等单一国家的解体并重新划分国家边界导致的新的少数民族的出现，以及在非洲和亚洲的许多国家都必须面对的早期殖民政府任意地把不同民族聚集在一起的问题，这些事实都反映出因文化差异造成的冲突已经越来越频繁。因此，现代国家中的文化多元性已经成为急需处理的重要问题，赫尔德的多元文化主义理论或许能为此提出具有建设性的方案。再次，正如斯宾塞教授指出的，这些质疑通常是建立在对赫尔德作品的有限阅读之上的，这种阅读忽略了他的语言哲学、文化思想和认同理论之间的微妙关系和复杂性。① 赫尔德虽然支持以民族文化为纽带的文化共同体争取文化和政治自治权，但他同时也主张这一普遍原则所应采取的具体形式必须取决于每一个地区特定的历史和实际情况。赫尔德并非文化民族主义的教条主义者，他并不认为任何文化民族都应该成

---

① Vicki A. Spencer. *Herder's Political Thought: A Study of Language, Culture, and Community*. Toronto: University of Toronto Press, 2012, p. 185.

为主权国家，也不认为存在一种适合于所有文化民族的治理方式。对赫尔德而言，文化民族主义主要意味着用语言来解释文化，用文化来定义民族，用民族文化来实现民族成员的认同与团结。所以，即便他对古典希腊推崇备至，他还是清楚地看到古代雅典共和制的精致结构并不适合 18 世纪的欧洲，因为古希腊的文化环境与 18 世纪的欧洲大相径庭，真正对希腊的继承应该是使它的精神与当下的条件相适应，而不是教条地生搬硬套。在文化的继承和发展上赫尔德坚持有机论原则，因此需要结合他的语言哲学、文化思想和认同理论，才能真正准确地和深入地理解他的文化民族主义思想。

很长一段时间，特别是在 19 世纪下半叶和 20 世纪上半叶，由于受当时政治情势的影响，赫尔德被误解为一个狭隘极端的民族主义者或文化相对主义者。[①] 为了澄清这些误解，更好地理解赫尔德的文化理论和民族理论，我们有必要来分析一下赫尔德的多元文化主义与极端民族主义[②]、文化相对主义之间的区别。一方面，赫尔德的多元文化主义通过语言来解释文化，通过文化来定义民族，强调民族文化在民族成员彼此认同和团结中的重要作用，确实把民族上升到了很高的高度。而且，赫尔德也主张，为了民族文化更好地传承和发展，国家应该以民族为基础来建立。初看之下，赫尔德的这些观点和主张与极端民族主义有颇多相似之处。但是，如果我们深入理解赫尔德的文化民族思想，就可以发现它们之间存在着很大的差别，而且这种差别是实质性的。首先，与极端民族主义主要是通过地域、血缘、种族甚至领土等来定义民族不同，赫尔德主要通过文化来界定民族，所以

---

① 这两个误解可分别参见 Vicki A. Spencer. *Herder's Political Thought: A Study of Language, Culture, and Community*. Toronto: University of Toronto Press, 2012, pp. 70-71；以及 [英] 以赛亚·伯林：《扭曲的人性之材》，岳秀坤译，南京：译林出版社，2009 年，第 76 页。
② 根据学者们的看法，极端民族主义是将民族主义的诉求推向极端的一种思想，主要是指"不仅要求本民族的自决独立、获得与其它民族的平等地位，而且坚持本民族优越于其它民族、本民族的利益高于其它民族或人类整体利益的主张或行动。即本族或本国的便是好的，便是原则，便是值得尊重和爱护的，再没有其它判别是非善恶的标准"。相关讨论参见彭谦、张娟：《极端民族主义的特性及危害刍议》，《中国民族报》，2016 年 11 月 7 日。

第七章 赫尔德文化哲学核心议题三：多元文化主义与人道　　283

赫尔德的民族是一个文化概念，而文化在他的理论中是人的本质的表达和体现，是需要传承和保护的。这种民族界定的不同，使得两者强调民族的诉求也是不一样的：极端民族主义者强调民族更多的是为了民族自身利益，主要是政治和经济的诉求，并将这种诉求极端化；赫尔德强调民族则更多的是为了传承文化，主要是为了民族成员能够更好地幸福生活，在这个意义上，赫尔德的文化理论至多可以被称作文化民族主义。① 其次，尽管赫尔德主张国家应该以民族为基础来建立，从这个角度来说他的理论确实可以为民族的文化和政治自治提供理论依据，但与极端民族主义者不同的是，赫尔德并不认为所有的民族都必须建立或寻求一个完全属于自己的主权国家（政治意义上的共同体）。再次，与极端民族主义强调自身的民族优于或高于其他民族不同，赫尔德认为所有的文化民族在价值上都是平等的，既不能将自身民族的价值和标准看作放之四海而皆准的，也不应妄自菲薄，认为自身民族的文化低劣于其他民族的文化。

不过，值得仔细辨析的是，多元文化主义和民族主义之间确实有诸多内在的联系。正如文森特（Andrew Vincent）教授描述的那样，它们两者以一种共同的模式强调了对群体特殊性以及身份、文化、压迫和认同这些主题及其相互关系的关注。② 文森特的这一观点是值得重视的，因为从关注的群体、论及的主题和诉求的价值上来说，多元文化主义与民族主义确有诸多的相似之处。③ 它们在对待被压迫的文化少数群体时的反应也是类似的，都要求对被压迫的文化少数群体给予足够的重视和认同，只是民族主义更为激进地要求以独立的国家形式寻求和实现这种诉求。赫尔德的多元文化

---

① 之所以说是"至多"而不是完全意义上的文化民族主义，在于赫尔德并不认为所有的文化民族都应该建立主权国家，他只是认为国家应该建立在民族文化的基础上，应该以文化民族为国家的成员。这一点我们下面还要分析，也是赫尔德与极端民族主义的一个实质性区别。

② 参见 Andrew Vincent. *Nationalism and Particularity*. Cambridge: Cambridge University Press, 2002, pp. 159-190。

③ 或许在理论上也主要是因为这个原因，赫尔德被误解为各种各样的民族主义者。

主义不同于民族主义的核心在于他对待文化的普遍原则,他坚持每种文化的价值和意义,这与任何一种带有宣扬民族优越感和侵略性的民族主义和爱国主义之间存在着明显的区别,后者试图以牺牲他人为代价来提升自己的文化身份。赫尔德旨在为促进而不是压制文化多样性的政策提供理论辩护,就此而言,他的多元文化主义是所有形式的民族主义的对立面。①

另一方面,赫尔德的多元文化主义也不是文化相对主义。根据以赛亚·伯林的区分,相对主义分为两种类型:关于事实判断的相对主义和关于价值判断的相对主义。前者主张,"因一切人类信念均受限于其在社会系统中的处境,并且有意无意中受理论家或其归属群体、阶级的利益之影响,故否认关于事实的客观知识存在之可能性"②,换言之,这种相对主义是极端的相对主义,完全否认任何客观事实或客观知识的实在性;后者是一种世界观或者价值观的相对主义,它是指"一个人,或一个群体,其判断仅仅是表达或者陈述某种口味、情感倾向或看法,因此,只判定是什么的问题,而与分清它的对与错没有什么客观的联系"③。根据引文,容易看出价值判断的相对主义之所以是一种相对主义,在于它具有两个方面的特征:主观性(subjectivity)和不可理解性(unintelligibility)。推而论之,这两个特征实际上又暗含着两个推论:一是价值相对主义取消了任何价值判断背后的本体基础,取消了价值判断的实在性,将其转换为一种主观状态(主要是心理状态)的表达;二是由于价值相对主义取消了任何价值背后的实在基础,所以认为价值判断具有不可通约性,不同的价值是不可比较优劣的,甚至是不能相互理解的。这两种类型的相对主义,前者是更根本更极端的相对主义,它相当于否定了一切判断的实在基础,自然也就否定了价值判断的实在基础,因此,事实判断的相对主义者必然是价值判断的相对主义

---

① Vicki A. Spencer. *Herder's Political Thought: A Study of Language, Culture, and Community.* Toronto: University of Toronto Press, 2012, pp. 186-187.
② [英]以赛亚·伯林:《扭曲的人性之材》,岳秀坤译,南京:译林出版社,2009年,第76页。
③ [英]以赛亚·伯林:《扭曲的人性之材》,岳秀坤译,南京:译林出版社,2009年,第82页。

者，反过来却未必。

正如伯林所指出的，学界并未有人认为赫尔德是事实判断意义上的相对主义者①，认为他是文化相对主义者也是在价值判断的意义上来谈论的。那么赫尔德的多元文化主义是一种价值判断的相对主义吗？在这一点上，我们的看法跟伯林是一致的，赫尔德的多元文化主义不是一种相对主义。根据上面我们对价值类型相对主义蕴含的分析，成为价值类型的相对主义需要满足两个条件：一是否认价值判断背后的实在基础，即不认为价值判断具有客观实在性；二是认为不同价值之间不存在优劣，不能相互比较，甚至不能相互理解。

赫尔德的多元文化主义不满足这两个条件。首先，多元文化主义强调任何民族文化都是在一定的氛围中产生的，民族文化也由于地域、时代和气候等氛围的不同而显出它的特殊性，但它们都是客观的。这种客观性体现在三方面：第一，任何民族文化都是适应氛围而产生的，氛围对文化有决定性的影响，在氛围没有发生大的改变的情况下，文化是不会改变的。第二，任何民族文化一旦产生，它就会成为民族成员共享的一系列价值观念、行为习惯和心理偏好，对民族成员具有教化性与规训性，不是主观上想改变就改变得了的。第三，从客观性来说，虽然赫尔德强调必须"进入"对方的世界，理解对方的精神和历史环境才能深入地领会对方的文化和价值，但他"并没有因为这些社会的价值观与我们不同就怀疑我们自己的价值观的客观性。也没有因为冲突的价值观或不相容的看法意味着只有一方有效，而其他皆错；抑或，任何一种判断都不能说它有效或无效就动摇自己的价值观"②。

其次，尽管赫尔德强调不同的民族都拥有从其自身的文化系统才能理解的价值，我们不能简单地以我们自己的价值为标准去评判别的价值，也不应

---

① ［英］以赛亚·伯林：《扭曲的人性之材》，岳秀坤译，南京：译林出版社，2009年，第77页。
② ［英］以赛亚·伯林：《扭曲的人性之材》，岳秀坤译，南京：译林出版社，2009年，第81页。

该用别的价值否定我们自身的价值,任何价值都是平等的,都需要我们从其内部来获得理解,但是赫尔德认为任何价值都是可理解的,也是可比较的。价值的可理解性在赫尔德文化理论中很好理解,因为文化、价值等都是人性的实现和表达,是人性的一种可能性的实现。我们都是人,有着共同的人性的可能性,那么我们必然可以理解那些虽然与我们不同但同样是基于我们共同人性可能性的实现出来的人性。赫尔德的整个解释学也可以看作他为价值的可理解性进行的论证。在前面我们提到,赫尔德解释学的基本态度是"移情共感"(Einfuhlung),它要求我们运用想象力把自己置入被理解者的文化环境中,以此方式去理解对方的文化和价值。并且,这种想象不是理解者将自身的主观情感等因素投射到对被理解者的理解中,而是尽量回到对方的立场中去理解,"移情"的目的是"共感",是让理解者用被理解者的眼光去理解被理解者的生活世界。关于价值的可比较性在赫尔德那里是一个重要问题,后面我们在阐述他的"人道"概念时还要详细展开,这里先简述如下。在赫尔德那里,客观目的和终极价值都是存在的,虽然在不同的时代和社会,或在同一社会的不同阶级那里有所不同甚至相互冲突,但不能因此否认客观目的和终极价值。他们的多样性不是无限的,因为人的本性在根本上是一致的,只要是人,他就具有某种普遍的使其成为人的东西。如前所述,在赫尔德那里,这种普遍的东西就是悟性。悟性从一开始就使人区别于动物并使人成为人,这是人性具有普遍性的根据。人以最为恰当的方式释放了自己的悟性,以最佳的方式塑造了自我,他便通向了"人道"(Humanität),人道就是人类的客观目的和终极价值,但同时,人道的实现具有历史性,在不同的社会和历史条件下,人道的实现是多样而丰富的。从"人道"的立场来看,不同民族的文化和价值就具有了可比较性。

通过以上澄清,我们认为将赫尔德理解为文化相对主义者是不恰当的,是一种误解,因为文化相对主义的核心主张——价值的主观性和不可理解性——都是赫尔德所不赞同的。相反,我们认为把赫尔德的文化理论归类为多元文化主义是合适的，因为多元文化主义这一概念切中赫尔德对文化的基本看法，文化多元本身就暗含了文化的多样性（多）和文化的实在性（元），同时多元文化主义强调不同文化在价值上的平等性，这些都符合赫尔德对文化的基本理解。

赫尔德的多元文化主义对理解和讨论现代国家尤其是多民族国家的文化理论基础、文化政策以及公民的团结认同等都有着重要的启发意义。

正如一些多元文化理论家也认识到的那样，多元文化社会独特的历史和传统意味着它们需要以不同的公共政策加以回应，但某些普遍原则对它们也是共同适用的。① 对赫尔德来说，这一普遍原则首先来自我们具有的一种内在的责任，它要求我们尊重自己和其他文化。这不仅是因为文化是我们成长的土壤，更是因为文化是赋予我们生活意义的源泉，是我们认识自己的依据。我们强迫一个民族放弃他们原有的文化并强制他们归属认同其他文化，这不仅是对该民族文化的不尊重，而且还是对这种民族文化的践踏和破坏。② 赫尔德敏锐地意识到那些面临文化统治的民族所受到的伤害。在他看来，文化在个人身份和民族认同的形成中发挥了至关重要的作用，虽然人具有适应新环境的能力，但任何文化都不可能在另一个时间和地点重现。剥夺一个民族的文化意味着剥夺了他们的身份认同，由文化被剥夺带来的耻辱感远比领土被剥夺带来的耻辱感更为严重。另一种伤害来自主流文化对非主流文化的漠视，这种情况不仅会对非主流文化造成伤害，并且也会严重威胁共同体内部的稳定。就像有学者评论的那样，多元文化主义也许被主流文化视为一种慷慨的文化宽容行为，但并不是在一种相互宽

---

① Bhikhu Parekh. *Rethinking Multiculturalism: Cultural Diversity and Political Theory.* Basingstoke: Palgrave Macmillan, 2006, p. 206.
② 这里值得指出的是，如果一种文化已经完全丧失了它存在的氛围，不再能够为原来认同它的成员所认同，其成员也因而认同了其他的文化，这种情况并不是赫尔德所认为的对原有文化的践踏或者破坏。践踏和破坏只发生在当一种文化还具有生命力，但是其成员却被强迫认同其他的文化的时候。用强力的手段来逼迫转变文化的认同，这是赫尔德所反对的。

容和平等的氛围中的,因为权力关系是不平等的,主流文化在公共领域享有特权。① 主流文化在对待非主流文化时可能名义上主张一种多元文化主义的价值,但由于主流文化始终是权力拥有者和话语的把控者,非主流文化在事实上处于从属或被排挤的状态。这样一来,非主流文化的表达只能被压缩到私人领域,这会加急文化的衰落;同时,当以权力拥有者自居的主流文化阶级没有动力向其共同体中的文化少数民族文化学习并了解他们时,整个共同体就容易滋生对其他文化的社会排斥与漠不关心,最坏的结果就是导致共同体内部的文化冲突。

在赫尔德看来,尊重文化少数民族文化的方式就是给予他们政治和文化自治权,但必须考虑的是,当权力被给予文化少数民族时,共同体内的主流文化阶级必然会与文化少数群体发生分歧。不过,这些分歧与上述的由压迫或漠视导致的文化冲突不同,后一种文化冲突的根本原因在于主流文化与非主流文化之间不存在沟通机制,这从根本上取消了双方和解的可能性;但通过给予文化少数民族一定的自治权,可以为文化交流奠定基础,通过考虑目前国家的独特情况并进行谈判,可以在一个适当的范围内化解分歧。赫尔德文化理论的贡献就在于,他提出这样一种消除文化压迫的可能性,即虽然没有完美的政治制度,但我们可以努力在这些目标之间取得平衡,而不忽视公共领域文化少数群体的文化需要。因此,对于一个已经建立起来的共同体来说,重视自己的历史是合情合理的,但同时也要认识到其文化少数群体的经验和文化多样性在这段历史中的地位。同时,赫尔德并不指望能够提出一种能消除所有文化分歧的理论,因为在他看来,冲突和多样性是自然和政治生活的内在和不可避免的特征。由文化多元带来的各民族之间的有机运动是促进民族文化发展的核心动力,因此共同体内

---

① Anne Phillips. "The Politicisation of Difference: Does this Make for a More Intolerant Society?". In *Toleration, Identity, and Difference*. Edited by John Horton and Susan Mendus. Basingstoke: Palgrave Macmillan, 1999, pp. 127-128.

部的文化分歧与差异不但不应该完全消除，而且还应该在一定程度上保留，以使共同体能够更好地发展。并且，在赫尔德看来，如果一种文化不能适应新环境，并故步自封，那么它就有可能走向衰亡。为了避免这种命运，文化需要主动地迎接新的环境和挑战，适应新的氛围，开创出文化新的生命。对于赫尔德来说，共同体健康成长的标志不在于它在抵制新生事物，而在于共同体的文化能跟随环境的变化做出相应的改变。①

赫尔德认为给予文化少数民族恰当的政治和文化自治权，也是出于民族成员彼此团结和认同的需要，因为文化对于一个人的身份形成和认同起到核心的作用，强行压制或者消灭文化少数民族的文化可能使得文化少数民族成员的身份认同出现危机，最终有害于整个民族共同体。赋予文化少数民族适当的政治和文化自治权，核心就在于维护它们的语言和文化安全。在赫尔德看来，若一个国家只是通过暴力强行把许多民族纳入其中，没有充分地尊重这些民族的文化，给予它们合理的政治和文化自治权，那么这个多民族国家不仅是一种非自然的人造，而且其内部还存在分裂的危险。因为，当文化少数民族的权利得不到认可时，他们就面临着失去民族身份的可能；当强势的主流语言和文化对其他相对边缘的语言和文化造成严重的压迫和压制时，就可能造成暴力冲突。因此，赫尔德在《关于人类历史哲学的思想》一书中针对罗马和波斯帝国的帝国主义以及专制主义进行了猛烈的批判，认为它们是一个由一百个民族和一百二十个省组成的帝国，它们根本不是国家，而是怪物。② 真正的多民族国家应该是以各民族的政治和文化自治为基础的、在一个更大的国家内建立的非强制性联邦，这样的联邦可能不如单一民族共同体那样团结，但它非专制的特性为各民族之间的合作提供了可能的基础。这一构想在赫尔德离开里加之后更为明显，他在日记中写道：

---

① Vicki A. Spencer. *Herder's Political Thought: A Study of Language, Culture, and Community.* Toronto: University of Toronto Press, 2012, pp. 195–196.

② Johann Gottfried Herder. *Outlines of a Philosophy of the History of Man.* Translated by T. Churchill. London: Printed for J. Johnson by Luke Hansard, 1800, p. 325.

> 它不能再继续是一个虚假的共和国,而必须成为一个在更大的[俄罗斯]帝国内享有特权和头衔的自由国家,即一个共和国内的共和国。谁能完成这件事,他将会是一个多么幸福的人啊!他将不仅仅是茨温利(Zwingli)和加尔文(Calvin)——一个解放者,同时也是一个公民!①

值得说明的是,赫尔德在这里并不是在主张一种分裂主义,他并不是要求里加成为一个现代意义上的独立国家并从俄罗斯帝国中分裂出去。在他看来,最为重要的是这座城市是否还保留了民族精神,若已经失去了民族精神,无论是作为国家还是城市,都是没有生命的。赫尔德不但没有要求里加与俄罗斯帝国分裂,相反,他把里加想象成一个在更大国家中的具有合法权利的仆人,这样它就可以成为一个拥有强大的公共领域的真正的共和国,而不仅仅是一个有着军队和城墙,并且还要公民花钱的城市。② 简单来说,赫尔德主张在一个已经形成的政治国家或社会中再建立一个文化共同体,这个共同体要去承认那些基于自身文化的需要而具有政治和文化自治权的文化少数群体,并与这些文化少数群体以一种对话合作的形式和谐共处,共同发展。不过,赫尔德并未就多民族文化共同体的建立以及它们之间如何对话等提出任何具体的制度设计,因为他知道,无论是国家还是共同体的制度构建都必须以民族文化为基础,需要符合民族文化,要设计出好的制度体系更必须以充分了解共同体中每个群体的历史和文化为前提,而民族文化又具有多样性和差异性,是无法提供一种统一的制度体系和模式的。也正是出于对民族特殊历史和文化环境的强调,赫尔德拒绝古典政治哲学家构想的适用于一切民族的理性国家理论,而是认为必须在尊

---

① F. M. Barnard. *Herder's Social and Political Thought: From Enlightenment to Nationalism*. Oxford: Clarendon Press, 1965, p. 96.
② 参见 Johann Gottfried Herder. *Sämmtliche Werke*. 33 volumes. Edited by B. Suphan. Berlin: Weidmann, 1877-1913, Vol. IV, pp. 407-409。

重和重视不同国家的特点和文化多样性的基础上制定出最适合国家的法律和制度。①

虽然没有提出任何具体的制度理论，但赫尔德在如何尊重和维护民族文化的问题上还是提出了一些具体的方法，其中最为重要的就是对民族语言的重视和维护。根据赫尔德的民族文化理论，语言在民族文化的传承和发展中具有核心而基础的地位，他非常重视民族语言的保护。在民族语言的保护上，赫尔德的主要想法是通过学校的多语教学来使孩子既继承自己民族的文化，同时又学习和了解其他民族的文化，对其他文化保持理解和开放。这种多语教学方法既是以赫尔德对共同体和语言关系的理解为基础，也是他"移情共感"解释理论在文化理解中的具体落实。在赫尔德看来，语言既是塑造和表达个体本质的工具，同时也是构成共同体内在联系的媒介，儿童和父母之间以及共同体成员之间的相互认同和情感联系是通过语言建立起来的。语言的公共性和对话性构成并维系着使用这门语言的共同体，因此否认或破坏共同体的语言也就是在破坏整个共同体。赫尔德认为，不能以一门共同的语言来教育共同体成员，就不会有对民族（共同体）文化的真正理解，不会有共同的爱国主义情感，不会有内心的认同和团结，最后祖国也就不会有她真正的公民。② 通过共同的语言，人们被联系为一个统一体并从中发展出强大的民族精神。语言有能力将分离的个体团结起来："舌与耳把众人连在一起；在这条道路上，我们审视思想和建议，理解决议并彼此分享教导、歌曲和欢乐。凡学过这门语言的，凡将心灵浇灌于这门语言并学习以这门语言表达他灵魂的人，他就是这门语言的子民。"③ 提倡学校对孩子进行多元语言的教育

---

① F. M. Barnard. *Herder's Social and Political Thought: From Enlightenment to Nationalism*. Oxford: Clarendon Press, 1965, p. 93.

② Johann Gottfried Herder. *Sämmtliche Werke*. 33 volumes. Edited by B. Suphan. Berlin: Weidmann, 1877-1913, Vol. XVII, pp. 288-296.

③ Johann Gottfried Herder. *Sämmtliche Werke*. 33 volumes. Edited by B. Suphan. Berlin: Weidmann, 1877-1913, Vol. XVII, pp. 286-287.

也是赫尔德解释理论的具体实施。我们前面曾指出，赫尔德解释理论的核心在于让理解者用被理解者的眼光去理解被理解者的生活世界。学习另一个民族的语言是达到这一目的的有效手段，因为生活世界就凝结在语言中。

有学者曾对赫尔德的这种提议提出质疑，如米勒（David Miller）就认为，法国共和主义的狭隘爱国主义特征是强迫"不愿意上学的孩子"在学校讲法语以摧毁那些在法国农村大部分地区仍在使用的"各种地方方言和语言"。① 事实上，米勒对赫尔德的这种质疑是不合理的，因为赫尔德这种政策提议要求首先以尊重每个民族文化为前提，在这个前提下来理解赫尔德的语言政策提议，法国共和主义的做法是不合理的，并不会得到赫尔德理论的支持。事实上，在赫尔德看来，母语与主流语言不同的儿童应首先接受母语教育，这既是为了更好地了解和传承自己民族的语言和文化，也是为了更容易地学习其他语言。对于那些不属于主流文化语言使用者的孩子而言，如果在刚入学时就学习不同的语言，他们的教育会受到很大的影响。因此，逐步向孩子们介绍主流文化语言是一种有效得多的教学方法。与此同时，以主流文化的语言为母语的孩子们应该学习其他语言，这样我们就不会"像那些在巴别塔上的人一样徒劳地苦干"，而是在相互理解中一起建设。②

尽管赫尔德并没有向我们说明可以在多大程度上理解其他文化，但他要求我们向这个方向做出相应的努力。当一个民族或群体把自己封闭起来，片面地强调稳定而不尊重其他文化时，它就违背了多元文化主义的基本原则。若一个人没有试图去理解那些与他生活在一起的人，不愿意同情地去理解其他文化，也没有意识到其他文化独特的历史、传统和艺术对这一民族身份的重要性，他便会失去向其他民族学习的机会并严重削弱人们对所生活的多元文化世界的了解，甚至有陷入狭隘民族主义的危险。一个渴望

---

① David Miller. *On Nationality*. Oxford: Oxford University Press, 1995, p. 143.
② Johann Gottfried Herder. *Sämmtliche Werke*. 33 volumes. Edited by B. Suphan. Berlin: Weidmann, 1877–1913, Vol. I, p. 1, p. 4.

向其他文化学习并以公正、和平以及同情的心态对待其他文化的人，在赫尔德看来就是一个好的公民。培养公民的这些对待文化的心态比签订和平条约更能在根本上保障各文化和民族之间的和平共处。尊重其他文化为合作奠定了基础，它既能促进我们对人的理解，也有助于我们自己的心智和道德发展。同情地理解他人的文化就是赫尔德"移情共感"理论的具体实践，它要求我们站在对方的立场思考问题，思考"如果这事发生在我身上会怎样"①。在赫尔德看来，对一种文化进行价值判断的前提是需要首先从其他文化成员的角度来理解这一文化，简单地从自己民族文化的立场出发，用本民族文化的价值标准去衡量其他民族文化，其结果就会是像欧洲中心主义那样成为最愚蠢的虚荣。②

不过，在面对多元文化时，赫尔德也提醒我们，不应该像文化相对主义者那样过分强调文化差异性。虽然不是所有的民族都以相同的方式展现他们的文化行为和价值观念，但既然文化都是人性的凝结和表达，那么不同文化和价值观念之间就存在着基本的人性的相似和交错，这就像家族成员在物理性上的相似一样。尽管在理解和解释不同文化时存在不可避免的困难，但这些相似性使我们可以理解那些不同于我们的愿望、价值和人生目的，因为正如伯林所指出的，"对人性来说，不管有多么复杂、多么善变，只要是还可以称之为人，其中必含有某种'类'的特征"③。因此，即便是那些非人的行为，在赫尔德看来依然是可以理解的，例如虽然我们大多数人认为吃人是一种非人道的行为，但这并不是说吃人的人就不是人，赫尔德认为食人族和所有的人一样拥有人性、理性和语言。④ 因此，我们可以发现和理解他们的行

---

① Johann Gottfried Herder. *Philosophical Writings*. Translated and edited by Michael N. Forster. Cambridge: Cambridge University Press, 2002, pp. 406–407.
② Johann Gottfried Herder. *Outlines of a Philosophy of the History of Man*. Translated by T. Churchill. London: Printed for J. Johnson by Luke Hansard, 1800, p. 219.
③ ［英］以赛亚·伯林：《扭曲的人性之材》，岳秀坤译，南京：译林出版社，2009年，第82页。
④ Johann Gottfried Herder. *Sämmtliche Werke*. 33 volumes. Edited by B. Suphan. Berlin: Weidmann, 1877–1913, Vol. XIII, p. 393.

为和信仰的意义:"没有食人者会吞食他的兄弟和孩子;他们非人的行为是野蛮的战争权,他们以此滋养他们的勇气,恐吓他们的敌人。这不过是一个粗野的政治原则……"① 无疑,非人道行为会伤害他人并违反普遍的公正原则,赫尔德对非人道行为持批评态度,但同时又坚持不干涉原则。

但需要指出的是,虽然出于尊重一切文化的普遍原则不对非人道行为进行干涉,但并不意味着赫尔德认为这些行为在道德上是正确的。与相对主义者不同,赫尔德在价值评判标准上是有其最终根据的,此根据不是某种具体的文化,而是他的"人道"概念。赫尔德认为,非人道行为背后的原因就像非人道行为一样被人们混淆了,对非人道行为的误解由此产生。在赫尔德看来,问题不在于做这种事的人缺乏可以培养和塑造的人性能力,也不在于他们缺乏理性。非人道行为并不意味着行为者不是人,而是说做这种行为的人背后的理由未能实现真正的人道,人道在他们身上被扭曲或压抑了。基于此,面对非人道行为,需要的就不是直接指责或判定非人道行为者不是人或没有人性,而是要弄清楚他们非人道行为背后的理由和根据,然后通过改变他们为行为赋予的意义而将其导向到人道的轨道上来。食人行为对我们熟悉的文化来说是陌生的,甚至是可憎的,但我们不能简单地将食人者判定为非人,事实上如果我们理解了这种行为背后的意义,我们就不会做这种简单的判断,也才能够有可能改变他们的这种行为。而且,赫尔德认为,当时的欧洲人虽然没有直接的食人行为,但出于某些政治原因一直在进行非人道的行为,比如战争以及对其他民族和文化的征服等,它们只是在形式上不如食人行为那么直接,但本质上跟食人行为一样都是非人道的行为,唯一的区别在于欧洲人以不同的方式表达压制其他民族的人的人性。② 相反,在赫尔德看来,一种文化越是能释放和实现人道,

---

① Johann Gottfried Herder. *Outlines of a Philosophy of the History of Man.* Translated by T. Churchill. London: Printed for J. Johnson by Luke Hansard, 1800, p. 255.
② Johann Gottfried Herder. *Sämmtliche Werke.* 33 volumes. Edited by B. Suphan. Berlin: Weidmann, 1877–1913, Vol. XIII, p. 393.

越充分利用自己的力量达到人道,那么"它在历史上的形象就越光辉"①。因此,考虑到我们的最终目的在于实现我们的人道,赫尔德认为,在人道已经被权力或政治等其他因素所压倒的情况下,虽然这些文化是可理解的,但对于最终目的而言却是错误的。

那赫尔德所理解的人道究竟是什么呢?按赫尔德的理解,人道就是人类的客观目的和终极价值,并且人道的实现具有历史性,在不同的社会和历史条件下,人道的实现是不同的。每个民族所居住的环境以及它的历史文化传统构成一个有机的整体,它的价值只能在它的内部才能获得理解,每个时代每个民族自身都有它的目的。但是在强调这种历史主义,强调每个民族的历史特殊性的同时,我们如何来理解整个人类历史的意义?人类历史作为一个整体,它前进的目标又是什么?对于这些问题的回答就涉及对人类历史目标的理解,赫尔德认为这个目标就是人道。我们将在下一节详细地讨论此赫尔德的"人道"概念。

第二节 实现人道:人类文化的最终目的

"人道"是赫尔德文化哲学甚至他整个思想的核心概念,比如迪茨教授就曾对此说道:"赫尔德至迟自80年代(指18世纪80年代——引者注)中期就已经甚至在主观上也意识到,人道问题构成了所有他那兴趣广泛的、包罗万象的思维活动的轴心和支点。由于毫不含糊地全神贯注于这一主要问题,赫尔德跻身入这一时期的德国古典哲学和文学的行列。"② "人道"的德文词是"Humanität",相应的常译英文词是"humantity",英文的该词在翻译为汉语时有时也译作"人性"。这种翻译上的多义性特别是对应英文词

---

① Johann Gottfried Herder. *Sämmtliche Werke*. 33 volumes. Edited by B. Suphan. Berlin: Weidmann, 1877–1913, Vol. XIV, p. 227.

② 中文转引自李秋零:《德国哲人视野中的历史》,北京:中国人民大学出版社,1994年,第167页。

翻译的多义性成为赫尔德"人道"概念遭受误解的重要原因，因为赫尔德的"人道"概念决然不能从人性的意义来理解。事实上，为了避免自己的"人道"概念可能遭受的误解，赫尔德自己是精心挑选了"Humanität"这个词的。这个词源自拉丁文的"homo"（人），并且和"humanus"（人/人文）以及"humanitas"（人性）是同根词。通过这种词根上的联系，赫尔德试图表明这个词的历史渊源以及"人道"概念指涉了包括古希腊人在内的所有人。在赫尔德的理解中，这个词与德语的"Menschheit""Menschlichkeit""Menschenrechte""Menschenpflichten""Menschenwürde"以及"Menschenliebe"等都不一样，在《促进人道书简》中赫尔德仔细地讨论了他为什么选择"Humanität"一词：

我们都是人（Menschen/humans），从这种意义上说，我们都带有作为人的特质（Menschheit/the quality of being human），换句话说，我们是人类的一部分。不幸的是，在我们的语言（指德语——引者注）中，人这个词，以及带有怜悯性的人性（Menschlichkeit/humanness）一词更是这样，已经被赋予了低贱、软弱以及虚假的怜悯等言外之意，……我们需要注意的是我们并不打算写关于促进这种人性的书简。

人权（Menschenrechte/human rights）这个名称不能离了人的义务（Menschenpflichten/human duties）而被单独使用；它们彼此相辅相成，我们需要寻找一个词来表示它们两者。这种情况对人的尊严（Menschenwürde/human dignity）和人类的互爱（Menschenliebe/love of humankind）也是一样的。……对于我们的目的来说，所有这些词汇都部分地包含了我们想用一个词来表达的含义。

因此我们保留了人道（Humanität/humanity）这个词……①

---

① Johann Gottfried Herder. *Sämmtliche Werke*. 33 volumes. Edited by B. Suphan. Berlin: Weidmann, 1877–1913, Vol. XVII, p. 137.

第七章 赫尔德文化哲学核心议题三：多元文化主义与人道

从引文可以看出，在分析和辨别传统用于描述人和人的本质的词汇的基础上，赫尔德提出了人道概念。人道概念既与传统的相关概念有所区别，又把它们的含义包揽其中。但是，赫尔德在这里对人道的说明只是从否定的角度来进行的，即只是说明了人道不包括或不只包括哪些内容，而没有从正面直接说明人道是什么。在《关于人类历史哲学的思想》一书的第一部第六章，赫尔德对人道做出了正面说明，这就是赫尔德关于人道的著名"定义"①：

> 我希望我能够把到目前为止我关于使人具有理性和自由、具有更精细的感觉和欲望、具有最纤弱和最强壮的健康，使人布满并且支配地球的高贵教养所说的一切都概括在人道这个词当中；因为对他的命运来说人类没有比赐予他的命运本身更高贵的语言了，我们尘世生命的造物主他的形象被刻印在了这种语言中，（通过这种语言）造物主的临在得以视见。②

如果从逻辑的角度看，赫尔德在这里的"定义"是一个重言式的（tautological）无效定义，至少是没有意义的定义。因为，按照逻辑的要求，定义一个概念就是要指出这个概念所包含的本质特征，让不明白这个概念的人可以通过这个本质特征来理解这个概念，而重言式的定义无异于对概念自身进行重复，并没有指出这个概念所包含的本质特征。针对赫尔德的"定义"来说，问什么是人道，他回答人道就是人道所包含的一切东

---

① 这里的"定义"之所以打引号是因为赫尔德很反对亚里士多德以来对概念进行属加种差的定义方式。在这种定义方式下，概念呈现出一个等级的序列，越在上面的概念就越抽象，其中最高等级的概念是一个无法再进行定义的空洞概念，比如"存在"概念。但是在赫尔德看来，越是普遍的概念，就越应该是具体的，因为越普遍的概念意味着包括的东西越多，它就越丰富和具体，"人道"概念正是这样的情况。关于这一点我们后面还要进行说明。

② Johann Gottfried Herder. *Sämmtliche Werke*. 33 volumes. Edited by B. Suphan. Berlin: Weidmann, 1877-1913, Vol. VI, p. 154.

西。问什么是人的命运，命运就是命运本身的展开。比如赫尔德还有如下的说法："人就是人所是的那样！"① "在人身上我们不能知道比人道更高的东西，因为即使当我们设想天使和诸神的时候，我们也是把他们设想为更高的和理想的人类。"② 这样的回答对逻辑学家来说无异于痴人说梦。也正是在这个意义上，有不少学者认为赫尔德的人道概念是其思想中最混乱的部分，比如研究赫尔德思想的著名学者汉斯·阿德勒教授曾如此评论道："人道的理念……虽然这个概念是赫尔德哲学最重要的概念，但是他对此并没有做出精确的定义……经常相互矛盾的陈述模糊了这个概念的含义，这是没有争议的事实。"③

如果从形式逻辑的角度来说，赫尔德对人道的定义确实存在着学者们所指责的无效定义的问题。但是，正如前面所指出的，人道作为赫尔德思想的核心概念，是他经过深思熟虑后才挑选出来的，他不会草率地来处理这个概念的定义。那么是否是赫尔德对人道概念的理解和定义与传统对概念的定义不一样？我们是否可以从新的视角来切入赫尔德的人道概念？如果不能的话就必须承认赫尔德是一个充满混乱的思想家。在这个问题上我们赞同汉斯·阿德勒教授的说法："如果一个人不想屈从于认为赫尔德是一个训练不足和思想混乱的思想家的偏见的话，那么理解赫尔德切入人道概念的方法就需要特殊的阅读方式。"④ 那么什么是汉斯·阿德勒教授所说的"特殊的阅读方式"呢？我们认为这就是结合赫尔德的宗教观、本体论和认识论来理解他的"人道"概念，并且不是把"人道"理解为一个实体性

---

① Johann Gottfried Herder. *Sämmtliche Werke*. 33 volumes. Edited by B. Suphan. Berlin: Weidmann, 1877–1913, Vol. XIV, p. 209.
② Johann Gottfried Herder. *Sämmtliche Werke*. 33 volumes. Edited by B. Suphan. Berlin: Weidmann, 1877–1913, Vol. XIV, p. 208.
③ Hans Adler and Wulf Koepke (ed.). *A Companion to the Works of Johann Gottfried Herder*. Rochester, New York: Camden House, 2009, p. 93.
④ Hans Adler and Wulf Koepke (ed.). *A Companion to the Works of Johann Gottfried Herder*. Rochester, New York: Camden House, 2009, p. 94.

概念（Substanzbegriff），而是理解为一个功能性概念（Funktionsbegriff）。如果是实体性概念，人道是一些特征的集合，而作为功能性概念，它是在"理性"（Vernunft/reason）和"公道"（Billigkeit/fairness）这两个原则相互作用下的动态结构。

如果我们结合赫尔德的宗教和认识论观点，他对人道所采取的重言式的定义不但可以被理解而且马上显出它的重要意义来。从宗教的角度看，赫尔德认为人是处于天国与尘世间的"居间存在者"，"在地球上所有动物中，人是处于中间的被造物"①，"人类现在的状况可能是联结两个世界的中间状况"②。人虽然生活在尘世，却不断地走向天国，人的居间状况决定了人要不断地从尘世走向天国，这个过程就是人道实现的过程。因为天国是永远无法企及的，所以人永远都走在实现人道的路上。因此，当赫尔德把"人道""定义"为人自己使上帝在地球上得以视见的时候，他实际上是在谈论两种不同层次的存在，一方面是神圣的实在，另一方面是尘世的世俗存在，人道概念正是联结了这两者。按照赫尔德所用的语言比喻，我们可以对此做如下理解：人与上帝的相似表现在他的身体上（人是上帝按照自己的形象造的），正是这种外形与上帝的相似可以作为我们理解人道概念的突破口，因为在这种语言比喻中，身体被赋予了一种符号学的含义，其中人的身体是能指，而上帝的临在是所指。人的身体从产生之初就没有发生过变化，但是人通过身体的对自我的认识、对世界的认识以及最终对上帝的认识却一直在发生变化，变得越来越丰富、越来越多样，这即是说能指没有发生变化，但所指却在变得丰富和多样。人对自我和世界的理解变得越来越丰富、越来越多样的过程就是人道实现的过程。所以，从赫尔德的宗教观点来理解这个重言式，"人道"的含义就是人类从尘世走向天国、人类

---

① Johann Gottfried Herder. *Sämmtliche Werke*. 33 volumes. Edited by B. Suphan. Berlin: Weidmann, 1877–1913, Vol. XIII, p. 65.

② Johann Gottfried Herder. *Sämmtliche Werke*. 33 volumes. Edited by B. Suphan. Berlin: Weidmann, 1877–1913, Vol. XIII, p. 194.

实现对自身和世界的理解的方式。由于这个方式是无限多样的，人类已经产生、正在产生以及将来要产生的方式都包含在对人道的理解中，所以人道只有在历史的发展中，在人类不断的自我理解中它的含义才能被逐渐揭示出来。从这个意义上可以说，赫尔德"人道"定义的重言式正是表明了人的自我理解和走向天国之路的无限多样性。

这一点从赫尔德的认识论可以看得更清楚。前面我们说到，赫尔德认识论的基本原则是经验主义，即我们所有认识都来源于经验。在这种经验主义基本原则的基础上赫尔德吸纳了莱布尼兹的"生命力"的概念，在赫尔德的理解中，"生命力"是充满整个世界的"活力"（Kraft/force）——一种产生现象的无穷无尽的能力，整个世界都是在这种有机力的作用下表现出来的现象。但赫尔德强调，人的认识能力只能认识有机力作用下表现出来的现象，而无法认识这种有机力本身。在这里我们可以看到康德思想对赫尔德的影响。作为康德的学生，赫尔德对有机力和现象的划分非常类似于康德对现象和物自体的划分，区别只是在于康德的物自体是一种逻辑设定的静态本体，赫尔德的有机力则是以自然科学为基础的动态存在。这一点可以从赫尔德对"存在"概念的分析看得更清楚。"存在"是赫尔德本体论的基本概念。与康德认为"存在"是最抽象、最缺乏规定性的概念不同，赫尔德认为"存在"是最丰富、最确定的，不过也是最不可分析的。在赫尔德看来，"存在"不具有可分析性的原因不是康德认为的缺少规定的标志，恰恰是因为它是最感性的，而且是一切感性和确定性的基础。显然，在这种意义上，赫尔德已经把"存在"等同于有机力，它们也就具有了相同的性质。一方面，它是最丰富、最确定的，因为它是万物的来源并使万物得以存在，得以显现；但另一方面，它又是最不可分析的，因为我们根本不能认识有机力，我们只能认识它产生的现象。如果从这样的认识论观点来看，赫尔德把人道定义为一个重言式的意图就变得比较容易理解了。人道其实是人身上的"有机力"，人类迄今所产生的所有历史和文化都是这种有机力显现和作用的结果,所以赫尔德会强调每个民族和时代都具有自身无法取代的价值,因为它们都是同一种有机力在显现;但是由于有机力是一种无穷无尽地产生现象的能力,我们不能将有机力局限于已产生和显现的现象(已产生的历史和文化),不能将任何一种已经产生的文化当作有机力本身。因此,从他的认识论的角度来看,赫尔德把人道定义为重言式的意义就在于:人道是一种有机力,我们只有在它显现和作用的过程中才能逐渐认识它。

对此,我们也可以通过海德格尔的说法来理解赫尔德的这种思路。海德格尔说"世界世界着"(Welt weltet),在这个句子中海德格尔把本来是名词的"世界"(Welt)当作动词来使用,通过这个转换海氏试图表明"世界作为世界是起来"。比如,在《诗·语言·思》中海氏有这样的说法:"只要世界作为诞生与死亡、祝福和诅咒从而使我们进入存在的道路,那么,世界便从来不是作为相对于我们主体的对象。在此,相关于我们根本存在的历史性决断才会发生。我们采纳它,抛弃它,误解它,重新追问它。这里世界世界化了。"① 我们可以仿海德格尔的句式把赫尔德的人道定义为"人道人道着"(Humanität humanitätet),赫尔德的人道概念只有在人道展现自身的过程中才能被理解,而人道展现自身的过程是一个无限的过程,所以赫尔德把人道定义为这样一个重言式实际上是试图把握这样一个无限的过程。同时,通过这样一个定义赫尔德还试图表明:人道作为一种有机力,它推动着人类不断地朝着越来越丰富、越来越多样的方向发展,"地球上的万物都注定是其所能是"②,这样一个"是其所能是"的过程就是人类历史发展的过程,它是一个开放的过程,是人类不断走向人道的过程。因此,从赫尔德认识论的角度来看,理解他的人道定义的重言式关键在于,将重言

---

① [德]海德格尔:《诗·语言·思》,彭富春译,戴晖校,北京:文化艺术出版社,1991年,第44—45页。

② Johann Gottfried Herder. *Sämmtliche Werke*. 33 volumes. Edited by B. Suphan. Berlin: Weidmann, 1877–1913, Vol. XIII, p. 148.

式的主词与谓词的等同当作一个过程来理解，主词是在不断展现为谓词的过程中成为主词的，"是"（存在论意义）起来的。

把人道理解为有机力，那么人道就既是人身上的潜能，也是人前进的目标。人道是人的一种潜能，因为它是人与生俱来并且在生存的过程中必须被现实化的能量，"人道是我们人类的特质；它是我们天生的一种禀赋，而且必须在我们身上得到发展"①；同时人道是人类历史前进的目标，因为人类历史的过程就是不断实现人道的过程，"人道是人类的目标——通过这个目标大自然和上帝把人类的命运放在了人类自己的手里"②。这样我们才能理解英语世界研究赫尔德思想的著名学者罗伯特·T. 克拉克教授对赫尔德人道概念的总结："'人道'是一个抽象概念，它首先意指一种人类能到达的理想状态；其次它还表示人类为了实现这种理想状态而具有的潜在能力。因此'人道'就既是一种理想也是一种明确的特质。"③ 因此，赫尔德把人道定义为一个重言式可以说是经过了深思熟虑的，之所以用重言式那是因为定义的两端本来就是同一个东西，是同一个东西在不断地展现自身，也是同一个东西在无穷无尽地生成，赫尔德正是想用重言式来把握这样一个无限的和开放的过程。

相反，如果人道概念是一些明确的特征的集合，那么，一旦人类有朝一日实现了这些特征，这就意味着历史的完成与终结，这种理解其实是把这些特征的实现看作人类历史的目的，在实现这些特征以前的一切历史都只是通往这个目的的过程和手段，它自身并不具有自身的目的。但是，赫尔德的人道概念是一个开放的概念，它实质上实现了各个历史阶段既是其自身目的又作为整个人类历史进步的手段的统一。首先，每个民族和时代

---

① Johann Gottfried Herder. *Werke in zehn Bänden*. 10 volumes. Edited by Günter Arnold et al. Frankfurt am Main: Deutscher Klassiker Verlag, 1985–, Vol. 7, p. 148.
② Johann Gottfried Herder. *Sämmtliche Werke*. 33 volumes. Edited by B. Suphan. Berlin: Weidmann, 1877–1913, Vol. XIV, p. 207.
③ Robert T. Clark. *Herder: His Life and Thought*. Berkeley: University of California Press, 1969, p. 314.

都是人类有机力的一种体现，都有其自身的价值，"像每个球体都有自己的重心一样，每个民族也有自己幸福的中心"①；其次，人类历史朝着人道变得越来越丰富、越来越多样，每个民族和时代都是这丰富多样的人类历史中的一个阶段，都是作为人类走向更加丰富和多样的人道的一种手段。这样赫尔德在强调每个民族和时代独特性的同时，又保留了各个民族和时代共同走向人道的统一性。

为了更好地理解人类历史走向人道的统一性，我们还需要考察人道概念在人类历史发展中的作用机制。这就要求我们把赫尔德的"人道"概念不是理解为实体性概念，而是理解为功能性概念。实体性概念是把一个概念看成一些特征的集合。按照亚里士多德的定义方式，概念自身排成一个金字塔形的等级序列，越高的概念就越抽象、越普遍，但它所包含的特征就越少，位于金字塔尖的概念是最抽象、最普遍的，但是它也是最空洞的概念，康德也正是在这个意义上来说存在是最抽象、最普遍的概念。本来最普遍的概念应该是无所不包的概念，但是它却空无一物，所以实体性概念就出现了一个困难：最普遍的概念应该是一切事物的基础，但是它却什么也不是，什么也没有。功能性概念就是面对实体性概念的这个困难，提出把概念（特别是最抽象的概念）理解为一些原则（或要素）相互作用的动态结构，构成概念的原则（或要素）是普遍的，但是这些原则所作用的对象却是具体的，所以在这个意义上功能性概念实现了普遍和具体的统一。②

从功能性概念的角度理解赫尔德的"人道"概念，需要首先搞清楚"人道"概念所包含的基本原则。根据学者们的研究，在赫尔德这里人道主

---

① Johann Gottfried Herder. *Philosophical Writings*. Translated and edited by Michael N. Forster. Cambridge: Cambridge University Press, 2002, p. 297.

② 功能性概念这个术语最早是由哲学家恩斯特·卡西尔所提出来的，参见他的著作：Ernst Cassirer. *Substanzbegriff und Funktionsbegriff: Untersuchungen über die Grundfragen der Erkenntniskritik*. Facsimile reprint of the 1st edition of 1910, Darmstadt: Wissenschaftliche-Buchgesellschaft, 1980, pp. 7–26. 恩斯特·卡西尔提出这一概念本来是应用于自然科学领域，汉斯·阿德勒教授把它用来讨论赫尔德的"人道"概念，我们这里的讨论就是受了汉斯·阿德勒教授的启发。

要体现为"理性"和"公道"这两大原则。这点如汉斯·阿德勒教授所说："赫尔德的人道概念被定义为这两者内在的相互联系,一是无所不包的普遍理性原则——人的理性能力只是它的一部分,另外就是理性原则实际运用时的补充原则——公道。"①

我们先来看理性原则。"泛神论之争"后,斯宾诺莎主义迅速在德国兴起,成为很多思想家调和宗教信仰与理性精神的方式。赫尔德也受此思想的影响,认为上帝按照理性的法则创造了万物,整个自然界中都充满了理性精神,都被同一种理性法则统治着,上帝通过理性的法则把自己显现于自然界中。而人的理性是把自己化身在万物中的上帝理性的一部分,是人与上帝相似的地方。人的理性之所以与上帝的理性相似,在于人能够通过认识而把握自然界的普遍法则,这即是说人的理性能理解上帝的话语并能揭示它的内在法则,正如《新约·约翰福音》第一句所言:"太初有道,道与上帝同在,道就是上帝。"上帝把自己化身在自然界中,自然界也就成了上帝的道,成了上帝的话语,人的理性通过阅读"自然之书"就能把握上帝的道:

> 理性是我们叫作人类特质的东西,因为它在上帝的造物中感知上帝的道,它根据事物被造的以及它们本质上彼此相连的关系来寻求事物的法则。它最核心的法则是认识存在和真理;根据被造物的关系和本质来认识它们的联系。它(指人类的特质——引者注)是上帝的一个形象,因为它根据造物主创造和联结自然万物的法则来发现它们的规律和本质。正如上帝不会任意地思考,理性也不会随便地行动。②

---

① Hans Adler and Wulf Koepke (ed.). *A Companion to the Works of Johann Gottfried Herder*. Rochester, New York: Camden House, 2009, p. 106.
② Johann Gottfried Herder. *Sämmtliche Werke*. 33 volumes. Edited by B. Suphan. Berlin: Weidmann, 1877–1913, Vol. XIV, p. 245.

第七章　赫尔德文化哲学核心议题三：多元文化主义与人道　　305

需要注意的是，赫尔德对理性的理解和唯理论哲学家对理性的理解是完全不一样的。立足于经验主义的认识论观点，赫尔德认为理性并非一种先天的产生自明观念和法则的能力，相反它是需要有经验内容才能运用的能力，它在本质上是接受性的。而且，理性不只是接受性的，它还是生成性的，需要在经验的运用中不断成长。① 赫尔德从德文的"vernehmen"②这个动词来理解人的"Vernunft"："不管是理论上还是实践上，理性都只是一种接受而来的东西，是一种习得的（我们的）能力和观念的均衡和定向，朝向这种均衡和定向人才在他的机体和生活方式的作用下得以形成。我们不了解天使的理性……人的理性是人类特质的……理性不是天生的……"③

很容易发现，理性作为人道的一个要素，它实质上是在自然界中感知上帝存在和发现上帝的法则的能力，同时它又是引导人类历史进步的原则，因为人类正是在对上帝法则的不断发现中形成自己的历史。由于在赫尔德的理解中人的理性是一种有限的和经验的能力，需要有经验内容被给予出来才能加以运用，只有在运用的过程中才能不断地生长和发展，这意味着人类不是上帝的全能理性，是可能犯错的，保证了人类历史永远的对经验世界的开放性。

不过正是人类理性的有限性使得人可能在历史中犯错，需要不断地改正错误才能走在实现人道的道路上。那么是什么可以让人类不断地从错误中回归正途呢？这就是赫尔德人道概念的第二个原则——公道。赫尔德使用的"公道"一词是"Billigkeit"，它的英文翻译是"fairness"，英文中它是公平、公正的意思，但赫尔德不是在这个意义上来使用该词。要理解赫尔德对该词的使用，还是得回到它德文的语义。这个词是一个古德语词，

---

① 在赫尔德那里，人的理性就体现为人的语言，语言的习得性与发展性也说明人的理性是在经验中生长和发展的，而不是先验的。
② 德文中这个动词的意思是"去听、去感知和去学习"，强调的是用感觉去感受。
③ Johann Gottfried Herder. *Sämmtliche Werke*. 33 volumes. Edited by B. Suphan. Berlin: Weidmann, 1877–1913, Vol. XIII, p. 145.

主要运用于司法和伦理领域，一般来讲表示当法律条文或者普遍的伦理法则无法运用于具体事例时在普遍法则与具体事例之间进行权衡以达到公正的意思。台湾学者一般把这个词译作"衡平"。普遍的法则和特殊的事物之间的关系很早就是哲学家关注的问题之一，亚里士多德在他的《尼各马可伦理学》和《修辞学》中都曾仔细地讨论过这个问题，他所关注的问题主要局限在司法和伦理领域，即一般的普遍法律和伦理法则如何与具体实例相关。他认为普遍的法律由于其普遍性，有时不能运用于具体事例，"法律是一般的陈述，但有些事情不可能只靠一般陈述解决问题"①，"法律制订一条规则，就会有一种例外"②。"法律之所以没有对所有的事情都作出规定，就是因为有些事情不可能由法律来规定，还要靠判决来决定"③，这种时候就需要"公道"（fairness）来做到法律或法则的"公正"（justice）。"公道的性质就是这样，它是对法律由于其一般性而带来的缺陷的纠正"④，在这种意义上公道"是一种公正，而不是另一种品质"⑤。亚氏用希腊文的"epieikeia"一词来表示当普遍法律不能运用于具体事例时而需要在这两者之间进行权衡以做到"公正"的意思。大陆学界在翻译这个词的时候一般都译作"公道"，我们这里也是采用这种译法，不过事实上台湾学者译作"衡平"更能体现这个词的含义。

赫尔德正是继承了"Billigkeit"在古代的用法，特别是强调了它在普遍法则和具体事例之间进行权衡以弥补普遍法则不能运用时的缺陷。不过

---

① ［古希腊］亚里士多德：《尼各马可伦理学》，廖申白译注，北京：商务印书馆，2003年，第161页。
② ［古希腊］亚里士多德：《尼各马可伦理学》，廖申白译注，北京：商务印书馆，2003年，第161页。
③ ［古希腊］亚里士多德：《尼各马可伦理学》，廖申白译注，北京：商务印书馆，2003年，第161页。
④ ［古希腊］亚里士多德：《尼各马可伦理学》，廖申白译注，北京：商务印书馆，2003年，第161页。
⑤ ［古希腊］亚里士多德：《尼各马可伦理学》，廖申白译注，北京：商务印书馆，2003年，第161页。

为了把这个概念运用于他对"人道"的理解，赫尔德并非在司法领域讨论"公道"的含义，而是从认识论的角度对"公道"进行了阐释。在赫尔德看来，世界是上帝的造物，上帝把自己化身到世界的规律之中，人类对这些规律的认识就能导向幸福，走向人道。但由于人类理性是有限的，他只能通过经验才能逐渐认识自然中的法则，这就使得人对自然的把握和对上帝的理解都是有限的，是可能发生错误的。人有限的知识和上帝的智慧之间就存在着巨大的鸿沟，人只能通过不断的学习才能逐渐领会上帝的智慧，这样一个学习的过程是一个无限的过程，而且它是建立在试验和错误之上的，事先并没有一个人类理性的计划能保证人类毫无偏差地走向上帝的智慧。"公道"就是不断地在人类的有限知识和上帝的普遍法则之间进行中介，使人能从他的试验和错误中吸取教训，逐渐地走向人道。因此，赫尔德的"公道"概念是基于人的理性有限性而提出的一个概念，是由于人类理性的不足而补充的一条原则：

> 公道的原则不是别的，就是实践理性，……在这条规则之上人性被建立起来，……如果最低等级的人也遵循他们身上的理性和公道的原则，他将获得安定，这即是说他将享受福祉和长寿；他将是有理性的、平等的和幸福的。这些他通过其他存在者或者造物主的任意都将不可能获得，相反是通过在自然自身中发现的一般普遍法则和秩序（获得的）。如果他违反了这些法则，他受到惩罚的错误自身就必然向他显示混乱，并且促使他重返理性与公道并把它们视为他存在和幸福的法则。①

通过"理性"，上帝把命运交到人自己的手中，人必须通过他自己的努

---

① Johann Gottfried Herder. *Sämmtliche Werke*. 33 volumes. Edited by B. Suphan. Berlin: Weidmann, 1877–1913, Vol. XIV, p. 246.

力才能认识到化身在自然界中的上帝，才能领会到自己的命运和"人道"，"上帝仅只通过我们自己的努力，通过我们自己的理性和通过我们自己的力量来帮助我们"①；但是由于人类理性的有限，人对上帝法则的发现是建立在试验与错误之上的，所以通过"公道"，人才能不断地改正自己的错误，重新走上通向"人道"之路。"如果他们（指人类——引者注）犯了错误或者在继承而来的传统中深陷泥淖，他们会承受这些错误的后果以及忏悔他们自己的罪责"②，人类之所以能够忏悔自己的罪责，修正自己的错误，正在于人道中"公道"原则的作用。正是在"理性"和"公道"这两大原则的作用下，人类历史不断地发现并走向人道："任何事情可能发生，它就会发生；任何事情它可能产生某种结果，它就会有这种结果。但是唯有理性和公道永存，因为愚行与笨举会毁灭它们自身和地球。"③

赫尔德结合基督教神学对整个人类历史的目标和意义的考察，使得他成为"思辨的历史哲学"④的先驱。在这方面，赫尔德的人道思想对在他之后产生的"思辨的历史哲学"产生了重大的影响，尤其是黑格尔的历史哲学。正如芝加哥大学的福斯特教授所指出的，"黑格尔的哲学实际上是赫尔德观念系统化的延伸（特别是关于上帝、心灵和历史）"⑤。赫尔德与黑格尔都抛弃了启蒙时代的思想家基于人的先天理性而对人类历史持有的看法，即历史只是永恒理性的表现，不存在发展和进步的问题；而是把人类历史

---

① Johann Gottfried Herder. *Sämmtliche Werke*. 33 volumes. Edited by B. Suphan. Berlin: Weidmann, 1877–1913, Vol. XIV, p. 213.

② Johann Gottfried Herder. *Sämmtliche Werke*. 33 volumes. Edited by B. Suphan. Berlin: Weidmann, 1877–1913, Vol. XIV, p. 210.

③ Johann Gottfried Herder. *Sämmtliche Werke*. 33 volumes. Edited by B. Suphan. Berlin: Weidmann, 1877–1913, Vol. XIV, p. 250.

④ "思辨的历史哲学"借用的是英国哲学家沃尔什的区分。沃尔什把历史哲学分为两类：思辨的历史哲学和分析的历史哲学。思辨的历史哲学是历史的本体论，关注的焦点是人类历史的整体，它发展的过程及目标；而分析的历史哲学则是历史的认识论，它偏重于对我们如何理解和认识历史以及如何叙述历史的研究。

⑤ Johann Gottfried Herder. *Philosophical Writings*. Translated and edited by Michael N. Forster. Cambridge: Cambridge University Press, 2002, p. vii.

放在一个过程中来考察，并且这个过程体现为朝着一个方向的发展和进步。但是，赫尔德的历史哲学和黑格尔的历史哲学有一个根本的不同。黑格尔的历史哲学其实是绝对精神实现自我与认识自我的历程，这一历程表现为绝对精神在不同的时代选取不同的民族作为自己的代表而实现对自我的理解与认识，到黑格尔所生活的时代，绝对精神选取了日耳曼民族为代表，实现了对其自身完全的认识；因此，跟他的本体论一样，黑格尔的历史哲学也是一个封闭的体系，绝对精神到黑格尔哲学的出现完成了实现自我与认识自我的历程，历史也就终结了。相反，赫尔德的历史哲学通过"人道"概念把人类历史理解为一个开放的过程，在这个过程中人类历史的发展越来越丰富和越来越开放，上帝的理性真理与人通过自己的理性在历史中认识到的历史真理在这个无限的过程中逐渐地统一。

在讨论赫尔德多元文化主义与人道思想时，有一个问题是值得进一步澄清的。表面上看来，赫尔德的多元文化主义的主张和他的人道思想的核心观念是冲突的。一方面，多元文化主义主张，任何文化都有其自身内在的价值，都具有基于自身氛围的实在属性，文化的多元不只是一个事实描述，更是一个价值规范，不同文化之间不应当用一种标准和模式来进行评判，质言之，我们应该尊重和保护文化的多元性与差异性。显然，赫尔德多元文化主义的主张似乎只强调不同文化间价值的差异性、平等性和不可比较性（不存在优劣之分）。另一方面，通过人道概念赫尔德又强调人类历史、不同的文化都有共同的目标，都在共同地走向人道。这明显又是在说人类文化存在着共同的价值，既然存在共同目标和共同价值，那么不同文化间就应该是可以比较的。在文化的多元性主张与目标的共同性指向之间似乎存在着一种张力和冲突。

我们应该如何来理解赫尔德思想中的这种矛盾和张力呢？我们认为，赫尔德多元文化主义的主张和人道的主张是指向不同的价值层面的，如果我们将它们指向的不同价值层面区分开来，它们之间的矛盾和冲突或许就可以化解了。我们可以用一阶价值和二阶价值来标明这种区分。这里一阶价值主要是指人类与外部世界打交道所形成的各种实体性的价值。比如有些文化崇尚黄色，有些文化喜欢红色，另一些则崇拜蓝色，再比如有些文化比较注重现世，另一些文化则更看重来生，这些都可以看作一阶的实体性价值，它在本质上是一个族群在一定氛围的基础上发展出来的群体生命本质的凝结。二阶价值是对一阶价值进行规范和指引的那些价值，比如文化的发展应该越来越丰富，文化应该让人越来越自由。这些价值的论域和施及的对象不像一阶价值那样是一种文化内部的具体价值，而是不同文化的全体，用以指引文化的整体发展的方向。如果说一阶价值是实体性的，那么二阶价值则是形式性的。前者之所以是实体性的，是因为它是人与世界打交道后形成的本质的现实凝结，它对认同它的人有直接的规范意义；后者之所以是形式性的，在于它实际上是价值的价值，是对价值本身的规范和引导，它对人的规范性需要通过一阶价值这个中介才能实现。

有了一阶价值和二阶价值的区分，我们再来看赫尔德的多元文化主义和人道思想就更清楚了。多元文化主义其实是对一阶价值的主张。在一阶价值的意义上，不同文化内部的价值不仅事实上是多元的，而且应该多元。它们的平等性、差异性都来自它们产生的特殊性，这种特殊性还决定了它们的不可比较性，这些都使得它们必然是也必须是多元的。人道思想本质上是二阶价值的指向。不管是前面阐述的"理性"还是"公道"，它们在本质上都是在对人类文化中的各种价值进行指引和范导，都是力图将人类的文化从整体上导向人道的目标，这种导向是从二阶价值的意义上来谈的。总之，在一阶价值的意义上，赫尔德不认为哪一种实体性的价值应该优先于其他的价值，它们都是平等的，而且应该越来越丰富；而在二阶价值的意义上，赫尔德认为人类所有的文化和价值都应该导向人道的目标，这对人类文化和价值的发展提出了规范性的要求，据此人类的文化并不是什么样都行，而是有着人道的价值在规范和调整着它们。

第八章　赫尔德文化哲学的意义及影响

尽管国内学界关于文化哲学的理论边界还存在着争议，但文化哲学作为兴起于欧洲近代的一种新的哲学理解范式和历史解释模式已基本成为共识。正如衣俊卿教授所指出的，"文化哲学的理论定位最主要体现在两个基本方面：一是作为一种重要的哲学理解范式；二是作为一种重要的历史解释模式"①。作为新的哲学理解范式，文化哲学突破了西方近代建立在数学和自然科学思想基础之上的机械理性世界观，主张从文化的角度来理解人的生存和意义；作为新的历史解释模式，文化哲学改变了启蒙时代线性进步的普遍历史观，代之以历史主义的多样历史观。从这两方面来看，赫尔德都是文化哲学的重要创始人之一，他不但对近代哲学理解范式和历史解释模式进行深刻的反思和激烈的批判，而且在此基础上创立了自己内涵丰富的文化哲学思想，对后世文化哲学的发展产生了巨大的影响。

赫尔德文化哲学的本体论和方法论是在对启蒙时期主流世界观和历史观进行反思和批判的基础上建立起来的。本体论是对启蒙时代建立在数学和自然科学思想基础之上的机械理性世界观的反思和批判，开启了从语言、历史和文化来理解人和世界的新的哲学范式；方法论是对启蒙时代线性进步的普遍历史观和西方中心主义的反思和批判，主张人们在理解他者时，

---

① 衣俊卿：《论文化哲学的理论定位》，《求是学刊》，2006年第4期，第8页。

要排除主观偏见,在具体的历史和文化情境中理解他们,这开创了理解人类历史和文化的新模式。而且,赫尔德的文化哲学大大推进了由维科所开启的从文化和生活世界来理解人的存在和意义的文化哲学传统。赫尔德文化哲学的本体论推动了欧洲近代哲学从科学理性主义向文化历史主义的转变,文化哲学的方法论推动了传统认识论向现代解释学的转变。

第一节　赫尔德对启蒙世界观的反思和批判

当我们把赫尔德思想定位为文化哲学时,我们首先需要认识到文化哲学本身乃是一种重要的哲学范式。文化哲学与实践哲学一样都是相对于意识哲学和理论哲学而提出的,这种对立早在古希腊哲学中就已经显现。文德尔班在《哲学史教程》中把古希腊基本哲学形态区分为以形而上学和认识论为代表的理论哲学,以及由苏格拉底和智者派开创的实践哲学。这两种在古希腊就出现的哲学形态成为西方后来两种主要的哲学范式。理论哲学旨在构建逻辑严密、具有普遍性的知识体系,总体上可以归结为追求普遍性知识的、思辨的理论哲学或意识哲学范式。这种范式在近代的自然科学和自然哲学中都得到很好的体现,成为西方近代哲学的主流。实践哲学,其意在探讨人的天职和使命、正当生活的意义及价值,主要表现为伦理学或道德哲学等理论形态,总体上可以归结为关注生命的价值和意义的实践哲学或文化哲学范式。这种哲学范式在 18 世纪开始出现和兴起,到 19、20 世纪成为十分重要的哲学思潮。不过,与近现代两种哲学范式分离开并对立起来的做法不同,在古希腊思想家那里这两种哲学形态还是紧密地联系在一起的。对古希腊的思想家来说,理论和实践、哲学和科学、人和自然都是一体的,他们不把人视为与自然对立的主体或规定一切的实体,而是从"持续在场意义上的存在"[①]这一更为本原的视角去理解人与自然。因此,我们才会看到把知识与美德等同为一的

---

① 参见[德]海德格尔:《路标》,孙周兴译,北京:商务印书馆,2000 年,第 557 页。

苏格拉底，以及把洞穴外代表终极真理的"太阳"称为"至善"的柏拉图。可以说，文化哲学或实践哲学与意识哲学或理论哲学两种哲学范式的真正分离是在近代才完成的，而促进这两种范式对立和冲突的关键因素在于近代自然科学的崛起所带来的哲学的"自然科学化"。在这个意义上，我们也可以认为实践哲学或文化哲学是在对抗哲学的全面"自然科学化"的过程中产生的。近代自然科学的成功不只是带来了物质生产和物质生活的进步，更重要的是它在根本上改变了人们看待和理解自然与人自身的方式，塑造了一种新的世界观。

这种新世界观在推动自然科学的持续快速发展方面取得了很大的成就，不断地拓展和深化着人类对自然宇宙的认识。然而，当这种建立在自然科学范式基础之上的世界观被扩展到人的领域和人的世界时，却导致了危机。这种危机的实质在于，以自然科学的方式来理解人，人就成为可以用因果关系、数理模式解释的机械对象，在这种解释下，人的自由、道德，人类的历史和文化都成为无足轻重的存在，人的意义世界变得不再有意义。换言之，在根本上，这是一场人类精神的危机。毫无疑问，这场危机的根源是自然科学化的世界观，其他在人性理解的领域、在人类理解历史的领域、在人的文化的领域所出现的问题都是以这种世界观来看待人类和理解人类所带来的后果。主要生活在18世纪的赫尔德是较早意识到这场危机的人，也是对这种自然科学化的机械论世界观进行激烈批判的先驱。我们先来了解一下近代主流的世界观。

从思想史来看，一个新时代的开启意味着与传统世界观的某种断裂和一种新世界观的形成。欧洲近代的启蒙运动就开启了西方思想史的新时代。启蒙思想家不但突破了中世纪以基督教为基础的神学世界观，而且建立了基于数学和自然科学的理性世界观。在基督教一统天下的中世纪，上帝的指引和《圣经》的教导成为人们理解世界的主要方式，与此相应，信仰与启示成为基督教神学世界观的核心内容。在经历了文艺复兴洗礼后的启蒙时代，此种局面有了很大的改变，人们开始对自身和世界有了新的理解，理性、数学知识和实证科学成为人们重新了解世界的主要方式。这种新世界观的建立与笛卡尔和牛顿的思想是分不开的。

17世纪的法国哲学家笛卡尔确立了西方近代哲学的开端。通过他的"我思故我在"的著名命题,笛卡尔开启了西方近代哲学思考的基本原则:一、对哲学知识的探究应诉诸人的理性,而不是靠上帝的启示和对《圣经》的信仰;二、数学是人类理性知识的典范,人类整个的知识大厦都要像数学知识那样建立在一些在人类理性看来清楚明白的先天理性观念和原则之上,只有如此,人类的知识才是稳固的和坚实的。笛卡尔在谈到自己的哲学研究方法时曾说道:"凡是我没有明确地认识到的东西,我决不把它当成真的接受。也就是说,要小心避免轻率的判断和先入之见,除了清楚分明地呈现在我心里、使我根本无法怀疑的东西以外,不要多放一点别的东西到我的判断里"①;"我特别喜爱数学,因为它的推理确切明了"②。笛卡尔思考哲学问题的这两条原则对西方后来哲学的发展产生了重大的影响,这两条原则不但直接影响了斯宾诺莎和莱布尼兹等理性主义哲学家的思想,而且还成为整个近代哲学家们思考哲学问题的基本范式。

如果说笛卡尔为近代哲学贡献了理性和数学的思考方法的话,那么比笛卡尔晚近半个世纪的英国科学家牛顿就为近代思想贡献了科学实验的方法。简言之,科学实验的方法就是通过观察实验和理性归纳揭示自然界运行的隐秘法则和恒常规律的方法。用牛顿自己的术语,科学实验的方法是一种"分析的方法"③:

在自然哲学中和在数学中一样,对于考察那些困难的事物,分

---

① [法]笛卡尔:《谈谈方法》,王太庆译,北京:商务印书馆,2000年,第16页。
② [法]笛卡尔:《谈谈方法》,王太庆译,北京:商务印书馆,2000年,第7页。
③ 事实上,从方法论的角度来说,笛卡尔的方法和牛顿的方法是有区别的。笛卡尔推崇的哲学方法是与数学证明相类似的"演绎法",即依据推理规则从一些先天自明的原则推理得到知识的方法;而牛顿的方法是基于观察实验和理性归纳的"分析法"。关于笛卡尔和牛顿方法论区别的分析,请参见陈艳波:《走向人道——赫尔德历史哲学研究》,武汉大学博士论文,2010年,第一章。

析的方法（the method of analysis）要先于复合的方法（the method of composition）。这里的分析法是指，通过实验观察，运用归纳法得出一般结论，这些结论不容许有反对的理由，因为它们要么是从实验得到的，要么是从其他确定的真理得到的。在实验科学中假设（hypotheses）的方法是不被考虑的。尽管基于实验和观察通过归纳法并不能证明（demonstration）一般的结论；然而归纳法却是事物的本性所允许的最好的方法，它（与假设法相比）甚至是更有力和更一般的方法。而如果现象中没有例外产生，那么结论是具有一般性的。通过这种分析的方式，我们从复合物到它的组成部分，从运动到产生它们的力，一般而言，就是从结果到原因，从特殊原因到更一般的原因，直至最后最普遍的原因。这就是分析的方法。①

可见，牛顿所谓的"分析法"就是科学实验的方法，它与数学和逻辑中惯用的"假设法"是不同的。假设法的实质是演绎，演绎的大前提是自明的真理或公理，而分析法主要是通过观察和实验进行归纳。显然，大陆理性派哲学家的方法主要是演绎法，即通过理性去发现存在的第一原则而建构整个形而上学大厦，经验世界或被排除在理性建构的形而上学之外，或被看作这种形而上学的衍生物。牛顿在方法上的突破使人们以一种新的方式来重新理解整个经验世界，经验世界的运行法则不是通过理性形而上学来推论，而是通过观察归纳来获取。牛顿物理学的成功使人们不但对他发现的物理世界的隐秘法则惊叹不已，对他研究物理现象的分析法更是推崇备至，将它提升和推广为一种哲学方法和原则，18世纪法国著名的科学家和百科全书派人物达朗贝尔就曾盛赞牛顿"赋予了哲学显然要流芳百世的形式"②。

---

① Isaac Newton. *Opticks: Or a Treatise of the Reflections, Refractions, Inflections & Colours of Light*. New York: Dover, 1952, pp. 404-405.
② Jean Le Rond D'Alembert. *Preliminary Discourse to the Encyclopedia of Diderot*. Translated and introducted by Richard N. Schwab. Indianapolis: Bobbs-Merrill, 1963, pp. 78-79.

在笛卡尔和牛顿之后，以理性、数学知识和科学实验方法为核心的近代世界观就基本得以形成。这种世界观的实质是将世界理性化和数学化。具体来看，主要包括两个方面。一是理性的至上权威。尽管在哲学方法上笛卡尔和牛顿存在着分歧，但不管是笛卡尔的哲学还是牛顿的物理学，它们都是运用人类理性所获得的极大成功。在笛卡尔和牛顿之后，启蒙思想家们对人类理性充满了信心，并用理性取代了上帝的位置，理性成为衡量和批判一切事物的最高权威，不光传统的宗教，人类生活的方方面面都要接受理性的审判，取得自身合法的根据。二是机械的世界图景。当牛顿通过观察实验将自然现象背后的规律进行理性归纳，并用数学的方式将其进行量化的表达时，自然界已经呈现为一幅充满规律的机械运动的图景了。并且，牛顿之后，人们不但将他用于研究物理现象的方法继续在物理世界进行拓展，而且还将其运用于包括历史、政治和文化在内的整个人类社会的研究，希望像牛顿一样发现在纷乱的人类社会背后的"万有引力"。① 因此，在牛顿方法的指引下，不但自然界而且整个人类社会都成为机械论的。

在此种世界观的深刻影响下，启蒙思想家在理解人类历史时有两个基本信念：普遍人性观和进步历史观。我们已经在第三章中讨论过，正是在以机械论为中心的世界观下，人被还原为以理性为其本质的抽象个体，人性就被等同于理性。这种对人性与理性的等同是对人性的一种抽象和扭曲，它不仅忽视了人性的丰富性和多样性，而且还将理性当作普遍原则来规定人和宰制人，这在根本上违背了启蒙运动要实现人类解放的初衷。同时，在机械论世界观的观照下，人们试图像自然科学利用发现的自然规律来改造自然一样，也希望通过对普遍人性规律的发掘和认识来设计和建构更加理想的社会、制度和法律等，以此推动历史的进步。这种观念对之后兴起的欧洲中心主义有着巨大的影响。欧洲人以理性及与之相关的价值为标准，

---

① 比如，伏尔泰对历史的研究就是试图发现人类历史现象背后的恒常规律，休谟更是希望成为人类精神领域的牛顿。

对整个世界的民族和文化进行评判,并把那些与当时的欧洲文化和价值不符合的文化判定为落后的,试图用所谓的欧洲"先进"文化进行取代。以此方式,启蒙运动就吊诡地走向了自己的反面,它宣扬和呼吁理性为人们求得独立和自由,但事实上理性自身却变成了无可置疑的权威,将一切都纳入自己的审判和统治。

面对启蒙世界观的这种危机和问题,赫尔德对其进行了反思和批判。赫尔德的反思和批判集中在两点:一是实体论的机械论世界观,二是人类理性的纯粹性和自律性。先来看第一点。启蒙世界观的一个根本预设是实体论,典型形态是原子论。关于这个预设我们可以从逻辑和历史两个角度对其进行分析。首先,从逻辑上讲,西方近代的世界观是以近代物理学为基础的机械论世界观,物理学揭示的是自然现象的规律,规律在本质上是事物之间的某种稳定关系。作为规律的关系对应的关系项是像原子那样彼此独立的实体,所以机械论世界观是以实体论或原子论为前提的,只有世界的根本构成是相互独立的实体或原子,实体或原子之间才可能存在机械运动的关系。其次,从历史上看,不管是笛卡尔、斯宾诺莎和莱布尼兹等唯理论哲学家,还是洛克、贝克莱和休谟等经验论者,都纷纷在自己的理论中关注和研究了实体的问题。应当说,在一种机械论的眼光之下,对世界的一种实体论或原子论预设和讨论几乎是事有必至的。机械论世界观在指导人们探究自然界时取得了巨大成功,但将此种世界观推广来理解人自身和人类社会时却遇到了很大的困难。机械论将人自身看成一部按照机械规律运转的机器(比如法国启蒙思想家拉美特利就直接宣扬"人是机器"的思想),将人的生活世界变成冰冷的现实,人的自由选择和由历史和文化所编织的意义世界被抽空。而且,随着近代科学的发展,特别是生物学和解剖学的突飞猛进,就是在自然科学领域,机械论也越来越缺乏解释力,尤其是缺乏对有机物等生命现象的充分解释。

赫尔德正是看到了机械论世界观的这些问题,将当时生物学领域的有机概念引入了哲学领域,对作为机械论世界观基础的实体论的本体论进行了改造。在第二章，我们已经分析过，赫尔德用"活力"（Kraft）概念取代了传统哲学的"实体"概念，提出了"有机活力论"的本体论。在他看来，"作为存在的存在"并非像笛卡尔等启蒙思想家们所认为的那样是一种实体，而是一种有机能或生命力，万物都在它的作用下生长和发展，并成为一个有机联系的整体，但它无法被直接认识，只能通过各种现象来展现。赫尔德这样写道：

> 自我和事物的存在都通过力来展示它自己，否则它将是虚无。通过它自己的力（任何地方它都拥有这种力）它在那里并且持存。生存（在那里/此在）意味着在一个地方，并且索取它。本质意味着居有一个地方，并在那里持存。真理则是保存自己和使自己持续。……时间的概念是用来指示在一个地方的持存性和被力造成的位置变化的概念。①

在这里"存在"被理解为一个有机的生命体，它表现为一个通过自己与生俱来的"力"建构具体的时间和空间的活动，通过这种活动"存在"在时间和空间中认识和保存自己。"存在"作为生命体通过自身的"力"建构一个具体的时间和空间的过程，既是对自己本质的实现，同时也是对自我和世界的认识。正是通过引入有机力的概念，赫尔德将一种能动性和生命力注入了本体论，使得本体论不再是独立实体间的固定结构，而是不断生长的有机体。马里恩·海因茨和海因里希·克莱尔蒙特教授指出，"根据赫尔德的生命存在概念，每一个存在者都是通过自己的力在时间和空间中实现自己的本质，在这种实现中展现它自己，并且是其所是地对它自己有所认识；存在始终有所认识，而且认识始终是关于存在的知识"②。生命存在在实

---

① Johann Gottfried Herder. *Metacritique: The Linguistic Assault on German Idealism*. Edited and translated by Jere Paul Surber. New York: Humanity Books, 2001, p. 94.
② Hans Adler and Wulf Koepke (ed.). *A Companion to the Works of Johann Gottfried Herder*. Rochester, New York: Camden House, 2009, p. 53.

现自己本质的过程中也完成了对自身的认识，这实质上实现了认识论与本体论的统一。极端唯物主义将机械论的解释逻辑推向极致，事实上宣告了机械论解释模式的失败。赫尔德将目的论与启蒙的自然主义世界观结合起来，既坚持了不用超自然的神启来解释世界的自然主义，又力图走出机械论解释模式的困境，"原初力"（Urkraft/original force）就是赫尔德这种努力的突出展现。在赫尔德看来，不光每一个事物的存在是一种力，上帝在本质上也是一种最本源的力，宇宙万物都是这种力的显现。上帝作为最本源的力，一方面他把这种力显现于这个世界，整个世界都是这种力的结果，另一方面上帝也通过世界来认识自己，在世界中看到自己的感性形象，上帝正是在对自己力量的显现与认识中才获得自己的存在。

这里可以看到康德对赫尔德本体论思想的影响。在本体论问题上，赫尔德与康德一样，都认为真正的本体是无法认识的，在康德那里是物自体的不可知，在赫尔德那里是有机力的不可知，对它们的理解都是通过对现象的反思或可能性条件的回溯而进行的推定或设定。赫尔德与康德的不同在于，康德的物自体作为本体是一种类似实体的存在，赫尔德的有机力作为本体是一种将自己化身在万事万物之中的生命力量，它使万物得以存在和发展。

再看第二点。西方启蒙时代被认为是理性的时代，启蒙思想家不但用人类理性去发现自然规律，照亮黑暗的自然界，而且用它来考察人自身和人类社会及其历史，祛除迷信和混乱。在这个时代理性具有至高无上的地位，一切事物都必须经过理性法庭的严格审判才能获得自身存在的合法性。当启蒙思想家将理性奉为最高权威来批判一切的时候，一些严重的问题出现了。首先，理性自身的正当性问题。理性的这种最高权威地位靠什么来保证？是什么赋予了理性这种地位？理性需不需要接受自身的批判？当时主流的机械论解释模式加剧了理性自身合法性的危机。因为在机械论解释模式看来，一切事物都可像自然界那样用数学和物理的方式进行数量和关系的描述，理性也是这样，如此就使得理性自身也受到数学和物理规律的支配，不再是最高的法庭。其次，理性批判导致的社会和文化问题。在理性的严格批判下，传统的许多宗教、道德和文化都变成了迷信和错误的堆积，毫无价值，应被无情地抛弃。这样的结论不但一般民众无法理解，就是许多启蒙思想家也难以接受。一个社会的历史文化、宗教习俗等是该社会稳定和发展的重要基础，是一般民众精神和意义的寄托，抛弃它们相当于动摇了社会的根本。如何在坚持启蒙理性的同时，保留传统宗教、道德和文化价值就成为当时思想界的重要问题。

就理性自身的正当性问题而言，康德的解决方案是影响最大的。康德认为，理性是人的本质规定，是人区别于其他物种的根据，人的理性能力也是纯粹的和普遍的，超越于所有的种族和具体的历史与文化之上，对所有人而言，理性都是人同此心，心同此理。同时，康德将人的实践理性等同于他的自由，并将实践理性的（也是自由的）根据划入永远无法认识的物自体领域。康德这种解决方案虽然在一定程度上避免了用机械论来解释理性的根据时所面临的困难[①]，但是它所付出的代价和带来的问题也是很大的。在代价方面，将理性抽象为一种纯粹普遍的能力与人类理性能力的真实状况相去较远，同时使康德对人类理性存在其中的具体的社会、历史和文化缺少关注，忽略了这些方面对人类理性能力的非常重要的影响；在问题方面，理性作为人的本质，但其根据却永远无法认识，如何理解和看待理性这一人的本质就成为重要的问题。

正是由于对这些问题的敏锐观察，赫尔德针对康德的《纯粹理性批判》写作了《〈纯粹理性批判〉的元批判》一书来专门批判康德纯粹理性观。赫尔德同意康德将理性看作人类本质和一切尊严的基础的观点，但他认为，理性并不是纯粹的和自律的，而是人身上一种与生俱来的语言能力，它只

[①] 康德将理性与自由等同，并将其划入物自体领域，这避免了用机械论来解释理性的根据时陷入的自然主义和数学主义，因为理性的根据就是人类自由的根据，它属于本体界，是人的认识能力永远无法企及的，而在认识能力上康德是承认自然主义和数学主义的正当性的。

能在人与世界打交道的过程中逐渐地形成，必然深刻地烙上了当时当地的"氛围"①的印记。赫尔德对康德纯粹理性观的批判是以他对思想与语言关系的看法为基础的。在他看来，"人的心灵是通过语言来进行思考的；通过语言，心灵不但表达自己，而且赋予自身特色和建立自身秩序"②，"因为每个人能够且只能够通过他自己的语言思想"③。基于这样一种对思想和语言关系的看法，所以，首先，永远不能够将形成理性的具体语言剥离出来考察所谓的"纯粹的"理性，其次，没有任何观念是先于语言的习得而形成的。这样一种对理性的理解，使得赫尔德对启蒙思想家用理性的标准来衡量和批判一切的做法也进行了反思。他认为，启蒙思想家这种做法是不对的，因为理性并不是超越于一切社会和文化背景之上的，相反它自身的合理性与价值需要在具体的社会和文化背景中才能够得到说明。在他看来，理性是镶嵌在具体的文化和社会背景中的，它们构成一个有机的整体。这就在很大程度上既坚持了理性的价值，又保留了传统宗教、道德和文化的价值。显然，赫尔德的这些思想都是对启蒙理性观的反思和批判。

第二节 哲学理解范式的转换与历史解释模式的转变

在批判启蒙世界观的基础上，赫尔德开启了新的哲学理解范式，这就是不再从理性来理解人，建构哲学体系，而是从文化及传统来理解人的生存和意义，解释人的生活世界。与此同时，赫尔德也开创了新的历史解释模式，不再将一种文化模式或价值作为普遍的标准来衡量和评判所有的文化，而是尊重每一种文化的独特性，"移情共感"地理解每一种文化自身的

---

① "氛围"（Klima/climate）是赫尔德语言哲学的基础概念，具体参见第四章第二节的有关分析。
② Johann Gottfried Herder. *Metacritique: The Linguistic Assault on German Idealism*. Edited and translated by Jere Paul Surber. New York: Humanity Books, 2001, p. 89.
③ Johann Gottfried Herder. *Metacritique: The Linguistic Assault on German Idealism*. Edited and translated by Jere Paul Surber. New York: Humanity Books, 2001, p. 90.

内在价值。赫尔德开启的新哲学理解范式主要集中在他的文化哲学的本体论，新历史解释模式主要表达为他的文化哲学的方法论。研究者认为，通过他的文化哲学，赫尔德实现了西方近代哲学研究的人类学转向。下面我们将结合前面几章的论述来论述赫尔德文化哲学的本体论与方法论。

根据前面的分析，我们知道，与西方传统哲学将人性理解为普遍恒定的理性不同，赫尔德认为人性不是亘古不变的法则，而是像黏土一样在不同的时空中得到塑型的存在。人性如黏土的比喻是赫尔德自己做出的，它比较准确地表达了赫尔德对人性的看法。人性有天生或神赐予的成分（黏土自身的可塑性），它是人之为人的关键，也是人区别于动物的地方；人性也有被具体环境再造的内容（时空环境给黏土赋予的形状），那就是使黏土真正成型的东西，也是人性的具体内容。换言之，人性的禀赋是天生的，但禀赋的实现形式和具体内容是具体的时空环境塑造的。"人类并非自我造就，但其本性中有高贵禀赋，如何颂扬亦不过分；然而这些禀赋的发展，必得神提供手段，它们反过来又揭示了神最有智慧的慈父之善。"① 赫尔德所言禀赋的"高贵"就在于，人的禀赋是神赐予的并且从一开始就是完整的（赫尔德否认人是从动物进化而来的），人从一开始就作为人而存在，这种禀赋使人不会退化为兽或简化为机器。构成人的另一方面是他生存的环境，自身完整的禀赋需要展开来实现自身，环境是禀赋发展和展开自身的外在条件。赫尔德认为，人这种需要双重条件塑造的特殊存在者，其生存与发展本质上揭示了神或天意。人的发展不是随意的或无目的的，人类的目的在于人能成其所成，是其所是，人之本性的目的在于实现人道，神借着人实现自己的方式揭示自身，因此"人类成了这样一种东西……它成了天意在人间的舞台！"② 同时，虽然人的生存在根本上有神或天意作为根基，

---

① ［德］赫尔德：《反纯粹理性——论宗教、语言和历史文选》，张晓梅译，北京：商务印书馆，2010年，第21页。
② ［德］赫尔德：《反纯粹理性——论宗教、语言和历史文选》，张晓梅译，北京：商务印书馆，2010年，第11页。

但这并不意味着人没有自由。在赫尔德看来，神以把命运交给人自己的方式给了人自由，"神接纳人做自己的助手，把人类的成长（Bildung）交给他们自己负责"①。人若只是为了完成神的旨意而生产，那他无疑就成了完成目的的手段或工具，这既不是人成长的意义，更不能体现人的高贵。神把成长的权利交付于人，是为了揭示作为有限存在者的人的不足，以此为契机让人"进步"（Fortbildung）。所谓进步，就是实现作为人性之目的的人道，但人道并不是一个抽象出的历史之外的某个目标，而是在历史中生成的，是在人类因其有限而造成的无数错误中不断被探寻发现的。人们能越快地认识到错误，就能越快地纠正错误，同时也能越快地进步和接近完美的人性。人在不断的错误和迷失中探寻人道，在此道路上最终留下的就是被我们所塑造出的传统（bildende Tradition）。因此，作为要真正理解人道的文化哲学，就必须得理解人类的历史哲学，"只有注重传统之链（Kette der Tradition）的历史哲学，才是人类真实的历史"②。就此而言，真正的历史哲学也就是文化哲学，它关注的对象是人类的文化传统，它是由人的先天禀赋在后天具体的环境中生长出来的，纵使人类具有相同的先天禀赋，但不同的环境依旧塑造出来性格迥异、差异繁多的民族文化传统。各民族不同的习俗、语言和文化就是此民族文化传统的具体展现形式。

在赫尔德看来，人类历史的根本特征在于，历史是和人一同"成长"起来的，它同时具有生发性和可塑性。历史的这些特征在根本上也要从人的本性来理解。人具有先天的禀赋同时也需要"成长"，"我们内在禀赋的种子，就像我们身体的构造一样，是遗传的；不单如此，这种子的每一步成长都是命运使然，它把我们播在这片或那片土地上，依着时间和场境的不同，

---

① ［德］赫尔德：《反纯粹理性——论宗教、语言和历史文选》，张晓梅译，北京：商务印书馆，2010年，第22页。
② ［德］赫尔德：《反纯粹理性——论宗教、语言和历史文选》，张晓梅译，北京：商务印书馆，2010年，第23页。

赋予我们成长（Bildung）的手段"①。赫尔德使用"Bildung"一词是有其用意的。在德语中，这个词除了有成长、形成的意思外，还有被教育、受教育的含义，总的来说，该词可以理解为通过教育成长或形成为某种东西。人是需要成长的，这一表述有两方面的意涵：一方面意味着人处于一种未完成的状态，虽然人具有天生的禀赋（悟性），但还需要一条将禀赋现实化和确证出来的道路和过程；另一方面，人的成长本身就是在受教育中实现的，不同的教育会使人的禀赋向着不同方向发展，最终会塑造出不同本质的人。人的这种生发性和可塑性才真正使人具有历史，使历史成为历史。若人如同启蒙哲学家声称的那样，以一个普遍的、抽象的理性作为本质，那么他就无须通过教育，也无须与世界打交道来实现成长，在根本上也谈不上成长和发展了。同时，若人可以独立于外部环境发展出一切，个体与人类的群体就没有什么区别，所谓的历史也就不过是一部个人史，谈论整个的人类历史就是没有意义的。与此相反，人的独特性就在于，他必须经历成长，通过学习成其所是，成所能成。在教育中，我们的禀赋得以发展，个体与他在生命进程所遭遇的一切得以关联起来，包括他的家庭、所处的文化环境等，这些最终会将他引回他的族群和祖先，并最终与整个人类之链关联起来。"正因为此，人类的历史必然是一整体，从最初一环到最末一环，是社会生活和变化着的传统构成的链条……"②

显然，在赫尔德的理解中，历史与人是不可分离的，每个个体都要受到教育③才能成为人，而历史就存在于单个人组成的链条之中。处于历史中的个体并不是孤立的单子或抽象的实体，他在构成历史的同时也活在历史之中。人因受教育而成为人，教育在赫尔德看来是保持历史统一性和多样

---

① ［德］赫尔德：《反纯粹理性——论宗教、语言和历史文选》，张晓梅译，北京：商务印书馆，2010年，第17页。
② ［德］赫尔德：《反纯粹理性——论宗教、语言和历史文选》，张晓梅译，北京：商务印书馆，2010年，第18页。
③ 这里是在非常宽泛的意义上来使用该词，也是"bilden"本来的含义，就是用一切可以为人赋型的因素，特别是文化传统因素来为人赋型的过程，都可以叫作"教育"。

性的关键，因为教育是"遗传的"和"有机的"："人类的教育，可以说既是'遗传的'，又是'有机的'。说是遗传的，因为它在人间彼此相传；说是有机的，因为传递的东西要被消化吸收、进而运用。"① 一方面，人从他的前辈那里继承文化传统，这传统是一个民族文化的积淀，它保障着历史的统一性和遗传性；另一方面，后继者在继承传统时，他会按照自身的方式重新理解传统，也会根据变化了的情况发展文化新的可能，这就使得文化在保持自身连续性的同时又不断地推陈出新。

在赫尔德看来，人对传统的"有机"继承具有深远的意义，他将这种有机继承的结果称为文化或启蒙。说它是文化，因为它就像"土壤之栽培"一样，相同的种子其本性是同样的，但不同的环境会对其成长造成完全不一样的影响；说它是启蒙，因为启蒙就是"带给思想以光明"，人们在文化传统的哺育下，才能够理解世界，形成自我，当然，继承传统不是被动地接受，在吸收和应用传统时也会激起理智和创造的火光。在这种理解之下，文化和启蒙在本质上是一致的，一个民族一旦具有了他们自身的语言和概念、实践和技艺，就可以说他们是有文化的。据此，赫尔德甚至认为世界上没有任何所谓的"野蛮人"。因为，人从一开始就注定是人（在禀赋的意义上），而人是必定要将其禀赋（悟性）实现出来的，其结果就是语言以及由语言所编织的价值网络——文化。"民族之画卷有五彩斑斓，依着时间和地点纷繁变化；而且，和所有图画一样，一切都取决于我们观看的视角。"② 赫尔德借此反对当时狭隘化的启蒙。他认为，这种启蒙是欧洲人按自己文化环境中形成的价值标准去衡量其他民族的文化，在本质上是一种霸权主义。伯林也正是借助赫尔德的思想对狭隘的理性主义启蒙运动提出了具有挑战性的批评。不过，恰如诺顿教授指出的那样，伯林对赫尔德的理解忽略了赫尔

---

① ［德］赫尔德：《反纯粹理性——论宗教、语言和历史文选》，张晓梅译，北京：商务印书馆，2010年，第20页。

② ［德］赫尔德：《反纯粹理性——论宗教、语言和历史文选》，张晓梅译，北京：商务印书馆，2010年，第20页。

德自己对两种启蒙运动的谨慎而深思熟虑的区分：一种是启蒙思想的一个狭隘和程序化的版本，另一种则是启蒙哲学更广泛的议程。① 赫尔德的哲学正好符合后者。更为重要的是，正是有了赫尔德，一个具有历史敏感性、以教育（Bildung）为导向的启蒙计划才获得了其完整的哲学表达。赫尔德把启蒙运动带到哲学的本原领域，系统地探索了启蒙运动的承诺对哲学实践和理解到底意味着什么。②

显然，在赫尔德的这种理解中，人被理解为在历史—语言中敞开的场域，由语言编织的文化成为人理解自我与世界的全部，文化具有的本体意义也因此得以显明。事实上，赫尔德之后的文化哲学家正是从这样一种本体的角度来理解人、理解文化和理解人类历史的。何萍教授深刻地指出了这一点："在文化哲学家们看来，自由人性和哲学的自由思想根本不存在于片面的宗教和自然科学的理性中，而存在于人的自我创造的活动中，存在于人创造的语言及一切文化形式之中。"③

由于文化哲学的关注对象是文化及其传统，而文化及其传统又是经由人在不同环境下创造的，因此就不能以某一种环境下产生的价值标准去评判在另一种环境下诞生的文化，每一种文化都拥有其自身内在的价值。据此来看，启蒙历史观的局限性就在于，它以历史之外的某种尺度来作为衡量或规划历史发展的原则或标准。启蒙时期的历史观把普遍的、永恒的、不因具体的时空发生变化的理性作为历史发展的根本原则，依据它来设计人类进步的目标，这本身是非历史地理解历史的方式，是脱离历史的本来面目的。与此相应，启蒙思想家按照自然科学的做法从人类历史中抽象出一些所谓的决定性要素，把这些要素孤立地视为推动历史发展的核心，认

---

① 参见 Robert E. Norton. "The Myth of the Counter-Enlightenment". *Journal of the History of Ideas*, Vol. 68, No. 4 (Oct., 2007)。

② 参见 Kristin Gjesdal. *Herder's Hermeneutics: History, Poetry, Enlightenment*. Cambridge: Cambridge University Press, 2017, pp. 6–7。

③ 何萍：《马克思主义哲学与文化哲学》，武汉：武汉大学出版社，2002 年，前言第 2 页。

为一个社会只要实现了这些关键要素,历史和人性就能进步和发展。由此就形成了决定论的历史解释模式。当把历史发展规律完全等同于自然科学的因果必然性、线性决定论、普遍化的规律时,实际上是把复杂的历史和人性做了简单化处理,人类历史发展的多样化、个别性、差异性及其价值内涵在这种简单化处理中被忽视或扭曲了。就像人们抽象地理解理性那样,历史也被从具体的、有机的人与自然这个整体中抽离,留下的是空洞的理论而非鲜活的人类活动。

与此相反,赫尔德的文化哲学构建了一种新的理解历史和文化的理论。这就是赫尔德强调的"移情共感"(Einfuhlung/empathy)的历史主义解释学方法,其核心是理解者要设身处地地去理解他者的文化和生活世界。前面我们已经对这种方法进行了详细的阐述,这里我们再简单总结一下。首先,不同地理环境和时代的人生活的世界不同,与世界打交道的方式不一样,他们对自我和世界的理解就很不一样,而这就造成了理解者理解和他有着不同的生活世界的人的困难。正是这个困难暗含了确实存在着与理解者不同的生命主体,理解者为了理解这个不同的生命主体,他需要首先"移情"到这个生命主体身上,调动自身人之为人的本性去理解这个生命主体,然后与这个生命主体实现"共感",真正进入这个生命主体的生活世界,"感受"他的所思所想和生命的喜怒哀乐。其次,为了能够真切地感受这个不同的生命主体,理解者需要抛弃用同一的标准(特别是自己文化的标准)来衡量不同的时代不同的他者,避免把自己的主观情感投射到对被理解者的理解中,"我们又怎有可能审视所有民族、时代和国家的汪洋,只用一瞥、一感、一词,便囊括无遗?"① 再次,由于语言是人与世界打交道的结果,是人本质的体现,所以理解一个人就是要理解他的语言,理解他眼中的万物。这包含两个方面的含义:一方面,理解者在理解他人的语言

---

① [德]赫尔德:《反纯粹理性——论宗教、语言和历史文选》,张晓梅译,北京:商务印书馆,2010年,第2页。

时，需要把使用者在使用该语言时的主观情感意志因素等再现出来，因为被理解者的语言带上了他自己的生命特色，"因为这个人在用他的眼看、用他的灵魂度量、用他的心灵感受"①；另一方面，理解者还需要充分了解被理解者的生活世界，了解他生活的时代，了解他的历史，了解他的文化，"你要进入那个年代、那个地方、它全部的历史——你要领会它的每一细节"②。

历史主义的解释学方法就是赫尔德的文化哲学认识论。这种认识论实质上是一种理解历史的新模式。该模式强调理解者要抛除自身的主观偏见，深入具体的历史和文化情境中来理解生活其中的人和物。虽然现代解释学大家伽达默尔基于自己的解释学发展史视角认为施莱尔马赫是"现代解释学之父"，并对早于施莱尔马赫几十年已形成自己解释学思想的赫尔德比较忽视③，但狄尔泰却将赫尔德理解为解释学脉络下的启蒙思想家，认为他"比施莱尔马赫之前的任何人都更接近真正的诠释学"④。现在有越来越多的研究者认为赫尔德的解释学思想在现代解释学的起源中具有重要地位，而且直到今天仍具有重要价值。⑤ 如克里斯汀·格斯达尔就认为，正是赫尔

---

① [德]赫尔德:《反纯粹理性——论宗教、语言和历史文选》，张晓梅译，北京：商务印书馆，2010年，第1页。
② [德]赫尔德:《反纯粹理性——论宗教、语言和历史文选》，张晓梅译，北京：商务印书馆，2010年，第2页。
③ 根据克里斯汀·格斯达尔的看法，伽达默尔认为当代解释学应该以"政治人文主义"(political humanism)克服现代解释学的"美学人文主义"(aesthetic humanism)倾向。当以此种眼光作为"史观"来看待解释学的历史时，施莱尔马赫被伽达默尔认为是现代"美学人文主义"解释学的起源和代表。也正是基于这样的史观，伽达默尔对赫尔德比较忽略。参见 Kristin Gjesdal. "Aesthetic and Political Humanism: Gadamer on Herder, Schleiermacher, and the Origins of Modern Hermeneutics". *History of Philosophy Quarterly*, Vol. 24, No. 3 (Jul., 2007)。
④ Wilhelm Dilthey. "The Three Epochs of Modern Aesthetics and its Present Task". Translated by Michael Neville. In *Wilhelm Dithey, Selected Works, Vol. V: Poetry and Experience*. Edited by Rudolf Makkreel and Frithjof Rodi. Princeton: Princeton University Press, 1985, pp. 175-222.
⑤ 参见 Michael N. Forster. "Herder's Philosophy of Language, Interpretation, and Translation: Three Fundamental Principles". *The Review of Metaphysics*, Vol. 56, No. 2 (Dec., 2002); 以及 Kristin Gjesdal. "Aesthetic and Political Humanism: Gadamer on Herder, Schleiermacher, and the Origins of Modern Hermeneutics". *History of Philosophy Quarterly*, Vol. 24, No. 3 (Jul., 2007)。

德将启蒙思想的冲动融合成一种以人类学为基础、以批判为动力的理解和解释哲学。① 不过，值得指出的是，赫尔德的解释学理论也有自身的问题和局限。如果从现代的解释学观点来看，赫尔德试图抛弃理解者的历史性而还原被理解者的历史性，是既无可能也无必要，因为赫尔德自己也强调，理解者自身也有其历史性，这种历史性是他自己无法超越的，本质性地决定了他理解的视域。现代解释学超出赫尔德的地方在于指出，恰恰是理解者自身的历史性，而不是这种历史性的消除才使得理解活动得以可能。赫尔德试图抛弃理解者的历史性而还原被理解者的历史性，实现对被理解者一种完全客观的理解，这是不可能的。事实上，正如伽达默尔告诉我们的，理解者的历史性才使得对被理解者的理解成为可能，离开了理解者自身的历史性，理解活动都不可能发生，因此理解者的历史性不是应该被消除，恰恰是应该被尊重和保留的东西。但是历史地来看，在18世纪大部分思想家都用启蒙时代的标准来衡量和裁剪历史的背景下，赫尔德提出"移情共感"的历史理解方法是很有价值也难能可贵的。

我们在前文中曾提到，在赫尔德看来，真正注重传统之链的哲学是以人、人类以及人的发展为核心的，这意味着哲学是文化哲学，是人类历史的哲学，它关注的人是历史的人，是具体的、在特定语言和文化的语境中实现自身的人。在这个意义上，哲学本身也是在多种语境中实现的。赫尔德文化哲学就是试图例证另一种哲学化的方式，这种方式实现了哲学人类学的转向。关于西方近代哲学人类学的转向，我们不得不提到的一个人物就是康德。虽然康德晚年对赫尔德的批判导致了赫尔德哲学著作受到了不小的忽视，但不可否认的是康德前批判时期的思想与赫尔德哲学有密切关系。这些关系中最值得我们重视的就是康德提出的哲学人类学构想在赫尔德那里的继承和变化。尽管"我能知道什么""我应该做什么""我能希望什么"以及最

---

① Kristin Gjesdal. *Herder's Hermeneutics: History, Poetry, Enlightenment.* Cambridge: Cambridge University Press, 2017, p. 1.

后的"人是什么"这四个论题是康德在批判时期才提出的,但康德对这几个问题的思考无疑是贯穿着他的全部哲学思想的,即便是在康德还未建立自己先验哲学的前批判时期,对人本性的探寻同样是他哲学的核心任务。这一点康德与他的学生赫尔德毫无二致。克里斯汀·格斯达尔就认为,从作为一个寻求理解人类本性的哲学家这个普遍的意义上说,赫尔德确实是一个康德主义者,尽管我们在这里必须保持相当开放的心态谈论康德哲学。①

不过,真正需要我们追问的是赫尔德从康德的哲学人类学那里继承后又在多大程度上"背离"了康德。虽然康德和赫尔德在哲学问题和动机上有相似之处,但在为回答这些问题而选择的策略方面二者却存在明显差异。康德和赫尔德都对人的自我理解问题进行过深入的探索,但赫尔德的思考与批判时期康德的先验哲学完全不同。当康德继承传统理性主义哲学为人类认识的普遍性奠定根据时,赫尔德却通过研究文学认识到人的本质的实现是在特定的历史和文化领域中完成的。因此,对赫尔德来说,人的本质根本不是理性主义者认为的那样是一种永恒的实体。人的理性(虽然赫尔德反对理性主义哲学对这个词的狭隘理解,但他还是经常使用这个词)是有限的,它是在特定的文化和历史背景中形成和展开的。而且,理性的这种有限性并不妨碍它的增长和发展,甚至如前文所说的,作为人性目标的人道正是在理性的增长和发展中逐步实现的,缺少理性的增长和发展人根本就不会有其历史。理性的增长和发展只能在语言、文化和传统的成熟和繁荣中实现,而不是在抽象空洞的概念和形而上学中实现。

赫尔德很看重文学这种由语言凝结而成的理解一种文化和传统的重要媒介。在赫尔德看来,文学的重要性一方面是因为它(在赫尔德看来主要是诗歌)表达了一种特定的世界观,不同文化氛围下的文学本身就要求解释者首先要承认文化的特殊性并为理解这种特殊性做出相应的努力;另一

---

① Kristin Gjesdal. *Herder's Hermeneutics: History, Poetry, Enlightenment.* Cambridge: Cambridge University Press, 2017, p. 11.

方面在于文学或艺术既是人类接触自身传统的方式，也是接触其他生命形式和时代的方式。每一种文学作品背后都表达着一个更为庞大也更为基础同时又具有独特性的文化和社会背景，因此我们无法制定出一套适用于全部文化和民族的一般原则或普遍标准，而必须在承认文化独特性的前提下以一种恰当的方式"进入"另一种文化。对于赫尔德来说，解释学要实现从永恒到历史、从超越性的圣神到具体性的人的转变，他希望探索在特定的文化和历史背景下，人类立场是如何形成的，它如何通过寻求从他人的角度看世界，从而承担起责任，走向更广阔的视野，加深对自身和世界的理解。①

在赫尔德的作品中较为明显的就是他对语言、文化差异性的尊重，反对以某种特定的价值标准去衡量一切文化。在他看来，既然真正意义的文化和启蒙是同一的，那么真正的启蒙哲学的任务之一就是去批判那些试图消除各自差异和多样性的理论。对人类来说，对多样性的损害就是对人性本身的损害。②赫尔德并非当时唯一的主张多样性的思想家，正如克里斯汀·格斯达尔所指出的，赫尔德的独创性并不在于他仅仅阐明了这一范式，而是在于他结合了那个时代对个体价值的尊重，他对感觉和情感概念的关切，以及他以一种带有历史敏感性的解释学模式对待文化差异的方法。③因此，虽然赫尔德热衷于研究早期人类诗歌，但他对古代和现代之间的差异有清楚的认识，且把对这种差异的探讨作为他的哲学任务之一。当人们透过赫尔德作品的视角来解读他时，展现在我们面前的不仅是一位典型的历史主义或自然主义思想家，而且还是一位现代思想家，且还不是一般意义

---

① Kristin Gjesdal. *Herder's Hermeneutics: History, Poetry, Enlightenment.* Cambridge: Cambridge University Press, 2017, p. 14.
② 多样性是赫尔德解释学的关键，赫尔德对多样性的强调影响了包括弗里德里希·施莱尔马赫这样的浪漫主义解释学家，这一点在施莱尔马赫的早期作品中表现得尤为明显。
③ Kristin Gjesdal. *Herder's Hermeneutics: History, Poetry, Enlightenment.* Cambridge: Cambridge University Press, 2017, p. 8.

上的现代思想家。这源自赫尔德对近代哲学的理解。

一般而言,笛卡尔确立的"我思"被视为近代哲学的起点,黑格尔也称笛卡尔是把近代哲学带上陆地的"英雄"。但是,在赫尔德看来,在近代认识论中凸现出的对确定性的追求并不是现代性发端的地方,对确定性的追求在根本上意味着对无限和永恒的追求,而它们又是与一个无限的、神圣的存在相关的。这种看法在海德格尔那里再次出现,海德格尔认为笛卡尔主义是经院哲学的延续,而不是与其决裂,认为笛卡尔在使用"实体"概念的时候没有追问包含其中的"存在之意义以及这一含义的'普遍'性质",笛卡尔没有区分上帝这种实体的"存在"和其他被造物的"存在"之间的差异,因此海德格尔认为笛卡尔在这一点上甚至"远远落在经院哲学家后面"。① 也就是说,近代哲学的起点并非如黑格尔讲的那样,是主体被确立为实体,相反,是由一个更根本的原因导致的,这个原因在赫尔德看来就是人类对自身有限性的认识。② 赫尔德当然不是说近代哲学之前的哲学就没有其历史和文化背景,而是说真正认识到人的有限性并把它作为一种深思熟虑的研究对象,从而寻求由此产生的后果和可能性,这是近代哲学的特征。也正是因为人类对自身的有限性有所认识,解释学才得以有其开端,因为既然人生存于特定的历史和文化环境中,则人的理解就不可能是没有偏见或不带预设的。如果人类的思想和判断有潜在的偏见,那么哲学就不能再被塑造成对永恒和普遍真理的追求,而必须以批判的态度,带着历史的意识、宽容和理解前进。这种解释学精神,这种对人类历史、文化的理解和关切,是赫尔德呼吁人类学转向的核心。③ 赫尔德对人类自我理解

---

① [德]海德格尔:《存在与时间》,陈嘉映、王庆节译,熊伟校,陈嘉映修订,北京:生活·读书·新知三联书店,2014年,第105—111页。
② Kristin Gjesdal. *Herder's Hermeneutics: History, Poetry, Enlightenment.* Cambridge: Cambridge University Press, 2017, p. 9.
③ 参见 Kristin Gjesdal. *Herder's Hermeneutics: History, Poetry, Enlightenment.* Cambridge: Cambridge University Press, 2017, p. 10.

的探索以及为理解不同时期不同地点的历史和文化做出的努力，使他作为一位真正的现代哲学家而应该受到更多的重视。

第三节 赫尔德文化哲学思想对德国浪漫主义的影响

随着学术界对赫尔德思想认识的深入，赫尔德在各个方面的影响也逐渐被揭示出来。学者们发现赫尔德思想对19世纪德国思想史的发展产生了重大的影响，不管是德国古典哲学的产生还是文化哲学的勃兴，不管是德国古典文学的复兴还是欧洲民族主义的崛起，都深深地浸润着他思想的影响。这有如德国马克思主义者梅林在谈到赫尔德的历史地位时所恰如其分地指出的：

> 这位康德的学生变成了黑格尔的先驱者，莱辛的最亲密的志同道合的战友变成了浪漫主义的创始人，音韵匠人格莱姆和埃瓦尔德·封·克莱斯特的崇拜者变成了世界大诗人歌德的鼓舞者。如果没有赫尔德，既不能设想德国的启蒙运动，也不能设想德国的浪漫主义，既不能设想我们的古典文学，也不能设想我们的古典哲学。①

虽然或许正如梅林所强调的，赫尔德思想的影响是多方面的，但他最重要的影响可能在于他对德国浪漫主义（特别是早期德国浪漫主义）的影响。如以研究思想史著名的英国哲学家以赛亚·伯林把赫尔德看作德国浪漫主义的真正父亲之一；研究赫尔德思想的著名学者亚历山大·吉利斯（Alexander Gillies）则说道："在德国的整个浪漫主义运动是赫尔德思想的遗产。"② 德国著名哲学家伽达默尔也有同样的看法："没有赫尔德，德国的

---

① ［德］梅林：《论文学》，张玉书等译，北京：人民文学出版社，1982年，第35页。
② Alexander Gillies. *Herder*. Oxford: Blackwell, 1945, p. 116.

浪漫主义是不可设想的。"① 下面我们就简要地分析一下赫尔德思想对德国浪漫主义产生的影响。

按照近年来学界一般的划分，德国浪漫主义运动被分为早、中、晚三个时期。早期浪漫主义运动（Frühromantik）主要是从 1794 年到 1808 年，这一时期以德国的耶拿（Jena）和柏林（Berlin）为主要基地。学者们基本认为早期浪漫主义运动是一场哲学运动，它既继承了启蒙运动的因素，也发扬了"狂飙突进"运动的精神，同时又对这两者都进行了批判。它试图对这两者进行一种哲学的综合，一方面它强调"狂飙突进"运动所宣扬的情感，另一方面也强调启蒙的理性精神，它试图实现理性与情感的综合与平衡。② 学者们关注最多的也是早期浪漫主义运动。中期浪漫主义运动（Hochromantik）主要是从 1808 年到 1815 年，这段时间的浪漫主义运动主要是一场文学运动，代表人物主要是一些诗人和艺术家。晚期浪漫主义运动（Spätromantik）主要是从 1815 年到 1830 年，它更多的是一场保守的运动，不管是在政治观点还是在哲学观点上，他们都更多地回到传统的宗教观念。③

要理解赫尔德对德国浪漫主义的影响，我们需要先来看一看赫尔德在"狂飙突进"运动中的作用。因为正是通过发端于 18 世纪 70 年代的"狂飙突进"运动，赫尔德对启蒙思想的批判得到了一帮年轻德国思想家（主要是文学家）的支持，赫尔德的思想成为"狂飙突进"运动的思想纲领和理论基础。"狂飙突进"运动成为产生于 18 世纪末的德国浪漫主义运动的先声，赫尔德的基本思想也因此得到了很多浪漫主义思想家的继承。

---

① Michael Morton. *Herder and the Poetics of Thought: Unity and Diversity in On Diligence in Several Learned Languages*. University Park and London: Pennsylvania State University Press, 1989, p. 170.
② 参见 Walter Silz. *Early German Romanticism: Its Founders and Heinrich von Kleist*. Cambridge, MA: Harvard University Press, 1929；以及 Frederick C. Beiser. *The Romantic Imperative: The Concept of Early German Romanticism*. Cambridge, MA: Harvard University Press, 2003。
③ 参见 Manfred Frank. *The Philosophical Foundations of Early German Romanticism*. Translated by Elizabeth Millán-Zaibert. Albany, New York: State University of New York Press, 2004, p. 2；以及 Walter Silz. *Early German Romanticism: Its Founders and Heinrich von Kleist*. Cambridge, MA: Harvard University Press, 1929。

第八章　赫尔德文化哲学的意义及影响

按照一般文学史的定义，"狂飙突进"运动是18世纪70年代到80年代，一批年轻的德国文学家在卢梭的影响下在德国所掀起的一场提倡个性解放、崇尚天才和创造、注重民歌和民族语言、反对当时德国流行的以拉丁和法国文学为标准的做法的声势浩大的文学运动，以1770年赫尔德与歌德在斯特拉斯堡的会面为开端。从文学史对"狂飙突进"运动特征的描述，我们很容易发现这场运动实际上是以赫尔德思想为基本指导的。因为早在里加时期，在赫尔德匿名发表的《关于近代德意志诗歌的断想》中，他就已经开始探讨语言的意义以及语言和文学的关系，指出诗歌的创作和一个民族的语言之间有深刻的联系，提出理解诗歌应在充分了解这首诗歌所产生的语言和文化背景之上进行，反对用任何僵死的标准来规定如何创作和解释诗歌。在同一时期创作的《批评之林》中，赫尔德批判了莱辛和克劳茨教授的美学观点，提出了他自己基于生理—心理学的美学观点。在这两部作品中赫尔德提出了很多在当时的启蒙思想家看来是革命性的观点，在思想界引起了广泛的注意，它们对后来"狂飙突进"运动的发生毫无疑问地产生了重要的影响。

而且，赫尔德作为"狂飙突进"运动思想纲领的制定者，更重要地体现在他的思想对"狂飙突进"运动的领军人物——歌德所造成的影响上。文学史之所以把1770年赫尔德在斯特拉斯堡与歌德的会面认为是"狂飙突进"运动的开端，正在于从这次会面开始，赫尔德的许多革命性思想通过歌德成为"狂飙突进"运动的思想纲领。在斯特拉斯堡，赫尔德将自己1770年的获奖论文《论语言的起源》的手稿给了歌德，歌德读后很受鼓舞。在这篇论文中赫尔德提出语言起源于人的创造，是人的情感和生命的表达；指出语言和思想之间密不可分的关系以及语言受一个民族的地理环境、生活方式和历史文化等方面的影响。这些思想通过歌德播散开来，成为"狂飙突进"运动中年轻作者们强调民族语言和民族特色的理论基础。同时在斯特拉斯堡期间，赫尔德让年轻的歌德收集各个民族的民歌，特别是各个民族早年的民歌,他认为民歌是一个民族语言和独特精神的最好表现,对一个民族民歌的研究可以让我们更好地理解这个民族的特质;除此以外,他还让歌德关注希伯来的《圣经》(赫尔德把希伯来的《圣经》看作希伯来先民的民歌)、荷马和品达的作品、《古冰岛诗集》(*The Edda*)、《莪相诗集》(*Ossian*)以及莎士比亚的诗歌和戏剧等。在 1773 年出版的论文集《论德国艺术》(*Von deutscher Art und Kunst/Of German Kind and Art*)正是赫尔德和歌德在斯特拉斯堡期间对于民歌的关注和研究的成果。这些论文极大地激起了"狂飙突进"运动的参与者们对民歌和对莎士比亚的强烈兴趣。正是通过歌德,赫尔德的思想成为"狂飙突进"运动的理论纲领,这也奠定了赫尔德在文学史上的地位:"赫尔德在文学史上最重要的成就,被认为是从 1770 年 10 月在斯特拉斯堡与歌德的会面而开始的他对年轻的歌德所产生的影响。"[1]

从思想史的角度来看,"狂飙突进"运动可以看作年轻的德国思想家们对启蒙运动基本信念的反叛,这集中体现在他们对人的生命力量(power)的理解上。启蒙思想家把人的能力抽象成苍白空洞的理性和感性,并且认为理性是一种高级的认识能力而感性是一种低级的认识能力,认识的目标就是要达到理性的真理。莱布尼兹就把知识分为三类——"知识可以划分为晦涩的和明白的,而明白的知识又可以进一步划分为模糊的和清晰的",人的感性能力只能获得"晦涩的"和"模糊的"知识,它们在确定性和清晰程度上都比较差,而只有通过理性获得的知识才具有真正的确定性和清晰性,才能被称为真正的知识,探求知识就是要到达理性的"清晰的"知识。[2] 人在这种理解下成为一种专注理性思考而忽略感性生存的智性存在者。年轻的"狂飙突进"运动参与者们拒绝接受这样一种对人的智性规定,

---

[1] Hans Adler and Wulf Koepke (ed.). *A Companion to the Works of Johann Gottfried Herder*. Rochester, New York: Camden House, 2009, p. 391.

[2] Gottfried Wilhelm Leibniz. *The Philosophical Works of Leibnitz*. Translated from the original Latin and French with notes by George Martin Duncan. New Haven: Tuttle, Morehouse & Taylor, 1890, pp. 27–29.

他们极端鄙视那些把世界理解成一个由抽象观念所编织成的网络和用抽象的概念来把握人的本质和命运的人，把"形而上学"、"思辨"（speculation）和"抽象观念"等视作需要诅咒的词汇，公开反对像尼科莱、门德尔松等这样有"抽象癖"的思想家。在他们看来，人的生命力是一个有机力量的整体，他的生命活动就是这种力量的独特表达，他的感性生存是其理性思维的基础，人的生存优先于他的思想。正是基于对人的这样一种理解，"狂飙突进"运动的思想家们特别强调"诗"（这里的"诗"被理解为广泛意义上的文学）对于人的重要性。因为首先，"诗"的基础是感性经验，通过"诗"，感性在人生存中的基础地位得到了强调；其次，"诗"是人生命的表达，是人本质力量的实现。正是在这个意义上，"狂飙突进"运动中的思想家们强调按照"诗"的方式思考，以"诗"的方式写作，而拒绝用启蒙思想家那种抽象的概念思维方式。①

从这些思想家对人的生命力理解的转变，我们很容易发现赫尔德思想为什么是"狂飙突进"运动的理论基础了。首先，赫尔德对启蒙思想家那种从抽象的概念来理解人和理解人类历史的方式感到极为不满，他说，"这个世界上没有人比我更感觉到普遍概念的缺陷了"②。他猛烈批判启蒙思想家对于人的能力的分割和抬高理性而贬抑感性的做法，反复强调感性在人类认识和生存中的基础作用，他甚至认为感性才是我们生存的基础。比如，在早年的论文《论存在》中赫尔德就提出"存在"是第一个感性概念，也是最自明的一个概念，"第一个感性概念（指存在——引者注），它的自明性是一切事物的基础：这种自明性是我们与生俱来的；由于它一直就使我们确信它的自明性，所以自然的本性解除了哲学家对它的自明性尽心证明的重负——它是一

---

① 关于"诗"在"狂飙突进"运动思想家那里的作用，请参见 Roy Pascal. "The 'Sturm und Drang' Movement". *The Modern Language Review*, Vol. 47, No. 2 (Apr., 1952).
② Johann Gottfried Herder. *Philosophical Writings*. Translated and edited by Michael N. Forster. Cambridge: Cambridge University Press, 2002, p. 291.

切自明性的中心"①。在《论雕塑》一文中，赫尔德更是喊出了"我感觉我的自我！我存在！"②这样的看重感性生存在个人生命活动中的重要意义的口号。

其次，在强调感性的基础上，赫尔德把人看作一个有机力量的整体，这种有机力量的整体是一个黑暗的深渊，它需要把自身体现在语言和历史中才能照亮它自己。赫尔德曾这样写道："我们大部分发明（指语言——引者注）产生的地方——心灵最黑暗的部分却未被他（指沃尔夫——引者注）所说明。他谈论心灵'低级的认识能力'时好像是在说和身体截然分开的精神一样"③，"自然拥有成千上万的可用千万种方式撩拨的细线，这些细线通过排斥和联络而被编织成一个多种形式的综合体；它们通过内在的力量拉升或者缩短自己，而且每一根细线都参与了感官的作用……。有人曾经看见过比一个由于源源不断的刺激而不停跳动的心灵更加奇异的事情吗？一个内在的黑暗力量的深渊"④。理性只是这种有机力量被照亮后的一种功能，它立于黑暗的深渊之上，它需要通过感觉（听觉、视觉和触觉）才能运作，而并非像启蒙思想家所宣扬的那样是一种自律的能力。另外，语言作为个人和民族有机力量的表达，它肯定是"诗化的"（poetic，创造性的）并因而是独特的。研究"狂飙突进"运动的著名学者帕斯卡（Roy Pascal）教授曾对此说明道，"赫尔德关于语言、知识和诗歌的哲学著作是一种一贯努力的一部分，这种努力试图找出对降解人的能力进行反叛的基本原则，在最广泛的基础上对全面发展人的能力的期望做出论述"⑤。正是赫尔德对

---

① Robert E. Norton. *Herder's Aesthetics and the European Enlightenment*. Ithaca, New York and London: Cornell University Press, 1991, p. 42.
② Robert E. Norton. *Herder's Aesthetics and the European Enlightenment*. Ithaca, New York and London: Cornell University Press, 1991, p. 42.
③ Robert S. Leventhal. *The Disciplines of Interpretation: Lessing, Herder, Schlegel and Hermeneutics in Germany, 1750–1800*. Berlin and New York: Walter de Gruyter, 1994, p. 179.
④ Robert S. Leventhal. *The Disciplines of Interpretation: Lessing, Herder, Schlegel and Hermeneutics in Germany, 1750–1800*. Berlin and New York: Walter de Gruyter, 1994, p. 181.
⑤ Roy Pascal. "The 'Sturm und Drang' Movement". *The Modern Language Review*, Vol. 47, No. 2 (Apr., 1952).

感性和人的能力作为一个整体的强调，对语言作为个人和民族独特表达的洞见，以及在此基础上对于文学和美学的重视，使得他的思想成为"狂飙突进"运动的理论基础和思想纲领。帕斯卡教授对此也有深刻的见解，"尽管在'狂飙突进'运动的思想家中只有赫尔德可以称作哲学家，但是我相信，我们可以很有理由地把他的思想叫作'狂飙突进'运动的哲学，因为以其他形式（戏剧、抒情诗等）表达在他们（指'狂飙突进'运动的思想家——引者注）作品和生活中的价值和洞见是在它（指赫尔德的思想——引者注）之上生发出来的"①。

德国浪漫主义运动作为启蒙运动和"狂飙突进"运动的继续，它既保留了启蒙运动的精髓，也继承了"狂飙突进"运动的精神。在保留启蒙运动的因素方面，早期的浪漫主义者们继承了启蒙主义者彻底的理性批判精神和对人类进行教育而使人不断进步的理想；而在承续"狂飙突进"运动的精神方面，浪漫主义者主要继承了赫尔德的思想，对此我们可以参考研究德国早期浪漫主义运动的著名学者沃尔特·思尔兹（Walter Silz）教授的论述：

> 德国古典主义（German Classicism）和德国的浪漫主义两者都根源于"狂飙突进"运动。……赫尔德，歌德的老师，也是浪漫主义者的老师，尽管他们并不这样承认并且把他们直接从赫尔德那里拿来的思想归功给了歌德。……优良的历史感和诗人的直觉使得赫尔德对哪怕是很遥远的个体和种族也是一个很敏锐和心有灵犀的理解者；他建立在同情理解之上的具有鉴赏力的文学批评，他对莎士比亚、对中古德国的艺术和诗歌，尤其是对民歌的狂热，他对独特性、原初性和非理性因素的高扬，他对个性与特性价值的确信——在所有这些方面赫

---

① Roy Pascal. "The 'Sturm und Drang' Movement". *The Modern Language Review*, Vol. 47, No. 2 (Apr., 1952).

尔德都是德国古典主义和德国浪漫主义的先驱。①

德国的浪漫主义运动（尤其是早期浪漫主义运动）既看到了启蒙运动所宣扬的理性的价值，也发现了"狂飙突进"运动所强调的感性和情感的意义，德国的浪漫主义者们试图在理性与情感之间进行一种综合，实现它们的平衡。

德国浪漫主义者试图对理性和情感进行的综合和平衡，实质上也是对启蒙运动和"狂飙突进"运动采取的反思。在反思"狂飙突进"运动方面，浪漫主义者反对"狂飙突进"运动思想家宣扬人的情感而不顾理性的做法，他们认为经过启蒙运动，理性的批判功能和教育人类的作用已经得到显明，因此是必须坚持的。② 如果说浪漫主义者对"狂飙突进"运动的反思更多是认同和坚持的话，那么他们对启蒙运动的反思就是更为激烈的批判，甚至是反叛了（早期的浪漫主义者坚持了启蒙理性的批判精神和教育理想，所以他们更多是对启蒙理性进行批判，而中晚期的浪漫主义者大部分抛弃了启蒙思想家的基本信念与价值，所以他们可以被看作对启蒙理想的反叛）。浪漫主义者对启蒙运动的批判和反叛主要有以下几个方面。首先，他们反对启蒙思想家把理性尊崇为检验真理的最终标准和判断一切问题的最高权威。他们认为那些超越一切概念、判断和推理的艺术情感和直觉才具有更重要的意义，因为只有它们才是生命和存在的直接和真实的表达。他们试图用美学情感和直觉来取代启蒙理性的权威地位。正是在这个意义上，浪漫主义者被认为是"非理性主义者"或者是"反理性主义者"。其次，浪漫

---

① Walter Silz. *Early German Romanticism: Its Founders and Heinrich von Kleist*. Cambridge, MA: Harvard University Press, 1929, pp. 5-6.
② 需要指出的是，对启蒙理性的批判功能和教育功能的坚持主要是早期浪漫主义者的观点，而随着德国浪漫主义运动的关注点不断向文学和宗教转移，中晚期浪漫主义者变得越发地保守和倾向于传统的宗教，也更加强调情感而远离启蒙理性。参见 Walter Silz. *Early German Romanticism: Its Founders and Heinrich von Kleist*. Cambridge, MA: Harvard University Press, 1929, "Early and Later Romanticism".

主义者反对启蒙思想家所宣扬的个人主义和世界公民的观点。启蒙思想家基于每个人都拥有自律理性的立场，认为每个人都是一个独立的个体，每个人都拥有一些与生俱来的不可剥夺的权利；建立在这种理性个人主义基础上的社会观和国家观认为，每个有理性的人通过和其他任何一个有理性的人订立契约来实现和维护自己以及他人的权利，社会和国家的职责就是最大限度地保证公民（每一个有理性者）最大限度的自由和幸福，这是一种典型的契约论的国家观。在这种观点的理解下，每个人和国家都只是一种普遍有效的契约关系，任何人都可以和任何国家订立这样一种契约，所以每个人都可以是一个世界公民。浪漫主义者反对这种国家观和世界公民的观点。他们认为一个人必须归属于一个社群，这个社群是他生命所依和情感所系，只有在这个社群中他才能有归属感。再次，浪漫主义者反对启蒙思想家那种提倡教会和国家分离、宗教宽容以及个体自由等观点的做法，在意识形态上他们更加保守，更加强调传统宗教的作用[①]，比如像弗里德里希·施莱格尔（Friedrich Schlegel）和亚当·穆勒（Adam Muller）等浪漫主义思想家就皈依了罗马天主教。以上三点分别体现了德国浪漫主义的反理性主义（antirationalism）、社群主义（communitarianism）和保守主义（conservatism），它们和启蒙运动的理性主义（rationalism）、个体主义（individualism）和自由主义（liberalism）直接相对，也因此德国浪漫主义运动被看作对启蒙运动的反叛。

显见，德国浪漫主义对启蒙运动的批判或反叛实质上也是他们对"狂飙突进"运动的继承，或者说他们是在"狂飙突进"运动的一些基本思想的影响下对启蒙运动进行了批判。正是在基本观念上与启蒙运动的决裂，使得赫尔德成为反启蒙运动的先驱，也成为德国浪漫主义的先行者。

[①] 需要指出的是，德国浪漫主义对启蒙运动批判和反叛的这三个方面在浪漫主义的不同时期具有不同的侧重，对传统宗教的强调主要是晚期的浪漫主义。以上关于德国浪漫主义对启蒙运动的批判的三个要点，请参见 Frederick C. Beiser. *The Romantic Imperative: The Concept of Early German Romanticism*. Cambridge, MA: Harvard University Press, 2003, pp. 43-44。

参考文献

赫尔德原著参考文献：

［1］*Sämmtliche Werke*. 33 volumes. Edited by B. Suphan. Berlin: Weidmann, 1877-1913.

［2］*Werke in zehn Bänden*. 10 volumes. Edited by Günter Arnold et al. Frankfurt am Main: Deutscher Klassiker Verlag, 1985-.

［3］*Plato sagte: daß unser Lernen bloß Erinnerung sei*. In Marion Heinz. *Sensualistischer Idealismus: Untersuchungen zur Erkenntnistheorie und Metaphysik des jungen Herder (1763-1778)*. Hamburg: Meiner, 1994.

［4］*Kritische Wälder*. Edited by Regine Otto. Berlin and Weimar: Aufbau Verlag, 1990.

［5］*Against Pure Reason: Writings on Religion, Language, and History*. Translated and edited by Marcia Bunge. Minneapolis: Fortress Press, 1992.

［6］*Metacritique: The Linguistic Assault on German Idealism*. Edited and translated by Jere Paul Surber. New York: Humanity Books, 2001.

［7］*Outlines of a Philosophy of the History of Man*. Translated by T. Churchill. London: Printed for J. Johnson by Luke Hansard, 1800.

［8］*Philosophical Writings*. Translated and edited by Michael N. Forster.

Cambridge: Cambridge University Press, 2002.

［9］*Selected Writings on Aesthetics*. Translated and edited by Gregory Moore. Princeton, N J and Oxford: Princeton University Press, 2006.

［10］*Herder's Essay on Being: A Translation and Critical Approaches*. Edited and translated by John K. Noyes. Rochester, New York: Camden House, 2018.

［11］《反纯粹理性——论宗教、语言和历史文选》，张晓梅译，北京：商务印书馆，2010 年。

［12］《论语言的起源》，姚小平译，北京：商务印书馆，1998 年。

［13］《赫尔德美学文选》，张玉能译，上海：同济大学出版社，2007 年。

外文二手文献：

［1］Adam, C. and P. Tannery (ed.). *Oeuvres de Descartes*. 11 volumes. Begun in the 1890s and given a second, expanded edition in the 1970s.

［2］Adelung, Johann Christoph. *Grammatisch-kritisches Wörterbuch der hochdeutschen Mundart*. Vienna: Bauer, 1811.

［3］Adler, Hans and Wulf Koepke (ed.). *A Companion to the Works of Johann Gottfried Herder*. Rochester, New York: Camden House, 2009.

［4］Ariew, Roger, Dennis Des Chene, Douglas M. Jesseph, Tad M. Schmaltz, and Theo Verbeek. *Historical Dictionary of Descartes and Cartesian Philosophy*. Lanham, MD: Rowman & Littlefield, 2015.

［5］Barnard, F. M. *Herder on Nationality, Humanity, and History*. Montreal and Kingston: McGill-Queen's University Press, 2003.

［6］Barnard, F. M. *Herder's Social and Political Thought: From Enlightenment to Nationalism*. Oxford: Clarendon Press, 1965.

[7] Baum, Manfred. "Herder's Essay on Being". *Herder Today: Contributions from the International Herder Conference, November 5–8, 1987, Stanford, California.* Edited by Kurt Mueller-Vollmer. Berlin and New York: Walter de Gruyter, 1990.

[8] Beck, Lewis White. *Early German Philosophy: Kant and His Predecessors.* Cambridge, MA: The Belknap Press of Harvard University Press, 1969.

[9] Beiser, Frederick C. *Enlightenment, Revolution, and Romanticism: The Genesis of Modern German Political Thought, 1790–1800.* Cambridge, MA: Harvard University Press, 1992.

[10] Beiser, Frederick C. *The Fate of Reason: German Philosophy from Kant to Fichte.* Cambridge, MA: Harvard University Press, 1987.

[11] Beiser, Frederick C. *The German Historicist Tradition.* Oxford: Oxford University Press, 2011.

[12] Beiser, Frederick C. *The Romantic Imperative: The Concept of Early German Romanticism.* Cambridge, MA: Harvard University Press, 2003.

[13] Berlin, Isaiah. *Vico and Herder: Two Studies in the History of Ideas.* London: Chatto & Windus, 1976.

[14] Brinkmann, Klaus (ed.). *German Idealism: Critical Concepts in Philosophy.* London and New York: Routledge, 2007.

[15] Caird, Edward. *Essays on Literature and Philosophy.* 2 volumes. New York: The Macmillan Company, 1982, Vol. 2.

[16] Cassirer, Ernst. *Substanzbegriff und Funktionsbegriff: Untersuchungen über die Grundfragen der Erkenntniskritik.* Facsimile reprint of the 1st edition of 1910, Darmastadt: Wissenschaftliche-Buchgesellschaft, 1980.

[17] Clark, Robert T. "Herder, Cesarotti and Vico". *Studies in Philology*, Vol. 44, No. 4 (Oct., 1947).

[18] Clark, Robert T. *Herder: His Life and Thought*. Berkeley: University of California Press, 1969.

[19] Copleston, Frederick. *A History of Philosophy, Vol. 6: Wolff to Kant*. London: Burns and Oates, 1960.

[20] Croce, Benedetto. *The Philosophy of Giambattista Vico*. Translated by R. G. Collingwood. New York: The Macmillan Company, 1913.

[21] D'Alembert, Jean Le Rond. *Preliminary Discourse to the Encyclopedia of Diderot*. Translated and introduced by Richard N. Schwab. Indianapolis: Bobbs-Merrill, 1963.

[22] Dilthey, Wilhelm. "The Three Epochs of Modern Aesthetics and its Present Task". Translated by Michael Neville. In *Wilhelm Dilthey, Selected Works, Vol. V: Poetry and Experience*. Edited by Rudolf Makkreel and Frithjof Rodi. Princeton: Princeton University Press, 1985.

[23] Eggel, Dominic, Andre Liebich and Deborah Mancini-Griffoli. "Was Herder a Nationalist?". *The Review of Politics*, Vol. 69, No. 1 (Winter, 2007).

[24] Engfer, Hans-Jürgen. "Zur Bedeutung Wolffs für die Methodendiskussion der deutschen Aufklärungsphilosophie: Analystische und synthetische Methode bei Wolff und beim vorkritischen Kant". In *Christian Wolff, 1679–1754: Interpretationen zu seiner Philosophie und deren Wirkung*. Edited by Werner Schneiders. Hamburg: Felix Meiner, 1986.

[25] Englander, Alex. "Herder's 'Expressivist' Metaphysics and the Origins of Greman Idealism". *British Journal for the History of Philosophy*, Vol. 21, No. 5 (Sep., 2013).

[26] Ergang, Robert. *Herder and the Foundations of German*

Nationalism. New York: Columbia University Press, 1931.

［27］Forster, Michael N. *After Herder: Philosophy of Language in the German Tradition*. Oxford: Oxford University Press, 2010.

［28］Forster, Michael N. "Herder's Philosophy of Language, Interpretation, and Translation: Three Fundamental Principles". *The Review of Metaphysics*, Vol. 56, No. 2 (Dec., 2002).

［29］Forster, Michael N. *Herder's Philosophy*. Oxford: Oxford University Press, 2018.

［30］Frank, Manfred. *The Philosophical Foundations of Early German Romanticism*. Translated by Elizabeth Millán-Zaibert. Albany, New York: State University of New York Press, 2004.

［31］Gaier, Ulrich. "Herders Volksbegriff und seine Rezeption". In *Herder im Spiegel der Zeiten: Verwerfungen der Rezeptionsgeschichte und Chancen einer Relektüre*. Edited by Tilman Borsche. Munich: W. Fink Verlag, 2006.

［32］Gellner, Ernest. *Nations and Nationalism*. Oxford: Basil Blackwell, 1983.

［33］Giddens, Anthony. "The Nation as Power-Container". In *Nationalism*. Edited by John Hutchinson and Anthony D. Smith. Oxford: Oxford University Press, 1994.

［34］Gillies, Alexander. *Herder*. Oxford: Blackwell, 1945.

［35］Gjesdal, Kristin. "Aesthetic and Political Humanism: Gadamer on Herder, Schleiermacher, and the Origins of Modern Hermeneutics". *History of Philosophy Quarterly*, Vol. 24, No. 3 (Jul., 2007).

［36］Gjesdal, Kristin. *Herder's Hermeneutics: History, Poetry, Enlightenment*. Cambridge: Cambridge University Press, 2017.

[37] Haym, Rudolf. *Herder nach seinem Leben und seinen Werken*. 2 volumes. Berlin: R. Gaertner, 1877–1885.

[38] Heinz, Marion. "Kulturtheorien der Aufklärung: Herder und Kant". In *Nationen und Kulturen: Zum 250. Geburtstag Johann Gottfried Herders*. Edited by Regine Otto. Würzburg: Königshausen and Neumann, 1996.

[39] Heinz, Marion. *Sensualistischer Idealismus: Untersuchungen zur Erkenntnistheorie und Metaphysik des jungen Herder (1763–1778)*. Hamburg: Meiner, 1994.

[40] Iltis, Carolyn. "D'Alembert and the Vis Viva Controversy". *Studies in History and Philosophy of Science*, Vol. 1, No. 2 (Aug., 1970).

[41] Kedourie, Elie. *Nationalism*. London: Hutchinson University Library, 1966.

[42] Koepke, Wulf. "Kulturnation and its Authorization through Herder". In *Johann Gottfried Herder: Academic Disciplines and the Pursuit of Knowledge*. Edited by Wulf Koepke. Columbia: Camden House, 1996.

[43] Kymlicka, Will. *Liberalism, Community, and Culture*. Oxford: Clarendon Press, 1989.

[44] Leibniz, Gottfried Wilhelm. *The Philosophical Works of Leibnitz*. Translated from the original Latin and French with notes by George Martin Duncan. New Haven: Tuttle, Morehouse & Taylor, 1890.

[45] Lestition, Steven. "Countering, Transposing, or Negating the Enlightenment? A Response to Robert Norton". *Journal of the History of Ideas*, Vol. 68, No. 4 (Oct., 2007).

[46] Leventhal, Robert S. *The Disciplines of Interpretation: Lessing, Herder, Schlegel and Hermeneutics in Germany, 1750–1800*. Berlin and New York: Walter de Gruyter, 1994.

［47］Lewis, Earl Nicholas. "Herder's Theory of the Gifted Individual". *The German Quarterly*, Vol. 29, No. 3 (May, 1956).

［48］Martin, Gottfried. "Herder als Schüler Kants". *Kant-Studien, XLI*, 1936.

［49］Miller, David. *On Nationality*. Oxford: Clarendon Press, 1995.

［50］Morton, Michael. *Herder and the Poetics of Thought: Unity and Diversity in On Diligence in Several Learned Languages*. University Park and London: Pennsylvania State University Press, 1989.

［51］Muthu, Sankar. *Enlightenment against Empire*. Princeton: Princeton University Press, 2003.

［52］Newton, Isaac. *Opticks: Or a Treatise of the Reflections, Refractions, Inflections & Colours of Light*. New York: Dover, 1952.

［53］Nisbet, H. B. *Herder and the Philosophy and History of Science*. Cambridge: Modern Humanities Research Association, 1970.

［54］Norton, Robert E. "The Myth of the Counter-Enlightenment". *Journal of the History of Ideas*, Vol. 68, No. 4 (Oct., 2007).

［55］Norton, Robert E. *Herder's Aesthetics and the European Enlightenment*. Ithaca, New York and London: Cornell University Press, 1991.

［56］Noyes, John K. *Herder: Aesthetics against Imperialism*. Toronto: University of Toronto Press, 2015.

［57］Palti, Elías. "The 'Metaphor of Life': Herder's Philosophy of History and Uneven Developments in Late Eighteenth-Century Natural Sciences". *History and Theory*, Vol. 38, No. 3 (Oct., 1999).

［58］Parekh, Bhikhu. *Rethinking Multiculturalism: Cultural Diversity and Political Theory*. Basingstoke: Palgrave Macmillan, 2006.

［59］Pascal, Roy. "The 'Sturm und Drang' Movement". *The Modern*

Language Review, Vol. 47, No. 2 (Apr., 1952).

［60］Phillips, Anne. "The Politicisation of Difference: Does this Make for a More Intolerant Society?". In *Toleration, Identity, and Difference*. Edited by John Horton and Susan Mendus. Basingstoke: Palgrave Macmillan, 1999.

［61］Rand, Calvin G. "Two Meanings of Historicism in the Writings of Dilthey, Troeltsch, and Meinecke". *Journal of the History of Ideas*, Vol. 25, No. 4 (Oct.–Dec., 1964).

［62］Redekop, Benjamin W. *Enlightenment and Community: Lessing, Abbt, Herder, and the Quest for a German Public*. Montreal and Kingston: McGill-Queen's University Press, 2000.

［63］Reed, Eugene E. "Herder, Primitivism and the Age of Poetry". *The Modern Language Review*, Vol. 60, No. 4 (Oct., 1965).

［64］Reill, Peter Hanns. "Herder's Historical Practice and the Discourse of Late Enlightenment Science". In *Johann Gottfried Herder: Academic Disciplines and the Pursuit of Knowledge*. Edited by Wulf Koepke. Columbia: Camden House, 1996.

［65］Rescher, Nicholas. *G. W. Leibniz's Monadology*. Pittsburgh: University of Pittsburgh Press, 1991.

［66］Rousseau, J.-J. *The Collected Writings of Rousseau, Vol. 3: Discourse on the Origins of Inequality (Second Discourse), Polemics, and Political Economy*. Edited by Roger D. Masters and Christopher Kelly. Translated by Judith R. Bush, Roger D. Masters, Christopher Kelly and Terence Marshall. New Hampshire: Dartmouth College Press, 1992.

［67］Schütze, Martin. "Herder's Conception of Bild". *Germanic Review*, 1 (1926).

［68］Schütze, Martin. "The Fundamental Ideas in Herder's Thought. III".

Modern Philology, Vol. 19, No. 2 (Nov., 1921).

［69］Scouten, Arthur. "Reviews on *Vico and Herder*". *Comparative Literature Studies*, Vol. 15, No. 3 (Sep., 1978).

［70］Sikka, Sonia. *Herder on Humanity and Cultural Difference: Enlightened Relativism*. Cambridge: Cambridge University Press, 2011.

［71］Sikka, Sonia. "Herder's Critique of Pure Reason". *The Review of Metaphysics*, Vol. 61, No. 1 (Sep., 2007).

［72］Silz, Walter. *Early German Romanticism: Its Founders and Heinrich von Kleist*. Cambridge, MA: Harvard University Press, 1929.

［73］Simpson, J. A. and E. S. C. Weiner (ed.). *The Oxford English Dictionary, Vol. 5*. Oxford: Clarendon Press, 1989.

［74］Singer, Peter. *Marx*. Oxford: Oxford University Press, 1980.

［75］Spencer, Vicki A. "Towards an Ontology of Holistic Individualism: Herder's Theory of Identity, Culture and Community". *History of European Ideas*, Vol. 22, No. 3 (May, 1996).

［76］Spencer, Vicki A. *Herder's Political Thought: A Study of Language, Culture, and Community*. Toronto: University of Toronto Press, 2012.

［77］Stamm, Israel. "Herder and the *Aufklärung*: A Leibnizian Context". *The Germanic Review: Literature, Culture, Theory*, Vol. 38, No. 3 (May, 1963).

［78］Taylor, Charles. "The Importance of Herder". In *Philosophical Arguments*. Cambridge, MA: Harvard Universtiy Press, 1995.

［79］Vincent, Andrew. *Nationalism and Particularity*. Cambridge: Cambridge University Press, 2002.

［80］Waldow, Anik and Nigel DeSouza (ed.). *Herder: Philosophy and Anthropology*. Oxford: Oxford University Press, 2017.

［81］Williams, Raymond. *Keywords: A Vocabulary of Culture and*

Society. London: Fontana, 1983.

［82］Zammito, John H. *Kant, Herder, and the Birth of Anthropology*. Chicago: University of Chicago Press, 2002.

中文二手文献：

［1］［德］康德：《纯粹理性批判》，邓晓芒译，杨祖陶校，北京：人民出版社，2004年。

［2］［德］康德：《康德著作全集》第二卷，李秋零主编，北京：中国人民大学出版社，2003年。

［3］［德］康德：《康德著作全集》第八卷，李秋零主编，北京：中国人民大学出版社，2010年。

［4］［德］康德：《历史理性批判文集》，何兆武译，北京：商务印书馆，1990年。

［5］［德］卡西尔：《人文科学的逻辑》，沉晖等译，冯俊校，北京：中国人民大学出版社，1991年。

［6］［德］卡西勒：《启蒙哲学》，顾伟铭等译，济南：山东人民出版社，1988年。

［7］［德］卡西尔：《卢梭·康德·歌德》，刘东译，北京：生活·读书·新知三联书店，1992年。

［8］［德］海德格尔：《诗·语言·思》，彭富春译，戴晖校，北京：文化艺术出版社，1991年。

［9］［德］海德格尔：《路标》，孙周兴译，北京：商务印书馆，2000年。

［10］［德］海德格尔：《存在与时间》，陈嘉映、王庆节译，熊伟校，陈嘉映修订，北京：生活·读书·新知三联书店，2014年。

［11］［德］埃利亚斯：《文明的进程》第一卷，王佩莉译，北京：生活·读书·新知三联书店，1998年。

［12］［德］弗里德里希·梅尼克：《历史主义的兴起》，陆月宏译，南京：译林出版社，2009 年。

［13］［德］卡岑巴赫：《赫尔德传》，任立译，北京：商务印书馆，1993 年。

［14］［德］梅林：《论文学》，张玉书等译，北京：人民文学出版社，1982 年。

［15］［法］孔多塞：《人类精神进步史表纲要》，何兆武、何冰译，北京：生活·读书·新知三联书店，1998 年。

［16］［法］笛卡尔：《哲学原理》，关文运译，北京：商务印书馆，1959 年。

［17］［法］笛卡尔：《第一哲学沉思集》，庞景仁译，北京：商务印书馆，1986 年。

［18］［法］笛卡尔：《谈谈方法》，王太庆译，北京：商务印书馆，2000 年。

［19］［法］孔狄亚克：《人类知识起源论》，洪洁求、洲丕柱译，北京：商务印书馆，1997 年。

［20］［法］卢梭：《论科学与艺术》，何兆武译，北京：商务印书馆，1963 年。

［21］［法］卢梭：《论人类不平等的起源和基础》，李常山译，东林校，北京：商务印书馆，1962 年。

［22］［法］卢梭：《卢梭经典文存》，李瑜青主编，上海：上海大学出版社，2007 年。

［23］［法］孟德斯鸠：《论法的精神》上册，张雁深译，北京：商务印书馆，1961 年。

［24］［英］休谟：《人性论》，关文运译，郑之骧校，北京：商务印书馆，1980 年。

［25］［英］休谟：《人类理解研究》，关文运译，北京：商务印书馆，1957年。

［26］［英］霍布斯：《利维坦》，黎思复、黎廷弼译，杨昌裕校，北京：商务印书馆，1985年。

［27］［英］以赛亚·伯林：《启蒙的三个批评者》，马寅卯、郑想译，南京：译林出版社，2014年。

［28］［英］以赛亚·伯林：《浪漫主义的根源》，亨利·哈代编，吕梁等译，南京：译林出版社，2011年。

［29］［英］以赛亚·伯林：《扭曲的人性之材》，岳秀坤译，南京：译林出版社，2009年。

［30］［英］洛克：《人类理解论》，关文运译，北京：商务印书馆，1959年。

［31］［加］查尔斯·泰勒：《自我的根源——现代认同的形成》，韩震等译，南京：译林出版社，2012年。

［32］［加］查尔斯·泰勒：《黑格尔》，张国清、朱进东译，南京：译林出版社，2012年。

［33］［瑞士］费尔迪南·德·索绪尔：《普通语言学教程》，高明凯译，岑麒祥、叶蜚声校注，北京：商务印书馆，1980年。

［34］［美］卡尔·贝克尔：《18世纪哲学家的天城》，何兆武译，北京：生活·读书·新知三联书店，2001年。

［35］［美］曼弗雷德·库恩：《康德传》，黄添盛译，上海：上海人民出版社，2008年。

［36］［荷］斯宾诺莎：《伦理学》，贺麟译，北京：商务印书馆，1983年。

［37］［意］维柯：《新科学》，朱光潜译，北京：商务印书馆，1989年。

［38］［古希腊］亚里士多德：《尼各马可伦理学》，廖申白译注，北京：商务印书馆，2003年。

［39］北京市社会科学院哲学所编著：《中外人文精神钩沉》，开封：河南大学出版社，2005年。

［40］北京大学哲学系外国哲学史教研室编译：《西方哲学原著选读》上卷，北京：商务印书馆，1981年。

［41］北京大学哲学系外国哲学史教研室编译：《十六—十八世纪西欧各国哲学》，北京：商务印书馆，1975年。

［42］李泽厚：《批判哲学的批判：康德述评》，北京：生活·读书·新知三联书店，2007年。

［43］黄进兴：《历史主义与历史理论》，西安：陕西师范大学出版社，2002年。

［44］何萍：《马克思主义哲学与文化哲学》，武汉：武汉大学出版社，2002年。

［45］何萍：《文化哲学：认识与评价》，武汉：武汉大学出版社，2009年。

［46］李秋零：《德国哲人视野中的历史》，北京：中国人民大学出版社，1994年。

［47］曹卫东：《哈曼的伦敦之行及其思想史意义》，《河北学刊》，2005年第2期。

［48］高砚平：《赫尔德论触觉：幽暗的美学》，《学术月刊》，2018年第10期。

［49］何萍：《卡西尔眼中的维科、赫尔德——卡西尔文化哲学方法论研究》，《求是学刊》，2011年第2期。

［50］衣俊卿：《论文化哲学的理论定位》，《求是学刊》，2006年第4期。

［51］彭谦、张娟：《极端民族主义的特性及危害刍议》，《中国民族报》，2016年11月7日。

［52］潘娜娜：《17世纪以前的欧洲认同观和欧洲中心思想简析》，《山东社会科学》，2008年第6期。

［53］刘晓春:《从维柯、卢梭到赫尔德——民俗学浪漫主义的根源》,《民俗研究》,2007年第3期。

［54］赵林:《莱布尼茨—沃尔夫体系与德国启蒙运动》,《同济大学学报》(社会科学版),2005年第1期。

［55］李维武:《赫尔德及其文化哲学》,《读书》,1986年第10期。

［56］李长成:《赫尔德文化哲学初探》,《武汉大学学报》(人文科学版),2008年第4期。

［57］[美]格奥尔格·伊格尔斯:《历史主义的由来及其含义》,王晴佳译,《史学理论研究》,1998年第1期。

［58］[美]威尔森:《赫尔德:民俗学与浪漫民族主义》,冯文开译,《民族文学研究》,2008年第3期。

［59］陈艳波、陈漠:《前批判时期哲学的奠基——康德〈活力的真正测算〉解读》,《贵州大学学报》(社会科学版),2018年第5期。

［60］陈艳波:《西方近代哲学理解范式和历史解释模式的问题与赫尔德的文化哲学》,《哲学评论》,2014年第2期。

［61］常雪敏:《论卢梭新自然主义的方法论意义与道德意义》,《云南大学学报》(社会科学版),2014年第6期。

［62］陈艳波:《走向人道——赫尔德历史哲学研究》,武汉大学博士论文,2010年。

［63］庞文薇:《人与语言——赫尔德语言哲学思想研究》,上海外国语大学博士论文,2013年。